장애를 다시 생각한다

RETHINKING DISABILITY

edited by Patrick Devlieger, Frank Rusch and David Pfeiffer

그린비 장애학 컬렉션 • 13

장애를 다시 생각한다

패트릭 데블리저, 프랭크 러시, 데이비드 파이퍼 엮음
이동석, 이하림, 이유림 옮김

그린비

감사의 글

이 책은 '국립 장애와 재활 연구소'National Institute on Disability and Rehabilitation Research의 재정 지원을 받아 제작되었다. 우리 저자들은 마음속 깊은 감사를 표시하고 싶다. 또 많은 분이 이 책의 발전을 위해 조언을 아끼지 않았다. 알파벳순으로 고마운 분들을 호명해 보면, 조슬린 암스트롱Jocelyn Armstrong, 패멀라 블록Pamela Block, 데이비드 브래독David Braddock, 클라크 커닝햄Clark Cunningham, 르네 드비슈René Devisch, 조앤 에릭슨Joan Erickson, 리앤 필즈LeAnn Fields, 캐럴 길Carol Gill, 타마르 헬러Tamar Heller, 미리엄 헤르츠Miriam Hertz, 린다 리치Lynda Leach, 커스틴 맥브라이드Kirsten McBride, 데이비드 미첼David Mitchell, 마르틴 피터스Martine Peeters, 앨런 페슈킨Allan Peshkin, 신디 라이터Cindy Reiter, 톰 라일리Tom Riley, 스티븐 루빈Stephen Rubin, 마히르 사울Mahir Saul, 샤론 스나이더Sharon Snyder, 숀 스위니Sean Sweeney, 베티 테일러Betty Taylor, 스티븐 테일러Steven Taylor, 존 트랙John Trach이다.

또한 원고를 다듬고 올바르게 수정해 주신 곰펠Huug Van Gompel과 켄젠Theo Kengen에게도 감사드린다.

차례

1부
도입부

| 일러두기 |

1 이 책은 Patrick Devlieger, Frank R. Rusch, David Pfeiffer eds., *Rethinking Disability: The Emergence of New Definitions, Concepts and Communities*, Garant, 2003을 완역한 것이다.

2 단행본·정기간행물의 제목에는 겹낫표(『 』)를, 논문·단편·법 등의 제목에는 낫표(「 」)를 사용했다.

3 외국어 고유명사는 2002년에 국립국어원에서 펴낸 외래어표기법을 따라 표기했다.

4 각 장의 필자와 이 책의 옮긴이에 대한 소개는 권말에 있다.

1장 · 장애에 대한 재고찰
장애의 문화 모델로의 전환

패트릭 데블리저, 프랭크 러시, 데이비드 파이퍼

장애에 관한 현대 서구의 논쟁들은 동일함 또는 유사함으로 인식되는 평등이 바람직하다고 가정한다(Ingstad and Reynolds Whyte, 1995). 전 문용어, 개념, 사회정책, 그리고 장애 이념 모두 이러한 가정에 기반하여 발전해 왔다. '핸디캡'handicap 개념은 균등한 기회라는 생각과 직접 연결되어 있으며(Stiker, 1997; 1999), 현대적 개념으로 여겨진다. 이러한 개념은 1900년대에 들어서면서 미국 내에서 공공 담론으로 나타났고, 유럽에서는 제2차 세계대전이 끝나고 나서야 나타나기 시작했으며, 몇몇 개발도상국에서는 1970년대에나 들어서 탈식민적 이데올로기의 한 부분으로 나타나기 시작했다. 대부분의 대륙 유럽, 특히 사회보장제 도를 잘 갖춘 국가들에서 '핸디캡'의 개념은 아직도 지배적이다.

하지만 미국에서 '핸디캡'이라는 단어는 부정적인 의미를 내포하게 되었고, 1970년대 중반 전문가 중시 개념이라는 이유로 사용이 금 지되어 '장애'disability라는 용어로 대체됐다(Devlieger, 1999). 장애는 비 록 부정적 방법이기는 하지만 능력 개념을 도입함으로써, 한계에 대한 추정보다는 할 수 있음을 강조하는 사회적 분위기와 장애인의 연결을 더 강화하려는 개념이다. 장애인들의 고용 기회 증대를 위한 사회정책들도 이 같은 관점에 근거하고 있다. 정상화 이념은 장애인이 다르지 않고 같다는 목표를 달성하기 위한 연구와 실행에 영향을 끼쳤다. 의학, 심리학, 교육, 재활 분야의 핵심 원칙들도 동일함에 대한 새로운 사회적 이해를 만드는 담론과 실천의 틀을 구체화하는 데 기여해 왔다.

이러한 발전이 장애인의 삶의 질에 중요할 수도 있지만, 장애인들은 스스로 자신들의 역사적 특이성을 주장했고, 또한 장애인으로서의 개인적이고 문화적인 정체성을 주장해 왔다. 그들이 느끼는 다름이라는 것은 그동안 끊임없이 받아왔고 앞으로도 받아야 할 억압 때문에 만들어지기도 했지만, 또한 장애인으로서 살면서 특이하게 만들어진 것이기도 하다. 장애로 인해 장애인만의 특이함을 만들어 낸 분야는 매우 다양한데, 수화와 같이 복잡한 언어의 개발부터 장애와 접하게 됨으로써 만들어지는 환경, 기술, 제도의 발전까지 포함된다. 또한 우리가 가정과 사회의 일원으로서 수행하는 평범하지만 필수적인 역할들도 포함된다. 초기 장애학은 이러한 현상들을 부각시켰었다.

장애인을 같거나 다르다고 일괄적으로 보지 않는 장애학의 원칙들과 다른 핵심 원칙들 사이에 균열이 발생할 수도 있다. 하지만 이런 점들은 탈근대화 이후의 도전으로 보인다. 다른 분야의 핵심 원칙들은 각각의 발전 단계에서 장애를 다름이나 동일함으로 여겨 왔다. 이러한 발전의 상당한 부분은 과학의 발전을 통해 힘을 받았지만 역사적인 타성에 의해 더 중요하게 되었다. 정상화 운동 시작 이후로 많은 분야의 핵심 원칙은 동일함의 원칙으로서 통합과 정상화를 지지해 왔다.

장애학은 장애를 같거나 또는 다르다고 보는 접근법들을 흥미롭게 섞어 왔다. 인권 관점에서 보면 같음은 당연한 이치다. 하지만 장애인들이 정체성의 발달 과정을 통하여 장애화된다는 관점에서 보면 다름이 당연한 원칙이 된다. 이러한 애매한 이중성은 앞으로도 계속될 것이다. 사회과학에 바탕을 둔 장애학은 많은 정보를 바탕으로 장애학 발전에 크게 기여했고, '같음으로서의 장애' 담론을 더욱 강화하려고 시도할 수 있다. 반면 인문학에 바탕을 둔 장애학은 어떻게 장애가 다름이라는 이미지로 표현되어 왔고, 어떻게 그것이 가능한지 밝히려 할 것이다.

이 책은 장애를 가진 사람들을 같음 또는 다름으로 묘사하는 모든 포괄적인 견해를 다루고, 이런 관점에 기반하여 핵심 모델과 개념을 발전시키고자 한다. 이런 측면에서 같음 또는 다름을 강조하는 원칙들에 대한 설명이 포함될 것이다. '억압'은 여성학과 소수민족학이 발전하는 과정에서 핵심 개념이었다. 그리고 이 개념은 분명히 장애학에도 적용될 것이다. 그동안 '일탈과 낙인'은 사회과학 분야에서 굉장히 지배적인 역할을 해왔다. 하지만 자조 집단의 노력을 통한 낙인 벗어나기, 탈시설화와 인권운동, 장애 정체성과 문화의 발전, 심지어 자기 과시에 따라 '일탈'은 '다름'으로 변화되어 왔다.

이 책의 저자들은 위와 같은 발전 사항들을 염두에 두면서 장애인을 같거나 또는 다르게 구분하고 범주화하는 현재 상황을 극복할 수 있는 접근법을 개발하고, 연구와 교육을 연결시키는 데에 기여하고자 한다.

1. 주요 개념들

장애인들은 다양한 방법으로 묘사되고 연구되어 왔다. 이러한 추세는 장애라는 보편적인 현상과 장애의 의미가 구성되는 맥락 사이의 관계 내에서 역사의 역할을 반영하기 때문에 항상 이념적이었다. 근대화 시기의 추세는 차이를 없애고 같음을 생성하는 것이었다. 탈근대화 시기는 분열을 강조할 뿐만 아니라 칭송해 왔다. 그러나 우리는 그러한 칭송이 사회적 불리, 빈곤, 장애, 인종, 계급과 관련해서 보면 공허할 수 있다는 사실도 인지하기 시작했다. 시대가 바뀌면 우리의 사고방식도 바뀌어야 한다. 근대와 탈근대적 시기를 연결할 뿐만 아니라 근대 이전의 장애에 관한 인식도 포함하는 쪽으로 바뀌어야 한다. 이러한 기회는 사회가 정보화 시대에 들어서며 더욱 커지고 있다. 우리는 정보화 시대에 맞춰 장애에 관한 '비슷하면서도 다른'similar and different 시각을 제안하고자 한다. 이 목표를 달성하기 위해 다름을 존중하는 장애문화 발전 단계에 필수적이더라도, 우리는 현재 단계인 '비슷하지만 다른'similar but different 단계를 극복하여야 한다. 가장 근원적으로 장애를 '비슷하면서도 다른' 시각으로 보는 시대에 우리는 장애를 우리 삶의 일부분으로 인지하고 인식하게 될 것이다. 우리는 결국 장애가 과거에도 존재했고 현재에도 존재하고 있으며 미래에도 존재할 것임을 이해하게 될 것이다. '핸디캡'이 '서비스에 대한 접근'으로 이해되던 시기에 투쟁해 왔고, 장애인의 능력을 강조하는 '장애' 개념 논쟁에도 참여해 왔지만, 우리는 장애 인정, 칭송, 포용의 시기로, 또한 장애를 삶의 필수적 요소로 여기는 현상 연구의 시기로 향해 가고 있다.

　장애에 대한 전근대적, 근대적, 탈근대적 관점들 사이에는 뚜렷한 차이점이 있다(Woodill, 1994). 전근대적 시점에서 신화 속 장애는 초자연적 세계로부터 전해 온 메시지다. 히브리인들에게 장애는 신성한 자들과 양립할 수 없게 만드는 불완전성의 표지였다. 또한 초기 기독교에서 장애는 죄악의 결과이면서도 치료가 필요하다는 양면성을 띠고 있었다. 현재 과학기술 세계에서도 과거 시대의 질문을 하고 있고, '우리 삶의 이유'로 요약되는 장애에 대한 최종 질문에 답하기 위한 작업들도 활발하다. 이에 대한 답변들은 장애 우주론disability cosmologies과 재활 우주론rehabilitation cosmology의 발달 과정에서 찾을 수 있을 것이다. 우주론은 장애를 가진 사람의 경험과 그 주변 환경 사이의 연결 고리를 만들어 냄으로써, 본질적으로 장애를 무질서하고 혼란을 만들어 내는 하나의 사건으로 구분하고 있다.

장애에 대한 현대적 관점, 즉 본질적으로 같음으로 보는 관점에서 보면 장애인은 고정화된 이미지로 분류되고, 이에 따라 특정 꼬리표가 붙고 나중에는 잊게 된다(Stiker, 1982). 이러한 현대적 입장은 비인간성 때문에 수정돼 왔는데, 이것은 현대적 입장의 자체적 축소나 지식과 권력의 연속적인 변동에 따르기도 했고, 정보화 시대로의 진입에 따르기도 했다. 예를 들어 윌로브룩Willowbrook[1]과 같은 시설에서 살아가던

---

1) 미국의 스태튼 섬에 있는 지적장애인을 위한 주정부의 대형 수용 시설이다. 이 시설에서는 지적장애인에 대한 학대가 횡행하였고, 어떤 지원 프로그램도 없는 방임이 지속되었다. 이런 상황이 현지 언론(ABC News)에 보도됨에 따라, 미국 연방의회는 대규모 조사를 실시했다. 조사 결과 학대와 방임이 전국적으로 횡행하고 있으며, 지적장애인의 권리를 보호할 어떤 장치도 존재하지 않는다고 결론내려졌다. 이에 따라 미국 연방의회는 1975년 「발달장애 지원 및 권리법」(the Developmental Disabilities Assistance and Bill of Rights Act: DD Act)을 개정하여 이 법에 따라 P&A를 만들었으며, 1977년 10월 1일부터 각 주별로 발달장애인을 위한 보호·옹호(Protection and Advocacy for Persons with Developmental Disabilities: PADD) 프로그램을 실시했다. —옮긴이

'잊힌 장애인들'을 다시 관심의 중심으로 이끌고 끝내 이 시설을 무릎 꿇게 만든 것은, 있는 그대로 빠르게 사실을 보여 준 텔레비전 보도였다. 하지만 뒤따라온 탈시설화와 통합, 주류화, 포용 운동은 근대적 개념에서 크게 벗어난 것은 아니었다. 지속적으로 과학적 신조에 의존하였기 때문에, 여전히 장애가 구성하는 다름의 개념을 잊는 것을 최종 목표로 하면서 같음을 중시하는 현상이 전 세계에 자리 잡고 있다. 두 번째 근대적 이데올로기의 물결은 장애인을 시설에 숨기고 잊어버리려 하지는 않았지만, 장애를 노출하고 다시 잊어버리곤 하였다. 정상화 시각에서 보면 장애가 있는 사람은 언제나 문제이고 아주 가끔 피해자이기도 하다.

탈근대적 입장에서 본질적인 개념으로 분열의 개념이 도입되었다. 경험적 연구에서도 나타나듯이 근대적 입장의 인식론적 기초는 의문시되었다. 장애는 더 이상 '발견'되는 것이 아니라, 오히려 사회적·문화적으로 만들어지는 것이 되었다. 먼저 농 사회에서 널리 퍼졌고 이후 다른 분야에도 퍼지게 된(Gold의 책 참조) 장애 문화의 발전에 따라, 같음의 개념은 다름의 개념으로 대체되었다. 다름의 개념은 장애를 숨기거나 노출하여야 하는 것이 아니라 오히려 축하 또는 칭송할 것으로 본다. 또한 다름의 개념은 사람을 문제로 보는 것에서 벗어나 환경에 초점을 맞추고자 한다. 결국 장애는 불완전한 환경에 의해 생성된 결과물인 것이다. 「미국 장애인법」ADA과 같은 법률은 사람이 아닌 환경의 변화를 요구하고 있으며, 장애를 당연히 존재하고 세상에 알려질 것으로 여기는 새로운 생태적 환경을 요구하고 있다. 하나의 예시로 장애가 없는 사람이 장애인 전용주차구역에 주차를 할 경우 150달러의 벌금을 내야 한다.

근대 사회, 기계 주도 사회에서 장애가 불리하다는 것은 명백하다. 그리고 탈근대 시대에 장애는 다양성의 표시로 인식될 것이고, 정보화 시대에 장애는 우리가 상상해 왔던 것보다 더욱 긍정적인 면을 포함할 가능성이 있는 미지의 새로운 양상을 보일 수도 있다. 정보 시장에서는 부분적으로나마 장애 경험이 자산이 될 수 있다. 왜냐하면 경험의 특이성과 내재되어 있는 모순들이 시장을 더 발전시키고, 일반적인 해결 방법을 뒤엎고, 새로운 대안을 찾는 데 자산이 될 수 있기 때문이다. 하지만 우리는 정보화 시대를 마냥 순진하게만 바라보아서는 안 된다. 정보화 시대도 또한 '정보 생산 기술, 정보 접근 능력, 정보 사용 능력이 떨어지는 일군의 사람들'을 '기능적으로 장애화된 상태'로 그 시대의 특성에 맞는 고유한 분류와 범주화를 발전시킬 것이다.

이 책에서 우리는 같음과 다름의 공존을 새로운 그림의 일부로서 탐구할 것이다. 이러한 복잡한 연구를 하기 위해, 우리는 장애에 대한 전근대적 시각의 풍요로움을 파괴하기보다는 인정함으로써 그 정신을 되찾을 수 있고 그에 관한 체계적인 연구를 할 수 있을 것이다. 전근대적 시각이나 그 시대로 돌아가는 것을 지지하는 것은 아니지만, 전근대적 관점을 이끌었고 근대와 탈근대 시기의 담론들 사이에 여전히 내재되어 있는 오래된 질문들에 집중하고자 한다. 이 질문들은 모든 장애인과 그들의 가족이 접하게 되는 궁극적 질문이다. 통제 불가능하고, 겉보기에 특이하고, 일반적인 이념적·과학적 기준을 벗어난다는 이유로 서비스 제공자들과 학자들 사이에서 무시되어 온 질문이다. 장애인도 사람이고 정당하게 사람의 범주에 소속되지만 장애인들이 외부 세계와 연결할 수 있을 정도의 다름이 있음을 이해하기 위해서는, 현재 우리와 관련된 많은 것에 도전하는 사고와 연구 방법의 유연성이 필요하다. 아이러니하게도 이런 질문들은 장애의 종교적·도덕적 모형들 내에서 가장 지배적인 것처럼 보인다.

장애학은 문제를 단순화하는 데에만 기여하지 않았다. 오히려 장애학은 장애의 본질을 재구성하고, 인간 경험의 여러 면모뿐만 아니라 정책, 서비스에 대해 구체적으로 고심하기 위해 끊임없는 도전을 해왔다. 에이드리엔 아시Adrienne Asch는 다음과 같이 말했다. "우리는 인간 경험에서 공통적인 부분들을 찾기 위해 노력해야 할 뿐만 아니라, 다른 부분들도 찾기 위해 노력해야 하고 다른 것에 대해 해야 할 말을 꼭 할 수 있어야 한다"(Linton, 1994에서 인용). 하지만 인간 경험의 의미는 역사, 문화, 생태학을 아우르는 다면적인 맥락 안에서만 다룰 수 있다. 장애학에 접근하려는 학자들은 모든 것을 복잡하게 만드는 실제 현상들에 보다 가깝게 접근할 수 있는 연구 도구가 필요하다. 단순하게 고정화하려고 하는 개념들은 현상을 정직하게 보여 줄 수 없을 수도 있다. 오히려 전체성과 역사적 깊이를 밝히고 범문화적인 비교를 위해서는 장애의 사회적·문화적·정치적 현실을 강조하는 방향으로 초점을 맞추어야 한다. 아블론(Ablon, 1990)이 자조 집단 연구에서 경험한 것처럼, 복잡성은 애매함 없이 산출되지 않는다. 그녀가 애매함의 문화라고 불렀던 조심스러운 문제 해결 과정을 통해 좋은 정책과 서비스가 보장될 수 있다.

분석적인 개념으로서 '같음'과 '다름'을 사용하기 위해서는 일부 설명이 필요하다. 장애에 대한 우리 태도의 핵심으로서, 스티케(Stiker, 1999)는 두 수준에서 두려움을 분석했다. 가장 피상적인 수준에서 장애가 혼란을 일으키기 때문에 이에 따른 본능적인 반응이 일어난다. 이 세상이 "정상"을 위해 조직되어 있을 뿐, 아직 장애에 대해서는 준비가 되어 있지 않기 때문에 장애는 혼란일 뿐이다. 더 깊은 두 번째 단계로 우리가 장애인의 어려운 삶, 혼돈 등과 같은 장애로 인한 결과들을 마주할수록 기존의 가치관에 따라 이런 두려움은 더욱 커진다. 기존의 가치관을 갖고 장애와 직면함으로써 사람들은 고유한 두려움을 만나게 된다. 롱모어(Longmore, 1985)는 "우리가 두려워하는 것들에 대해 우리는 흔히 오명을 씌우고 피하거나 때때로 파괴하려고 한다"고 말했다. 스티케는 이와 같은 두려움에 대한 문화적 반응에 더 관심이 많았다. 그에 따르면 사람들은 자신들의 두려움과 마주할 때, "다름"이 무엇인지 보여 주기 위해 자신들이 미처 준비되지 않은 것들에 대해 엄청난 양의 전문용어를 사용해서 이름을 붙이기 시작한다. 과학의 역사는 "다름"으로부터 보호받으려는 엄청난 노력처럼 보인다는 것이다. 스티케는 유토피아에 가깝지만 상당히 쉬운 제안을 했다. "다름을 사랑하자"(Aimons la différence) ─ 다름을 마주하고 삶의 일부로 만들자는 것이다.

장애를 다름으로 보는 스티케의 분석과 태도를 따를 경우 이의 실행에 의문이 생기게 된다. 만약 사랑하는 것이 아는 것이라면, 교양과목 교육이 다시 장애학 학습에 강력하게 스며들 필요가 있다. 전통적 인문학 분야인 철학, 역사, 언어학, 윤리학 등이 이와 같은 발전에 기여할 수 있을 것이다. 두려움으로서의 장애 표상, 구전 역사, 문학, 시각적 형상에서의 고정관념 생성 등을 기록하는 데 이와 같은 학문들은 상당히 중요한 기여를 할 것이다. "아는 것"은 지식을 뛰어넘는 활동을 요구한다. 와인버그(Weinberg, 1988)에 따르면, 접촉과 인지된 유사성 사이에는 긍정적 관계가 있다. 즉 접촉이 증가할수록 인지된 유사성 또한 증가한다. 하지만 우리는 기존의 차이점들이 사라질수록 새로운 차이점들이 생겨난다는 것 또한 알고 있어야 한다. 세상을 이해하는 방법으로서의 범주화는 없어질 수 없다. 그렇기 때문에 '민감하게 깨어 있는 것'이 장애학에 있어서는 보다 바람직한 관점일 수 있다. 랭어와 채노위츠(Langer and Chanowitz, 1990: 68)는 "자각하고 있을 때 사람은 적극적으로 범주를 구성하고 결과를 도출해 낼 수 있다. 아무 생각이 없을 때 사람은 이미 구성된 범주에 의존하게 된다"고 주장하였다.

2. 장애학 시대의 도래

미국에서 분기별로 발간되는 학술지인 『장애학』 특집호에서 어빙 졸라(Zola, 1994)는 "1990년대까지 장애학은 태동과 체계화의 단계에 놓여 있었다. 장애학 과정은 늘어났지만 그 안에서의 프로그램은 풍부하지 못했다. 주요한 관련 학문 분야들은 자신들의 연례 학술대회에서 장애학 발표 세션을 만들었고, 관련 주제별로 상임위원회나 특별위원회를 만들기도 하였다"고 밝혔다. 졸라가 밝힌 이와 같은 발달 과정을 지지하면서, 우리는 이 책에서 장애학이 다학제적 학문 영역으로 발달하였음을 지지한다. 통합적 관점에 따라 타 학문과 장애학과의 관계는 구체화되어야 한다. 또한 우리는 사회현상으로서의 장애만 바라보는 장애학, 기원을 시민권 운동에만 두는 장애학, 이에 따라 자기 결정을 옹호하고 예방, 교육, 재활 패러다임으로부터 벗어나려고 하는 장애학 등과 같은 오래된 개념을 바꾸어야만 한다.

파이퍼와 요시다(Pfeiffer and Yoshida, 1994: 489)의 말처럼, 만약 장애학이 무분별하게 자라나는 약한 잡초가 아니라 학문 영역으로 자리를 잡아가는 건강한 식물이라면, 우리는 다학제적 특성으로부터 파생되는 문제들을 극복하기 위해 노력해야 하고, 이를 넘어 고유한 추진력을 다양한 학문에 위치시켜야 한다. 이와 같은 기회는 정상화 이념들이 모든 입법과 실천 부분에서 최고조에 다다를 때 올 수 있을 것이고, 또한 장애인들이 자신의 다름에 대해 목소리를 높이고자 하는 욕구를 효과적으로 다루고자 하는 필요성이 제기될 때 올 것이다.

장애학의 다학제적 특성은 이미 발생한 틈새를 재결합시키는 데 가장 바람직한 방법들을 만들어 낼 것이다. 이에 따라 환경 속 인격체로 바라볼 수 있게 되고, 단순하거나 다소 급진적인 해결책들보다는 복합성을 강조하는 다양한 관점을 만들어 낼 것이다. 의료적 실천에 대한 분석과 몸에 대한 관심은 무시되어서는 안 된다(Barnes, Oliver and Barton, 2002). 그렇지만 다양한 관점을 포함하는 데 생기는 어려움은 협업 속에서 나타나게 된다(Albrecht, Seelman and Bury, 2001 참조). 파이퍼와 요시다(Pfeiffer and Yoshida, 1994)는 장애학을 교육하는 사람들이 다양한 분야 출신이며, 또한 다양한 학교와 다양한 학과에서 다양한 수준으로 강의를 하고 있다고 언급했다. 자체의 추진력을 갖기 위해 장애학은 대학뿐만 아니라 지역사회에서도 교육되어야 한다. 자기 자신이 장애를 가지고 있거나, 실천가, 부모처럼 장애를 실제로 경험해 본 사람들을 투입하는 것이 매우 중요하다. 장애 운동, 장애 사회와 문화, 대학, 재단, 정부 모두는 장애학 발전에 주요한 역할을 할 수 있다.

다학제적 프로그램으로서의 실천 측면에서 장애 사회는 이미 몇몇 대학들과 지역사회에 존재하고 있는 여성학, 민족학 그리고 문화 연구 프로그램의 모델에 어느 정도 의존할 수밖에 없다(Seelman, 1994).

그러나 장애학 프로그램은 장애인의 역사적·사회적 지위, 서비스와 법률, 장애와 관련된 원칙의 책임성 등이 다른 분야와 다르기 때문에 다른 분야의 프로그램과 차이가 날 수밖에 없다. 이 같은 쟁점들은 장애학을 발전시키거나 약화시킬 수 있는 요인으로서 검토되어야 한다.

다양한 관점의 필요성, 장애인과 대변자들의 목소리 반영의 필요성에 따라 독특한 관점을 정당화시킬 수 있는 방법론적 원칙의 개발이 필요하게 되었다. 이와 같은 원칙은 발화자의 입장에서 찾을 수 있다. 많은 다학제적 프로그램에서 한 관점이 다른 관점에 비해 정당성을 갖는 것에 대해 많은 논쟁이 존재해 왔다. "남성도 여성학에 참여할 수 있는가?"와 같은 흔한 질문이 "비장애인도 장애학에 참여할 수 있는가?" 와 같은 질문으로 나타난다. 이런 질문들은 프로그램의 본질과 내용을 심화시키는 데 필수적이다. 여성학이 젠더학으로 진화할수록, 남성의 관점을 포함하여 보완적인 관점을 포함하는 방향으로 발전하였다. 마찬가지로 우리는 장애학도 유사한 발전을 할 것으로 기대할 수 있다. 어쩌면 고유한 입장의 본질은 능력, 성별, 민족 또는 국가 배경, 교육 배경, 나이, 다른 특징들에 의해 만들어지는 만큼, 고유한 입장의 본질을 명확히 함으로써 장애학의 발전을 예상할 수도 있다. 이러한 설명이 현재 사용되고 있는 "소수자 지위"의 활용을 버리게 할 수도 있다.

3. 장애의 문화적 모델을 향하여

현실 반영을 위한 실용적인 도구로서 모델을 사용하는 사고방식은 장애학에서 많이 사용되고 있다. 다른 측면에서 보면 아직 더 체계적인 인식론적 사고방식을 찾아보기 힘들다는 것이다(Skrtic, 1995 참조). 모델은 현실을 반영할 수 있는 방법을 제공해 주고, 실용주의자들의 도구로 사용된다. 또한 지식인, 전문가, 장애인 모두 이해하고 행동하기 위해 사용한다. 순수한 모델은 거의 찾아볼 수 없기 때문에 모델은 현실을 단순하게 설명하는 것일 뿐이다. 모델을 사용하는 사고방식은 역사적 변화, 개념 정의에 대한 지배적 상황, 통제와 개입에 의해 영향을 받는다. 가장 나쁜 경우에 모델은 잘못된 방향으로 이끌 수 있다. 그럼에도 가까운 미래 동안 모델을 사용하는 사고방식은 여전히 장애학에서 우세한 방법으로 남아 있을 것이다.

〈표 1〉 장애 모델

모델 차원	종교적 모델	의료적 모델	사회적 모델	문화적 모델
기원	신	자연 세계	사회적 구조	인간의 사고
문제 위치 규정	악의 힘	개인	사회	표상
문제 수준	처벌 또는 선물	측정 가능한 결함	상호작용	정체성
설명	우주론	자연과학	사회과학	인문학
삶의 질	주변적·예외적	감소	세상의 존재	가변적
접근법	존재론적 접근 (왜)	기술적 접근 (어떻게)	정의	비판

〈표 1〉에서 중요한 장애 모델들의 개요를 볼 수 있다. 어떤 모델에 따라 사고한다는 것은 장애의 근원 또는 기원을 규정하는 차원에 따라 달라질 수 있다는 것이고, 또한 현상을 죄, 신체, 환경과 같은 실체에 위치시키거나, 언어나 이미지와 같은 표상물, 보다 넓은 정보에 위치시키는 차원에 따라 달라질 수 있다는 것이다. 기원을 찾고 문제의 위치

를 규정하는 차원에 따라 장애를 문제로 볼 것인지, 해법은 무엇인지, 삶의 질에 대한 함의는 무엇인지, 포괄적인 접근법은 무엇인지에 대한 개념이 나올 수 있다. 예를 들어 종교적 모델에서 장애는 거의 문제로 규정되고, 가끔 죄의 결과이기도 하고, 아주 일부에서는 신의 선물로 여겨지기도 한다. 이 경우 삶의 질에 대한 함의는 하찮아지지만 어떤 경우에는 삶의 질 향상의 원인이 될 수도 있다. 실존적 질문에 대한 답을 찾을 경우에는 도덕적 모델이 탁월하게 활용된다. 이처럼 개별 모델의 특별한 강점을 인식한다면 다른 다양한 모델도 설명이 가능할 수 있다.

역사의 특정 시기 동안, 특정 인구 집단에서 특정 모델이 우세할 수 있다. 이 모델들은 일련의 도덕적·의학적·사회적·문화적 모델이 동시에 실천되는 현대 사회에서 병렬적으로 놓여 있다고 보는 것이 아마 타당할 것이다. 도덕적 모델을 의학적 모델이 대체하고 다음에 사회적 모델이 대체했다는 것은 근거 없는 믿음일까? 오늘날 세계화와 문화 간 교류가 활발한 세상에서 비록 표현이 한정되고 특정 환경에서 배제될지라도, 모든 모델이 존재한다는 것을 우리는 알 수 있다. 그렇다면 문화적 모델은 첫 번째 노력으로 그동안 실행되었던 모델 각각의 강점을 인지하고 통합하려는 시도를 해야 한다. 그러므로 문화적 모델의 발달은 사고방식을 대체하는 것이 아니라 사고방식을 통합시키는 방향이어야 한다. 두 번째 도전은 장애 비평, 연속적 해체, 첨가, 보수, 정보 생산으로 생각될 수 있는 분석 방법을 발전시키려는 노력이다. 기존 모델에서 장애는 사람들이 복잡한 현상을 개념화하지 못하는 방식으로, 즉 같음과 다름으로 제한되었다. 모든 생산된 단어와 이미지들은 원래의 복잡성으로부터 벗어나 있었다. 따라서 더 많은 논의에 개방적일 필요가 있다. 이러한 관점에서 장애는 더 이상 특정 인구층을 위한 범주가 아니라, 우리 모두가 상처를 입은 존재라는 지식이 된다 (Davis, 2002). 더 강하게 말하면 장애인들, 더 정확하게는 모든 사람들의 파편적 본질은 장애 정체성으로 알려진 개인적 수준에서, 장애 정체성으로서의 사회적 수준에서, 그리고 장애 문화와 우주론으로서의 초월적 수준에서 성장을 가능하게 할 수 있다. 그러므로 문화적 모델은 정보, 감성, 정신적 성장의 구성과 해체에 의해 도달할 수 있기 때문에 잠재력과 변화를 강조한다.

2장 · 어빙 졸라(1935~1994)를 기리며
장애: 일탈에서 자율권으로

캐럴 골딘

장애를 일탈에서 옹호, 자율권까지 이르는 관점들로 이해하는 것은 브랜다이스대학교의 인간관계학 교수였던 고故 어빙 졸라Irving Kenneth Zola 교수의 주요 연구 분야였다. 그의 지적 발전은 장애학 발전의 역사이기도 하다. 그는 공식적 또는 비공식적 관계망을 통해 장애학에 기여함으로써 장애학 발전의 역사를 이끌었다. 장애를 '같음'과 '다름' 사이의 긴장으로 분석하는 다학제적 연구 성과물들은 그의 노력의 유산이기도 하다.

아래에 장애학에 대한 졸라의 공헌을 간략히 요약한 내용은 졸라가 자신의 에너지와 재능을 주고자 했던 청중에게 초점을 맞추고 있다. **졸라가 말했던 수많은 말들을 이해함으로써, 우리는 이 책의 중심 쟁점을 더 잘 이해할 수 있을 것이다.** 졸라의 연구들을 보다 심도 있게 검토하고자 하면, 1990년 우수 사회학자에게 수여하는 레오 리더Leo G. Reeder 상을 수상했을 때 발표한 소감문(Zola, 1991) 또는 최근 개러스 윌리엄스Gareth Williams가 발간한 우수 연구자 전기문(Williams, 1996)을 읽으면 된다.

1. 연구자 청중

하버드대학교에서 학부생이었을 당시 졸라는 일탈에 관한 고전적 연구에 참여하였다. 이 연구는 1930년대 우호적 지도를 통해 비행을 예방하고 개성을 발전시키기 위해 설계되었던 케임브리지-서머빌 청소년 연구Cambridge-Somerville Youth Study의 데이터들을 검토하는 것이었다 (McCord, McCord and Zola, 1959: vii). 3년 전에 상담 치료를 받은 소년들과 받지 않은 소년들 사이에 경찰과 법원의 공식적인 기록에서 별반 차이가 없음을 발견하게 되자, 연구자들은 소년원에 감금하는 것은 그들의 비행을 치료하는 데 있어서 고집스러운 당나귀에게 짐을 나르게 하려고 채찍질을 하는 정도의 효과만 있는 것이라고 결론지었다 (McCord, McCord and Zola, 1959: 178). 따라서 졸라는 초기 연구에서도 개인의 행동에 영향을 미치는 외부 사회 요소들의 역할에 많은 관심을 보였고, 또한 이를 일탈 통제를 위한 처벌의 부정적 결과물과 연결시키기도 하였다.

대학원 연구에서 졸라는 점점 더 의료 환경에 관심을 갖게 되었다. 매사추세츠 종합병원에서의 현장 실습에 기초하고 있는 그의 박사 논문은 의료 지원 탐색에 있어서의 사회 문화적 요소들을 탐구하는 것이었다. 몇 년 후에 그는 당시 자신을 일탈 전문가라고 생각하고 있었으며, 사람들도 그렇게 생각하고 있었다고 밝히기도 하였다(Zola, 1983: 33). 조교와 연구보조원 생활을 하며 그는 범죄학 강의를 하였고, 노화, 도박, 의료 돌봄에 대해 연구했다. 이 주제들은 모두 일탈의 틀 안에 있는 것이었다(Zola, 1983: 33). 이후 졸라는 일탈의 한 형태로서 '실제적이고 객관적이고 과학적'이라고 여겼던 신체적 질병에 관한 연구를 계속하였고, 연구자 청중을 위해 끊임없이 논문을 발표하였다. 그는 **이러한 초기 연구부터 일탈이라는 칭호, 낙인, 타자와 분리된 환경으로 인해 발생하는 결과들을 인식하고 있었다.** 이와 같은 관점은 그의 지적 발전의 선두에 계속 존재해 왔다.

2. 의료 청중

보스턴 종합병원에서 진행된 환자들의 불만 표출에 관한 졸라의 연구는 치료에 있어서 인종적 차이에 대한 인식의 중요성을 실증적으로 보여 주었다. 연구 결과에 따라 그는 의사소통, 관리, 서비스 구성의 측면에서 개선점을 찾기 위해 노력했다. 의료기관의 청중을 만나면서, 그는 보다 인간적이고 효과적인 보건 시스템 개발에 기여하고자 하였다. 병원에서 계속 일을 하면서, 졸라는 1960년대 중반부터 1970년대 초반까지 카이저-퍼머넌트Kaiser-Permanente 보건 계획, 미국 공공보건부, 세계보건기구, 네덜란드 예방의학 연구소 등에서 시행한 수많은 대규모 조사에 참여하였다.

학문적 또는 비학문적인 현장에서의 이러한 연구들을 통해서, 졸라는 그의 지적 관심의 핵심인 보건 서비스의 구성에 관한 연구를 발전시켜 나갔다(Zola and McKinlay, 1974). 남을 돕는 전문가들이 막후 실세로서 기능하게 되고 또한 집합적으로 사회 통제의 도구를 만들어 낸다는 그의 초기 인식은 상당히 주목할 만하다. 졸라는 "보건 분야에서 우리는 클라이언트들이 만나게 되는 원조 기관들의 모습과 영역을 결정하는 권력의 근원을 찾는 데 적극적이어야 한다"라고 밝혔다(Zola and McKinlay, 1974: xii).

졸라는 보건 서비스 전달 체계에 관한 자신의 초기 작업에서조차 권력 관계의 중요성을 강조하였고, '의료화'medicalization의 위험을 경고하였다. 이 주제들은 그의 남은 학자 생활에서 끊임없이 탐구한 것이었다. 본질적으로 그는 사람들이 왜 문제를 갖게 되는가에는 관심이 없었고, 오히려 왜 어떤 어려움들은 문제가 되고 어떤 것들은 문제가 되지 않는지에 더 관심이 많았다(Zola, 1983: 44).

의료화와 의료기관의 통제 기능에 관한 푸코(Foucault, 1973), 뒤보스(Dubos, 1965), 고프먼(Goffman, 1963), 메커닉(Mechanic, 1986) 등의 강력한 이론적 연구들이 나온 지 오랜 시간이 흐른 오늘날에도, 우리는 이론과 실천을 결합한 졸라의 행동과 무당파적인 그의 목소리를 제대로 인식하고 있지 못할 수도 있다. 의료 전문가에 의한 과잉 통제에 대한 그의 초기 비판을 보면, 그는 자신을 이론가보다는 실천적인 사회학자와 선생으로 보고 있음을 알 수 있다.

3. 다른 청중

생의학 기관들과의 충돌은 점점 더 명확해졌고, 1980년대 초반 졸라는 다음과 같이 언급했다.

나의 사회 의학적 연구를 훑어보면 내가 얼마나 자유주의적 경향과 급진적 경향 사이에 있었는지 알 수 있다. 1950년대에 나는 의학을 개혁하려는 비판적 인도주의 의료 사회학자 집단의 일원이었다. 나는 의사가 환자에게 충분히 귀 기울이지 않는 것을 보았고, 그래서 나는 환자들에게 발언권을 주었다. 나는 의사들이 자신들의 교육에 사회과학적 관점을 결합해야 한다고 느꼈고, 그래서 그들의 간행물에 논문을 투고할 기회와 그들을 가르칠 수 있는 기회를 잡기 위해 노력했다. 나는 그들의 연구와 실천의 구조가 보다 인간화되어야 한다고 믿었기 때문에, 그들의 연구를 검토할 수 있는 모든 기회 또는 그들의 서비스를 재구성하는 데 조언할 수 있는 모든 기회를 받아들였다. 이런 나의 개입들은 일련의 딜레마적 상황을 일으키기도 했지만, 그들은 대중의 의료적 요구가 치료 전선에 더 많은 의료진을 둔다고 해서 해결되는 것이 아니라, 오히려 서비스를 의도적으로 재분배하고 또한 훈련이 덜 된 사람 또는 환자 개인에게 책임을 재위임함으로써 충족될 수 있다는 사실을 알지 못했다. (Zola, 1983: 299~300)

영향을 가장 많이 받는 사람들의 문제를 해결하기 위한 실천은 이후 졸라의 삶에서 가장 중요한 일이 되었다. **대안적인 구조를 만들어 내고, 사람들이 자신의 목소리를 낼 수 있도록 함으로써, 졸라는 장애인들에게 그들의 욕구와 열망에 가장 적합한 경험을 할 수 있는 공간을 만들어 내기 위해 노력하였다.**

자신의 개인적인 측면과 정치적인 측면을 독특하게 결합시킴으로써 학문과 실천을 결합할 수 있는 그의 능력은 더욱 커졌다. 1960년대의 시민운동과 반전운동에의 참여와 이후 여성운동에 참여하면서 상당한 영향을 받은 졸라는 '사회문제와의 관련성'에 관한 신선한 관점들을 발전시켰고, 또한 장애권리운동을 위한 영향력 있는 모델들을 발전시켰다.

하지만 그의 연구에 가장 깊이 영향을 미친 것은 자신의 개인적 투쟁과 자신의 경험에 대한 이해였다. 1980년대 초반에 출판된 그의 저서에서부터 그는 보건 서비스 및 일탈 문제를 이해하기 위해 자신의 개인적 이야기를 사용하였다. 연구 논문과 유명한 수필집, 공공 토론회에서 그는 자신의 초창기 경험들, 특히 소아마비와 심각한 교통사고로 인한 만성 장애의 영향을 설명했다. 그는 역경을 극복한 성공 신화 이야기보다 더 많은 것을 전달했다. 자기 비하적인 유머, 자아 성찰, 다양한 범위의 사적인 경험을 이야기함으로써 그는 다양한 청중에게 자신의 인생 경험에서 장애가 어떤 의미를 지녔는지를 설명했다. 그가 언급했듯이 그의 과업들은 과거의 사건임에도 불구하고 개인적인 신체적 경험이 개인의 중심이 되는 것이 아니라, 즉 개인적인 신체적 경험이 현재 자신의 전부를 구성한다고 주장하는 것이 아니라, 자기 정체성의 아주 중요한 부분이고 그래서 현재 자신을 이해하는 데 너무나 필요하다는 것을 주장했다(Zola, 1991: 2).

다차원적 권력 관계, 권한 약화에 대한 이해, 집단 자기 결정을 위한 긍정적 역할에 대한 인식 증가를 통해 졸라는 학문 외부에서 또한 의료 기관 외부에서 더욱 많은 노력을 쏟기 시작했다. 특히 보스턴 자조 센터와 같은 옹호 조직과 자생적 상담을 만들어 내기 위해 노력하였다. 그리고 실천가, 학자, 장애인들이 관련 사안을 토론할 수 있는 논의의 장을 만들기 위해 다른 사람들과 힘을 합쳐 장애학회를 설립했다.

비학문적 청중에게 상황을 전달하던 시기에 그는 정치적으로 적극적인 초기 자립생활운동에 더욱 관여하기 시작했다.

'자립생활'Independent Living은 사회운동, 서비스 패러다임, 연구 모델, 새로운 원칙, 희망의 원천, 적절한 때가 된 발상 등으로 불렸다. 본질적으로 자립생활은 장애인들을 시설에 가두지 말고 지역사회에서 그들이 선택한 대로 살 수 있도록 한다는 의미가 있다. 하지만 이 단순한 개념의 실행은 절대 간단치 않다. 장애인에게 자립생활은 안전한 감금 보호를 포기하고 삶을 구성하는 크고 작은 무수한 결정과 연관된 위험, 스트레스, 노력을 받아들이는 것이다. 이것은 단지 생존하기 위해 필요한 지원 원조의 연결망을 찾고 유지하는 것을 넘어, 삶에 의미를 주는 다른 사람들과의 관계에 손을 뻗어야 한다는 것을 의미한다. (Crewe, Zola and Associates, 1983: ix)

이 책은 법률적 문제들을 다루고, 미국과 해외의 자립생활 프로그램을 설명하고, 가족 지원 시스템과 저비용 기술, 서비스, 교통수단, 주택, 의사소통을 설명함으로써 서비스 수요자 또는 공급자로서 이미 자립생활운동에 가담한 사람 그리고 나중에 참여할 수도 있는 사람과 같이 기존과는 다른 청중을 위한 것이다. 앞의 인용문을 보아도 졸라는 탈시설화의 복잡성을 잘 이해하고 있는 것으로 보인다. 그는 장애인들이 자립하기 위해서는 불가피한 위험을 감수하여야 하기 때문에 지속적인 지원 시스템이 필요하다고 강조하였다.

졸라는 옹호에 대한 관심 증가에 따라 비학문적 형태로 출간을 하였다. 특히 1982년에는 장애와 질병의 경험에 대한 직접적인 설명을 모아서 편집한 『일상의 삶』*Ordinary Lives*이라는 책을 발간하였다(Zola, 1982a). 일반 청중을 위한 산문과 몇 개의 시로 구성된 이 책은 작가들의 개인적 경험 세계를 소개하고, 동시에 현상학적인 관점을 통해 의료 사회학과 인류학에 정보를 제공하였다.

4. 청중으로서의 우리 자신

1990년대까지 졸라는 끊임없이 적극적 실천과 학문을 통합시키면서, 개인 경험의 역할을 잘 인식하고 있었다(Zola, 1991). 1991년 집필에서 그는 1980년 초반까지 일탈 이론을 쳐다보지 않으면서, 만성질환 또는 장애를 가진 사람으로서 자신이 속해 있는 소수자 집단에 직접 이와 같은 인식을 적용하였다. "명백히 자신의 문제나 고통을 알아차리기보다는 다른 사람의 문제나 고통을 알아차리는 것이 훨씬 쉬운 일이다"(Zola, 1991: 3).

그는 결국 장애와 관련된 불편함의 경험들이 적지 않게 사회적으로 만들어지거나 유지되는 것이라고 결론지었다. 그는 또한 우리 세상을 정의하는 데 언어가 어떻게 중요한 역할을 하는지에 대해 관심을 갖기 시작했다. 예를 들어 휠체어에 '갇혀 있는 것'과 휠체어를 '사용하는 것' 사이의 명백한 차이에 주목했다.

이와 같은 개인적 이해를 통해 졸라는 연구와 관련하여 당연시되던 가정에 도전하기 시작했다. 특히 객관성/주관성, 공공/개인, 냉정/연민, 정치적 중립성/정치적 입장, 그리고 거리감/친밀감과 같이 명백한 대조를 보이거나 또는 심지어 갈등적으로 사용되는 가정들에 이의를 제기했다. 그는 이것들이 헛된 이분법일 뿐만 아니라 한 쌍의 각각은 상호 의존적이라고 주장했다. 연구와 실행은 이런 관계들을 인식할 때 풍부해질 수 있는데, 왜냐하면 한쪽에 대한 관점이 대응하는 반대 부분의 이해에 정보를 제공해 주기 때문이다. **옹호 실천과 학문 모두에 영향을 주기 때문에, 개인적인 부분과 정치적인 부분의 결합은 더욱 강력해질 수 있다.**

개인적인 부분과 정치적인 부분의 결합은 또한 같음과 다름 사이의 긴장에 대한 졸라의 관점을 이해하는 데 도움이 된다. 처음에는 일탈 연구에서, 그리고 나중에는 질병 행동 연구에서 그는 '다름'을 서술하고 분석했다. 반면 그의 옹호 실천은 동등한 법률적 권리, 선택에 있어서의 평등과 자기 결정권 등 기본적으로 '같음'과 연관되어 있었다. 하지만 장애 경험에 대한 개별적 이야기의 사회적·심리적 힘에 대한 인식과 장애 문화의 발전에 대한 관심에 따라, 그의 옹호 실천은 고유성의 문제를 제기하기도 하였다. 문화 인류학자인 로버트 머피는 자신의 퇴행성 질병을 이해하며, 문화와 인간 상호작용에 관해 당연시되었던 개념들을 재평가하기 위해 자신의 질병 경험을 이용하여 개인과 타인 사이의 관계에 관한 글을 썼다(Robert Murphy, 1990). 머피와 졸라는 모두 개인적 경험과 보다 넓은 사회 문화적 문제 사이의 관계에 관심을 가졌다. 하지만 머피는 문화와 사회 속에서 우리 자신과 보다 넓은 문제를 잘 이해하기 위해 장애 문제를 분석하도록 자극하는 반면, 졸라는 사회적·문화적 제도를 이해하는 데 있어 개인적 경험의 역할을 강조하였다(머피의 관점에 관한 더 깊은 논의를 보고 싶다면 Goldin and Scheer, 1995를 참조하라).

　　졸라는 자신의 개인적 삶과 전문가의 삶의 측면들을 통합시킴으로써 같음과 다름 사이의 긴장을 구체화하였다. 그는 다양한 관점에 개방적인 태도를 보임에 따라, 서로의 다른 관점으로 인해 멀어져 있던 개인과 집단 사이의 대화를 촉진했다. 그는 우리가 충분히 오래 산다면 장애는 누구나 경험할 수 있는 것이라는 사실을 강조하면서, 다른 사람의 장애를 처음으로 만나게 되었을 때 경험하게 되는 두려움과 낙인, 또한 우리 자신의 취약성에 대해 갖고 있는 잠재적 두려움에 대해 참가자들이 잘 이해하도록 하였다. **졸라가 모색했던 자율권은 자기 이해와 상호 간의 의존성에 대한 인식에 바탕을 두고 있다.**

그의 정신, 통찰력, 심오한 인간애를 기리기 위해, 우리는 장애 주제와 관련하여 다학제적으로 살펴본 이 책을 바친다.

2부
새로운 정의 및 개념적 조정을 위하여

이 책의 2부 저자들은 장애 이해가 진공 상태에서 발생하는 것이 아니라, 우리 문화 내에서의 사회 정치적 관점들과, 전문직 발달에 대한 개인적 조정, 그리고 우리의 학문 체계와 사회의 역사적 발전에 의해서 정의된다는 것을 명백히 알고 있다. 우선 첫 번째 부분에서는 장애인을 단지 다른 사람과 '같음' 또는 '다름'으로 특징짓는 개념 전개에 대해 문제를 제기할 것이다.

우리는 먼저 우리 문화 내에서의 장애에 관한 사회 정치적 관점을 살펴볼 것이다. 게리 알브레히트는 2부를 구성하는 다섯 개의 장 중 첫 장을 시작한다. 그는 미국 사회에서 장애인의 입지를 이해하기 위해서는, 즉 장애인이 어떻게 같거나 다른지를 이해하기 위해서는 세 개의 주요 요인을 검토하는 것이 중요하다고 지적한다. 우리 국가의 가치 구조와 그것이 장애와 관련되는 방식, 장애인 묘사와 관련된 대중매체의 만연한 권력, 마지막으로 장애인이 경험한 현실이 세 가지 주요 요인이다.

알브레히트는 우리의 가치 체계가 역사적으로 평등함에 기초하여 장애인에게 기본 권리를 승인하면서도 동시에 그들이 평등 이하의 대접을 받는 것을 허락하여 주변화함으로써 장애인에 대한 모순을 만들어 냈다고 결론지었다. 사실 이 나라의 가장 지배적인 가치들은 대체로 장애인들을 집단으로 특징짓는 것과 반대되는 경향이 있다. 이러한 가치들은 자기 민족 중심 성향부터 모진 개인주의, 경쟁적 성향 그리고 자긍심·권력·정의의 기초로서의 생산적 일에 대한 강조까지 다양하다. 많은 장애인이 이러한 중심 가치들을 공유하지만, 사회가 그들 앞에 극복할 수 없는 장애물을 설치해 두었기 때문에 그들은 종종 자신들의 가치에 따라 행동하고 목표를 달성하는 것이 불가능하다는 것을 알게 된다. 더욱이 장애 공동체 내에서도 실제 장애를 구성하는 것이 무엇인가에 대한 의견 불일치를 포함하여 심각한 가치 충돌이 있다.

공공장소에서 장애인이 소개되는 방식에도 사회의 가치가 반영된다. 장애를 극복한 장애인에 대한 영웅적 묘사는 끊임없이 인기를 끌고 있다. 이런 묘사를 통해 장애인이 하고자 한다면 무엇이든 성취할 수 있다는 인식을 영속화시킨다. 이러한 사례들이 역할 모델을 할 수도 있지만, 너무 높은 기준에 의해 많은 일반 장애인을 좌절하게 한다. 따라서 알브레히트는 장애인에게 진정 필요한 것은 성공하기 위한 자원과 기회가 주어지는 환경이라고 제안한다.

알브레히트는 가치, 표상, 현실이 장애인의 경험들을 이해하고 해석하는 데 기본적인 가정과 맥락을 제공하기 때문에, 이것들을 장애학 분야의 필수적 개념 구성 요소라고 보았다.

2부의 두 번째 장에서 벤타 카브젬스는 장애 학생 교육이 지난 몇 년 동안 장애 인구 변동, 법률 변화, 사회정책, 교육 실행, 공공 지출, 장애에 대한 태도 변화 등에 의해 어떤 영향을 받았는지 검토함으로써, 사회적·정치적 요인들이 장애에 미치는 영향을 보여 주었다.

통합 교육 접근권 측면에서 보면, 개혁운동은 교육 현장에서 학문적 학습 성과를 얻기 위한 명확한 방향을 제시하지 못해 왔다. 이에 따라 통합 모델의 교육과정은 교과 내용에의 접근과 학문적 학습이라는 서로 반대되는 두 원칙 사이에서 흔들리게 되었다. 카브젬스는 교육 상황 개선의 필요에 의해 논리적으로 수행된 연구보다 가치와 믿음이 교육정책에 변화를 가져올 가능성이 더 많다는 점을 지적하며 이와 같은 딜레마를 설명했다. 또한 역사적으로 보면 어떤 교육적 목표가 추구할 만한 가치가 있는지, 또한 학생을 위해 어떤 지원이 필요한지에 대한 가치판단은 장애인으로부터 나온 것이 아니다. 오히려 입법자, 가족, 옹호자, 교육기관이 장애인, 특히 상당한 지원이 필요한 장애인의 정체성, 욕구, 최선의 이익을 정의해 왔다.

장애 학생을 위한 현재의 교육 분위기에 대한 심도 있는 탐구를 통해서, 카브젬스는 최근까지도 특수교육이 성장 산업이었다고 지적한다. 하지만 점점 더 시장 주도적으로 변하는 사회에서 교육 서비스의 범위와 분포는 학교들이 시장 용어를 사용함에 따라 변화해 왔다. 따라서 성공적인 학교는 균형 잡힌 예산, 비용 대비 효과적인 프로그램, 그리고 평균 이상의 시험 결과에 따라 정의된다. 특히 장애 학생에 의해 학교는 정부의 추가 재정을 제공받기는 하지만, 성취 결과를 학교 평균으로 계산하게 되면 장애인은 부담처럼 보일 수도 있다. 또한 소비자 주도의 시장 제도 내에서, 장애 학생들을 위한 프로그램은 없어지거나 엄격하게 제한될 가능성이 높다.

카브젬스는 시민권 모델에 따른 완전 통합을 지지하는 사람들이 장애 학생은 특수 훈련을 받은 전문가, 학교에서의 특수 보조 교재, 정규 수업과 학교 밖에서의 특별활동에 대한 교육적 욕구가 없다고 가정하는 것이 잘못이라는 입장이다. 공립학교는 사회적 욕구 또는 가족들이나 지역사회의 정치적 결정보다 아동의 교육적 욕구를 충족시키기 위해 노력할 의무가 있다.

카브젬스는 학생들의 욕구와 더불어 통합 모델을 실천해야 하는 담임선생님에게 부여되는 늘어나는 요구들에 대해서도 논의하고 있다. 이런 어려움은 많은 선생님이 결함 모델에 근거한 전통적 훈련을 받았거나, 특수 훈련을 받지 못했거나, 자신들의 새로운 역할에 대해 긍정적인 태도를 보이지 못함에 따라 더욱 악화된다. 카브젬스는 딱 떨어지는 쉬운 답이 없는 일련의 질문들을 함으로써, 장애 학생의 교육과 관련 있는 많은 이해 당사자 사이에서 또한 여러 단계에 걸쳐 존재하고 있는 갈등과 가치 충돌에 관한 논의를 마무리 지었다. 하지만 우리는 장애 학생이 다른 사람과 같아질 수 있도록 다르게 취급한다면, 분리에 의해서는 동일하거나 공평한 교육을 제공할 수 없다는 것을 배웠다. 개별적 적응과 계획을 지나치게 강조함으로써 장애에 대해 새롭게 생각하거나 다른 선택을 할 수 있는 기회를 뺏겨 왔다.

프랭크 러시는 지난 30년 동안 장애에 대한 이해의 변화를 성찰적으로 살펴보았다. 이해 변화에 의해 우리는 장애인이 비장애인과 비교하여 다른 점보다는 훨씬 같은 부분이 많다는 사실을 인식하게 되었다.

러시는 1968년부터 1978까지 10년의 기간부터 시작해서 같음에 대한 개념의 변화를 추적해 왔다. 이 기간에 장애인에게 주어진 서비스는 정상화, 적격-일탈의 가정, 역량 보여 주기, 경쟁 고용과 같은 개념에 영향을 받기 시작했다. 장애인과 비장애인 사이의 다른 점에 대해서만 집중했던 과거의 결핍 치료 모델에서 벗어나, 사회복지 서비스 제공자는 일반 대중에게 기대하는 것을 지적장애인에게도 통상적으로 기대할 수 있다는 사실을 인식하게 되었다.

이와 같은 경향은 러시의 연구에서 두 번째 10년이라고 할 수 있는 1978년부터 1984년 사이에도 지속되었다. 이 당시 사회적 검증과 널리 퍼져 있던 응용 행동 분석이 결합함에 따라 학교, 직장, 지역사회에서 장애인에 대한 바람직한 성과가 더 강조되었다. 결과적으로 전문가들은 장애인의 삶에 대한 전통적 훈련 프로그램의 효과성을 의심하기 시작했다. 성과에 대한 우려에 따라 1984년부터 현재까지 전통적 프로그램들의 효과가 없다는 사실과 고등학교 기간부터 지속적으로 배제를 촉진하는 분리 정책에 의해 장애인이 의존적인 위치에 놓이게 된다는 기본적인 사실을 알게 되었다. 이와 같은 인식의 결과 주요 체계의 변화가 필요하게 되었고, 우리는 특수교육과 성인 사회 서비스를 개혁하기 위해 노력하게 되었다.

러시는 장애인과 비장애인의 '같음'을 점점 더 강조하게 되었다고 요약하면서 장애인의 능력을 조사하기 위한 경험적 근거로서 사회적 검증을 사용함으로써, 장애인이 비장애 동료와 다르기보다는 오히려 같은 부분이 더 많다는 것이 명백해졌다고 결론지었다.

수 세기에 걸친 장애 관점의 변화에 대한 앙리 자크 스티케의 인류학적 분석은 분석적 개념으로서 '다름으로서의 장애'를 철저히 검토했다. 다름이라는 것은 불가피한 것이라는 입장, 즉 차이가 없다면 모든 것은 단지 반복에 불과한 것이라는 입장에서 출발하여, 스티케는 수 세기 동안 장애를 '다름'으로 추적하였다. 이와 같은 가정에 근거하면 장애인과 비장애인 사이에서 차이의 존재 여부가 중요한 것이 아니라, 오히려 이런 차이점들이 어떻게 생각되고, 조직되고, 현대 민주 사회에 통합되는지가 중요한 문제가 된다.

간단히 말해 고대부터 고전 시기를 지나 현대의 시작까지 장애인은 사회로부터 초월적인 위치에 놓여 있었다. 즉 장애인은 경제, 법률, 일상적 삶과 연관된 모든 부분의 외부에 위치한다는 것이다. 이 시기에 장애인들은 악마의 형태로 여겨졌고, 그래서 세상에서 버려지고 불결한 존재, 어릿광대 등 다양한 존재로 여겨지며, '내세'(하느님)와 지하 세계의 악마 사이에 신비한 연결을 이어 주는 존재, 또 한편으로는 자선, 구호품이 필요한 극빈자들로 여겨져 왔다. 즉 장애인은 "장애라는 현상이 무엇의 징후인가?"라는 질문을 떠올리게 하는 존재였다.

17세기부터 이성적 설명과 질서를 필요로 하는 사회적이고 정치적인 사고방식의 결과로서 "이 장애인들을 어떻게 해야 하는가?"라는 질문으로 바뀌었는데, 예전처럼 존재 외부를 살펴보는 것이 아니라 답을 찾아내기 위해 과학에 의지하기 시작했다. 이 시기 동안 장애는 이성 외부에 존재하는 정신이상으로 간주되어 장애인들은 사회적 위협으로 여겨졌다. 즉 '정상'의 기준으로 다시 돌아갈 수 없다면 장애인은 사회 분열의 원인으로 생각되었다. 이와 같은 생각을 가능하게 하는 수단은 교육을 통해 이루어졌는데, 18세기의 민주적 원칙에서 시작하여 현재까지도 이어지고 있다.

스티케는 20세기 장애 관점에 대한 비유로서 '핸디캡-사회적 불리'라는 단어의 어원과 진화하는 사용에 대해 분석하였다. 그리고 장애와 같음-다름에 대해 의미를 부여하는 방법으로써 언어 자체를 포함하는 방향으로 논의를 확대하였다. 언어는 모든 요소가 다 다르지만 서로 연계되는 방식을 통해서만 존재할 수 있는 체계다. 그의 기초적인 전제로 돌아가서 스티케는 우리가 같음과 다름을 논의하는 대신에 '타자성'에 대해 논의해야 함을 제안한다. 타자성을 논의하여야, 다른 사람을 완전히 동화시켜야 한다고 주장하는 한쪽과 사회가 작동할 수 없을 정도까지 다름을 주장하는 다른 한쪽 사이에서 어중간하게 타협하고자 하는 무의미한 노력을 하지 않을 수 있게 된다. 스티케에 따르면 갈등관계를 만드는 원인은 차이와 아주 밀접하게 연관된 타자성의 관점에서 과하게 비교하기를 원하는 데 있다. 하지만 타인이 다른 사람으로 존재하는 한 상대방은 완전히 비교할 수 있는 대상이 아니다. 이와 같은 상황에서 우리가 민주적 통합을 생각할 때 장애인들은 숨겨진 차별과 외관상 비차별 사이에서 균형을 찾을 수 있다고 스티케는 제안하고 있다.

　　데이비드 파이퍼는 지난 30년 동안의 장애에 대한 이해를 탐구하였고, 시민권 운동에서 벗어나 장애 패러다임의 분화로 요약하였다. 이와 같은 분화의 결과는 '사회적 구성물로서의 장애' '소수 집단으로서의 장애' '평등의 거부로서의 장애'다. 파이퍼는 이와 같은 관점에서 장애를 정의하는 것의 문제점과 장애 패러다임의 함의를 지적했다.

3장 · 장애 가치, 표상, 그리고 현실[1]

게리 알브레히트

이번 장은 "모든 사람이 평등하게 태어난" 사회 내에서 장애인의 위치를 이해하고 해석함에 있어 문화적 가치의 중요성을 논의한다. 우선 나는 미국 사회에서 가장 중요한 가치를 역사적 맥락에서 살펴보고, 그것들 사이의 관계, 긴장, 균형을 찾아볼 것이다. 또한 미국 사회에서 비슷하거나 혹은 다른 가치를 가진 집단들을 서로 비교할 것이다. 둘째, 문화적 가치들이 사회적 규범, 사회적 관계, 계층구조, (성별, 나이, 장애를 포함하는) 노동 분업, 사회조직에 어떻게 영향을 미치는지 조사할 것이다. 셋째, 장애인의 인식과 삶에 미치는 가치들의 영향력을 연구할 것이다. 명확하게 말하자면 배제/포함, 의존적/자기 결정적, 신체적 장애 대 정신적 장애, 눈에 보이는 장애/눈에 보이지 않는 장애, 혼자 하는 행동 또는 운동에 포함되는 행동, 문화적 예민성과 유능성 등

1) 이 장은 시카고 일리노이대학교, 장애와 인간 개발 연구소(Institute on Disability and Human Development)와 인간 복지 증진을 위한 상(the Award for Promotion of Human Welfare)의 지원을 받아 수행된 연구다.

에 영향을 미치는 가치들을 장애와 더 넓은 지역사회 맥락 안에서 조사할 것이다. 넷째, 문화에서 장애인들이 묘사되는 방법과 그들이 실제로 경험하는 삶들을 비교 대조할 것이다. 마지막으로 특정 가치들과 갈등이 있고, 특정한 유형의 장애와 생활방식이 있는 사회에서 살아나가는 결과들을 연구할 것이다.

*　*　*

"신호를 무시하고 운전하던 음주 운전자 때문에 사고당하기 전까지 나는 아메리칸드림을 이루고 있었다. 그때는 몰랐지만 내 삶은 그 시점에 바뀌었다. 고등학교 때는 미식축구 선수였고, 아이오와대학을 졸업했으며, 여자 친구도 있었고, 직장도 다니고 있었다. 돈을 좀 모으고 쉬다가 결혼을 하고, 내 집과 자녀들을 갖고 싶었다. 사고를 당하고 처음에는 모든 사람이 나에게 친절했지만, 시간이 흐르면서 하나둘 나에게서 멀어져 갔다. 모든 사람이 날 떠나고 나는 혼자가 되었다. 어느 날 나는 우리 모두가 같은 꿈을 꾸고 있지만 나만 다르다는 것을 깨달았다. 나는 휠체어에 앉아 있었다. 그들은 내가 그들과 같은 꿈을 꾸며 사는 것을 허락하지 않았다. 나는 나만의 새로운 세상을 만들거나 죽어야 했다"(양측 하지 마비의 29세 남자가 시카고 소수 모임에서 다른 장애인들에게 자신의 장애 경험에 대해 한 이야기, 1995년 6월).

미국 시민의 기본 권리를 설계한 권리장전은 "모든 사람은 평등하게 태어났다"라고 주장한다. 더 나아가 미국 헌법은 시민이 개인의 권리가 존중되고 보호되는 민주적 시스템을 갖춘 정치·경제적 환경에서 살 것을 보장하고 있다. 이러한 개인에 대한 강조는 투표권, 표현의 자유, 무기 소지권, 정부 구성에서의 선출권, 종교의 자유를 포함한다. 위의 기본적 가치들은 개인적 노력을 강조하고 보상하며, 이론적으로 사람들이 교육을 받고, 개인 자산을 쌓으며, 자신의 사회적 계층에 걸맞은 사회적 지위를 얻도록 허락하는 자본주의적 경제와 연결되어 있다 (Thurow, 1996). 이에 따라 원칙적으로 누구든지 부자가 되거나 미국의 대통령이 될 수 있다. 그러나 현실은 그렇지 못한 실정이다.

장애인은 평등에 근거한 기본권을 부여하면서도 동시에 하찮은 대접을 받거나 배제되는 등 평등한 시민보다 못하게 대접받도록 허락하는 정치·경제적 시스템 내에서 살고 있다(Albrecht, 1992). 이러한 불일치는 이상과 장애인이 실제로 살아온 경험 사이의 격차를 보여 주는 것이다. 공평과 평등이 반드시 동의어라고 볼 수는 없다. 공평은 인간관계에서 공정함의 원칙을 의미하지만, 평등은 같은 권리와 기회를 갖는 것을 말한다. 예를 들면 1990년 제정된 「미국 장애인법」은 교육과 직업에 접근함에 있어서 장애인이 공정하게 대접받아야 한다고 밝히고 있다. 하지만 시, 학교, 회사들은 장애인이 교실, 도서관, 사무실에 손쉽게 접근하여 편안하게 활동할 수 있도록 건축되어 있지 않다(Imrie, 1996). 장애인의 건물 접근성 확보를 위해 법률이 마련되어 있고, 이를 위해 적지 않은 돈이 투입되었지만 아직도 장애인은 뒷문이나 업무용 출입구로 강의실과 사무실에 들어가야 한다. 그리고 일단 사무실이나 강의실에 도착한다고 하여도, 장애인들은 항상 비우호적인 공간, 비현실적인 기대들, 그리고 동료 또는 선임들로부터의 차별적 태도를 마주하게 된다.

사회 내에서 장애인들의 위치를 이해하려면 국가의 가치 구조와 그것이 장애인에게 어떻게 적용되는지 조사하는 것이 중요하다(Stiker,

1982). 장애인의 경험은 대중매체가 만들어 내는 경향이 강하기 때문에, 다른 사람들에게 보이는 방식과 그에 대한 다른 사람들의 반응, 공적 묘사들이 장애를 이해하는 데 굉장히 중요하다. 게다가 장애인의 경험적 현실은 꿈과 현실 사이의 분투이고 흔하게 일어나는 부정확한 표현들과 일상생활에서 거슬리는 싸움들과의 대면이다.

　　이 장은 장애인이 매일 대면하는 가치, 표상, 현실에 초점을 맞춘다. 장애인의 세상을 더 분석적이고 민감하게 이해하기 위하여, 장애인이 다른 시민과 유사하거나 혹은 다른 점들을 다룬다. "사람은 모두 평등하게 태어나지만" 항상 그렇게 대접받지는 않는 사회에서 장애인들의 위치를 이해하고 해석하는 데 문화적 가치의 중요성을 고려하며 논의할 것이다. 우선 나는 미국 사회에서 가장 중요한 가치들을 살펴보고 이를 역사적 맥락에 놓은 다음, 그들 사이의 관계, 긴장, 균형을 보여 줌과 동시에 주요 유럽 국가들에서 발견되는 가치들과 비교할 것이다. 둘째, 장애인의 가치와 표상과 더 넓은 미국 사회의 가치와 표상 사이를 비교 대조할 것이다. 마지막으로 이런 가치와 표상들이 장애인의 인식과 삶에 주는 영향을 조사할 것이다. 이 장은 국가 비교연구 문헌과 지난 5년간 저자가 실시한 수많은 다양한 연구에서 수집된 증거들에 기반한다.[2]

---

2) 이 논문은 지난 5년 이상의 기간 동안 저자가 수행한 연구 문헌, 개별 면접, 집단 면접에 기반하고 있다. 이 연구들은 장애인, 가족, 친구, 응급의학과 관련 의사, 일반의학과 의사, 재활의사 등과의 심층 인터뷰, 초점 집단 인터뷰, 민속지학적 연구법 등을 포함한 현장 연구 기법을 사용하고 있다. 연구의 목표는 장애인들이 어떻게 지원을 찾고, 자신들의 문제를 표현하고, 진단받고, 치료받는지, 의료 및 사회 서비스 전문가와의 만남에서 느끼는 바가 어떤지를 밝히는 것이다. 또 저자는 일상생활 경험 및 자신의 삶에 대한 이해에 초점을 맞추어 장애인 114명과 2시간 30분 정도의 면담을 실시하였다. 또한 워싱턴 D.C.의 상하원 의원, 의회 로비스트, 장애 정

1. 미국적 가치

가치는 사회의 문화를 특징짓는 관념의 반영이다(Aaron, 1994). 관념은 "공유되고 상대적으로 일관성 있는 밀접한 감정이 고조된 믿음이며, 몇몇 사람을 한데 묶고 그들의 세계를 이해하는 데 도움을 주는 규범이다"(Trice and Beyer, 1993: 33). 가치는 상품 소유의 값어치 또는 개인적 권리와 책임을 갖는 것의 인지된 값어치를 나타낸다. 헥터는 가치들이 상대적으로 견고하고, 개인의 내면에 위치하며 지속적이라는 것을 강조하기 위해 가치를 "평가를 위한 상대적으로 일반적이고 오래가는 내부적 기준"(Hechter, 1992: 217)이라고 덧붙였다(Hechter, 1992; 1994). 신념은 세상이 어떻게 돌아가는지 공유되는 인식을 말하고, 규범은 사람들이 어떻게 행동해야 하는지를 표현하는 공유된 규칙을 의미한다.

최근 몇 년 동안 몇몇 미국적 가치의 강조점이 변하기는 했지만, 미국 문화의 주된 가치들은 아직도 유지되고 있다(DiMaggio, Evans and Bryson, 1996). 1946년부터 1976년까지의 가치들을 연구하면서 윌리엄스(Williams, 1970; 1979)는 다음과 같은 다섯 가지 범주의 미국적 가치를 찾아냈다.

책 분석가, 전국 단위 장애인 단체 지도자, 자립생활운동 지도자, 장애운동가, 보험 매니저, 연방 및 주 정부 등의 재활 서비스 담당 부서 팀장 등 주요 의사 결정자 64명과 인터뷰를 실시했다. 사적이고 종종 비밀에 부쳐야 했던 인터뷰는 이 지도자들이 장애 세상, 문제, 해결 방안을 어떻게 개념화하고 있는지, 그들이 느끼는 정치적 압력이 무엇인지, 장애인의 삶의 질을 개선하기 위해 취해야 할 조치를 무엇이라고 생각하는지, 왜 그런 조치를 취했는지 등을 알아보고자 하는 것이었다. 이 논문에 있는 분석과 논의들은 이와 같은 다양한 데이터에 근거하고 있다.

가치 범주 I

- 경쟁적인 성취와 성공

- 활동과 일

- 효율성과 실용성

- 과학과 세속적인 합리성

가치 범주 II: 개인적 성격과 개인의 가치

- 자유

- 평등

- 민주성

가치 범주 III

- 진보

- 물질적 안정

가치 범주 IV

- 인도주의적 관습

- 도덕적 지향성

가치 범주 V

- 민족주의

- 인종차별주의와 집단우월주의

- 외부 순응

첫 번째 범주는 경쟁적인 미국의 환경에서 개인적 성취와 일 우선주의 인식을 강조한다. 이러한 가치들은 개신교 윤리, 자본주의 경제의 생존 요구, 그리고 초기 미국 국민이 영국, 아일랜드, 유럽 대륙의 노동자 계급 출신이라는 사실에 의해 지지·강화되었다. 이와 같은 윌리엄스의 분석은 미국 가치에 관한 최근 연구에 의해 꾸준히 뒷받침되어 왔다(McClosky and Zaller, 1984; Meyer, 1993).

예를 들어 캔터(Kanter, 1978)가 1970년대 후반에 발표한 바에 따르면, 미국인은 일을 자존감과 물질적 성공의 원천이라고 여기며, 생산적인 일이 개인의 권리, 권력, 공평과 정의에 대한 믿음의 근본이라고 보고 있다. 최근 몇 년 동안, 일은 사회에서 상징적 의미도 갖게 되었다. 보수가 따르는 일은 개인에게 자존감, 독립성, 사회적 참여와 자유를 제공한다(Yankelovich, 1979). 사실 미국 사회에서 일은 너무나 중요한 가치라서, 복권에 당첨된 사람 중 88퍼센트는 경제적으로 일을 해야 할 이유가 없음에도 불구하고 일을 계속 하고 싶다고 대답하였다(Harpaz, 1986). 일의 영역 내에서는 실용성과 효율성이 중요하다. 미국인은 "할 수 있고" "실리적인" 부분을 지향하는 작업환경에서 편안함을 느낀다. 이에 따라 그들은 대체로 작업 목표를 정할 때 장기 성과보다는 단기 성과에 기대를 건다.

가치의 두 번째 범주는 미국 사회 내에서의 개인의 중요성을 매우 강조한다. 대부분의 유럽과 아시아 문화들과 뚜렷한 대조를 보이며, 미국인은 자신감과 강화된 자아 관념이 그들 행동의 이유를 지배하는 "철저한 개인주의"를 지지한다. 사람들은 자립해야 하는 것으로 기대된다. "나는 일단 내 이익만을 우선으로 생각할 것이다", 그리고 나서 직장에서의 자아실현과 성장에 집중할 것이다. 결과적으로 토크빌Alexis de Tocqueville은 일찍이 1877년에 개인주의가 사회적 고립과 미국인들이 서로 멀어지는 현상을 촉진시켰다고 지적했다. 이와 같은 초기의 개인주의적 문화적 가치의 발전은 어려움에 처한 사람에 대한 현대 사회정책들의 기초가 되었다(Lipset, 1991). 이에 따라 토크빌의 분석으로부터 100년이 넘게 지난 후 벨라 등은 성공에 관한 사람들의 개념이 거의 세계적으로 직업에서의 근로소득, 직무 위치, 완성한 프로젝트에 따라 평가되는 개인적 직업의 성취도에 대한 인식과 연관되어 있음을 알게 되었다(Bellah, Madsen, Sullivan, Swidler and Tipton, 1985).

직업은 많은 장애인에게 문제를 일으키고 있다(Yellin, 1992; Yellin and Katz, 1994). 일반적인 취업 연령의 성인들과 마찬가지로 대부분의 장애인들은(79퍼센트) 일을 하고 싶어 한다(Bristo, 1996). 하지만 1994년에 루 해리스Lou Harris의 여론조사에 의하면, 취업 연령 장애인들의 3분의 2가 취업하지 못하였고(Harris and Associates, 1995), 취업한 장애인들의 82퍼센트는 적절한 건강보험이나 국민연금을 제공하지 않는 시간제 직업을 가지고 있었다(Kraus, Stoddard and Gilmartin, 1996). 게다가 장애인은 비장애인에 비해 최대 50퍼센트 낮은 수준의 임금을 받고 있다. **결과적으로 장애인은 자존감을 높이고 독립성을 보장할 수 있는 종류의 직업을 갖거나 그런 분야에 종사할 기회가 없다.** 그들은 가치 범주 I에서 표현된 직업관과 가치 범주 II에서 함축된 독립성을 누리는 기회를 구조적으로 빼앗겼다.

핵심적인 미국적 가치의 세 번째 범주는 억누를 수 없는 낙관론과 인간 조건 향상에 대한 믿음에 초점을 맞추고 있다. "젊은이들이여 서쪽으로 가라"는 호러스 그릴리Horace Greeley의 권고[3]부터 마이크로소프트사가 세계를 전자공학의 미래 시대로 길을 터 주는 과정에서 무수한 사람의 삶을 개선해 줄 것이라는 빌 게이츠의 일관된 확신까지, 대부분의 미국인은 자신의 국가가 세계 '최고'이며, 앞으로도 모범적인 근면성을 통해 선두에 있을 것이라고 확신한다. 결론적으로 비관론자들은 "마음에 들지 않으면 떠나라" "더 이상 갈 곳이 어디 있는가?" "완벽하진 않을지라도, 우리가 갖고 있는 것이 전부다"와 같은 말을 자주 듣게 된다.

　이러한 낙관주의와 자신감은 눈에 띄는 소비와 물질 소유를 통한 성공의 표출과 결부되어 있다. 작년 여름 길거리에서 자주 보이며 유행했던 성인 티셔츠에는 "가장 많은 장난감을 가진 사람이 이긴다"라는 문구가 적혀 있었다. 미국 주택의 넓은 평수, 자동차 수와 종류, 1인당 옷 소비량, 전자제품의 구매 등을 보면, 미국인들을 엄청난 소비자로 보던 베블런(Veblen, 1899)의 관찰 결과는 지금도 여전히 유효하다. 개개인의 신분이나 가치는 대체로 소비 패턴과 물건 수량, 유명한 상표명으로 평가되는 물질적 소유에 의해 판단된다.

　가치의 네 번째 범주는 미국적 가치 시스템의 내재적인 모순을 보여 준다. 앞의 세 범주들은 경쟁과 개인주의를 강조한 반면, 네 번째 범주는 인도주의와 타인의 곤경에 대한 도덕적 걱정을 나타내고 있다. 역사적 맥락에서 이와 같은 명백한 갈등은 우선 막대한 부와 사회적 지위를 얻고 나서 공익을 위해 구호단체에 돈을 기부한 성공한 사람들

---

3) 1865년 그릴리가 신문에 기재하면서 유명해진 구절로, 돈을 벌고 싶으면 당시 미개발 지역이었던 미 대륙의 서쪽으로 가서 밭을 일궈 돈을 벌라는 의미다. ─옮긴이

에 의해 해결되었다. 예를 들어 앤드루 카네기는 믿기 어려울 정도의 재산을 모은 후 국가 전역에 걸친 도서관들에 기부하였다. 포드 재단, 록펠러 재단, 카네기 재단은 모두 이런 행동 패턴을 따르고 있다.

물질적 성공과 개인주의적 가치와 조화되지 않는 듯 보이는 인도주의적 가치는 미국 시민에게 상당한 갈등과 실망을 일으킬 수 있다. 미국 시민은 세계 최고로 부유한 국가에서 노숙자, 유기 아동, 노인 관련 문제들이 나타나는 것이 불만족스러울 것이다. 미국 헌법의 기초를 닦은 토머스 제퍼슨도 매일매일 이와 비슷한 곤경에 대해 고민했다. 이론적으로 그는 노예제도를 지지하지 않았고 당연히 폐지해야 한다고 생각했다. 동시에 그가 만약에 노예들에게 자유를 준다면, 자신의 생활방식을 급격하게 바꿔야 하고 그가 좋아하는 몬티셀로[4]를 포기해야 한다는 것도 잘 알고 있었다. 결국 제퍼슨은 자신의 노예들과 몬티셀로를 포기하지 않았지만, 종종 자신의 도덕적 딜레마에 대해 언급하곤 했다. 오늘날 젊은 사업가들도 이와 비슷한 가치적 갈등을 마주친다. 많은 사업가가 상당한 권력과 부를 쌓았지만, 선조들의 노블리스 오블리제를 아직 보여 주지 못하고 있다. 그리고 제퍼슨처럼 오늘날의 사람들 또한 자신의 실제적 행동과 도덕적 발언을 조정하는 데 상당한 어려움을 겪고 있다. 위와 같은 도덕적 선택에 관한 딜레마는 사회보장제도와 복지 개혁에 대한 오늘날의 토론들에서도 나타나고 있다.

다섯 번째 범주는 미국 문화에 호의적인 자민족 중심주의에 초점을 맞추고 있다. 대체로 이러한 면은 미국 공휴일에 나타나 있는 강한

---

4) 몬티셀로(Monticello)는 미국 버지니아주 중부의 도시이며, 토머스 제퍼슨이 손수 설계한 본인의 저택을 의미한다. — 옮긴이

민족주의와 애국주의 표현들, 걸프 전쟁과 같은 결정적 사건들에서 표출된다. 호주인을 제외하면 미국인은 다른 국가 사람들보다 외국에서 살고 싶어 하는 욕구가 적었다(Trice and Beyer, 1993). 최근에 미국인은 자신들이 유엔에 기여하고 평화 유지와 인도주의적 임무를 지원하기 위해 지속적으로 군인을 외국에 보낼 책임에 의문을 갖기 시작했다. 이러한 자민족 중심적인 가치들은 고립주의, 다른 문화에 대한 한정적 지식과 불인정, 세계적 사건들에 대한 좁은 시각, 외교 및 평화 유지의 선도적 입지에 대한 회피로 이어질 수 있다.

국내적으로 자민족 중심주의는 인종차별, 백인계 미국인Anglo 문화에 대한 선호, 노인 차별, 성차별, 그리고 일반적인 지배 계층 우월주의를 통해 표출된다. 이것은 혼란스러운 경향인데, 왜냐하면 미국은 오랜 시간 동안 여러 인종이 혼합되어 살아왔고, 인구학적 데이터를 봐도 2020년 성인 노동인구의 50퍼센트에 가까운 인구가 비앵글로 인종으로 구성될 전망이기 때문이다. 세계 시장에서 경쟁력을 갖추고 변화하는 노동인구의 구성에 적응하기 위해서 미국 기업들은 더 많은 소수집단, 여성, 외국인 노동자를 포함해야 할 것이다. 이러한 이유로 많은 고용주는 다문화적 다양성을 이해하고 증진할 수 있는 교육 프로그램들을 개발했다(Cox, 1991). 이와 더불어 미국에 본사를 두고 있는 대형 다국적기업들도 세계 시장에서의 경영을 더 잘 이해하고 역량과 경험을 지닌 관리자로 발전시키기 위해 회사의 매니저들을 해외로 파견하거나 외국의 매니저들을 미국으로 데려오는 정책을 시행하고 있다.

장애 분야에서 자민족 중심주의는 장애인들에 대한 혐오감, 질병이 있는 태아의 낙태에 관한 의견 충돌, 그리고 심각한 장애나 고통이 있는 사람들의 안락사에 대한 옹호를 통해 표출된다. 장애는 여성, 유색인종 집단, 그리고 이미 상당한 차별을 받으며 낙인의 대상이 되는 빈곤층에게는 부가적인 부담으로 다가온다. 장애가 있다는 것은 개개인을 특정 짓고 하찮은 존재로 주변화시킨다.

1971년부터 1986년 사이에 캘리포니아에서 실행된 벵스턴의 연구는 위에서 언급된 기본적 가치들이 시간이 흘러도, 세대가 바뀌어도 변할 가능성이 미비하다는 것을 보여 준다(Bengston, 1989). 그의 연구에서 젊은 세대들은 그들의 조부모에 비해서 더 높은 수준의 개인주의와 더 낮은 수준의 인도주의를 나타냈다. 하지만 주목할 만한 결론은 집단 내부와 집단들 사이에서 가치들이 비교적 일정하게 유지된다는 것이다. 이 결론은 지난 50년간 시행된 미국 여론에 관한 상당한 양의 조사에 의해서도 지지되고 있다(Campbell, Converse, Miller and Stokes, 1960; Inglehart, 1977; Page and Shapiro, 1992).

지난 200년 동안의 사회·정치적 현상들에 의해 영향을 받아 주요 미국적 가치들에 대한 표현에는 수정이 있었지만, 근본적인 가치들은 지속되고 있다(Varenne, 1986). 예를 들어 립셋이 주목한 바에 의하면 적극적 조치는 사회적 소수자들이 경쟁적 자본주의 시스템에 들어갈 수 있도록 기존 차별에 대한 보상적 조치로서 옹호되었고, 미국은 빈곤층 또는 장애인에게 복지나 의료 제도를 통해 제공하는 지원 수준이 서구 국가들에 비해 두드러지게 낮다(Lipset, 1991; 1996). 하지만 그는 이러한 조치들이 개인적 성공과 기회의 균등에 두는 강조를 근본적으로 수정하지는 못했다고 결론지었다. 이와 같은 연구와 데이터들을 종합해서 살펴보면 미국적 가치 시스템은 분명하고 견고하며, 다수 집단 구성원들을 선호하고, 자기성찰을 장려하고, 외부인 또는 다른 사람을 의심하고, 집단보다는 개인을 강조한다는 것을 보여 준다(DiMaggio,

Evan and Bryson, 1996).

보다 일반적인 미국적 가치들이 작동하는 '주요 논쟁'에 대한 여론조사의 특정 항목들을 검토해 보면, 위와 같은 일반적 가치와 패턴이 꾸준히 유지되고 있음을 알 수 있다. 예를 들어 일련의 국가 여론조사에 대한 분석에서 섀이퍼와 클라겟(Shafer and Claggett, 1955)은 요인분석 기법을 통해 현재 '뜨거운 쟁점'에 대한 의견들을 평가하는 항목들이 여섯 가지 집단으로 귀결된다는 것을 발견했다. a. "학교 이사회는 동성애자로 알려진 선생들을 해고할 수 있는 권한이 있어야 한다"와 같은 항목으로 측정되는 문화적 가치, b. "자기 자신을 돌보지 못하는 사람들을 돌보는 것은 정부의 책임이다" "우리 사회는 모든 사람들이 성공할 수 있는 동등한 기회를 보장하기 위해 필수적인 것들을 해결해야 한다"와 같은 항목으로 나타나는 사회복지 쟁점들, c. "국방과 병력을 위한 연방 지출 삭감"과 같은 표현에 나타나는 외교정책, d. "사회 보장에 돈을 쓰는 것"과 같은 문제에 의해 나타나는 사회보험제도, e. "이 나라에서 평등권을 밀어붙이려는 시도가 도를 넘었다"라는 항목에 의해 상징되는 시민평등권, f. "표현의 자유는 공산당이나 KKK단과 같은 조직에게까지 허용되면 안 된다"는 항목에 의해 판단되는 시민의 자유권. 자세히 살펴보면 섀이퍼와 클라겟이 확인한 주요 사회적 쟁점들의 여섯 가지 집단은 일찍이 윌리엄스에 의해 확인되고 이후 수많은 조사에서 판명된 지배적 가치 모음들과 아주 비슷한 모습을 보인다(Page and Shapiro, 1992; Stimson, 1991; Williams, 1979).

이와 같은 동일한 범주와 패턴들은 미국 보건 복지 문제들에 관한 여론조사에서도 분명히 나타난다. 최근의 연구에서 푹스(Fuchs, 1996)는 건강관리 체계와 개혁에 관한 건강 경제학 전문가, 이론 경제학자,

그리고 활동 중인 의사들의 태도를 측정할 수 있는 20개의 주요 질문들을 찾아냈다. 그는 이 질문들을 "미국의 고비용 의료 서비스는 미국 기업들을 국제 경제에서 다른 기업들에 비해 경쟁력이 낮아지게 만든다" "이제 미국은 전 국민을 포함할 수 있는 법안들을 제정해야 한다"와 같은 방식으로 표현하였다. 응답자들은 질문에 관심을 보였지만 정책과 관련된 가치 질문과 관련된 입장에 대해서는 불일치가 크게 나타났다. 푹스는 어떤 조치를 취할지에 관한 응답자들의 의견 폭은 대부분 그들 가치관 사이의 차이점 때문이라고 결론지었다. 푹스는 자신의 연구를 요약하며 정부 불신, 인구의 다양성, 약한 노블리스 오블리제 관념으로 인하여 유일하게 국민건강보험이 없는 거대 선진국이 미국이라고 언급했다.

이와 같은 주제 중 일부는 에인절(Angell, 1993), 에치오니(Etzioni, 1996), 헤이(Hay, 1988)의 연구에서 가져온 것이다. 이들은 대부분의 미국인에게 주요 미국적 가치들이 비슷하게 다가옴에도 불구하고 그들의 사회적 지위, 공동체 내에서의 멤버십, 공산주의에 대한 믿음에 따라 가치가 다르게 표출된다고 지적했다. 일반적으로 특권계급과 건강하고 부유한 사람들은 철저한 개인주의적 가치, 각자 자신만을 위해 경쟁하는 삶, 정부의 보건 복지 분야 역할 축소에 더 동의하는 경향이 있다. 하지만 위와 같은 연구가 이루어지는 내내 문화적 하위 집단들과 사회계층 사이의 가치 표현에 차이가 있었던 반면, 근본적인 미국적 가치들은 놀라울 정도로 안정적이며 시간이 지나도 다른 집단들 간에도 일정하게 유지되었다. 집단들 간의 차이점은 프로그램과 정책 안에서 인지된 상대적 중요도와 구체적인 가치 표출 내에 존재한다.

이 가치 체계의 인도주의적 측면들이 장애인을 격려하고 지지하지만, 미국 가치 체계에는 잠재적으로 문제를 일으킬 수 있는 측면들이 많다. 특히 자민족 중심주의는 장애인에게 불편한 특징인데, 그 이유는 그들이 미국의 주된 시민과 다르기 때문이다. 그들은 다수 사회에게 완전히 인정받거나 이해받지 못하는 자신들만의 하위문화를 발전시켜 왔다. 장애인은 어떤 제한도 없이 노동에 참여할 수 있는 위치에 있지 못하다. 그들은 다른 사람들과 같은 수익을 낼 수 있는 잠재력과 지위를 가지고 있지 못하므로, 차별의 위험에 처하거나 단순히 정부의 의무 고용 할당제의 대상으로 취급받게 된다. 이와 더불어 장애인은 종종 타인에게 의존해야 하고, 삶의 질을 높이기 위해 특정 집단에 소속되어야 할 수도 있다. 명백하게 개인보다는 집단에 초점을 맞추는 것은 미국 문화의 지배적 가치에 반대되는 것이다.

2. 유럽과의 비교

이와 대조적으로 유럽 국가들은 민주적 가치들을 옹호하면서도 어려움에 처한 사람들에게 더 호의적이고, 더 포괄적이고 완전한 보건 복지 제도를 갖추고 있으며, 사회에서의 소득분배나 실직자, 빈민 계층, 여성, 아동, 장애인과 같이 도움이 필요한 사람들이 이용 가능한 서비스 또한 현저한 차이가 덜 나타난다(Ardigó, 1995). 한 비교 연구에서 에반스(Evans, 1995)는 a.사회복지 b.완전고용 c.최저임금제 d.국가 내 불평등을 완화하기 위한 소득재분배 원칙에 대한 국민 의식에서의 유사점과 차이점을 조사하였다. 네 개 항목에 대해 미국을 호주, 스위스, 네덜란드, 영국, 서독, 오스트리아, 이탈리아, 헝가리와 비교한 결과, 미국 국가 조사의 응답자들이 다른 국가 응답자들과 비교해 아주 예외적으로 재분배 복지 정책들에 덜 호의적이라는 사실을 발견하였다. 모든 국가에서 사회계층이 낮을수록 높은 계층보다 소득재분배를 더 지지하는 등 계층 간 이기심에 의해 사회계층 간 차이가 표현된다는 것을 발견하였지만, 미국과 다른 국가들 사이에서 소득재분배에 대한 태도 차이가 나타난 더 주요한 이유는 효율성을 위해서는 불평등이 필연적이고, 모든 미국인은 성공할 기회가 있으며, 사회적 지위와 연결망은 성공하기 위해서 중요한 방법이 아니라는 미국적 믿음들 때문임을 발견하였다.

소득재분배에 대한 내재적 가치의 표현은 미국과 주요 유럽 국가들의 실제 소득분배에 반영되고 있다. 예를 들어 니켈과 벨(Nickell and Bell, 1995)은 프랑스, 독일, 이탈리아, 영국, 호주, 캐나다, 스웨덴, 일본에서 남성들의 소득 분산을 18년이 넘는 기간 동안 비교했을 때, 다른 어느 나라들보다 미국에서 노동자들 사이의 소득 분산이 훨씬 크다는 것을 발견했다. 이처럼 미국과 주요 유럽 국가들을 비교해 보면 태도, 가치, 실제 소득 분산 모두 모든 국가에서 일관된 패턴을 나타내고 있다. 모든 경우에서 미국은 불평등에 대해 더 관대하다. 미국 개혁가들은 사회정책에 대한 공동체적 접근의 발전(Etzioni, 1996), 도덕관의 구축(Wilson, 1993), 미국 건강 서비스 개혁을 위한 새로운 가치 모형의 발달(Priester, 1992)을 요구하는 이와 같은 불평등에 초점을 맞춰 왔다. 하지만 좋은 의도에도 불구하고 실제 여론과 행동은 장애인들에게 어마어마한 어려움으로 다가온다.

3. 장애인의 가치

**장애인은 개인적 가치와 보다 넓은 사회의 가치 사이에서 긴장 상태를
경험한다**(Whyte, 1995). 장애인의 일상적 경험들은 한편으로는 다른 미
국인들의 가치를 공유하면서도 다른 한편으로는 장애 경험을 통한 개
인적 가치를 발달시킨다는 점에서 복잡하다. 결과적으로 그들은 종종
경험에 비추어 자신들의 가치를 수정하기도 하고, 사회에서 지지받는
가치와 장애인이 사회적 가치에 부합되게 살 수 없도록 막는 강력한
장벽 사이에서 발생하는 구조적 긴장에 의해 좌절감을 느끼기도 한다
(Anderson, 1986; Chermak, 1991).

이 경우, 문화 자체에 장애를 만들 수 있는 힘이 있다(McDermott
and Varenne, 1995). 미국의 한 젊은 여성은 이렇게 말했다. "나는 다발
성 경화증으로 진단받은 후 가장 친한 친구인 에밀리에게 이 사실을
알리기로 하였다. 우리는 고등학생 때부터 모든 비밀을 공유하고 있었
다. 나는 에밀리에게 내가 다발성 경화증에 걸렸기 때문에 두렵긴 하
지만 좋은 친구들을 두었고 계속 일할 수 있어서 운이 좋다고 생각한
다고 말했다. 에밀리는 '제니, 정말 안되었구나. 이제 너는 더 이상 우리
와 함께 스키를 타러 갈 수도 없고, 결혼할 수도 없고, 아이를 가질 수
도 없겠구나'라고 대답했다. 에밀리의 말은 칼처럼 내 가슴을 도려내
었다. 나는 그때 새로운 친구들을 사귀어야 함을 깨달았다."

비슷한 맥락에서 서른한 살의 뇌전증 질환이 있는 아프리카계 미
국인 남성이 폭로한 내용이다. "저는 너무 화가 납니다. 저는 약으로 뇌
전증을 잘 조절하고 있어요. 재활센터 사람들이 제가 컴퓨터 프로그래
밍을 배울 수 있도록 학교로 돌려보냈지만 제가 무섭다며 아무도 저를

고용하려 하지 않았어요. 뇌전증을 앓는 흑인이라서요. 멍청한 놈들 그 누구도 저를 고용하고 싶어 하지 않아 해요. 그래서 저는 그냥 집에 앉아서 썩어 가고 있습니다." 그의 재활센터 상담 전문가가 나에게 해준 말이다. "제임스는 희망을 잃었어요. 사회는 당신이 일을 해야만 가치가 있다고 말하지요. 우리는 그가 컴퓨터 사용하는 법을 배워 오면 직업을 갖게 해주겠다고 말했어요. 그는 학교에서 열심히 공부했고 컴퓨터에 능숙해졌지만, 제임스가 야기할 수도 있는 보험 위험에 대해 알고 나면 그 어떤 고용자도 그를 고용하려고 하지 않습니다. 이제 우리는 그에게 무슨 말을 해줘야 하는 건가요?"

더 넓은 사회에서처럼 장애인도 몇몇 주요 가치를 공유한다. 동시에 가치, 견해, 관점에서 상당한 차이가 나타나기도 한다(Westbrook, Legge and Pennay, 1993). 수많은 연구와 나의 민족지학적 인터뷰에 근거하여 보았을 때, 장애인은 사회운동 활동가인 경우, 장애 공동체에 참여하는 경우, 자신들의 장애는 인정하지만 장애 공동체에서 활동하지 않는 경우, 어떠한 공동체에도 참여하지 않고 고립되어 있는 경우, 자신들의 장애를 숨기고 비장애인 행세를 하는 경우 등의 여부에 따라 서로 다른 다양한 가치를 표출하고 있다. 이런 장애인 집단들 각각에서 일탈적으로 비추어지는 사람과 집단에 용인되는 사람이 모두 존재한다.

많은 장애인은 독립적일 수 있고, 일을 할 수 있고, 완전한 삶을 살 기회를 원한다. 지역사회기관 인사과에서 일하는 저시력 여성은 "우리는 지원금을 받거나 복지 수혜 명단에 오르고 싶지 않아요. 우리는 단지 자신의 역할을 다하며 우리 자신을 돌볼 수 있도록 일할 기회를 원할 뿐이에요. 우리가 요구하는 것은 시작할 수 있는 조금의 도움 그리고 다른 사람들과 같은 공평한 기회가 전부에요"라고 말하였다. 또 만성 호흡기 장애가 있는 걸프전 참전 용사도 비슷한 이야기를 했다. "저는 우리 국가를 위해 봉사할 수 있어서 자랑스러웠고 특혜를 바라지 않습니다. 저는 좋은 대우를 받아 왔고 우리 모두 국가에 신세를 지고 있어요. 제 사장님이 저를 다시 받아 주셨지만, 날이 더워지고 오염이 심해지기 시작하면 제 호흡은 다시 말을 듣지 않기 시작해요. 퇴역군인협회는 제게 잘해 줬지만, 숨이 차올라 죽을 것 같다고 말해도 아무도 믿지 않을 때는 정말 엄청나게 화가 나요. 제가 사막에서 싸우고 있을 때 그들은 어디에 있었죠?"

내가 인터뷰한 사람 중 대다수는 직업, 개인주의, 애국심, 자립심과 같은 넓은 개념의 미국적 가치를 공유하고 있었지만, 소수의 사람은 이런 표준에서 벗어나 있었다. 한 재활 시설에서 나는 다른 사람에 비해 육체적 기능을 향상시키지 못하는 두 사람을 알게 되었다. 내가 그들에게 왜 그러느냐고 묻자 50대 중반의 한 남성이 대답했다. "만약 내 상태가 호전된다면 노동 착취 공장에서의 단순 작업을 하던 직장으로 돌아가야 합니다. 만약 호전되지 않는다면 집에 돌아가서 돈을 모을 수 있죠. 일을 할 때보다 안 할 때 돈을 더 받아요. 제가 미쳤다고 생각하나요?" 그러자 마비 환자인 다른 한 사람은 다음과 같이 말했다. "저는 사람들이 제가 플라스틱 컵에 소변을 보고 휠체어에 앉아서 돌아다니는 것을 보고 비웃는게 싫어요. 그래서 직장에 안 갈 겁니다. 절대 그럴 일은 없어요. 집에 가서 부모님과 함께 살 겁니다."

장애 공동체에서 자신의 자리를 찾는 것은 많은 사람에게 심적 공백을 메울 수 있도록 하는 것 같다. 청소년 자녀 두 명을 둔 중년 여성은 다음과 같이 언급했다. "저는 3년이 넘도록 심각하게 우울했지만 아무도 저의 상태를 진지하게 받아들이지 않았어요. 제 남편은 저를 쫓아내고, 이혼을 한 뒤 아이들을 데리고 갔지요. 만성 우울증을 가진 사람들을 위한 자조 단체를 찾기 전까지 저는 많이 우울했어요. 그들은 저에게 싸우는 법을 알려 주었고, 제가 밑바닥까지 내려갔을 때 지지해 주었으며, 제 삶을 다시 되돌려 놓을 수 있도록 도와주었어요. 물론 일은 제가 해야 하지만 그들이 방향을 잡아 주었던 것이죠. 그 자리에 있어 보지 않은 이상 아무도 이해하지 못해요. 제 오랜 친구들은 전혀 이해하지 못했죠. 우울증에 대해 도움을 받기 전에는 일할 수도, 엄마가 될 수도 없어요. 저는 삶과 죽음 사이에서 선택을 해야 했어요. 다른 모든 것들은 그 선택을 기다려야만 했지요." 심각한 자동차 사고로 척수손상을 입은 한 남성은 다음과 같이 이야기했다. "장애 공동체를 찾은 것이 제 삶에 전혀 새로운 목적과 의미를 가져다 주었어요. 우리는 대중에게 그들이 우리에게 기회를 빚지고 있다는 것을 상기시켜야 해요. 우리는 권리가 있고 그것을 지지하기 위해 서로 도울 것입니다. 저 혼자서는 싸울 수 없었지만 장애를 가진 다른 사람들과는 함께 싸울 수 있어요. 그들은 절 이해하기 때문이지요."

어떤 장애인들은 장애 공동체를 완전히 회피하기도 한다. 갓 대학을 졸업한 사람은 다음과 같이 언급했다. "저는 그 사람들과 함께 있는 모습을 보이고 싶지 않았어요. 저는 정상적으로 보여요. 아무도 제가 잘 듣지 못한다는 것을 모르죠. 저는 그들의 도움 없이도 잘 지낼 수 있고 그들처럼 되고 싶지도 않아요." 이 남자와 같은 사람들은 장애인으로 낙인찍히지 않고 지나가길 바란다. 그들은 자신의 손상을 가림으로써 장애인으로 불려야만 하는 표시와 낙인을 피하려고 노력한다. 또 다른 사람들은 그저 대중의 시선에서 벗어나고 싶어 한다. 예를 들어 파킨슨병을 앓는 50대 여성은 다음과 같이 털어놓았다. "제가 그 무리의 사람들과 돌아다녔다면, 아마 주변 사람들은 우리가 권리를 위해 시위하거나 압력을 주고 있다는 듯이 쳐다봤을 겁니다. 저는 군중 속에 들어가는 게 싫고, 사람들이 저에게 손가락질하거나 저에 대해 애처롭게 생각하는 것이 두려워요. 저는 사람들이 저에게 화나 있는 것이 싫어요. 저는 그저 집에 있으면서 제 삶을 최대로 즐길 수 있었으면 좋겠어요. 제 남편과 아이들이 저를 잘 돌봐주고 있고, 저는 텔레비전에서 볼 수 있는 소리지르는 대변자가 되고 싶지 않아요. 텔레비전에 나오고 싶지 않습니다. 그냥 제가 편안한 곳에 혼자 내버려 두었으면 좋겠어요."

　　가치 충돌은 대중이 모든 장애인을 동등하게 대우해 주지 않는 것을 장애인들이 알게 되었을 때 나타나고 악화된다(Albrecht, Walker, and Levy, 1982). **그들은 인종/민족, 장애 유형, 성별, 일할 수 있는 능력, 그들이 대하는 사람들의 하위문화에 따라 수용 범위의 차이와 차별을 경험한다**(Anderson, 1986; Longmore, 1987). 예를 들어 호주 연구원들은 백인계 호주인, 아랍계, 중국계, 이탈리아계, 독일계, 그리스계 공동체들의 건강 전문가들 665명에게 20개 장애 단체에 대해 소속 공동체 사람들이 어떤 태도를 보이는지 평가하라고 요구하였다(Westbrook et al., 1993). 장애인들을 받아들이는 데 독일계 공동체가 가장 호의적이고 아랍계 공동체가 가장 비호의적인 것으로 나타났지만, 공동체 간 평가들은 별반 차이가 없었다. 모든 공동체에서 에이즈 환자, 지적장애인, 정신질환자, 뇌성마비 장애인들은 천식 환자, 당뇨 환자, 심장병 환자들에 비해 덜 수용적이었다. 이 결과는 이전에 미국에서 발견되었던 연구 결과를 확인시켜 주었다(Albrecht et al., 1982).

장애인들은 집단별로 다른 평가를 받을 때 좌절감을 느끼게 된다. 20대 후반의 젊은 여성은 다음과 같이 통한했다. "왜 사람들은 에이즈에 감염된 내 친구 수전에게 유방암 수술을 받은 수전 동생보다 훨씬 불친절하게 대하는 것일까요. 수전은 병원에서 수혈받다가 에이즈에 감염되었어요. 수전이 원한 것이 아니에요. 수전 동생도 유방암을 원한 것이 아니죠." 차별은 특히나 정신질환이 있는 사람들에게 확연하게 나타난다. 한 부모는 다음과 같이 불평했다. "우리는 오래된 친구들과 친척들을 이해할 수 없어요. 우리 아들 바이런이 아내가 끔찍한 사고로 죽은 후 신경쇠약에 걸렸을 때 그들은 아들을 무슨 전염병처럼 피했었어요. 사람들은 그가 나병에 걸렸다고 생각하는 것 같았어요. 누구라도 그런 슬픔을 겪고 어린 두 아이와 홀로 남겨졌다면 무너졌을 거예요. 우리는 우리 힘만으로 그를 도와야 했어요." 이런 태도와 행동의 차이는 사람들이 다양한 유형의 장애에 대해 평가하는 내재적인 차이를 반영한다.

장애 공동체 내에서의 가치 충돌도 또한 눈에 띈다. 장애인들은 가끔 자기들끼리 누가 장애를 갖고 있는지에 관해 논쟁을 벌인다. 예를 들어 중국 국경 근처에서 겨울 작전을 수행하다가 동상에 걸려 오른쪽 다리와 왼쪽 발가락들을 잃어 재향군인병원에 있는 한국전쟁 참전 용사는 다음과 같이 비웃었다. "저기 있는 저 사람은 가짜에요. 신경 문제가 있다고 하는데 전혀 아니에요. 그냥 일 안 하면서 매달 돈을 타고 싶을 뿐이에요. 날 봐요. 난 진짜로 장애가 있어요. 나는 다리를 잃었죠. 누구나 그걸 알 수 있어요."

이런 평가는 눈에 보이는 장애를 가진 사람과 쉽게 눈에 보이지 않는 장애를 가진 사람에 대한 판단의 차이를 두드러지게 한다. 눈에 보이는 장애를 가진 사람은 그렇지 않은 사람에 비해 자신이 장애가 있다고 더 쉽게 주장한다. 비슷하게 신체적 장애가 있는 사람은 보통 자기들끼리 뭉치고, 정신장애인과는 거의 어울리지 않는다. 그들의 평가 모형에 따르면 눈에 보이는 신체적 장애가 한 사람에게 장애에 대한 주장을 더 강하게 할 수 있게 해준다. 뿐만 아니라 눈에 보이는 신체적 장애는 판단의 모호성을 줄여 주지만 정신질환이나 심각한 소통 장애들과는 다르게 사회적 소통을 방해하지 않는다.

장애인들 사이에서 누가 '진짜로' 장애를 갖고 있는지 서로 판단하듯이, 특정 장애 유형의 장애인은 다른 유형의 장애인 집단을 포함하지 않은 채 자신들만 뭉쳐서 단체를 만들고 자신들만의 목표를 추구한다. 수년간 장애인 사회는 주로 자기 갈 길만을 가는 다수의 협회로 나뉘어 있었다. 미국참전용사지체장애인협회, 국립시각장애인재단, 국립뇌손상재단, 근위축증 단체인 "제리의 아이들", 국립쎌협회, 미국심장협회와 같은 단체들은 단지 단기 목표 달성을 위해 일시적 연대만을 했다. 한 국립재단의 대표는 '비공식이라는 전제하에' 다음과 같이 털어놓았다. "「미국 장애인법」이 생기기 전까지만 해도 우리는 같은 유형의 장애인만을 위해 주장을 함으로써 더 잘할 수 있다고 생각했었습니다. 우리는 다른 모든 장애인 집단과 연관되는 것을 원하지 않았습니다. 우리만의 독자성을 잃을 수도 있고, 또 모금 능력이 떨어질 수도 있다고 생각했습니다. 한 가지 장애 유형에만 집중하면 대중에게 잘 팔릴 수 있는 명확한 이미지와 정체성을 갖게 됩니다. 그리고 모든 장애 유형이 대중적인 것도 아닙니다. 우리는 우리가 HIV/에이즈, 지적장애를 옹호하는 집단들과 힘을 합치면 이전부터 우리가 꾸준히 받아온 대부분의 지원을 잃을 수도 있다고 생각했습니다. 그래서 우리는 우리 단체에만 집중했습니다."

또 다른 장애 유형 집단을 위한 국립재단의 대표도 다음과 같이 지적하였다. "모든 장애가 같지는 않습니다. 몇몇 장애 유형은 일반 대중이 더 쉽게 받아들이고, 돈을 모으기 더 쉽습니다. 사람들은 아이들을 도와주고 싶어 하고, 자신의 장애에 책임이 없는 장애인을 돕고 싶어 합니다." 이런 견해는 **모든 장애인 집단이 장애인을 입법부, 정부, 대중에게 대변함에 있어 동일한 가치와 접근 기회를 가지는 것이 아님을** 시사한다.

이와 같은 분석에 따르면 장애인은 다른 시민과 국가적 기본 가치를 공유하고 있기는 하지만, 이런 가치들은 흔히 그들 자신의 경험에 따라서 형성되고, 그들이 갖는 장애의 종류에 따라 형성된다. 둘째, 장애인은 사회가 그들 앞에 놓아둔 극복 불가능한 장벽들 때문에 자주 자신들의 가치에 따라 행동하고 목표를 실현하는 것이 불가능하다는 것을 발견한다. 또는 자신들의 가치에 따라 행동하고 목표를 달성하려면 제한된 자원을 가진 일반 장애인에게는 비현실적인 영웅적인 노력이 필요하게 된다. 셋째, 장애인은 하나의 동질적인 무리가 아니다. 그들은 서로 수많은 가치와 경험을 공유하고 일반 대중과도 공유한다. 하지만 항상 수용되는 것만은 아닌 상당한 차이와 다양성이 존재한다. 넷째, 장애인 집단이 모두 같은 가치를 공유하고 비슷한 목표를 향해서 일하고 있는 것처럼 보일지라도, 모든 장애인을 위하기보다는 뚜렷한 자기 이익과 특정 장애에 대한 초점이 존재한다. 마지막으로 대부분의 다른 사람들처럼 장애인 또한 그들과 비슷한 가치를 공유하는 사람들과 가장 편안하게 느끼는 사람들을 찾아낸다.

4. 표현되는 표상과 실재

가치란 장애인이 자신들을 타인에게 소개하는 방식과 공식적인 자리에서 표현되는 방식에 반영되는 것이다. **미국 사회에 존재하는 완고한 개인주의와 자급자족에 대한 강조를 고려해 보면, 장애인에게는 자신을 '할 수 있는' 사람으로 소개해야 하는 엄청난 압박이 존재한다.** 전미뇌성마비장애인협회의 사무총장인 존 켐프John Kemp가 그 예이다 (Fleming, 1995). 켐프는 선천적으로 사지가 온전하지 못하게 태어났다. 그의 어머니는 그가 15개월일 때 난소암으로 세상을 떠났다. 존 켐프는 수많은 장애물을 이겨 내고 자신의 리더십과 경영 능력으로 국가적으로 유명해진 대표적인 사례이다. 미국 대통령들뿐만 아니라 산업계와 의회 지도자들과도 함께 사진을 찍는 위치까지 왔다. 켐프는 어린 시절 운동에 적극적이었고, 조지워싱턴대학을 졸업했으며, 법학 학위를 2년 반 만에 이수했다. 그는 국립부활절협회에서 승진하며 1990년에는 전미뇌성마비장애인협회의 사무총장으로 선출되었다. 그는 「미국 장애인법」을 통과시키는 데에도 적극적으로 관여했다. 켐프는 자신의 성공의 많은 부분을 어머니의 죽음 이후에 자기를 기른 아버지의 공헌으로 돌린다. 켐프가 어린이 야구 리그에서 힘들어하고 있을 때, "제 아버지가 저를 한쪽으로 불러내 세워 놓고 말씀하셨어요. '너는 앞으로 끔찍한 현실을 맛봐야 할 거야. 다른 모든 아이들이 너보다 크고, 세고, 공을 더 빨리 던질 거야.' 그때는 그 말을 믿지 않았어요. 저도 남들만큼 잘한다고 생각했죠. 하지만 머지 않아 전 배우게 되었어요. 아버지는 제게 현실이라는 약을 주셨어요".

존 켐프의 예는 개개인의 성취를 요구하면서도 학교와 직장에의 접근에 놓인 엄청난 장애물, 접근하기 불가능한 사무실, 적응할 수 없는 대중교통, 장애인에게 보이는 차별적인 태도가 구축된 사회에서 장애인이 자신의 삶을 살아가고자 할 때 느끼는 갈등을 보여 준다. 존 켐프의 이야기는 장애인도 그들이 원하는 것은 무엇이든지 이룰 수 있다는 것을 보여 주는 성공적인 이야기이긴 하지만, 모든 사람이 존 켐프인 것은 아니다. 많은 장애인은 그와 같은 재능이나 투지, 또는 그런 아버지를 갖고 있지 않다.

하지만 아직도 집합적 가치와 기회 구조들 사이의 갈등은 존재한다. 장애인을 위한 건강 관련 학술지나 잡지에 게재된 휠체어와 보조 기기 광고들을 보면, 보조 기기를 장착한 어리고 아름다운 세계적 운동선수들을 보여 주고 있고, 이런 모습은 '당신도 이 기구들을 사서 사용하기만 한다면 당신 또한 이들과 같이 보이고 성공할 수 있습니다'라는 메시지를 제안하는 것처럼 보인다. 잡지의 기사들 또한 이런 이미지를 강화한다. 예를 들어 1986년 세계장애인올림픽 100미터 달리기 금메달리스트인 데니스 윌러Dennis Oehler에 관한 기사에는 '이 운동선수의 세계적 성취는 다른 사람들도 장애물을 극복할 수 있다는 영감을 준다'라고 쓰여 있다(Flanagan, 1995: 2).

이런 사람들은 장애인의 모범이 될 수 있다. 하지만 이와 같은 너무나 대단한 기준은 종종 일반 개인을 낙담시키거나, 혹은 성공을 저해하는 사회에서 부과된 장애물들을 고려하지 않도록 한다. 젊은 하지마비 장애인인 어머니는 다음과 같이 탄식했다. "이런 사람들에 관해 읽을 때마다 제가 굉장히 부족하게 느껴져요. 의욕을 잃곤 하지요. 현재 하는 일보다 더 많은 일을 하고 싶지만 저는 슈퍼우먼이 아니에요. 제가 어떻게 여자아이 두 명을 키우며, 남편을 위해 음식을 만들고, 동시에 유망한 직업을 갖고 경력을 쌓겠어요?"

장애인은 초현대적인 보조 기기나 세계적으로 모델이 되는 사람들보다 더 많은 것이 필요하다. 그들은 성공을 위한 자원과 기회를 가능하게 해주는 환경이 필요하다. 효과적인 결과를 가져오려면 모델이 되는 인물들은 현실적이어야 한다. 다수의 사람이 동일시하고 따라 할 수 있는 사람이어야 한다. 평범한 장애인들은 성취 기회를 부여받고, 또 그렇게 하기 위한 자원을 받을 수 있는 상태가 되지 않고서는 성취를 희망할 수 없다.

마지막으로 세상에는 심각한 장애를 갖고 있어서 완벽한 자립 또는 자급자족의 기준을 맞출 기대조차 하지 못하는 사람들이 많다. 그렇다고 이런 상황이 그들이 가치가 없다는 뜻일까? 고관절염으로 생활이 심각하게 제한된 61세 할머니가 다음과 같이 말씀하셨다. "나는 삶이 매일매일 최선을 다해서 살아갈 가치가 있다는 것을 아이들과 남편에게 보여 주기 때문에 나의 삶이 가치가 있다고 생각합니다. 끊임없는 불평불만을 하는 것이 아니라 쾌활하게 살아가는 것이 내가 다른 사람들에게 줄 수 있는 것입니다."

또 중산층을 지지하고 있는 백인 역할 모델과 삶의 길은 총알에 맞아 쓰러진 도심 지역 갱단 조직원에게는 아무 도움이 되지 않는다. 한 젊은 남성은 다음과 같이 읊조렸다. "말도 안 되는 소리는 그만두세요. 만약 백인들이 제가 스물두 살이고 건강했을 때 자신들의 세상에서 해낼 수 있도록 놓아두었다면 어땠을까요? 현재 제가 휠체어에 앉아 있고 장애 수당에 의지해 사는 이 시점에 그들이 저를 받아 줄 것이라고 어떻게 믿을 수가 있겠어요?" 이 남성은 그가 현실적으로 기대할 수 있었던 것을 과대광고를 통해 볼 수 있었다.

이 시점에서 새로운 분석으로 돌아가는 것이 도움이 된다. 국가 간 가치들과 서로 다른 사회복지제도 아래서 살아가는 시민들의 현실이 그것이다. 현존하는 고정관념들에 따르면 미국에는 낙관주의와 냉혹한 현실이 존재하는 반면, 서부 유럽에는 비관주의와 부드러운 현실이 있다. 기존 분석을 보면 이러한 고정관념은 상당한 지지를 받고 있지만, 유럽 모델이 점점 더 지속 불가능해지고 있음을 알 수 있다. 여전히 남아 있는 어려운 질문은 '국가들은 세계 시장에서 경쟁적 경제를 유지하면서 사회적 계약을 실현하기 위해서 무엇을 해야 하는가?'이다. 이것은 서방 국가들에서 매우 다루기 힘든 문제다. **미국의 복지와 사회보장제도는 미국의 문화적 가치들을 반영하고 있다. 그런데 미국의 문화적 가치는 사람들이 자신의 욕구가 충족되지 않았다는 것을 발견하거나 자신이 사회 안전망 밖으로 빠지기 전까지는 개별적 낙관론을 강조한다.** 그러다 보니 결과는 사람들이 냉혹한 현실에 직면해 있다는 것이다. 미국의 부유층과 중산층은 흔히 자신들이 이런 문제에서 보호된다고 생각한다. 하지만 워싱턴 D.C.의 암 생존자 모임에 참석한 한 커플은 이와 다른 상황을 보여 주는 가슴 아픈 사례를 이야기했다. "암이 재발해 우리의 삶을 바꿔 놓았어요. 마거릿과 저는 아메리칸드림을 성취하며 살고 있었어요. 우리는 자녀들을 키우고 대학을 보냈으며, 그들이 결혼하는 것도 모두 지켜봤어요. 우리는 집 두 채와 두 대의 비싼 차를 갖고 있었으며 함께 여행도 많이 다녔어요. 저는 부사장이었고 높은 연봉과 넉넉한 스톡옵션을 받았어요. 마거릿은 인적자원관리부서에서 좋은 일자리를 갖고 있었어요. 우리는 함께 항해하며 삶을 즐기고 있었지요. 하지만 우리 삶이 바뀌어 버렸어요. 우리는 거의 모든 것을 잃었고 이혼까지 할 뻔했어요. 이제 우리는 자영업을 하고 있고 빚을 지고 있으며, 사보험을 들고 있어요. 어떤 회사도 우리를 고용하지 않으려고 합니다. 마거릿이 유방암에 걸렸다는 것을 발견하고 우리는 건강보험에 가입할 수가 없게 됐어요. 처음 재발하고 세 번째 수술을 받은 이후에 회사 구조 조정에서 그녀는 해고되었어요. 1년 후, 그녀는 보험이 없었고, 고용주들이 그녀의 병력을 발견하면 건강보험 급여를 받을 수 있는 직업도 가질 수 없었어요. 아내가 두 번째 수술을 받은 후 비슷한 시기에, 저는 대장암이 생겼다는 것을 발견했고, 이 똑같은 망할 일이 저에게도 일어났어요. 저는 해고당했고 건강보험을 들 수 있는 직장을 구할 수가 없었어요. 우리의 암에 대해 듣고 나면 아무도 우리를 고용하지 않았어요. 우리는 모든 것을 팔아야 했어요. 우리는 병원비를 해결해야 했고, 자영업을 시작해야 했어요. 우리는 가진 것이 없습니다. 기댈 사람도 없고 암은 사라지지를 않아요. 마거릿은 두 번의 수술을 더 거쳤고 저도 두 번의 수술을 받았습니다. 우리의 시각이 얼마나 변했는지 몰라요. 아무 문제만 없다면 모든 것은 완벽하죠. 그러다가 삶은 당신을 씹어먹다가 뱉어 버려요. 우리는 빈털터리가 된 것이죠."

사회적 계층의 반대편에 있는 사람들은 충격을 덜 받는다. 그들은 매일매일 불확실한 위험 속에서 살고 있다. 쿡 카운티 병원 응급실에서 일하는 연세가 있으신 아프리카계 미국인 남성은 다음과 같이 말했다. "백인들은 개 같은 일들을 당하기 전까지는 시스템이 자신들을 해하지 않을 것이라고 생각해요. 하지만 당신이 망가진 물품이 돼 버린 후에야 시스템이 자신들을 원하지 않는다는 것을 깨달아요. 결국 나와 같은 상태까지 와야 할 거예요."

서유럽 국가에 사는 장애인은 미국인보다 자신의 미래에 더 비관적이지만, 동시에 그들의 기본적 욕구를 돌봐주는 포괄적이고 통합적인 사회복지제도를 경험하고 있다. 교통사고로 인해 하지 마비 장애인이 된 파리에 사는 젊은 남성은 다음과 같이 회상했다. "저는 다시 일을 시작하거나 여자 친구를 사귀지 못할 것 같습니다. 제 친구들은 저에게 아주 잘해 주지만 저는 앞으로 어떻게 살아야 할지 모르겠습니다." 하지만 의료 혜택이나 생활 자금에 관해서 걱정해 보았느냐는 질문에는, "아니오, 저는 정부에서 모든 자금을 대 줬고 생활비도 받고 있습니다"라고 대답하였다.

미국의 문제는 최소 기준만큼만 제공한다는 것이다. 이것이 현재 진행 중인 의료 개혁 논쟁의 주요 문제이기도 하다. 사실 많은 주와 연방 정부는 비용 발생을 막고 미래에 위험에 노출되지 않도록 사회복지 혜택을 제한하기 위한 전략을 만들어 내고 있다(National Governor's Association staff, 1995). 제조업 부문 노동자 한 명당 제공된 평균 사회복지 급여 측면에서 미국이 캐나다를 포함한 18개의 주요 유럽 국가들 사이에서 11위밖에 이르지 못하는 환경에서도 이러한 움직임들이 일어나고 있는 것이다(Harris, 1996). 이런 방침들이 노동력이 있는 사람들을 복지 수급자 명단에서 제거하기는 하지만, 동시에 장애인을 포함하여 다수의 어려운 사람을 처벌하는 상황이 나타나기도 한다. 결과적으로 시민들은 점점 미국과 같은 위대한 국가가 어려운 사람을 위한 효율적인 '사회 안전망' 하나 없을 수가 있는지 의문시하게 된다.

서유럽의 문제는 다르다. 그들은 세계 경제적 압박에 따라 생산비를 강제적으로 줄여야 하는 상황임에도, 이미 자리가 잡힌 사회복지 급여를 위해 계속 재정을 투입하고 있다. 최근 세계시장에서의 국가 경쟁력에 관한 세계경제포럼 연구 조사 결과, 유럽 연합 국가들 중 룩셈부르크만이 유일하게 상위 10위 안에 들었다(Malkin, 1996). 이와 같은 결과는 부분적으로 비싼 노동비와 관대한 부가 급여 때문이다. 예를 들어 독일 기업이 독일 노동자를 고용하면, 임금의 85퍼센트에 달하는 부가 급여를 지불해야 한다. 이에 따라 독일의 인건비는 시간당 27달러정도가 되는데, 이는 미국보다 50퍼센트 높은 수준이다(Glassman, 1996). 동시에 유럽은 실업률도 높다. 스페인은 20퍼센트이상, 벨기에는 13.4퍼센트, 프랑스는 11.9퍼센트, 그리고 덴마크는 9.1퍼센트이다. 이들 국가에서의 실업 급여는 미국에 비해서 훨씬 관대하다.

미국과 유럽에게 해당하는 시나리오가 서로 다르겠지만 점점 더 경쟁이 치열해지는 경제적 압박 속에서 어떻게 모든 시민에게 '사회안전망'을 제공할 수 있는가에 대한 엄청난 딜레마는 정치인과 유권자에게 불가피한 문제이다. 이것은 근대국가들 내에서 민주적 가치와 자본주의 자유 시장의 압박 사이에서 발생하는 중대한 갈등이다. 이런 일반적 문제는 앞으로 풍성한 연구가 필요한 영역이다.

5. 결론

이처럼 장애인에 대한 가치, 표상, 현실의 결과는 엄청나다. 문화, 사회적 가치 그리고 개인 차원에서 장애가 경험되는 방법 사이에는 강력하고 복잡한 관계가 있다. 장애인은 여러 면에서 자기 문화 속 비장애인과의 공통점보다 국가적, 문화적 경계를 넘어서더라도 장애인들끼리의 공통점이 더 많다. 한편 장애인은 자신들의 문화에 갇혀 있기도 하다. 이에 따라 자기 문화의 맥락 내에서 장애와 함께 살아간다.

개인적 수준에서 장애인의 일반적 가치는 타인과 비슷하다. 하지만 장애인은 자신들의 경험, 장애의 종류, 인구학적 특징, 사용 가능한 자원에 따라 자신들의 고유한 가치 표현을 발전시켜 왔다. 장애인은 동질적 집단이 아니다. 장애인과 다른 시민 사이에 공통점과 차이점이 있듯이, 장애인들 사이에서도 뚜렷한 차이점들이 있다. 그러므로 **장애인이 다른 사람과 완전히 다르다거나 모든 장애인이 한 개의 동질적 집단에 속한다고 결론짓는 것은 잘못된 생각이다. 이러한 추정에 입각한 정책들은 실패할 수밖에 없다.**

이런 복잡성을 이해하기 위해서 샤인(Schein, 1996)은 연구자들이 자신의 문화와 다른 문화적 맥락에서 행동하는 개인들을 관찰할 수 있는 현장 연구에 직접 들어가는 것을 제안했다. 맥락적 관찰의 목적은 장애인들의 견해와 경험들을 행동 범주화와 해석에 통합시키는 개념과 이론을 귀납적으로 만들어 내려는 데 있다. 이러한 접근 방법은 자신들의 문화적 맥락에서 나타나는 개인들의 복잡한 상호작용에 기존의 개념을 조급하게 적용하는 것을 경고한다. 오히려 경험된 현실, 표상, 그리고 장애인에게 간주되는 문화들 사이의 관계에 예민한 근거 이론 방법이 발달하였다.

국가적 수준에서 우리는 사회복지 체계가 국가의 근원적 가치를 반영한다는 것을 발견했다. 미국에서는 오랜 시간 동안 쌓인 중심 가치들을 발견할 수 있다. 미국의 사회적 변화와 문화의 다양함과 관련하여 사람들에 의해 표현되는 기본 가치들이 상당히 지속되고 있다는 사실은 놀라운 일이다. 이런 가치들은 철저한 개인주의와 인도주의에 대한 강조 사이에서의 갈등을 보여 준다. 이와 같은 문화에서 극도의 자본주의는 빈곤층에 대한 관심과 충돌한다. 미국과 유럽의 가치들을 비교하다 보면 민주주의가 여러 운영 방식과 가치 표현법이 있다는 점이 명백해진다.

미국 사회복지제도는 수많은 구멍이 뚫려 있어서 심각한 건강과 장애 문제들을 갖고 있는 시민들이 바닥으로 곤두박질친 후 저급한 질의 삶 속에서 아무런 보호 없이 머물도록 내버려 두는 미봉책에 불과하다. 보편적 건강보험이 이 상황을 고칠 수 있는 하나의 방법이지만 아직까지 압도적인 지지를 받지 못하고 있다. 반면 서유럽 국가들은 집단과 지역사회의 책임에 더 많은 중요성을 두는 다른 방식의 민주주의를 채택하고 있다. 이런 점은 이미 시행 중인 광범위하고 통합적인 사회복지제도에서 볼 수 있다. 유럽 국가들이 오늘날 마주하는 문제점은 이런 제도를 위한 비용을 지불하는 것이고, 그들도 미국처럼 사회복지제도를 줄이도록 압박하는 극심한 재정난에 시달리고 있다는 점이다. 유럽 공동체에 들어가기 위해서 그들은 예산 수지를 맞추어야 한다. 그들은 또한 국제시장에서 자신들의 경제를 경쟁력 있게 유지하는 것에도 관심이 있다.

우리는 장애인을 대하는 방법과 관련하여 미국과 서유럽 국가들 사이에 공통점과 차이점이 존재한다는 것을 알 수 있었다. 어떠한 예외도 없이 장애인을 위한 국가 제도들은 국가적 가치 그리고 정부와 국민 사이의 사회계약을 해석하는 방식을 반영한다. 그러므로 모든 국가가 채택할 수 있는 균일한 방식이 앞으로 존재할 가능성은 거의 없다. 오히려 자신들의 특정 문화적 가치, 경제, 시민들의 의견에 기반하여 각 국가는 자신만의 정책을 발달시킬 것이다. 지속적인 불평등을 경험하는 모든 시민을 위한 평등을 이야기하는 다양한 민주주의 가치 사이의 갈등을 해결하는 것이 서구 사회의 중요한 문제로 남아 있다. 이 문제는 장애인의 일상적 삶에서도 일어난다.

가치, 표상, 그리고 현실은 성장하는 장애학 분야의 필수 개념적 소재들이다. 왜냐하면 장애인의 경험이 이해되고 해석될 수 있는 가정과 문맥을 제공하기 때문이다(Devlieger, 1995). 이런 개념들은 사회 내에서 장애인의 위치를 형성하고 효율적인 장애인 정책을 생산하는 어떠한 이론에도 필수적인 구성 요소다. 이 논의는 장애인에 대한 대우에 있어서 서양 국가들 간의 공통점과 차이점에 관한 연구에 수많은 문제를 제기했다. 국가 내에서, 또 국가 간에 발견되는 공통점과 차이점에 대한 철저한 분석을 통해 더 나은 이론, 연구, 실천이 가능할 것이다.

학습을 위한 질문

1. 문화적 가치란 무엇인가?
2. 사회에서 주요한 사회적 가치는 무엇인가?
3. 시간이 흐르면서 이와 같은 가치는 비교적 일정하게 유지되는가? 아니면 상당한 수준으로 변화하는가?
4. 사회에서 가치를 유지하는 사회적 힘 또는 가치를 변화시키는 사회적 힘은 어떤 것인가?
5. 미국의 가치와 유럽의 가치는 어떻게 비슷하고 또 어떻게 다른가?
6. 장애인의 가치는 무엇인가?
7. 장애인의 가치는 보다 큰 사회의 가치와 비슷한가? 다른가?
8. 이와 같은 공통점과 차이점은 장애인의 사회 통합에 어떤 영향을 미치는가?
9. 장애인은 사회적 가치에 문제 제기를 어떻게 하는가?
10. 장애인은 일상에서 자신의 가치를 어떻게 표현하는가? 그리고 이런 표현은 보다 큰 사회에 어떤 영향을 미치는가?

4장 · 평등의 이름으로 꼬리표 붙이기
장애 학생의 교육과정에서의 정치적 · 사회적 현실

벤타 카브젬스

정상화, 통합, 주류화, 그리고 포용과 같은 교육개혁 기획은 대부분 서구 국가들의 사회적 · 정치적 분야에서 온 것이다. 대부분의 민주사회에서 모든 아이는 '법적으로' 공교육을 받을 권리가 있다. 하지만 공교육에 접근할 수 있는 인권을 강조한다고 해서 교육 환경에서 '학문적' 학습 결과를 얻는 방향을 명백하게 제시하는 것은 아니다. 교육자들은 적합한 교육과정, 프로그램 설계와 같은 주요 쟁점들을 사회 포용을 위한 부차적인 문제라고 생각해 왔다.

이 장의 목적은 장애 인구 변화, 법률 변화, 사회정책, 교육적 실천, 공공 지출, 그리고 장애에 대한 서구 사회 태도 변화 등의 효과가 어떻게 장애 학생의 교육에 영향을 끼쳤는지 보여 주는 데 있다. 장애 학생이 '다른 모든 학생과 같다'고 여겨졌을 때, 또는 '여지없이 다르다'고 여겨졌을 때 장애 학생은 어떻게 지냈는가? 교사 훈련 기관을 포함하는 교육 체계는 장애 문화의 개념에 어떻게 반응하였는가? 교육, 보건, 사회 서비스에 제공되는 재정과 관련하여 누구의 해석 또는 시각이 중요하게 작용하는가? 또 교육적 결과는 무엇인가?

이 장은 점점 심해지는 시장 중심적 사회에서 교육 서비스의 범위와 분포의 변화에 대해, 또 다양한 교육적 맥락 속에서 교사가 장애 학생과의 작업을 어떻게 보고 있는지, 그리고 공교육 의제를 설정하는 데 얼마나 대중의 인식이 공평하거나 정확할 필요가 없는지에 대해 언급할 것이다.

* * *

1. 관점

동료 교사, 보조 교사, 그리고 재정적 지원이 있는 소도시 초등학교의 다양한 장애를 가진 학생 18명으로 이루어진 학급이 1970년대 초 내가 선생이 된 후 맡은 첫 학급이었다. 우리의 임무는 이 학생들을 학교의 일상생활에 통합시키는 것이었다. 우리는 우리 학생들을 학급의 일원으로 받아 줄 선생들을 찾으면서, 학교 고위 인사들과 함께 순회하는 교육감들, 대학에서 온 호기심 많으신 분, 몇몇 학부모, 그리고 교실에서 시간을 때우러 온 학생 친구들의 방문을 매주 마주했다. 우리 교실 밖에서는 사회적·정치적 분야들에서 정상화와 통합을 향한 교육개혁 계획이 뜨겁게 논의되고 있었다. 우리는 외부 기반 정상화 평가에는 '실패'했지만, 우리 학생들이 단순히 '정상'이 아닐 뿐이며, 전 세계가 대인관계의 다양성이 존재한다는 것을 깨달아야 할 좋은 시점이기도 하고, 이러한 다양성을 부정하는 데 우리의 시간을 허비해서는 안된다는 생각으로 우리 스스로를 위로했다. 게다가 우리는 데이비드에게 읽는 법을, 대릴에게 도움 없이 길을 건너는 법을, 앤마리에게 자신의 이름에 반응하는 법을, 캐시에게 큰 소리를 들었을 때 소리 지르지 않는 법을, 아서에게 자신의 보청기를 잘 관리하는 법을, 게리에게 플로어 하키 규율을 가르쳐 학교 팀에서 더 잘할 수 있도록 교육해야 했다. 그리고 우리는 그 다음 해에 다시 검토 받을 것을 요청하였다.

격리되거나 통합된 다양한 교육 현장에서 가르치고, 교사 훈련 기관에서 일하면서 25년이 지난 지금 나는 2세에서 20세까지의 장애 학생 70여 명의 교육에 관여하는 행정가들, 교육 직원들과 함께 일하고 있다. 이 학생들의 다수는 일반 학급에서 하루의 대부분을 보낸다. 오늘날 더 많은 장애 학생이 보임에도 불구하고, 공립학교 체계로의 장애 학생 포용을 둘러싼 문제들은 줄어들지 않았다.

이 장은 25년 동안 장애 학생이 다른 사람과 같다고 여겨지는 환경에 있는, 또 여지없이 다르다고 여겨지는 환경에 있는 학교에서 관찰한 자료에 기반하고 있다. 또한 입법 정책, 정부 지출, 교육 실천, 그리고 국민 인식의 변화가 어떻게 장애 학생의 교육에 영향을 끼쳤는지에 초점을 맞춘다. 교육 재정과 서비스 제공은 필요한 지원에 근거하여 이루어지는가, 아니면 장애라는 범주화에 의해 이루어지는가? 교육 프로그램을 설계하는 데 있어서 개인들 사이의 차이를 최소화하려고 시도할 경우 어떤 현상이 발생하는가? 교사 훈련 기관들을 포함하는 교육체계가 통합 교육 환경에서 장애 학생에게 어떻게 반응하였는가?

2. 들어가며

대부분의 민주 사회에서 모든 아이는 현재 법적으로 최소한 초등학교과정까지의 무료 공교육을 받을 권리가 있다. 하지만 교육 접근권에 대한 법적 관심은 학교 환경에서 학문적 학습 성과를 얻을 수 있는 명확한 방향을 제공하지 못하고 있다. 교육자들이 생각하는 기본적인 문제인 적합한 교육과정, 프로그램 설계와 같은 쟁점들에 비해 사회적 성과, 특히 중증장애를 가진 학생을 위한 사회적 성과는 부차적인 문제로 여겨진다. 동시에 농인 사회는 현재와 같은 교육이 농인 학생들의 교육적·문화적 욕구를 무시하는 것이라고 보면서 포용을 거부해 왔다. 농인 학생들은 특별한 의사소통과 교육 방법뿐만 아니라 이 수준이 가능하도록 하는 교직원에 대한 적절한 훈련이 없다면, 공공 학교에서 성공적으로 생활할 수 없다고 생각한다(Lane, 1995). 대부분의 농인 학생들은 공립학교에 가는 것에 관심이 없다. 오히려 그들은 적절한 교육과정과 적절한 수업 방법에의 접근을 원할 뿐이다.

점점 심화되는 시장 중심적 사회에서 학교 또한 시장 개념을 적용하기 시작하면서 교육 서비스의 범위와 분배에 영향을 미쳤다. 하나의 통용되는 믿음은 교육 시장에서의 경쟁이 학교와 지역에서 삶을 향상시킬 것이고, 소비자 선택에 따라 어떤 교육 서비스가 어떻게 제공될지를 결정할 수 있다는 것이다(Barton, 1993). 성공적인 학교들은 균형 예산, 비용 대비 효율적인 프로그램, 평균 이상의 시험 결과들로 정의된다. 지역 기반 경영, 동반 성장, 지역 사람들로 구성된 학교운영위원회, 그리고 의무적으로 시행되는 시험들 모두가 공교육의 기능과 목적에 대한 납세자의 관점을 변화시키는 데 공헌하였다.

학교 내에서 장애 학생의 인구학적 변화에 따라 서비스 제공과 비용 지출은 영향을 받게 되었다. 정부는 평등주의적 방식으로 세수입을 분배하는 것으로 보여야 하기 때문에, 법률과 정부 지침은 장애를 특별한 기준에 근거하여 규정하곤 한다. 추가 재정 지원을 받기 위한 자격은 공립학교에서 학생이 학문적으로 또는 사회적으로 발전하기 위해 필요한 교육적 욕구나 지원보다는 범주 정의에 근거한다.

역사적으로 특수교육 방법과 장비는 명백한 지각장애나 지체 장애 학생들이 전용으로 사용했었다. 일반적 교육 환경 내에서 성공적이지 못한 학생의 숫자가 늘어나면서, 학생의 성취를 북돋아 주기 위한 특수교육 실행과 관련 지원 서비스들이 도입되었다. 새로운 교육 방법과 다양한 범위의 서비스 제공 체계는 일반적인 교육 서비스의 일부가 되었다. 최근까지 특수교육은 성장 산업이었지만 이제 상황이 변하고 있다. 특히 학교 지원을 위한 자금 쟁탈과 같은 상황이 발생하고 있다.

뇌손상을 입은 학생들이 일반 학급에서 예전보다 더 자주 눈에 띈다. 태아기 알코올 증후군 인식과 더불어 전염성 질병에 감염되는 사례가 아이들 사이에서 증가하고 있다. 이런 병명들은 더 전통적인 특수 학생 분류 체계에서는 자주 등장하지 않았기 때문에 주목할 만하다. 이러한 '새로운' 장애들은 신체적인 관점에서 보면 눈에 덜 띄겠지만, 교육 환경에서는 상당한 노력과 자원을 요구한다. 이런 장애들은 정부가 지방, 지역 또는 민간 부문으로 서비스 제공 책임을 전가함으로써 발생하는 보건, 사회복지 체제의 결함을 반영한다. 또한 이런 장애는 만성적인 학습 및 행동 문제를 반영하고, 어려움이 해결될 가능성이 거의 없는 학생들도 반영한다.

일반 학급에 순응하는 것을 더욱 복잡하게 만드는 심각한 의학적, 건강상 문제들을 갖고 있는 아이들의 수가 증가하고 있다. 학교 교직원들은 학생이 동네 학교에 포함될 수 있게 흉부 물리치료와 같은 일을 수행할 수 있어야 하고, 복잡한 의사소통 대체 수단들에 대한 지식이 있어야 하고, 정신 건강 문제의 증상에 항상 긴장해야 하며, 게다가 이번 해에는 새로운 수학 교육과정까지 맡아야 할 수도 있다.

학교 프로그램에서 장애 학생을 수용하기 위해 필요한 교육, 복지, 의료 분야의 지원들 사이에 차이가 흐려지고 있다. "의료, 교육, 사회 서비스 비용을 누가 지불하는가?"라는 질문은 실질적이고 도덕적인 딜레마를 만들어 낸다. 장애 학생의 학교교육에 있어서의 사회적·정치적 이상과 현실 사이의 갈등이 악화되어 가고 있다.

3. 법률 제정, 사회정책, 그리고 서비스 전달

정부는 법률, 규칙, 정책, 재정적 원조를 통해 교육 실천에 영향을 끼친다. 인권법은 고용 평등, 대중교통과 공공건물들(학교 포함)에의 접근, 주택에의 접근, 그리고 사회적 시설과 여가 시설에의 접근을 다룬다. 하지만 단순한 물리적 접근만을 통해 집단 내의 소속감, 집단 활동에의 적극적 참여가 보장되는 것은 아니다. 즉 학교라고 해서 반드시 학습이 보장되는 것은 아니다. 접근권은 학업 성과로의 방향을 제시해 주지 않을 뿐만 아니라 장애 학생의 개인적·사회적 성과들을 극대화시켜 주지도 않는다.

장애 학생의 학교교육에 영향을 미치는 교육법과 인권법이 깊이 있게 생각하고 경험에 기반한 연구의 결과로 만들어지는 경우는 드물다. 키오(Keogh, 1990)가 지적하듯이, **교육 상황 개선 필요성에 의해 실시된 연구보다는 가치와 믿음이 교육정책에 변화를 가져올 가능성이 더 많다.** 변화 동력은 어떤 교육적 목표가 추구할 만한 가치가 있는지, 학교에 있는 학생들을 위해 어떤 지원이 제공되어야 하는지에 대한 가치판단에서부터 발생한다. 역사적으로 이런 가치판단은 장애인에게서 나오지 않았다. 오히려 입법자, 가족, 옹호자들, 교육기관들이 장애인, 특히나 중증장애인의 정체성, 욕구, 이익을 규정해 왔다(Barton, 1993).

학교 개선 옹호자들의 현재 초점은 교육적 실천보다는 오히려 교육 성과 기준 개발에 맞추어져 있다(Carnine, 1994). 표준화된 외부적 척도로 측정되는 학생들의 성취도가 학군 정책의 방향을 잡는 수단이 되었다. 높은 수준의 학생 성취도는 납세자들에게 공교육이 작용한다는 것을 보여 준다. 서비스 전달과 학문적 성과에서 경제적으로 측정될 수 있는 유형적 가치인 수월성과 비용 대비 효율성이 강조되고 있다. 학생이 추가적인 지원을 받을 자격이 있다면 1인당 재정 지원은 증가되는데, 이런 절차를 위해 학생은 가시화되고 분류되어야만 한다. 1인당 기준에 부합하는 학생 수가 학교 예산의 중요한 결정 요인들이 되어 왔다. 하지만 모든 학생이 표준화된 성취도 평가에 참여해야 한다면, 위와 같이 특수하게 분류되어 학교에 추가적 자금을 가져다주는 학생들은 전교생과 성취도 결과가 합쳐질 때 불리한 존재로 여겨진다.

그 결과는 긴장과 딜레마이다. 왜냐하면 학교 예산은 장애 학생에 따르는 추가적 자금에 의존하는 반면, 장애 학생의 시험 결과가 학교의 순위를 낮추게 되면 시험 결과를 통해 유망한 학교들의 성취도를 비교하는 잠재적 소비자들, 즉 학부모들에게 학교의 선호도가 떨어지게 되기 때문이다(Slee, 1993). "장애 친화적"인 학교로 인식되면 1인당 재정 할당량보다 더 많은 비용을 들여야 하는 학생들의 가족을 끌어들이게 되고, 특히나 학교 책임 경영 정책의 출현으로 학교 자원에 부담을 주게 된다.

정부 자금 출처가 의무적 시험 치르기 등 모든 학생이 동등한 대접을 받을 것을 요구하기 때문에 실질적·도덕적 딜레마들이 발생하게 된다. 평가 절차를 학생에게 맞추어 수정하는 것은 용인되지만, 학교들은 보통 수정하는 것을 허락 받아야 하고, 개별화 교육 프로그램IEP의 일환으로 학교들이 이전에도 이러한 방법으로 학생들의 상황에 맞춰 주었음을 입증하여야 한다. 학생들을 서로 다르게 대우하는 것으로 보이는 것을 원하지 않기 때문에 많은 학교는 기존 평가 절차에 잡혀 있고, 또한 이런 이유를 근거로 자신들의 전통적 학교 평가 방법을 수정하지 않는다.

사회정책과 법률이 학습 성과의 규격화를 계속 유지한다면, 평가라는 것이 교육과정의 필수적 부분으로 자리매김하게 된다. 평가는 정기적으로 시행되어야 하고 무엇을 배웠고, 얼마나 완벽히 통달하였으며, 앞으로 배워야 할 것은 무엇인가에 관해 구체적인 결과가 나와야 한다(Resnick, Nolan and Resnick, 1995). 이런 점들은 장애 학생을, 특히나 동질이 아닌 그들을 어떤 입지에 놓이게 하는가? 만약 학습 성과가 프로그램이나 교육과정을 추진하는 원동력이 된다면, 학문적으로 유능하지만 평가 시험의 수정이 필요하기도 한 학생은 어떻게 되겠는가? 교육과정 내용 중 특정 지식을 설명할 수 없는 학생은 어떻게 되는 것인가? 어떠한 교육과정의 통달보다도 사회적 포용을 중요하게 생각하는 학생은 어떻게 되는 것인가?

정부 정책과 사회적 가치의 변화는 교육철학에 영향을 준다. 예를 들어 '모든 학생을 위한 하나의 교육과정' 철학은 동일한 교육과정을 이용할 수 있는 평등한 기회를 제공하겠다는 의도와 모든 학생을 위한 커리큘럼의 내용을 함축적으로 반영한다. 하지만 학생들의 장애 상태,

많은 장애 학생과 일반 학생 사이의 발달 차이나 기량 차이, 그리고 선택된 교육적 목표들은 적합한 기술의 발달보다는 겉치레적인 가치들을 반영하는 교과과정의 수정을 야기해 왔다. **교육과정의 적합성은 무엇이 전달되는가 만큼이나 무엇이 수용되는가에 의해 결정된다. 노출되는 것만으로 꼭 경험했다고 볼 수는 없다**(Jordan and Powell, 1994).

균형 예산 법안을 제정하는 것과 같이 부채 관리에 대한 정부 대응은 공공 서비스 지출을 줄이는 효과를 가져왔다. 정부의 모든 분야가 지출을 줄이고 자원을 재분배하려고 하다 보니 공공 부문에서 제공되는 교육, 보건, 사회 서비스를 실질적으로 약화시켰다. 장애 학생의 교육적 배치와 관련된 법률이 장애 학생을 교육 환경에 있도록 하기 위해 필요한 서비스에 재정을 지원할 때의 변화를 반영할 수 있도록 개정되지 않음에 따라 긴장이 높아졌다.

어떤 경우에는 지출 당국이 자원의 많은 부분을 유치원에 배분하기로 결정했었다. 이를 헤드스타트 모델이라고 부른다. 장기적으로 학창 시절까지 효과가 이어질 것이라는 예측에 기반하여 유치원생들에게 고수준, 고비용의 개입이 시행된 것이다. 그렇게 되면 학창 시절 중에 필요한 자원이 줄어들 것으로 여겨졌다. 이런 방식으로 '체계' 내에 비용 절감이 이루어질 수 있다. 하지만 예상한 대로 일이 일어나지는 않았다. 미국 헤드스타트 제도들의 추적 연구를 보면 조기 개입의 장기적 효과가 매우 가변적이라는 것을 알 수 있는데, 흔히 제도 평가자의 위치, 기금 지원 기관, 대표되는 장애 집단, 프로그램의 종류, 그리고 후속 관찰의 조건 등에 따라 결과가 다르게 나타났다. 이른 시기에 발견된 학생들은 대체로 더 심각한 장애를 갖고 있어서, 학교에 입학하여도 장애가 사라지지 않는 학생들이다. 비록 지원의 조합과 강도는 각기 다를 수 있지만 이런 학생들은 지속적이고 장기적인 지원을 필요로 한다.

완전 통합 모델을 채택한다는 것은 학생의 학창 시절 동안 인근 학교에서 그 학생을 위한 적절한 지원이 제공될 것임을 의미한다. 과장된 미사여구와 현실이 일치하지 않는 데에 대한 첫 경고 표시는 유치원 시절의 재정 지원과 학생이 공교육 체계에 입학하면서 지원되는 재정을 비교했을 때 보이는 지원 정도의 변화와 함께 나타나는데, 특히 학생의 가족이 높은 수준의 직접 서비스를 받는 것에 익숙해진 후에는 더 심하게 나타난다. 그들은 자녀가 공립학교 제도에 입학한 후 물리치료와 같이 직접적인 건강 관련 지원 서비스들이 학습적 상담 서비스로 대체되면 곤궁에 처하게 된다. 높은 수준의 자금 지원과 자원이 제공된 유치원 재활 프로그램은 가족이나 보조 교사에 의해 앞으로도 유지되어야 할 지속 프로그램으로 합리화된다.

몇몇 분류된 학생에 의해 자원을 모을 수 있다면 학교는 유리한 입장에 있게 된다. 하지만 유치원 경험을 통해서 학부모가 기대했던 풀타임의 포괄적 서비스들은 제공되지 않을 수도 있다. 자금 배분에 따라 가족들이 학교로부터 기대하는 바와 학교가 제공 가능한 부분 사이의 갈등이 법적 또는 유사 법적인 청원 절차로 이어질 수도 있다. 소송 결과 판례들을 보면 서비스 전달과 접근에 대한 책임은 명시된다. 하지만 학교나 교육청이 책임져야 할 재정적 최소 단위에 대해서는 언급하지 않으며, 교과과정의 쟁점들과 예상되는 프로그램 성과들에 대해서도 언급하지 않는다.

반면 분리 프로그램을 요청한 가족들은 유치원 시기의 통합에 대한 이념들을 배반한 것으로 보이기 때문에 자신들의 장애 지원 망이나 장애 지원 단체들에게서 외면당할 수 있다. 이들은 통합 교육을 제공하기로 하고, 그에 따라 통합 교육의 이상에 부합하기 위해 모든 특수 학급을 없앤 지역 학교로부터 저항에 직면할 수도 있다. 학교 관할 밖의 특화시설에 주어지는 후원도 받기 어려울 수 있다. 통합과 관련한 미사여구가 분리 프로그램의 비도덕성에 집중되어 왔기 때문에, 분리 교육을 요구한 가족은 왜 자신들의 요구가 받아들여져야 하는지를 입증할 책임을 갖게 될 수도 있다.

도덕성 차원이 교육자가 직면하는 윤리적 딜레마에 더해지게 된다. 어떤 부모는 통합 교육이 학생에게 긍정적 학습 성과를 가져오기 때문이 아니라 단순히 분리를 피하기 위해서 통합 교육을 선택한다. 인공 와우 이식을 받은 자녀를 둔 가족들은 보통 교육 지옥에서 살고 있다. 인공 와우 이식을 선택했다는 이유로 농 문화를 거부한 것으로 인식되어 농 사회에서 환영받지 못한다. 하지만 학교에서 이 학생들은 지원 없이 생활할 수 있을 정도로 잘 듣지는 못하기 때문에, 통합 교육 환경에서 청각장애인으로 대우를 받는다. 또 다른 가족은 자녀가 학급 학생들과 떨어져 있게 되는 시간을 부정적인 것으로 받아들이기 때문에, 학생의 평생 교육 성과에 도움이 될 수 있는 특수한 교육이나 특정 기술의 훈련들이 일반 학급이 아닌 외부 환경에서 더 잘 습득되리라고 믿는 교육자들과 끊임없는 갈등 관계에 있게 된다(Baine, 1991).

학급에서 동일함만이 중요한 것처럼 학생들을 대우하는 데에 또 다른 측면이 있다. 성공적 통합 교육으로 널리 알려진 예시 중 일부는 심각한 복합장애를 가진 학생들을 포함하고 있다. 비록 그들이 예전의 분리된 환경에서 관찰된 것보다 더 많은 감각 자극을 받고 있고, 감각 자극에 초점을 두는 교육 프로그램이 적합하다고 쉽게 주장할 수 있지만, 다양성의 윤리와 존중에 관한 질문들은 끊임없이 생겨난다. 이 학생이 평가 절차에 포함될 것으로 예상될 때 학교는 교육 성과의 외부적 평가에 어떻게 대응하는가? 심각한 복합장애를 가진 학생이 숙제를 위해 학급 친구와 같은 조로 선정되고 그 결과 일반 학생과 동일한 성적을 받게 될 때 야기되는 사회적 메시지는 무엇인가? 선생님의 명령으로 학급 전체가 조용히 있을 때 '대뇌피질 문제로 시청각장애'[1]를 가진 학생이 소리를 내서 교사에게 시간을 뺏는다면 그때의 메시지는 무엇인가?

교육 문제들은 복잡하다. 소비자 주도적 교육 체제 지지자들은 민간 서비스들이 자원 배분에 있어 더 효율적이고 효과적이며, 민간 서비스 기관들이 이익을 얻고자 하기 때문에 소비자의 요구에 더욱 잘 반응한다고 믿는다. 기업들은 산학 연계를 구성하거나 경영 대학에 자금을 제공할 준비가 되어 있을 수는 있지만, 일자리를 창출하는 데는 관심이 없다. 교육을 최저 가격으로 최대의 소비자들에게 전달하는 서비스 복합체로 간주하는 비즈니스 모델은 평등한 척할 수는 있지만 공평성과는 거리가 멀다.

모든 학교가 학생들의 능력, 장애, 성과의 완전한 다양성을 위해 일상적인 제공이 가능할 것으로 기대될 수 있는가(Norwich, 1993). 이 질문은 완전한 통합 교육 지지자들로 하여금 어디에서 서비스가 제공되는가에 대한 질문으로 이어지게 하고, 모든 서비스를 모든 학교에서

---

1) 시각기관이나 청각기관은 전혀 문제가 없지만 대뇌피질의 신경 문제로 인해 장애가 발생한 경우. 특히 현재 문장에서는 대뇌피질의 문제로 시각장애와 청각장애를 가진 학생을 의미하므로, '대뇌피질 문제로 시청각장애를 가진'으로 번역한다. ―옮긴이

제공하는 것이 비용이 많이 들며 애초에 가능하지 않음에도 불구하고 자원들을 모으고 서비스 전달의 전문적인 측면들을 강화하는 것을 꺼리게 한다. 소브지(Sobsey, 1991)는 꼭 학교 교실이 아닐지라도 장애 학생을 위한 최상의 교육 환경을 찾는 것에 대해 논의하였다.

통합 교육을 향한 움직임과 함께 교실 밖에서 제공되는 특수교육 서비스들은 학생들을 위한 향상된 대안 프로그램에 의해 대체되는 것이 아니라, 프로그램 제공에 관한 논쟁에 의해 대체되어 온 것으로 보인다. 논쟁자들의 끊임없는 노력에도 불구하고, 정부와 기금 지원 기관들은 학교에 주어지는 자금 지원을 꾸준히 줄여 나가고 있다. 예산삭감에 의해 학교와 지역사회에서 장애 학생 지원과 관련된 교육, 보건, 사회 서비스에의 접근, 서비스의 질, 그리고 공평성은 위협을 받아 적절히 타협되어 왔다.

몇몇 학생과 그의 가족들은 다양한 서비스를 필요로 하기 때문에, 그들은 기관들 간의 소통 문제, 전문적 세력 다툼, 그리고 운영자금 경쟁들을 마주해야 한다. 교육 및 건강 시스템에서 기관 자금 제공에 변화가 생기자 파트타임 근무자들의 숫자가 늘어났다. 근무 일수 감소와 서비스 인력 요구 증가에 따라 서비스의 지속성과 조정이 문제시되었다. 임금을 줄이기 위해서 결원 자리가 신입 자리로 등록됨에 따라 직원 이직률이 문제가 될 수 있다. 서로 다른 서비스 간의 소통, 그리고 학부모와의 소통이 약해졌다.

공립학교에서 더 많은 지역 서비스를 제공하려는 움직임과 더불어 교육 예산과 그와 관련된 서비스에의 변화에 따라 새로운 고용 패턴이 초래되었다. 준전문가, 사적 상담가, 계약된 기관들이 학교 환경에서 특수교육을 필요로 하는 학생들에게 서비스를 제공함에 따라, 서비스 제공자들과 학교 사이의 관계가 바뀌었다(Giangreco, 1995). 학교가 직접 고용주가 아닐 수도 있으며, 학생들의 교육 성과를 위해 헌신하는 정도도 학교에 직접 고용된 사람들의 헌신 정도와 다를 수 있게 되었다.

　서비스 제공 관련 문제를 가라앉히기 위해 일부 교직원 노동조합은 조합원들에게 학교에서 교육과 관련 없는 직무를 거부하라고 촉구한다. 예를 들어 앨버타 교사 협회는 비록 학교가 점심 제공, 가정상담과 같이 교육과 관련 없는 서비스를 제공하는 장소로 사용된다 하더라도, 선생님들이 그 서비스를 전달해서는 안 된다는 입장을 표명했다(Committee on Public Education and Professional Practice, 1994). 동시에 학생의 존재는 학교 출석만으로 정의되지는 않는다. 사회적 변화는 가족에 영향을 끼칠 뿐만 아니라 자녀를 돌보는 가족들의 능력에도 영향을 끼친다. 밀집된 생활 조건은 전염병의 확산을 촉진시킨다. 이에 따라 아이가 집에 있을 때 보철, 교정 기구들이 어떻게 보관되는지에 영향을 미친다. 때때로 교사들은 안전을 이유로 보청기 또는 안경을 학교에 보관하여, 학생들이 교실 밖에서 더 잘 소통하고 더 잘 볼 기회를 빼앗는 아이러니가 발생하기도 한다. 또한 밀집된 생활 조건은 학생들의 수면 환경과 영양 상태, 그리고 학생들이 학교에서 활동할 수 있는 능력에 작용하는 다른 모든 변수에도 영향을 준다.

　특수교육에서 교육적 욕구 개념을 생각해 보면, 그 욕구들은 학생을 도와줄 수 있는 지원 또는 조정으로 보는 것이 도움이 된다. 이러한 욕구들은 학생의 개별화 교육 프로그램의 일부를 구성한다. 하지만 개별화 교육 계획이 특수교육 분야 내에서 만들어지는 만큼 사실 통합교육의 장애물로 작용할 수 있다. 추가 자금을 받는 학생들은 개별화 교육 계획을 갖고 있을 것으로 기대되는데, 이를 통해 추가 재정 부담을 정당화할 수 있다. 교육 재원 제공의 변화 때문에, 학교가 적자에 시달리는 것을 막기 위해 더욱 많은 학생이 낙인찍히고 있다. 더 많은 교사가 특수 학생을 위한 할당량을 받기 위해 추가적 서류를 제출하도록 요구받고 있다. 이에 따라 교육적으로 관심이 필요하지만 특수교육대상 학생으로 분류되지 않은 학생들을 포함하여 25명, 내지는 좀 더 많은 수의 학급을 위한 차별적 교육법을 계획하는 데 비례적으로 더 적은 시간을 쏟을 수밖에 없게 된다.

4. 교육에의 접근: 학문적, 사회적 성과 얻기

50년 전 북미에서 명백한 장애를 가진 학생을 위한 교육은 전문가에 의해 차별화된 처우를 받을 수 있도록 설계된 전문화된 기관에서 접근 가능했다. 하지만 이러한 흐름의 최종 결과는 주류에 포함되지 못하는 학생을 특수학교 또는 특수학급에 가두어 두는 교육적 창고화였다.

60년대 후반과 70년대 초, 정상화, 인권, 탈시설화의 개념이 교육자들의 주목을 받기 시작했다. 일반 학교 내의 특수학급과 같은 더 많은 지역 서비스를 이용할 수 있게 되었다. 수준별 기술 개발에 초점을 맞춘 특수교육 과정들이 발달하였다.

그 후에는 기능적 교육과정을 사용하여 개인적 자립을 추구하는 모델이 등장했다(Snell, 1983). 학생들이 특정 기술을 사용해야 하는 환경에서 그 기술을 가르치고 연습시키려는 시도가 이루어졌다(Brown et al., 1991). 자연스러운 교육과 훈련 환경에 학생들을 적응시키고 훈런을 완수하는 데서 문제가 발생하였다(Sobsey, 1991). 이런 자연스러운 환경이라 하면 장애 학생이 교육받을 장소로서의 일반 학급을 포함하였다. 흔히 대인 의사소통 기술과 사회적 기술의 향상에 초점이 맞추어졌다. 모든 학생에게 일반 교실에서 이루어지는 교육과정에 접근할 수 있도록 하는 것은 사회적 참여를 촉진시키는 방법으로, 또 장애 학생의 가시성과 입지를 향상시키는 방법으로 인식되었다. 하지만 내용의 숙달은 언급되지 않았다.

통합 교육 모델의 교육과정은 교육과정 내용에의 접근과 학습 성과라는 두 개의 반대 원칙 사이에 놓이게 된다. 교실에서 동일한 학문적 경험을 제공하면서 장애 학생이 일반 학생과 같은 또는 유사한 일반 교육과정에 접근할 수 있도록 하기 위해서는 그런 경험에 대한 학생의 대응 능력과 그러한 경험에서 무엇인가를 배울 수 있는 학생의 능력을 고려해야 한다(Jordan and Powell, 1994). 모든 학교가 장애 학생을 포함하여 모든 학생의 구체적이고 개별적인 욕구를 충족시킬 만큼 충분히 지원해 줄 수 있는가? 그에 대한 대답은 학교들이 여러 가지 이유로 이상에 미치지 못한다는 것이다.

예를 들어 교실에서 문제지를 풀게 하는 것은 공통성을 도입하는 듯한 착각을 주지만, 교사가 사용하는 수준의 언어를 처리할 수 있는 학생들의 능력을 고려하지 않는다는 점에서 의문스러운 교육적 실천이다. 혼자서는 해결할 수 없어서 또래 학생이나 보조 교사에게 도움을 받아 과제를 해결하는 학생에게 다른 학생이 직접 해결해 준 과제는 아무 의미가 없다. 학부모를 포함하여 학생의 학교 프로그램 개발에 책임이 있는 사람들에게 일반 교육과정에 기반한 경험과 과제가 학생들의 특정 욕구와 어떤 연관이 있는지에 대해 설명할 것을 요구해야 하는가?

　일반 학급에서의 통합 교육 출발점이 부적절한 교육과정이라면(Ainscow, 1993), 그것은 학생에게 피해를 주는 것이다. 몇몇 학생을 위해 특정 주제 영역에서 교육과정 내용을 어떻게 수정할 것인가의 문제는 학년이 높아질수록 점점 더 심각해진다. 학생이 정말로 일반 교육과정에 포함되려면 더 관념적이고 추상적인 토대, 어휘력, 독해력, 문장력을 필수로 갖춰야 한다. 이 지점에서 '장애'에 관한 질문을 해야 한다. 왜냐하면 인지적으로 정상이지만 시각적으로 장애가 있는 학생, 청각장애 학생, 지적장애 학생 등 여러 장애 학생이 각각 다른 방법으로 교육과정에 접근해야 하기 때문이다.

　학급 담임이 교과과정 수정을 받아들여도 우려되는 점이 있다. **교과과정의 수정은 합당한 요소에 근거하여야 한다. 경제학적 용어로 설명하자면, 수정과 그것을 준비하는 데 필요한 시간은 수확체감의 관점에서 접근되어야 한다.** 교육과정 특화 및 자료 준비를 위해 소요되는 시간과 노력이 예상되는 교육 성과와 비례하는가? 교사들이 받아들일 가능성이 가장 높은 적응법과 수업 전략은 비교적 적은 준비 시간과 현재 교사들의 수업 방법을 거의 변화시키지 않는 것과 관련된 것들로 보인다(Norwich, 1994). 게다가 수업하는 사람이 교사보다는 보조 교사 등 준전문가일 가능성이 크다.

　학교에서 모든 학생을 비슷하게 대우하자는 주장은 자신들의 활동을 공공 서비스보다는 상업적 활동으로 바라보는 학교들의 경쟁적 시장체제 풍조 속에서 고안된 새로운 교과과정 및 과목들과 양립하기 어렵다. 과목 영역, 내용, 외부 평가와 같은 교육 성과는 학교 순위나 졸업생 중 1년 이내 취업한 학생의 비율과 같은 구체적인 형태로 미래 소비자와 현재 납세자들에게 제시된다. 학생 수와 학교 운영자금 제공 유지를 위해서 중등과 고등교육에서는 다수의 새로운 주제가 제공되는데, 이는 미미한 장애가 있는 학생들이 졸업을 위해 필요한 학점을 채울 수 있도록 해준다. 더 많은 장애 학생이 고등학교에 머무르고 있고, 일부는 이제 전문대학에서 고등교육 훈련을 받을 수 있게 되었다. 하지만 전문대학에 진학할 수 있는 것은 전문대학이 다른 대학이나 기술학교에 비해 빠르게 교과목을 개설하고 졸업 제도를 바꿀 수 있었기 때문이다. 대학 체계에서 기술을 습득한다고 해서 한 분야에서 평생 고용되는 것을 의도하는 것은 아니다. 오히려 인력 시장에서 경쟁력을 유지하기 위한 정기적인 성장을 위해 학생들이 돌아올 것이라는 전제를 두고 있다. 나는 이 시스템이 비록 단기적으로 개인에게 엄청난 기회를 부여하는 것처럼 보이더라도, 장애인과 그들의 가족의 재정 상태를 고려하면 장기적으로는 공평하지 않다고 생각한다. 동일한 대우가 항상 비슷한 결과를 가져오지 않는 것은 명백하다. 장애인은 여전히 교육과 취업 시스템에서 헤매게 될 것이다.

단순히 일반 교육과정에 학생을 배치하고 노출시킨다고 해서 효율적 학습을 위해 교실에서의 지원 서비스가 필수적인 학생들의 교육적 요구들이 충족되는 것은 아니다. 교사와 학교는 학생의 읽고 쓰는 능력과 산술 능력의 필요와 학생이 최대한 독립적으로 살아가기 위해서 필수적인 다른 기술의 필요 사이의 균형을 어떻게 맞춰야 하는가? 사실 성인기의 개인적 독립이 여전히 모든 장애 학생을 위한 학교교육의 바람직한 성과로 볼 수 있는가?

통합 교육 움직임의 주요한 질문은 통합 과정을 가장 용이하게 해줄 교육과정의 종류와 형태에 대한 염려였다. 어떠한 교육과정이라도 학급 내 모든 학생의 욕구를 충족시켜 줄 수 있는가? '모든 학생에게 적합한 하나의 교육과정'은 이론상으로 존재하는 것이고, 실제로 현실화하기 위한 시도들이 있어 왔다(Ainscow, 1993). 이러한 접근의 장애물들은 교육 성과들이 대체로 너무나 광범위한 언어로 표현되는 데에서 발생한다. 이에 따라 교사들은 "학생들이 다양한 미적 경험을 감사히 생각할 것이다"와 같은 일반적인 목표 진술에서 어떤 실질적 기술을 끌어낼 수 있는지 결정하는 데 애를 먹고 있다.

어떤 학생들, 특히나 중증장애가 있는 학생들은 목표를 달성할 수 없을 가능성이 명백함에도 불구하고 어떻게 모든 학생의 교육적 목표가 동일하다는 발언이 가능해졌는지는 분명하지 않다. 어떻게 이런 믿음이 교육 서비스의 소비자들, 즉 학생과 그의 가족에게 교육 제도로 보장된 지식과 기술 수준을 제공하는 교사에 대한 교육적 성과 책임 요구와 어울릴 수 있는가?

시민권 모델을 사용하여 완전 통합을 옹호하는 사람들은 장애 학생이 특수 훈련을 받은 사람, 학교에서 장애 학생을 돕기 위한 특수 자원, 그리고 가끔은 선택적으로 일반 교실과 학교 밖에서의 활동을 필요로 할 수도 있는 교육적 맥락의 요구가 없다고 가정하는 지점에서 틀릴 수 있다. 만족스러운 건강 상태 유지를 위해 의료 서비스를 제공하는 사람들도 비슷한 상황이다. 전문 영역에 관심을 갖는 일반의는 상황에 따라 살짝 평범하지 않은 사례도 어렵지 않게 해결할 수 있다. 상황이 더 심각하면 전문의에게 의뢰가 필요할 수 있고, 문제가 더 깊어지고 심각해지면, 세부·분과 전문의가 필요할 수 있다. 교육 환경에서 학급 교사들은 개인 교습과 지원을 통해 과거보다 훨씬 넓은 범위의 학생 욕구를 처리할 수 있다. 하지만 수화 또는 보완 의사소통 체계의 프로그래밍 기술, 행동 조절 계획 등과 같은 분야에 능통한 교사가 필요한 일부 학생은 일반 학급에 있으면서 계속되는 전문적 뒷받침 또는 더욱 숙련된 전문가에게 직접적인 서비스를 받을 수 있는 선택권 없이 모든 시간을 보내게 된다면 불이익을 받는 것이다. **공립학교들은 가족의 사회적 욕구나 정치적 욕구보다는 학생의 교육적 욕구를 충족시키기 위한 노력을 할 의무가 있다.**

성별과 피부색이 교육과 연관 있는 변수가 아니듯, 학생들의 특징이 교육 서비스의 불공평한 제공을 정당화시키기 위해 사용되어서는 안 된다. 휠체어를 사용하는 학생은 태도와 학교 건물에의 접근성에 의해 장애화될 수는 있지만, 학생의 학업 욕구는 다른 비장애인 학생과 전혀 차이가 없을 수도 있다. 청각장애, 시각장애, 외상성 뇌손상, 그리고 특정 학습장애는 모두 교육 방법, 사회 능력 개발, 그리고 성과 측정의 범위에서 고려되어야 할 교육과 연관 있는 변수들이다. 시각장애가 있는 학생에게 보행 기구 또는 점자 번역 소프트웨어 사용법과 같은 전문 장비나 전문 기술 사용법을 제공하는 것은 교육과 연관 있는 변수의 사례가 될 수 있다. 장애 학생이 자신들의 능력에 맞는 성과를 얻기 위해서 교육과 연관 있는 변수들은 특별한 서비스와 지원이 필요할 수 있다. 이러한 지원을 어떻게 제공할 것인가에 대한 특별한 지식은 대부분의 일반 학급 교사들이 갖고 있지 않을뿐더러 교사들의 직업 교육에서 큰 부분을 차지하지도 않는다.

많은 교사가 지원을 받지 못하고 있다고 생각하면서 자신들의 학급에 장애 학생이 배치되는 것에 대해 점점 더 공개적으로 저항하고 있다. 교육 환경에 장애 학생들을 통합하는 문제가 교직원 노동조합의 단체 교섭 과정 중 일부가 되었다. 학교운영위원회에 학부모들이 관여하면서 지역 학교들의 예산을 지역사회가 더 철저하게 감독할 수 있게 되었다. 장애 학생에 의해 부가적인 자금 조달이 되더라도 학교 예산 고갈의 근원이라고 보는 것이 공공연한 사회적 인식이다.

1) 학교들의 태도와 전문 훈련의 부산물들

교육적·사회적 요구들이 변함과 동시에 장애로 분류되는 특징들 또한 변하기 때문에 특수교육 요건은 상대적이다(Norwich, 1993). 장애를 대하는 태도, 신념, 행동들에 관한 국제 연구를 통해서, 베리(Berry, 1994)는 어떠한 지역사회도 장애의 원인, 관리, 책임에 대한 신념과 태도, 장애인들과의 관계 모습이 다른 국가와 동일하게 나타나는 경우가 없다는 것을 발견하였다. 지역사회 태도를 재현한다고 간주되는 교사를 통해서도 사람들의 태도가 단일하지 않고, 장애의 종류에 따라 달라지며, 자신들의 학급 또는 일반적인 모든 학급들 중 누구를 언급하는지 여부에 따라 차이가 난다는 것이 증명된다(Barnartt and Kabzems, 1992).

 교사 양성기관들은 특별한 교육적 욕구가 있는 학생들을 위한 교사양성 접근법을 비교적 느리게 수정해 오고 있다. 특수 욕구의 결핍 모델을 통해서 교사들이 교육받게 되면, 구체적인 방법과 계획의 구성, 선택, 그리고 사용은 모두 학생과 학문에 대한 교사의 믿음에 의해 영향받을 것이다. 경험에 의하면 여전히 범주적 접근법이 대부분의 학급에서 영향력이 있는 것으로 보인다. 예를 들어 자폐와 '취약 X 증후군'을 포함하여 몇몇 아동기의 발달장애 증상들 사이에 상당한 공통 부분이 있음에도 불구하고, 개입 전략이 '취약 X 증후군' 학생들에 관한 책에서 발췌되었다면 이 개입 전략은 자폐 학생에게는 무시될 수 있다.

장애 학생의 교육과 관련하여 세부 분류 또는 전문 지식에 대한 이해를 피할 수는 없다. 하지만 대부분의 교사들이 교육 프로그램을 설계하는 데 바탕이 되어 온 장애의 심층적 분류법은 과거만큼 현재 유용하지 않다. 분류 표시들이 교육에 있어서 충분하고 적절한 정보를 제공하지 않기 때문에 현재의 교육 프로그램은 범주 분류 접근을 피하려고 노력하고 있다. 당연히 예외는 있기 마련인데 특히나 특정 증후군과 관련해 예외가 있다. 범주 분류 지식은 초기 교사 훈련의 기초에 포함되어야 하는 정보, 부호화, 재정 마련과 관련된 사안에 있어 유용하다.

교사들의 태도는 훈련의 부산물만은 아니다. 오히려 교사들의 태도는 훈련 프로그램에 들어가기 전에 만들어져 있다. 교실에서 수천 시간을 보내고 나서도 편견을 버리지 못한 채 자신의 직업에 익숙해진다는 부분에서 교사들은 독특하다. 교사 지망생 중 몇 명이나 장애를 가진 선생님을 경험해 봤을까? 학교에서 지내는 시간 동안 장애인 롤 모델을 갖게 되는 장애인 학생은 몇 명이나 있겠는가? **어쩌면 교사 양성기관들이 장애 문화 관점의 수업 자료를 제공하고, 장애 학생의 이익을 고려하는 측면에서 수업 활동을 구성하고, 장애를 가진 사람을 교사로 고용함으로써 이와 같은 직업적 사회화 패턴의 중단을 위한 시도를 할 때가 도래한 것인지도 모른다.**

교사들은 대체로 장애 학생을 자신의 학급에 포함하는 것을 지지하는 진술들에 찬성하지만, 장애 학생을 지속적으로 수용하기 위한 특정한 변화들을 감수하고 싶어 하지는 않는다(Norwich, 1994). 많은 일반 교사는 장애 학생을 가르치기 위한 특수 훈련의 면에서 자신들이 부족하다고 믿고 있다. 장애 학생들을 학급에서 맞닥뜨렸을 때 전문

능력에 대한 의구심과 더불어 교사들은 장애 학생이 자신의 학급에서 적절한 이득을 보지 못할 경우의 책임감 때문에 걱정을 한다. 두 번째로 교사들은 중증장애가 있는 학생의 부모가 교과과정을 통한 아이의 발전에는 관심이 없고, 그저 아이가 동급생과 같은 경험을 하기만을 바란다고 말할 때 놀라게 된다.

교육적 팀의 일원으로서 협력해서 일하기보다는 전문직의 규율에 따라 독립적으로 활동하는 것에 익숙해진 관련 서비스 제공 인력들도 장애에 대한 부정적 태도를 보이고 있다. "전문가가 제일 잘 안다"는 태도는 교육 서비스 제공의 통합적 접근을 방해한다. 몇몇 사례에서 얕은 수준의 교육만을 받은 준전문가들이 장애 학생을 보조하기 위해 투입된다. 전문적 방향과 지식의 부족은 장애 학생에게 주어지는 직접적 교육 서비스에 여러 중요한 방면에서 영향을 끼칠 수 있다. 예를 들어 교사들은 학급 내 장애 학생의 수 등과 같은 여러 이유 때문에 준전문가인 보조 교사들에게 제대로 슈퍼비전을 줄 수 없을 수도 있다. 이에 따라 보조 교사가 학생의 교육 프로그램 실행에 대한 결정을 독립적으로 내리게 된다. 유아교육 또는 재활을 공부한 준전문가들은 자신들이 돌봐야 하는 장애 학생의 교육적 목표와 상충할 수 있는 편견을 갖고 있을 수도 있다. 예를 들어 준전문가들은 서비스의 돌봄 제공 측면에 초점을 맞출 수도 있다. 또는 부적절한 유아교육 실천 방법이 발달장애를 겪는 고등학생에게 적용될 수도 있다.

이번 학년에 고용된 준전문가에는 전 유치원 학부모 자원봉사자, 치과 위생사, 주의력 결여 장애 자녀를 둔 학부모, 성인 그룹홈 직원, 퇴직한 교사, 학교 행정 직원, 그리고 몇몇의 주간 보호 직원이 포함되었다. 적당하게 훈련 받고 경험을 쌓은 준전문가들은 많았지만, 그들 중

전문적 훈련을 받은 사람은 많지 않았다. **훈련을 가장 적게 받은 직원들이 교육적 욕구가 엄청난 학생들에게 직접적 교육 지원 서비스를 제공하도록 배치한다는 것은 모순적이다.**

가족들도 학교에서 마주하는 부정적인 태도들 때문에 고통 받는다. 이런 태도들은 아이의 외모에 대한 생각 없는 지적에서부터 장애 학생에게 너무 많은 시간, 돈, 관심이 투입되고 있다고 생각하는 학교 단체 구성원들의 노골적인 적대감까지 다양하다. 장애 학생의 교육성과 수준을 비장애 학생과 동일하게 맞추기 위해 장애 학생에게 투입되는 부가적 자원들은 다른 학생의 프로그램 자원을 빼앗는 것처럼 보이기도 한다. 학교 단체 구성원들이 학교 예산에 관한 정보에 접근도가 더욱 높아지면서, 예산 지출과 학생 성과 간의 관계에 대한 질문이 더욱 많아지고 있다. 학교 예산을 위해서는 많은 장애 학생이 필요하면서도 수익을 떨어트릴 정도로 너무 장애가 심하거나 방해가 되는 것은 바라지 않는 두 관점 사이의 갈등이 또다시 발생하고 있다.

통합에 대한 논의는 맹렬히 학교를 계속해서 위협하고 있다. 완전 통합 지지자들이 학생들을 일반 학급에 전일제로 포함시키기 위해 로비하듯이, 다른 사람들은 학교 시스템 밖에서의 서비스 또는 다른 일련의 서비스 중에서 선택할 수 있도록 하기 위한 로비를 하고 있다. 학교 단체들은 장애 학생 포용과 관련하여 딜레마에 빠지게 된다. 왜냐하면 사회정의의 문제로 보면 통합해야 하지만, 현재의 재정 할당 부족에 따라 장애 학생을 집단으로 모아놓지 않고서는 교육 비용을 충당할 수 없음에 따라 장애 학생을 분리하려 하기 때문에 갈등이 발생하고 있는 것이다.

2) 교사들은 장애 학생과의 작업을 어떻게 보는가?

앨버타주에서 실시된 교육적 경향과 혁신에 관한 설문조사에서 교사들은 그들 사이에서 가장 큰 우려를 야기하는 개발 분야가 통합 또는 포용 교육이라고 응답하였다(Committee on Public Education and Professional Practice, 1994). 비록 몇몇 응답자는 인근 학교의 일반 학급에 장애 학생을 배치하는 것에 대해 절대적 지지를 보였지만, 다른 사람들은 새로운 교과과정의 도입이나 외부 평가의 증가와 같이 동시다발적으로 발생하는 다른 교육적 변화에 따라 통합 교육은 작동하기 힘들다고 여겼다. 통합 교육의 원리에 대해서는 대부분의 사람들이 지지를 보였지만, 실행에 있어서 주요한 문제점들이 발견되었다. 학급 보조 교사에 대한 불충분한 지원, 현직 교사의 부족, 상담 또는 자문 서비스에 대한 제한된 접근성, 학생 프로그램을 위한 재정적 지원의 부족, 명백히 다른 프로그램을 설정하고 관리하기 위해 요구되는 계획 시간, 학급의 다른 학생에게 끼치는 영향, 일부 학생에 대한 의료적 관리 관련 우려 사항 등이 문제점으로 포함되었다. 고등학교에서 과목 담당 교사들과 같은 몇몇 교사에게 이와 같은 새로운 책임 부과는 계약 중간에 직무 내용을 바꾸는 것과 같은 것으로 여겨졌다.

　　다수의 지역에서 장애 학생의 통합은 단체협약의 협상 항목이 되었다. 교사들은 교육 직업 본질의 측면에서 외부적으로 부과된 기본적인 변화에 의해 경쟁적인 시장 분위기가 만들어졌다고 생각한다(Barton, 1993). 교사들이 직업을 그만두는 사례가 점점 늘어나고 있다. 예를 들어 캐나다의 노바스코샤주에서 교사 10명당 1명은 조기 퇴직을 선택한다(Dare, 1996). 조사 결과에 따르면 장기 장애 급여를 신청하는 교사의 수가 점점 더 늘어나고 있으며, 처방 의약품에 대한 지출이 급격하게 증가했다(Russell, 1996).

교사들은 특히 특수교육 과정에서 발달장애를 학생 개인의 특성으로 설명하도록 사회화되었다. 교육적 지원은 특정한 학생을 보조하도록 설계되고, 개별화 교육 프로그램IEP과 같이 처방적이고 개별화된 서식으로 쓰인다. 개별 학생에게 초점을 맞춘다는 것은 보조 교사, 상담사, 학부모 봉사자가 제공하는 서비스와 자신의 수업을 조화시키는 것에 덧붙여 교사가 수업하는 내내 그 학생의 상태에 맞추어 수업을 수정하고 조정해야 함을 의미한다. 하지만 더글러스 푹스와 린 S. 푹스(Fuchs and Fuchs, 1995)는 자금 지원 여부와 상관없이 상당한 교육적 욕구가 있는 몇몇 학생을 포함할 가능성이 높기 때문에, 일반 학급에서 이와 같은 교육법을 사용하는 것은 비실용적이라고 간주하였다.

개별화된 프로그램이 성공적이었다는 실례가 어디에 있는지 사람들은 궁금해한다. 전문화된 프로그램들을 사용할 수 없었다면 어떠한 결과가 있었을까? 우리는 학생들이 학교를 그만두거나 단순히 등교를 거부한다는 것은 상황이 만족스럽지 않다는 것을 의미한다는 것을 역사로부터 배웠고, 모든 학생을 학교에 잡아 두고 진학할 수 있도록 하기 위해서 법률을 통한 개선이 시도되었다는 것도 알고 있다. 우리는 교사를 위한 특수 훈련이 없더라도 학급은 정상적으로 운영된다는 것 또한 알고 있다(Upton, 1991). 일반 학급에서 교사들이 제공하거나 조화시켜야 하는 것으로 기대되는 개별화된 특수 지도의 합리적인 양은 어느 정도인가? **교사들은 학생들, 특히 장애 학생을 위해 특별히 맞춰진 프로그램이나 지원 방법을 제공하고 싶은 마음과 현재 주어진 시간적·금전적·전문 지식적 자원을 고려했을 때 전문적으로 훌륭하고 능**

숙하게 서비스를 제공하지 못하는 현실 사이에서의 딜레마 때문에 고투한다.

누군가 발달장애가 학생과 학교 사이에서 발생하는 환경적 또는 상황적 불일치의 결과라는 관점을 가지고 있다면, 학급에 수용될 수 있는 학생의 범위를 넓히고 시스템을 바꾸는 방법을 통해서 학생들이 시스템의 요구를 충족시킬 수 있도록 지원하는 것이 합리적일 것이다. 교육과정 수정, 대체 자료 제공, 보조 교사의 지원 등이 이와 같은 관점에 대한 반응의 예이다(Ainscow, 1993). 교과서들이 교육과정 수정에 대한 예시를 제공하지 않고, 모든 학교에서 대체 자료가 제공되지 않고, 보조 교사들이 기록 보관과 같은 특정 교육기법에 대한 교육을 요구할 수는 있지만 상담 또는 자원 구매에 대한 요구는 부족한 자금 때문에 행정 수준에서 거부될 때, 교사들은 이러한 지원 방법을 현실과 타협하여 활용할 것으로 기대되면서 긴장이 발생하게 된다. 많은 교사는 교육 관련 서비스를 받기 위해 학생 옹호자로서 어느 정도까지 행동해야 하는지의 문제에 맞닥뜨려 있다.

학교에 미치는 기술의 영향은 모든 교사에게 지식과 역량의 중요한 영역으로 언급되어 왔지만, 어쩌면 장애 학생의 교육에 더 관련이 있다. 학생들의 증강 통신 장치 사용, 교사들의 소프트웨어 프로그래밍 능력, 소프트웨어 자원에 대한 지식, 장애 학생의 교육과 관련 있는 정보 서비스와 데이터베이스 이용은 기술이 교사들에게 부과하는 과제 중 일부에 불과하다.

5. 결론

교육적으로 학생을 '같음' 또는 '다름'으로 대우하는 것에 대한 생각과 관찰은 어떠한 결론을 가져오는가? 그동안 주요 교육개혁을 향한 사회적 압력으로 교육에 대한 공적 자금의 사용은 줄어들어 왔다. 오늘날 학교에서 일어나는 혁신들은 교육자와 납세자가 교육의 미래를 개선하기 위해 함께 추진한 결과라기보다는 교육계의 생존 메커니즘 또는 정부 구조 개혁의 부산물 정도로 보는 것이 정확할 것이다.

특수한 교육적 욕구를 사회적 구성으로 여기는 것은 장애 학생과 관련된 어떠한 어려움도 극복 가능하다는 믿음을 장려하는 것이다. 이런 믿음은 사회적 태도와 사회적 기관, 즉 학교에 책임을 부여한다. 이는 사회적 기관들, 더 나아가서 기관의 직원들이 적응할 수 있음을 의미한다. 그러한 관점에 따르게 되면 개별 학생 변수들에 따라 특정 학교가 수용할 수 있는 것에 제한을 둘 수 있음을 인정하지 않게 된다 (Norwich, 1993). 학습장애는 생물학적·심리학적 과정에서 비롯될 가능성이 있으며, 사회적 과정에 국한되지 않는다. 그럼에도 불구하고 학교들은 고도로 구조화된 사회 시스템이라서 변화가 쉽지 않다(Keogh, 1990). 교사, 노조, 의료 또는 다른 전문직 집단들, 가족, 학교 공동체의 태도 변화는 동시에 발생하지 않기 때문에, 예상되는 변화 또한 점진적으로 나타날 가능성이 크며 장애 학생들의 교육과 관련된 많은 집단 사이에서 균일하지 않게 나타날 확률이 높다.

포용적 실천과 관련하여 정부의 수사 및 정책은 우선 선택할 수 있는 장소로 이웃 학교를 채택할 수 있지만, 정부 재정 지원 방식은 분리된 교실을 지원한다. 이런 현상은 부분적으로 단위 학교 책임 경영제를 적용하는 학교들이 욕구가 많은 학생을 위해 충분한 재정 지원을 받지 못하는 규모의 경제 때문에 발생한다. 할당된 재정은 하나로 합쳐지고, 학생들이 지원자로부터 지원을 받기 위해서는 집단화될 수도 있다. 추가 자금을 받을 자격이 되는 일부 학생도 지원금으로 추가적인 학급 보조 교사를 활용하지 못하는 것이다. 이를 통해 범주화 표지를 했음에도 특정 학생에게 필요한 지원의 양을 정확하게 반영할 수 없다는 것을 알 수 있다.

특수 교육자들이 학급 단체를 위하기보다는 개개인을 위한 계획에 초점을 맞췄다는 점이 잘못된 것인가? 교육과정 관점이 모든 학생의 교육을 지지하는 환경을 만들기 위해 새로운 기회를 제공하는가? 교사들은 "혁신 과부하"로 인해 힘들어하고 있는가(Ainscow, 1993)? 이런 아이디어에는 촉망되는 점들이 있지만, 교육적 실천의 한 부분에서만 해답을 찾을 수 있다고 말하는 것은 충분하지 않다. 장애 학생 선정을 줄이고 큰 집단 교육의 원칙을 재조명하는 것도 약간의 장점이 있지만 동등한 대우가 동등한 학습 결과를 가져올 것이라는 관념은 버려야 한다. 단지 학급에서 글을 읽는 방법을 가르쳐 주고 대부분의 학생이 수업을 통해서 특정한 방법으로 읽는 법을 배운다고 해서, 그 외의 몇몇 학생 또한 읽는 법을 배우기 위해 대체의 특수교육을 받지 못한다는 것을 의미하지는 않는다. 교육과정 관점은 학교에게 그들이 가장 잘하는 것이 무엇인지 되새겨 주는데, 그것은 교육과정 내용을 가르치는 것이다. 어떤 장애 학생에게 이것은 다른 접근법을 요구하는 일일수도 있지만 접근법의 일부는 학급 수업 중에 교사가 쉽게 적용할 수 있다. 사회적 결과만을 고려해서 그들의 학습 능력이 무시된다면 다른 장애 학생은 더더욱 불리한 입지에 놓일 수 있다. 어떤 학생은 전문 교사와 함께 공부하는 것과 같이 일반 학급을 벗어난 교육적 환경에서 더 많은 것을 얻을 수 있다.

전문성 개발은 변화의 기본 요소라고 선전되지만, 아직까지는 기대에 부응하지 못하고 있다. 학교 직원이 새로운 교실 관행을 도입하고 유지하는 데 필요한 인내뿐만 아니라 필요한 에너지, 협업, 기술 수준을 과소평가해 왔기 때문이다(Malouf and Schiller, 1995). 교육이 점점 더 모델로 삼고 있는 비즈니스 분야는 3년에서 5년의 꾸준한 노력으로 변화의 일정을 정하는 반면, 교육자들은 한 학년도를 기준으로 장기 목표를 설정하는 경향이 있는 것은 모순적인 현상이다.

지언그레코는 서비스와 지원 정책이 '필요한 만큼만 특별하게 제공되는' 시스템을 사용하여 직접적, 간접적 또는 혼합 방식으로 제공되어야 한다고 제안하였다(Giangreco, 1995). 이러한 방식은 주류 교육의 기준을 충족시키지 못하는 학생을 위한 '좋은 의도이지만 과도한 서비스'의 문제와 장애 학생을 학급에서 동료 학생이 아닌 상담 치료에 얽매이게 만드는 문제를 방지하기 위한 것이었다. 장애 학생을 다른 존재로 바라보는 것을 거부하는 시도를 하면서도, 이런 겉보기에 합리적인 제도의 가장 큰 문제점은 결정권을 가진 사람들의 전문적 배경일 수 있다. 예를 들어 작은 도시에서는 재활병원의 간호사들이 학교 시스템을 보강하기 위해 투입되어 장애 학생을 돕는 일을 맡았다. 교육 환경에서 의사 결정권을 가진 사람들의 전문적 배경과 제한된 학교 경험들이 장애 학생의 학교교육 갈등을 키웠다. 예를 들어 한 학년 동안 학업 진척이 제한적이었던 신체장애 학생에 대한 인지 평가가 요구되었다. 학교로서는 재정 지원 신청을 위해서 최신 평가 결과를 서류에 작성해 두는 것이 도움이 될 것이다. 하지만 학업 진척이 안 되는 합리적 이유와 관련하여 학생의 저조한 출석 기록이 오히려 더 타당한 정보를 제공해 줄 수도 있다. 또 단지 학생이 법적으로 시각장애가 있다는 이유만으로 점자를 배워야 하는가? 교육 서비스 제공 시스템에서 의사 결정 권한을 가진 사람의 전문적 견해가 공교육 환경에서 학생의 욕구가 어떻게 관리되는지에 직접적인 영향을 미칠 수 있다.

개별성을 강하게 추구하는 관점에서 더 넓은 교과과정 관점으로의 전환과 교육 지원 서비스 전달 방식을 개혁하는 것은 교육 환경에서 전문적 역할의 재해석을 요구한다. 격리된 장소 또는 임상 환경에서 전문가에게 친숙한 전문 전략의 사용은 일반 학급에서도 두드러진다. 절차는 더 많은 청중에게 방해가 되는 것으로 인식될 수 있다. 모든 필수적인 특수 개입들이 일반 학급에서 사용되어야 하거나 사용될 수 있는 것이 아니기 때문에, 그에 따라 발생 가능한 혼란에 대한 조율은 학교 직원들의 몫이다. 특정한 임상적 또는 교육적 기술들이 교실 밖의 환경에서 효율적으로 적용될 수 있지만 그들이 학생을 차별하거나 무시할 가능성을 지닌 방식으로 대한다고 보여질 수도 있다는 사실을 알게 될 때 전문가들은 무력감을 느끼게 된다. 예를 들어 자연적으로 발생하는 상황에 국한되어 행동적 관점에서 장애 학생의 행동 변화를 가져오기 위해 노력하는 사람은 그 학생이 특정 기술을 습득하기 위해서 수백 수천 번의 연습이 필요하다는 것을 알게 되면 좌절감을 느낄 수 있다(Sobsey, 1991).

교육 이념은 다양하지만 특정한 변화가 발전을 가져온다는 것을 증명할 만한 경험적 연구는 부족하다. 그렇지만 대립하는 가치들 사이에서 문제점과 불편한 상황이 계속 발생하고 있고, 그것에 대한 해결책은 단순히 경험적 발견들에 의하여 얻어질 수는 없다. 교실에서의 삶은 이성적·기술적 문제 해결 방법을 가져오지는 않는다. 장애 학생의 교육 문제에 대해 이해관계와 발언권이 있다고 느끼는 모든 단체를 화합시킬 가능성이 있는 하나의 명백한 정책은 없을 뿐만 아니라 앞으로 그런 정책이 생길 가능성도 없어 보인다. 형평성이 희생되는 경향이 있다는 점에서 모든 학생을 동등하게 대우하려고 할 때 단점이 존재한다. 다른 사람과 더 비슷하게 만들기 위해서 장애 학생을 다르게 대우하더라도 우리가 배운 바에 따르면 학생들의 분리는 교육 제공을 동등하거나 공평하게 만들지 못한다. 개별 적응과 개별 설계에 대한 과도한 강조는 다른 사람과 크게 다르지 않는 한, 개인에게 초점을 맞춘 사회적 가치 시스템 내에서 다른 선택지를 탐구할 기회와 장애에 대한 새로운 사고방식을 다루는 데에 쏟을 수 있었던 관심을 빼앗아 갔다.

학습을 위한 질문

1. 장애인을 위한 학교교육의 바람직한 성과는 무엇인가? 이때 '장애'라는 꼬리표가 중요한 의미가 있는가?

2. 학생을 학교에 배치하는 과정에서 부모가 특수교육을 거부한다면, 교육자로서 당신이 취할 수 있는 선택은 무엇인가?

3. 부모, 학생, 준전문가, 교사, 행정가, 학교위원회 위원, 부모자문위원회 위원 등 중 세 측면에서 통합 교육에 대한 견해를 생각해 보고, 장애 학생을 위한 적절한 교육 목표를 어떻게 생각할지에 대해 기술해 보자.

4. 공립학교에서 장애 학생에게 서비스를 제공하기 위하여 외부 기관 전문가를 활용하는 장점과 문제점은 무엇인가?

5. "장애 학생은 동료들과 함께 일반 학급에서 하루 종일을 보내야 한다"는 진술에 대해 어떻게 방어하거나 논쟁할 수 있는가?

6. 더 많은 장애인이 교육자로 채용될 수 있도록 하는 방법은 무엇인가?

7. 모든 장애 학생이 교육청에 의해 의무적으로 실시되는 표준화된 수행평가 시험을 보아야 하는가?

8. 학생의 하루 중 17퍼센트는 학업에 사용되고, 23퍼센트는 물리치료, 투약 등과 같은 의료적 관리에 사용되고, 60퍼센트는 감정 조절, 용변 처리 등과 같은 신상 돌봄에 사용된다면, 이 프로그램은 교육적이라고 할 수 있는가?

9. 학생의 교육적 목적이 학업 영역보다는 사회적 영역에 맞추어 있다면, 교육 목적으로 배정된 공공자금을 사용하는 것이 적절한가?

10. 일반 교과과정에 대한 접근을 통해 장애 학생을 위한 교육에서의 평등과 형평성은 어떻게 영향을 받는가?

11. 장애 학생을 위한 교육 재정의 할당과 관련한 의사 결정에는 누가 참여해야 하는가?

12. 일반 교과과정에 대한 접근이 장애 학생을 위한 사회적 정당성의 한 형태일 경우, 과정에 접근은 할 수 있지만 과정을 숙달할 수 없는 사람은 어떻게 보아야 하는가?

5장 · 장애 이해하기

같음에 대한 이해의 출현

프랭크 러시

지난 30년 동안에 장애인들 사이의 '능력에 대한 설명'이 가득했다. 초기 예시들은 두 가지 목적을 보여 주었다. 하나는 이전 자극이 특정한 반응 발생 가능성을 결정한다는 것처럼 행동 원칙의 보편성을 알리는 것이었고, 다른 하나는 '중증 지적장애인'이 자전거 브레이크를 조립할 수 있음을 보여 주는 것처럼 장애인도 자신에게 유용한 태도들을 배울 수 있다는 것을 입증하는 것이었다. 약 20년 전, 행동 연구 공동체는 사회적 검증을 도입하여 응용 행동 분석의 의도를 명확히 했다. 사회적 검증은 사용된 특정 개입이 약속하는 초점과 결과를 찾아내기 위해 사용되는 방법을 말한다. 이번 장에서는 행동 연구 공동체의 사회적 검증 이해에서 일어난 중요한 발전들과 '우리와 그들은 같은 사람들'이라는 더욱 중요한 발견을 함께 검토할 것이다. 사회적 검증에 대한 정의와 함께 그것이 사용되는 예시도 검토될 것이다. 이번 장의 주요 목적은 장애인이 비장애인과 실제로 얼마나 비슷한지에 대해 우리가 이해하는 바를 밝히는 것이다. 사용되는 예들은 고용 분야에서 실행된 나의 연구와 다른 사람들의 연구에서 가져올 것이다. 마지막으로 장애인을 '우리'가 알고 있는 세계에 포함시키는 것과 관련하여 권고를 할 것이다.

* * *

1. 세 번의 기간에 걸쳐 발생한 주요 사건들

이 장은 약 30년 전부터 시작하여 거의 동일한 세 번의 기간에 걸쳐서 발생한 주요한 사건들을 소개한다. 첫 번째 시기는 "정상화"의 등장과 함께 시작해 중증장애인의 능력을 입증하는 새로운 훈련 기법이 출현한 시기까지 포함한다. 두 번째 시기는 목표를 분명히 하려는 노력, 이러한 목표를 달성으로 이끄는 절차들의 이용, 결과의 평가로 정의된다. 최종 시기는 장애인이 자신의 운명을 좌우한다는 널리 퍼진 인식으로 대표된다. **장애가 없는 사람이 자원을 통제하던 환경에서 자원 자체 및 배분 방법에 의해 직접 혜택을 받는 사람의 희망에 따라 자원이 배분되는 방식으로 휴먼 서비스 환경이 지속적으로 변화하는 개혁이 진행 중에 있다.**

어떤 사람들은 위의 시기 구분이 다소 제멋대로라고 의문을 제기할 수 있다. 하지만 사실 중요한 사건들이 각 시기의 시작의 경계를 표시하고 있다. 여러모로 이 사건들은 본질적으로 방법론적인데, 장애, 특히 지적장애를 보는 방식을 변화시킨 방법과 관련된 것들이다. 예를 들어 사회적 검증은 사회적으로 중요하다고 생각되는 목표와 방법, 결과를 찾는 데 사용하는 방법을 의미한다. 하지만 이러한 사건들은 우리가 지적장애와 장애를 이해하는 것을 특징짓는 유일한 것은 아니다.

오히려 이 사건들은 가장 넓은 의미에서 사람들에 대한 우리의 생각에 영향을 끼쳤다. 역사적으로 사회적 검증은 장애인과 비장애인 사이의 비교를 포함하였고, 그러한 비교는 흔히 장애인에게 호의적이었다.

이 세 번의 시기가 장애에 대한 나의 개인적 해석에 따르기 때문에, 나의 관점을 형성시켜 준 삶의 중요한 사건들을 독자에게 보여 주는 것이 필수적이라고 생각한다. 지난 20년에 걸쳐서 일어난 다섯 개의 사건들은 끊임없이 나의 연구와 장애에 대한 이해에 영향을 주었다. 이 다섯 개의 사건은 이번 장에서 소개되는 세 개의 시기를 명시하는 주요 사건들과 밀접하게 관련되어 있다.

첫 사건은 분명히 행동에 관해 누적된 지식의 결과였다. 1960년대 중반, 응용 행동 분석의 도입과 함께 인간 행동과학 분야가 점점 인정받기 시작했다(Baer, Wolf and Risley, 1967). 응용 행동 분석이라는 용어 중 '응용'은 일반적으로 그 당시까지 수행된 행동 연구의 대부분을 밝혀냈던 아날로그식의 환경이 아니라 일상적인 환경에서 사회가 연구 대상이 되는 행동에 부여하는 관심을 의미한다. '행동'은 인간 행동의 정량화할 수 있는 단위에 초점을 맞춘다. 마지막으로 '분석'은 연구되는 행동에서 집단 분석보다는 개인을 강조한다.

나는 미시간대학교에서 스키너B. F. Skinner의 마지막 학생 중 한 명인 할런 레인Harlan Lane에게 훈련 받은 빌 셰파드Bill Sheppard와 학부 시절에 연구를 하는 동안 행동 분석 분야를 알게 되었다. 오레곤주 유진에 있는 셰파드의 교육환경연구소에서 일을 하면서 배우게 된 행동 원칙들을 바로 유치원생에게 적용할 수 있었다. 행동과 '강화 조건'의 효과 사이의 관계를 알아보기 시작했던 나였기 때문에 변화를 중요시하는 교육적 환경에 있는 것이 중요했다.

이렇게 행동 원칙들을 적용하는 것에 입문하면서 나는 행동장애가 있는 아이들에게 관심을 갖고 있던 힐 워커Hill Walker와 함께 대학원 과정을 시작했다. 워커와 그의 동료들은 일반 학급에서 일반 교사가 의해 활용할 수 있는 효율적 학급 관리 기술을 찾기 위해 노력했다.

이때 주변 지역 학군에서 가장 부정적이고 전투적인 남학생 몇 명을 가르치면서 나의 행동 원칙들을 점검해 보았다. 나의 행동 이해에 추가된 중요한 부분은 우리 자신이 '변화 매개'로 작용함으로써 아이들의 행동에 어디까지 영향을 끼쳤는지를 평가하기 위해 데이터를 사용하라는 워커의 주장이었다. 결과적으로 정례 회의를 통해 워커의 연구팀은 어떤 행동 기법을 사용하는 것이 가장 효율적인지를 찾기 위해 노력하였다. 그래서 나는 변화를 시도하면서 우리의 노력이 얼마나 효율적인지를 결정하는 데 도움이 되는 데이터를 수집해야 한다는 것을 배웠다.

워커의 연구를 통해서 배운 또 하나의 중요한 교훈은 사람의 행동을 맥락 안에서 이해하는 것이 중요하다는 것과 맥락이 응용 행동 분석의 특성을 규정한다는 것이었다. 우리는 수줍거나 공격적이거나 지나치게 활동적인 아이들을 연구하면서 이 아이들의 행동을 일반 학급과 같이 보통의 교육 환경에 놓인 또래 아이들의 행동과 비교하는 일의 중요성을 되새기곤 하였다. 이러한 학습 경험은 적합하다고 생각되었던 맥락 내에서 행동에 대한 이해를 확대시켰다는 점에서 매우 가치 있었다.

나의 전문성을 발달시켰던 이 시기를 되돌아보면, 당시 특정 학생의 행동을 또래 학생들, 그중에서도 부정적인 시선을 받지 않는 학생의 행동들과 비슷하게 변화시키려고 노력하고 있었다는 것을 깨닫는다. 우리가 다루었던 가장 주요한 문제는 학급에서 잘 적응하지 못하여 선발된 아이들의 행동 방식이었다. 실험 학급의 학생들은 당시 연구 중이었던 행동 범위 내에서 일반 학급의 학생들과 비교되었다. 실은 두 학급 사이에서 차이점보다는 유사점을 더 많이 찾을 수 있었다. 하지만 교실에서의 부적절한 행동과 같은 행동 문제들을 해결함으로써 학생들의 학업 성취도가 향상될 수 있는가와 같은 문제들을 포함하여, 워커와 그의 동료들이 추가로 해결할 필요가 있다고 여긴 '사회적 의미의 문제점'도 존재하였다(Walker, 1979).

이때까지의 연구는 내가 교사, 대학원 보조 연구원, 학생 신분으로서 이룬 것이었다. 1974년에 나는 중증 지적장애 성인들을 위한 그룹홈에서 일하는 직원들에게 자문을 요청받기도 했다. 이 직원들은 다른 사람의 물건을 자꾸 훔치는 노인을 위한 행동 변화 프로그램 계획에 관심이 있었다. 행동 관찰법과 녹화 계획을 설계하고, 이후 직원들이 행동을 신뢰성 있게 관찰하도록 훈련하고, 실제 관찰 결과 우리는 이 노인이 사실 '훔치는' 게 아니라 '수색'하고 있다는 것을 알게 되었다. 삶의 대부분을 오레곤주에 있는 거주 시설에서 보낸 이 노인은 척박한 수용 시설 환경에 비해 자신과 동료들이 그룹홈에서 함께 소유하고 있는 물건들에 마음을 빼앗기게 되었고, 이에 따라 그 물건들이 잘 있는지 살펴보는 행위를 자제할 수 없었던 것이다.

그럼에도 불구하고, 그의 동료들과 직원들은 그 노인이 다른 사람들의 침실에 들어가서 다른 사람의 물건을 가져오는 것을 그만두어야 한다고 생각했다. 이에 따라 우리는 '긍정적 과잉 교정 절차'를 고안해 냈다. 이 절차는 노인이 물건을 뒤지면 말로 질책하고, 노인으로 하여금 훔친 물건을 돌려주거나, 손을 씻거나, 거실에 들어가거나, 잡지나

텔레비전을 보도록 유도하는 것이다.

이 행동 교정 프로그램은 효과적인 것으로 밝혀졌지만(Rusch, Close, Hops and Agosta, 1976), 동시에 예상치 못한 중요한 부작용도 보여 주었다. 처음에 그 노인은 최근에 얻은 자유를 빼앗긴 것에 대해 매우 화가 났다. 나는 이 프로그램의 설계자였지 프로그램을 직접 수행하지는 않았기 때문에 노인의 이런 반응을 전혀 알지 못했었다. 하지만 어느 날 늦은 오후 당일 수집된 데이터들을 검토하기 위해 내가 부엌에 들어갔을 때, 공동 연구자 중 한 명이 나를 벽으로 밀치며 '학대' 당하는 것이 어떤 기분이냐고 묻는 일이 발생했다. 그때까지 행동 분석가로서의 짧은 경력 동안 나는 행동 변화를 '연구 대상'의 관점에서 생각해 보지 않았었다. 비록 자존심에 살짝 금이 가긴 했지만, 그때 배운 교훈은 지금까지도 남아 있다. 이 두 번째 사건은 내가 행동 변화 목표의 중요성과 그러한 목표를 달성하기 위해 시행되는 절차들의 본질에 초점을 맞추는 데 많은 도움을 주었다. 이 놀라운 사건은 15년 후 내 책 중 한 권(Rusch, Rose and Greenwood, 1988)의 서문에서 돈 베어가 **"우리가 가진 최고의 가치 중 하나는 '우리'와 '그들'이 동일한 사람이라는 것을 인지하는 데 있다"**라고 기술함으로써, 나의 "직업적, 개인적, 사회적 윤리"(Don Baer, 1988: x)를 강화시켰다.

세 번째 사건은 연구에 직접적인 영향을 끼치지는 않았지만, 나의 직업 경력에는 굉장히 큰 영향을 미쳤다. 또 다른 행동분석학의 초기 거점인 워싱턴주립대학에서 박사학위를 받고 나서 나는 일리노이주립대학교에서 특수교육학 조교수직을 맡기 위해 일리노이주의 어배너시로 이사했다. 이곳에서 나는 '숨은' 행동 분석가로 자리매김하기 시작했다.

이 시점까지 나는 학생들과 행동 분석 연구 사회에서 엄청난 칭찬을 받아왔었다. 하지만 응용 행동 분석에 대한 나의 열정이 일리노이주립대학의 동료 대다수에게는 공유되지 않았다. 사실 새로운 동료들의 대부분은 나와 굉장히 다른 신조를 갖고 있었다. 이런 시각과 전혀 열정적이지 않은 지원에 의해, 나는 당시까지 내가 활용하고 있었고 나의 관심을 완전히 사로잡았던 절차들에 질문을 던지기 시작했다. 예를 들어 외적 행동 중재에 주력하였던 나의 초기 연구들(예를 들어 Rusch and Schutz, 1981)은 지적장애인이 행동 제어 방법들을 자체적으로 시행할 수 있다는 가능성을 도입하였던 마이켄바움과 굿맨(Meichenbaum and Goodman, 1971), 이즈리얼(Israel, 1978)의 연구에 큰 영향을 받았었다. 이 가능성에 의해 나는 오랫동안 인지 전략 연구 활용에 흥미를 가졌었다(Rusch, Hughes and Wilson, 1995). 누가 행동을 제어하는가에 있어서 외적 중재로부터 자기 중재로의 관점 변화는 지적장애인에 대한 나의 이해를 넓혀 준 아주 중요한 부분이었다. 이에 따라 자신의 행동을 제어하는 부분에 있어서 지적장애인과 비장애인 사이의 공통점에 대한 이해와 인식이 끊임없이 커져 갔다.

장애에 대한 나의 이해를 형성하는 데 도움을 준 네 번째와 다섯 번째 사건은 고용 통합을 공부할 수 있게 해 주고 시스템 분석가가 될 수 있게 해 준 서로 연관된 여러 사건으로 구성되었다. 고용 통합을 공부하고 시스템 분석가로 활동함으로써 행동, 프로그램, 공동체, 제도적 성과와 가치들에 미치는 다양한 수준의 영향 요인 간의 상호 관계에 대해 더 깊은 지식을 쌓을 수 있었다. 응용 행동 분석은 특정한 행동이 존중되거나 중요하게 느껴지는 환경에서 다루어질 수 있길 요구하면서 전문가들에게 "연구를 하는 데 편리하기보다는 사회적으로 중요한 행동을 조사하는 태도"의 중요성을 알려 주었다(Baer et al., 1967: 98). 예를 들어 응용 행동 분석 관점을 활용하며 교사들은 잘못된 행동을 한 학생의 행동 문제를 아이의 나쁜 행동을 완전히 줄이거나 없앴던 환경, 배경 사건들을 교사가 조심스럽게 통제할 수 있는 실험적인 환경이 아닌 사건이 일어난 교실 내에서 다루기는 했지만, 일반 학급과 학습 성취도 측면에서(Walker, 1979), 그리고 또래 학생과의 관계 측면에서(Strain, Guralnick and Walker, 1986), 받아들일 수 있는 행동들을 알려 주지는 않았다. 이에 따라 주된 목표는 아이의 고쳐야 할 나쁜 행동이 발생한 교실 내에서 효과적인 절차를 찾아내는 것뿐만 아니라, 예를 들어 학생의 태도나 학습적 행동과 같은 서로 다른 표적 행동 간의 관계와 대상이 되는 학생과 그의 반 친구들 사이의 관계에 대한 더 깊은 이해를 확보하는 것 등을 포함한 더 넓은 목적을 다루는 것이었다.

　내가 일리노이에 도착했을 때쯤 "한 환경에만 국한하지 않고 다수의 상호작용 체제를 검토하고, 또 대상을 포함하는 직접적인 환경을 넘어서는 다양한 환경의 측면을 고려"하는 중요성에 관한 브론펜브레너의 독창적인 글이 엄청난 관심을 모으고 있었다(Bronfenbrenner, 1977: 514). 브론펜브레너는 행동의 상호 연관성과 다양한 수준의 영향이 행동에 미치는 영향을 제안하는 개념적 틀을 도입하였다. 다양한 수준은 다른 사람의 행동에 영향을 미치는 개인, 개인의 행동에 영향을 미치는 개인의 집단 등을 포함하지만 이에 국한되지는 않는다. '행동의 상호의존성'을 이해하기 위한 브론펜브레너의 개념적 틀은 행동에 대한 우리의 이해 폭을 넓혀 주었다. 그는 또한 이상한 상황에서 이상한 어른들과 최대한 짧은 시간 내에 아이의 이상한 행동을 파악하는 발달심리학의 연구 방법에도 이의를 제기했다(Bronfenbrenner, 1977:

514). 당시에 나는 그가 발달심리학에 가한 비판이 특수교육에 대한 유사한 비판의 전조이기도 하다고 느꼈다. 특수교육 또한 학생들의 차이점이 존재하는 환경에서 학생을 가르치기보다는 학생 집단 전체를 구별하는 경향이 있다는 비판을 받아 왔다.

네 번째 사건 이후에도 브론펜브레너는 나의 연구에 지속적인 영향을 끼쳤다(Bronfenbrenner, 1977). 거의 20년 전에 그는 개인이 생애 주기에 따라 성장하고 발달하면서 영향을 받기도 하고 영향을 미치기도 하는 사회적 맥락을 규정했다. 그는 시간이 지남에 따라 사람의 관점이 변한다는 생각을 소개하면서, 누적되는 경험에 따라 우리의 관계도 생애 주기에 따라 변한다는 것을 제안했다. 그렇기 때문에 장애에 대한 나의 개인적인 이해의 발전에 도움을 준 다섯 번째와 마지막 사건은 중년의 시기에 돌입했거나, 중년의 시기를 보내고 있거나 이미 지나친 사람만이 제대로 이해할 수 있을 것이다. 브론펜브레너의 '생애 주기'라는 용어는 궁극적으로 삶을 정의하게 되는 뚜렷한 시기들로 구성된 탄생부터 죽음까지의 과정 또는 여행이라고 보여질 때 새로운 의미를 갖는다. 이런 '인생의 시기'(Levinson, Darrow, Klein, Levinson and McKee, 1978)들을 경험함으로써, 사람의 관점은 경험한 인생의 시기와 그 시기의 전환으로 구성되는 인생의 관점으로 바뀌게 된다. 따라서 이 관점에 따르면 시기의 전환은 각 시기만큼이나 중요하다.

예를 들어 나의 중년 경험과 그에 수반되는 전환기를 통해 나는 내 삶과 그것을 정의하는 전환기에 대해 확실히 이해할 수 있게 되었다. 지난 10년 동안 나는 학창 시절에서 성인기로 넘어가는 청년 전환기에 대해 연구해 왔다(Rusch, DeStefano, Chadsey-Rusch, Phelps and Szymanski, 1992). 이 연구는 우리 모두가 일생 동안 서로 다른 주기를 시작하고 통과하고 있으며, 주기의 변화와 그들 사이의 연결은 우리 모두가 잘 알고 있는 인생의 주기(유아기, 아동기, 사춘기, 청소년기, 중년기 등)에 대한 이해만큼이나 가치가 있다는 브론펜브레너의 신념을 포함해 왔다. 이 관점은 유사한 과정을 보내야만 하는 지적장애인에 대한 나의 관점을 형성시켜 주었다.

지난 20년 동안 나의 개인적·직업적 삶에서 발생한 중요한 사건들은 이번 장에서 밝힌 세 개의 주요 시기와 거의 유사하고, 또 이 시기들을 특징짓는다고 내가 믿고 있는 사건들과도 매우 유사하다. 구체적으로, 내 연구에 자발적이었거나 자발적이지 않았던 참가자들의 관점을 헤아려야 하는 내 연구의 경험적 특성에 따라 나는 내 연구의 가치에 대해 의문을 품게 되었다. 또한 개인에게만 초점을 맞추던 나의 관점을 개인에게 끼치는 영향력이나 다양한 크기의 시스템을 포함하도록 넓히게 되었고, 사람의 삶의 주기에 따라 변화하는 관점에 따라 각 시기와 관련된 사적 사건들이 규정된다는 것을 인식하게 되었다.

첫 번째 시기에 중증 지적장애인을 포함한 지적장애인 사이의 '능력에 대한 설명'은 '정상화'에 대한 새로운 시각과 함께 논의되었다. 이 두 개의 개념은 각각 나의 경험적 작업과 다른 사람들의 관점에 대한 이해와 관련되어 있다. 일리노이대학교 동료가 문제 제기했던 연구 가치와 '시스템'에 대한 나의 학습에 관련된 질문들은 사회적 검증의 개념, 목표를 이루기 위한 더 나은 방법의 개발, 목표에 이르기 위해 사용하는 절차 확인, 전체적인 효과성을 평가하기 위해 사용하는 방법의 개발과 연관되었다. 아래에서 다루게 될 마지막 시기는 인간 행동에 대한 폭넓은 개념화의 중요성을 소개하고, 그렇게 함으로써 개인적 전환과 그에 따르는 관점의 변화를 직접적으로 연관시킬 것이다. 또 이러한 각 기간과 더불어 동일성에 대한 우리의 이해에 있어 각각의 중요성에 대해서도 논의할 것이다.

개인적 사건들보다 더 중요한 것은 "우리와 그들은 같은 사람이다"라는 생각에 대한 이해가 커졌다는 것이었다. 행동 분석은 놀라울 만큼 비인간적일 수 있다. 행동 원칙을 체계적으로 적용하면 거의 확실히 변화가 생기고 문제가 고쳐졌다는 인상을 준다. 하지만 베어(Baer, 1988)가 언급한 것처럼, **행동 분석가가 변화가 필요하다고 평가하는 행동들은 수학 문제 풀이 중 친구에게 도움을 요청하는 행동과 같이 우리가 가치 있다고 생각하는 행동과 아주 다르지 않을 수도 있다.** 더 나아가 행동이라는 것은 맥락과 관련이 있다. 또 환경(Bronfenbrenner, 1977)과 '인생의 시기'(Levinson et al., 1978)의 영향들에 대한 이해가 깊어짐에 따라 지적장애인과 비지적장애인이 얼마나 유사한지에 대해 더 많이 인식하게 되었다. 다음 부분에서는 지난 30년 동안 "우리와 그들은 같은 사람이다"라는 개념과 같음에 대한 이해의 발생을 강화시켜 준 몇 개의 특정한 사건을 강조할 것이다. 논지는 지적장애인이 비지적장애인과 다르기보다는 오히려 훨씬 유사하다는 것이다.

2. 시기별 변화

1) 1968~1978: 정상화, 능력-일탈 가설, '능력에 대한 설명', 경쟁 고용의 출현

정상화의 등장(Wolfensberger, 1972), 능력-일탈 가설(Gold, 1975), '능력에 대한 설명', 경쟁 고용의 출현을 포함하여 이 시기 동안 일어난 다수의 사건은 언급될 가치가 있다. 이 첫 시기는 복지 서비스에서 흥미로운 시기였다. 이 시기 동안 지적장애와 관련된 많은 학문에서 재정이 크게 늘어났다. 특수교육학의 성장 시기(Rusch et al., 1988)에 「모자보건과 지적장애 계획 개정안(P.L. 88-156)」과 「지적장애 시설 및 지역사회 정신건강센터 건설법(P.L. 88-164)」을 포함하여 지적장애 및 서비스 제공에 큰 영향을 준 몇 개의 국가 계획이 생겼다. 실제로 오늘날 잘 알려진 프로그램 중 다수는 이 두 가지 연방 계획의 결과다. 예를 들어 주 정부 지원과·교육 서비스과·혁신과 개발, 인력 준비, 프로그램 계획과 분석 등을 포함하는 미국 교육부의 모든 특수교육 관련 부서가 당시의 연방 계획에 따른 것이다.

(1) 정상화

무엇이 '정상'인가에 대한 폭 좁은 개념에 맞추기 위해 사람을 변화시키기보다 '정상적이라는 것'은 수많은 의미를 갖고 있음을 인정하면서, 무엇이 정상인가에 대한 우리의 개념을 바꾸어야 한다는 인식을 함으로써 개인적 차이에 대한 광범위한 수용이 이루어지게 되었다. 이에 따라 "정상화"는 서비스 제공자, 연구자, 장애인 등에게 무엇이 '정상'인가에 대한 사고를 새롭게 할 수 있도록 방향을 전환시켰다. 스웨덴의 니르에Bengt Nirje에 의해 처음 사용된 '정상화'(Nirje, 1969)라는 용어는 울펜스버거(Wolfensberger, 1972)가 미국에 소개하면서 대중적으로 자리잡기 시작하였다. 니르에는 정상화를 '모든 장애인에게 일반적인 사회 상황과 최대로 비슷한 생활 유형 및 일상적인 삶의 환경을 사용하게 하는 것'이라고 정의하였다(Nirje, 1969: 173).

시간이 지나면서 '정상화'는 장애인이 '정상'에 최대로 유사한 생활 방식을 성취하였는가를 판단하는 척도로 사용되어 왔다. **가장 최근에는 정상화가 장애인도 다른 사람이 하는 것들을 해야 한다는 것을 의미하기보다는, 서비스 제공자로 하여금 대부분의 사람이 당연한 일로 여기는 것을 장애인이 경험하고, 또 장애인이 자신의 선택에 의한 생활양식을 경험할 기회를 갖도록 보장하기 위하여 다시 고민해 볼 것을 촉구하는 것으로 여겨지고 있다.**

(2) 능력-일탈 가설

정상화의 도입 이후 곧 마크 골드(Gold, 1975)는 "누군가가 더 많은 능력을 가질 때 더 많은 그의 일탈이 타인에 의해 용인될 것이다"(Gold, 1975: 172)라는 생각에 기초한 '능력-일탈 가설'을 선보였다. 골드는 장애 분야가 양극을 부정적·긍정적으로 표시해 둔 저울에서 사람들을 영점으로 끌어오기 위해 부정적인 시선을 받는 일탈을 제거하기 위한 시도를 하는 것만으로 만족해하고 있다는 의견을 내보이며, '능력의 개발보다 일탈의 제거를 과도하게 강조하는' 장애 분야에 이의를 제기하였다(Gold, 1975: 173). 대신에 그는 사람들이 결점보다 더 많은 기술을 갖도록 새로운 기술을 배워야 한다고 주장하였다.

골드는 자신의 '능력-일탈 가설'을 이용하여 정상화의 개념을 보강하며, 정상화가 '일탈의 제거와 더불어 능력'을 의미한다는 것을 강조하였다(Gold, 1975: 173). 능력에 대한 이런 인정은 같음에 대한 해석에 더 중요하게 작용하였다. 예전에는 행동들을 제거하는 데 엄청난 양의 연구가 집중되었기 때문에 대중에게 전해진 암시적 메시지는 지적장애인이 비장애인에 비해 얼마나 다른가에 따라 구별되어야 한다는 것이었다. 하지만 골드는 이 관점에 이의를 제기하였다.

(3) 능력에 대한 설명

정상화와 능력-일탈 가설의 도입과 거의 동시에 보호 작업장 환경에서 '능력에 대한 설명'이 출현하였다. 벨러미, 피터슨, 클로즈(Bellamy, Peterson and Close, 1975)가 고안한 이 표현은 장애인 2명이 19조각짜리 캠 스위치 작동기를 조립하는 법을 배운 것을 보고한 연구에 기반하여 중증 지적장애 성인들의 능력을 나타낸다. 벨러미 등의 초기 연구의 주요 목적은 '중증 지적장애인 집단의 직업적 능력과 관련된 기대를 고양시키기 위해 이들에게 직업적 기회를 제공할 가능성에 전문적 관심을 쏟는 것'이었다(Bellamy et al., 1975: 175).

이러한 '설명'은 주간 보호 시설에 살고 있는 지적장애인이 자신들과 사회에 유용한 기술을 배울 수 있고, 또 배워야 한다는 생각을 옹호하는 많은 문헌에서 나타나게 되었다(예를 들어 Crosson, 1969; Gold, 1974). 또한 이런 '설명들'은 지적장애 학문의 발전에 사용되었던 행동 분석적 방법론의 등장을 야기하고, 효율적 훈련법의 감별과 운영, 그리고 관찰, 기록, 다른 과학적 절차의 활용을 포함하여 장애인이 배우는 기술들의 응용 가치에 의문을 제기하였다. 이런 방법론들은 응용 행동 분석의 응용적·행동적·기술적 특징들을 규정하였다.

(4) 경쟁 고용

1975년에 워싱턴주립대학교의 동료들과 나는 지적장애인이 시애틀 지역의 요식업계에서 일할 수 있도록 그들을 교육시키기 시작했다. 이와 같은 우리의 시도는 마크 골드와 톰 벨러미, 그들의 동료들이 보호 작업 환경에서 시도했던 노력과는 상당히 다른 것이었다. 경쟁 고용 환경에서 지적장애인의 궁극적인 일자리 찾기에 집중된 우리의 연구와 실천은 미국에서는 첫 번째 시도였다(Rusch, Connis and Sowers, 1978; Rusch and Mithaug, 1980). 이 분야에서 이전에 실행되었던 시도들은 지적장애인이 '직업적 능력에 관한 기대치를 향상시킬 수 있는가'를 결정하는 것에 초점을 맞추고 있었다(Rusch and Schutz, 1981).

우리는 국가 운영 거주 시설에서 생활해 온 지적장애 성인들이 경쟁 고용 환경에서 일자리를 가질 수 있도록 하기 위해 1975년에서 1977년 사이에 시애틀 지역에서, 또 1978년과 1981년 사이에는 동일한 수의 장애인을 일리노이주 샴페인 지역에서 선발하여, 기술적 틀을 활용하였다. 샴페인 프로젝트에서도 국가 운영 거주 시설에서 생활해 온 사람들을 포함하였다. 기술적 틀은 '일자리 찾기'와 '일자리 분석 조사 실행'부터 시작하였고, 이는 '사회적·직업적 생존 기술'의 발견으로 이어졌다. 장애인들에게 일자리를 갖게 한 후 우리는 '추적' 절차의 윤곽을 잡았다. 이 절차는 '장기적 목표와 단기적 목적'으로 구성된 '종합 서비스 계획 개발'을 도운 '배치위원회를 통한 작업'을 통합하였다. 우리 연구의 중요한 성과 중 하나는 우리의 '서술적 검증'과 '비교 검증' 평가법을 초보적 수준에서 이해하게 된 것이다. 이에 따라 우리는 중요한 질문들을 하기 시작했다. 어떤 행동이 개인, 동료, 고용인에게 중요한가, 직장에서 새로운 행동 레퍼토리들을 촉진하기 위해서 어떤 절차들이 동료들에게 받아들여질 수 있는가, 직장에서 존중되는 기술들을 확인하는 데 누구의 목소리가 필수적이고 어느 범위까지 받아들여질 수 있는가와 같은 질문들이 그것이다.

(5) 요약

60년대 후반과 70년대 초·중반은 '같음'에 대한 이해의 발생에 있어서

중요한 시기이다. 이 시기 전까지 복지 서비스 실천은 지적장애인과 비장애인 사이의 다른 점을 찾아내는 데에만 집중하였다. 이러한 초점은 현재 상황에 문제를 제기하고 새로운 목표를 찾게끔 우리의 관심을 전환시킨 '정상화'의 등장과 함께 바뀌었다. 복지 서비스 제공자들은 지적장애인이 무엇을 해야 할지 고민을 시작하면서, 그에 대한 해답을 찾기 위해 일반 대중을 바라보았다. 능력-일탈 가설의 도입과 함께 마크 골드는 지적장애인을 단지 치료가 필요한 '일탈'한 사람들로만 보지 말아야 한다는 강경한 메시지를 복지 현장에 보냈다. 고등학교, 전문대학, 직업학교 등에서 교사가 학생에게 새로운 기술을 가르치기를 기대하듯이 우리도 새로운 기술을 가르치라는 말을 들었다. 골드는 또한 우리 사회가 인식하는 가치에 따라 사람이 다른 관점에서 보일 수 있다는 것을 제안함으로써 권한 강화의 초기 메시지를 현장에 보냈다.

이 시기 동안 크로슨(Crosson, 1969), 골드(Gold, 1980), 벨러미(Bellamy, Horner and Inman, 1979) 또한 새로운 관찰과 녹음 절차들과 더불어 훈련법을 소개하고 개선하면서 이 분야에 중요한 방법론적 기여를 하였다. 더 나아가 그들은 당시에 훈련의 이익이 전혀 없을 것으로 여겨졌던 중증 지적장애인에게 초점을 맞추었다. 이에 따른 그들의 "능력에 대한 설명"은 놀라웠는데 그 이유는 당시 지적장애인에 대한 일반 대중의 접근법은 지적장애인을 시설 환경에 배치함으로써 사회로부터 보호하는 방식이었기 때문이다(Braddock, Hemp, Fujiura, Bachelder and Mitchell, 1990).

이미 언급한 것처럼 1975년에 지적장애 연구 박사과정을 시작하기 위해 시애틀로 이사 간 이후 나는 지적장애인을 경쟁 고용 환경에 투입하는 직업훈련 프로그램의 코디네이터직을 맡았다. 이 직책을 맡기 전에 나는 '사회적 중요성의 문제들'에 대한 문제 해결적 접근 방식인 응용 행동 분석을 이미 알고 있었다. 응용 행동 분석을 경쟁 고용에 적용하면서 우리의 관심은 경쟁적 작업 환경의 요구로 향하게 되었고, 그에 따라 직업 요구가 무엇인지에 대한 더 깊은 이해를 통해 우리의 목표와 목적을 자세하게 기술할 수 있게 되었다. 나의 연구 집단은 능숙함을 가르치는 것과 행동 접근 방법을 경쟁 고용으로 확장하는 것에 초점을 맞추었다. 더 나아가 우리는 직원, 동료, 감독관, 직무 코치, 옹호자, 그리고 친구 등의 적극적 참여를 포함하여 지적장애인의 고용 상태를 유지하기 위하여 필요한 지원을 찾아냄으로써 '지원 고용'의 개념을 도입하였다. 우리의 '지원 고용' 모델은 그때 이후 경험적으로 입증되었다. 이 모델은 구조화된 장기적 지원을 제공하기 위한 주요 요소로 직무 재구성, 동료의 관여, 피고용인의 능숙함을 포함한다 (Hughes, Rusch and Curl, 1990).

고용 통합과 경쟁 고용의 등장은 '결핍-치료 모델'에서 벗어나는 중요한 변환이었고, 이에 따라 일반 대중의 가능성에 대한 기대가 지적장애인에게도 일반적일 수 있음을 인식하게 되었다. 이후 이와 같은 가능성에 대한 기대들이 더 정교해짐에 따라 지적장애인에게 새로운 기회를 열 수 있는 기대가 생기게 되었다. 경쟁 고용과 이의 자매 프로그램인 지원 고용이 더 넓은 재활과 교육 분야로 하여금 통합을 모든 장애인과 지적장애인의 근본적인 목표로 생각하도록 자극했다고 나는 주장할 수 있다. 더 나아가 경쟁 고용에 관한 우리의 초기 작업과 다른 대학에 있는 동료 연구원들에게 중요한 측면은 사회적 검증과 검증 방법론에 대한 이해가 커졌다는 것이다.

2) 1978~1984: 사회적 검증의 출현

스키너 학파의 조작적 조건화 원칙의 사용이 지적장애인의 일상에 끼치게 될 막대한 영향력을 예상한 사람은 많지 않았다. 교실에서의 향상된 태도, 더 나은 부모 자녀 상호작용, 유용한 공동생활 관련 기량 습득과 같은 많은 사례가 『응용 행동 분석 학술지』*Journal of Applied Behavior Analysis*(1968~현재)를 포함한 전문 학술지에 게재되었다. 비록 '응용 행동 분석'이 우리 교실, 가정, 공동체에 광범위하게 적용되었지만, 행동 수정에 관한 과장된 이야기들 또한 올더스 헉슬리의 『멋진 신세계』와 앤서니 버지스의 『시계태엽 오렌지』와 같은 더 대중적인 출판물을 통해 출현하였다. 이런 이야기들은 복지사업에서 일하는 우리 모두에게 우리가 선택하는 목표와 이 목표를 달성하기 위해 선택하는 절차들이 규정적으로 고정되어서는 안 된다는 점을 상기시켜 주는 중요한 경험이었다.

1967년 『응용 행동 분석 학술지』에 게재되었던 베어와 그의 동료들의 획기적 논문에서 논의되었던 용어인 '사회적 중요성'이라는 용어에 대한 더 깊은 이해를 제공해 준 새로운 임상 모델들이 1960년대 말엽에 나타나기 시작했다. 베어와 그의 동료들은 응용 행동 분석이 사회적으로 중요한 행동들을 검토하는 것에 제한되어 있다고 보았다. 근본적으로 그들은 '행동 기법의 적용이 실용적인 가치들에 충분한 효과를 가져오지 못한다면 그 적용은 실패한 것'으로 믿었다. 또 그들은 기대되는 변화에 관심이 있는 사람들이 그 변화를 판단하여야 한다고 권고하였다. 예를 들어 이 연구원들은 "10개의 언어 표지를 사용하는 법을 배운 사람은 자조 기술이 예전보다 더 나아지지 않았지만, 50개의 언어 표지를 배운 사람들은 훨씬 효과적이었다고 병동 직원들이 말할 수 있을 것이다"라고 기술하면서, "병동 보조 인력의 의견이 언어 심리학자들의 의견보다 더 적절할 수 있다"라고 제안하였다. 응용 행동 분석에서는 교육 프로그램의 초점 행동과 성과 행동에 큰 관심을 갖고 있는 사람들과 교육을 받아 특별한 자격을 갖춘 사람들 모두 '중요한 타인'으로 불린다. 지난 20년 동안 우리는 '중요한 타인'이 누구인지에 대한 고민을 끊임없이 해왔다.

(1) 사회적 검증

사회적 검증은 학교, 직장, 지역사회에서 지적장애인을 위해 개발된 공식적 계획에 나타난 목표와 그런 목표를 달성하기 위해 사용된 절차 사이의 관계를 조사함으로써 우리의 '같음'에 대한 이해를 증진하였다. 이 시기까지 대부분 직업훈련에 대한 전통적 접근들은 지역사회로부터 격리되어 있었는데, 그 이유는 교육을 받는 성인들이 캠 스위치 작동기, 케이블 장치, 자전거 제동 장치 등의 조립처럼 보통 보호 작업장이나 분리된 작업 환경에서만 쓰이는 기술들을 배웠기 때문이다. 그러다 보니 이런 접근 방법의 주된 제약에 따라 고용주들의 더 광범위한 요구와 관심과는 동떨어지게 되었다. 사실 보호 작업장과 관련된 목표, 이 목표에 초점을 맞춘 관련 연구의 상당수는 자의적으로 기술된 것처럼 보인다(Rusch and Schutz, 1981). 그에 반하여 사회적 검증은 특정 절차를 시행함으로써 발생하는 변화들이 바람직한 성과를 가져오는지에 대한 평가를 항상 포함하였다.

'사회적 검증'은 개입 목표와 절차들을 확인하기 위해 사용되는 절차를 의미함과 더불어 동료들의 성과 또는 장애가 없는 동료들의 성과와 비교하여 행동 변화들을 평가함으로써 계획된 개입의 효과성을 검토하기 위해 사용된 평가 절차들을 의미한다(White, 1986: 199). 사회 비교와 주관 평가를 포함하여 두 개의 방법론적 절차가 사용되었다. 사회 비교는 용인될 수 있는 행동 하한선과 상한선의 범위와 지적장애인의 행동을 비교하는 객관적 방법을 활용한다. 그리고 이 범위 밖에 놓이는 행동들이 수용 가능한 범위 안에 들어올 수 있도록 조정하는 것이 개입의 목적이 된다.

〈표 1〉 목적, 절차, 결과 측면에서 사회 비교와 주관 평가 절차의 개요

	목적	절차	결과
사회 비교	가치 있는 수행의 관찰에 의해 용인될 수 있는 수행의 범위를 확인하기	목표 환경에서 사용되는 절차 확인	수용 가능한 범위에 들어오는지를 판단하기 위해 훈련 이전과 이후의 개인 수행을 비교하기
주관 평가	자신의 전문 지식에 따라 의미 있는 결정을 할 수 있는 다른 사람의 의견을 구함	다른 사람에게 절차의 수용 가능성에 대해 필요할 때마다 의견을 구하기	예상된 변화가 중요할 때마다 중요한 다른 사람에게 물어보기

〈표 1〉은 사회 비교와 주관 평가를 결합할 때 사용되는 절차를 보여 준다. 사회 비교와 주관 평가의 중요한 차이는 주관 평가 접근이 일반적으로 '중요한 타인' 즉 목표를 세우고, 훈련 절차를 선택하고, 훈련 결과를 평가하는 특별한 위치에 있는 사람들의 의견을 포함한다는 점이다. 이 사람들은 종종 고용인, 친구, 교사, 부모의 역할을 맡고 있다. 실제로 많은 상황에서 프로그램들은 이 사람들을 위해 설계된다. 사회

적 검증은 효과 평가에 대한 책임을 개입에 의해 행동이 영향을 받는 사람들에게 옮김으로써 같음에 대한 더 깊은 이해를 촉진하였다.

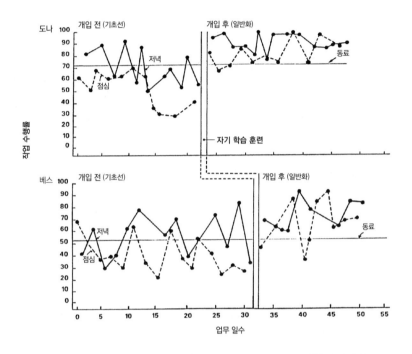

〈그림 1〉 자기 학습 훈련 전략의 효과성을 평가하기 위한 사회적 검증 활용 방법 설명. 실선은 동료의 수행 정도를 나타내며, 이는 사회 비교의 한 사례다.

〈그림 1〉은 주방에서 자기 학습 전략을 사용하여 피고용인을 가르치는 나와 동료들의 노력을 보여 준다. 지적장애 여성 2명은 경쟁 고용을 통해 카운터를 치우고 점심과 저녁 서비스 사이에 재고를 체크하고 다시 채우는 일에 고용되었다. 사회적 검증, 특히 중요한 타인들의 의

견을 구하는 주관 평가를 활용하여, 러시 등(Rusch, Morgan, Martin, Riva and Agran, 1985)은 이 두 여성의 성과가 주방 감독관의 기대치에 미치지 못했다는 것을 알게 되었다. 〈그림 1〉에 수평으로 그어진 실선은 사회 비교 방법의 사용을 통해 얻은 동료 성과를 나타내는데, 이 방법은 동일한 작업을 수행하는 동료들을 직접 관찰하는 것을 포함했다. 이 연구는 자기 학습 전략이 지적장애가 있는 두 직원의 작업 수행률을 향상시키는 문제에 적용되었을 때 얼마나 효율적인지를 보여 주었다. 게다가 이 연구는 작업 환경에서의 기술적 부족 문제를 확인하고 동료 직원의 작업 수행을 직접 관찰해서 얻은 객관적 자료와 대비하여 개입의 결과를 평가하기 위하여 감독관의 의견을 구함으로써 특정 목적 선택 시 사회적 검증을 사용하였다.

이 연구는 지적장애가 있는 피고용인이 지적장애가 없는 동료와 얼마나 유사한지에 대한 우리의 이해를 향상시켜 준 수많은 조사 중 대표적인 것이다. 예를 들어, 〈그림 1〉을 보면 베스의 실적 기준치의 40퍼센트에 가까운 수치가 그녀의 동료 직원들의 실적을 넘어서는 것을 알 수 있다. 그러므로 극적인 효과가 자기 학습 절차의 도입과 관련 있다는 사실뿐만 아니라 개입이 시행되기 전에 베스의 행위가 그녀의 동료들의 행위 범주 안에 있었다는 주장도 가능하게 된다. 그러므로 근본적으로 베스는 동료들과 비슷한 면이 더 많았던 것이다.

(2) 요약

울프(Wolf, 1978)의 사회적 검증에 대한 공식적인 도입에 따라 정상화는 더 잘 이해할 수 있게 되었다. 왜냐하면 '사회적 검증'이 당시 도전이 시작되었던 교육과 재활의 목표를 더 잘 찾아내기 위해 사용될 수 있는 특정 방법론적 절차를 언급했기 때문이다. 사회적 검증과 이와 관련된 방법론의 도입은 주류 전문가 학술지에 보고된 연구들에 영향을 미쳤을 뿐만 아니라, 주류 교재에서도 큰 변화가 나타나기 시작했다. 그중 다수는 장애와 '특수 아동'에 대한 더 깊은 이해에 기여하였다(Cruickshank, 1980). 1980년 전 다수의 특수교육 교과서들은 예외 없이 장애의 치료를 다루었고, 인식된 차이점과 경쟁 이론에 초점을 맞춘 논의로 가득하였다(예를 들어 Haring and Schiefelbush, 1967). 이 시기의 지적장애에 대한 문서 중 가장 유명한 문서조차 지적장애인의 일상을 보기보다는 원인론, 증상별 분류, 심리적 발달에 초점을 맞추었다(Robinson and Robinson, 1976: vii).

하지만 새로운 교재들은 중증 지적장애인을 포함한 장애인들의 목표를 찾기 위한 전반적 노력의 일환으로 사회적 검증 방법을 소개하였다(예를 들어 Wehman, 1979). 예를 들어 벨모어와 브라운(Belmore and Brown, 1978)은 공립학교의 직업훈련 프로그램에서 학생들이 학교를 마친 이후 무엇을 할지 예상되는 것들에 기반하여 학교에서 배워야 할 것이 무엇인지를 찾아낼 수 있도록 도와주는 직무 능력 목록을 소개하였다. 예상되는 상황에는 경쟁 고용과 관련된 요구도 포함되었다. 더 나아가 최중증장애인을 위한 체계적 지도에 관한 마사 스넬 Martha Snell의 교재 개정판(Snell, 1983)에서 나는 '중요한 타인에게 검증을 구하기' 개념을 소개하였다(Rusch, 1983: 516). 이것이 장애 분야 문헌에서 사회적 검증을 최초로 언급한 사례였다. 나는 주관 평가와 사회 비교라는 용어 대신 '서술적 검증'과 '비교 검증'이라는 용어를 각각 사용하였는데(Rusch, 1983: 516~517), 이는 아마 당시 사회적 검증에 대한 나의 미숙한 이해를 반영하는 부분일 것이다.

이 시기는 개인에게 어떠한 성과가 중요한가에 대한 새로운 질문과 공동체 사회에서 일하며 살아가기 위해서는 어떠한 지원이 필요한가에 대한 주목의 시작과 함께 막을 내렸다. 더 중요하게 전문가들은 꽤 구체적인 목표와 그 목표를 달성하기 위한 절차를 실험하기 시작했고 전통적 훈련의 시도가 장애인의 삶에 미친 전반적인 유효성을 의심하기 시작하였다.

3) 1984~현재: 성과 지표와 자기 결정권의 출현

아래에서 논의될 마지막 시기인 세 번째 시기는 대략 1984년도에 시작되었다. 이 시기는 장애인을 위해 이미 존재하던 제도화된 프로그램의 성과가 일반 대중과 관련된 프로그램의 성과와 비교하여 공평하지 못했다는 인식으로 특징지어진다. 예를 들어, 중등 특수교육 프로그램을 마친 장애 청소년이 겪는 어려움은 당시의 교육부 차관보 윌(Will, 1984)에 의해 폭로되었는데, 그녀는 청소년들이 미래의 도전을 준비하는 데 프로그램들이 효과적이지 못하다는 점을 지적하였다. 그녀의 보고서와 더불어 해사지 등(Hasazi, Gordon and Roe, 1985), 미소그 등(Mithaug, Horiuchi and Fanning, 1985), 웨먼 등(Wehman, Kregel and Seyfarth, 1985)의 보고서를 보면 장애인의 청년 실업률은 50퍼센트를 초과하는 것으로 나타났다.

중등 특수교육 프로그램들의 전반적 효과에 의문을 제기하는 많은 증거가 1990년 미 의회에 제출된 열 번째 연차보고서 이후 매년 공개되었다(U. S. Department of Education, 1990). 이 보고서들에 따르면 장애 청년의 20퍼센트는 평생 동안 직업을 구하지 못하고, 또 다른

20퍼센트는 실직 상태에서 직업을 구하고 있는 반면, 6퍼센트는 고등학교 졸업 후 매년 보호 작업장에 들어간다. 장애 청년은 10명 중 오직 1명만이 고등학교 졸업 2년 후 독립적인 삶을 살고 있었다. 하지만 일반 청년 10명 중 6명이 독립적인 삶을 산다.

1973년 제정된 「장애인복지법」의 1983년도 개정법(EHA P.L. 98-199)에서 의회는 장애 청년이 직면하는 교육 전환 및 고용 전환 문제를 다루기 위해 노력하였다. 개정법의 626조인 "장애 청년을 위한 중등교육과 전환 서비스들"에 따라 미국 교육부의 '특수교육 및 재활 서비스국'은 교육, 훈련, 관련 서비스들을 강화하고 조정하여 전환기 장애 청년이 고등교육, 경쟁 고용, 성인 생활로 전환할 수 있도록 지원하기 위해 보조금으로 매년 660만 달러를 사용할 수 있게 되었다. 현재까지 모든 주에서 500개 이상의 모델 프로그램이 이런 목적들을 이루기 위해서 자금 지원을 받았다.

이 새로운 모델들은 보호 고용과 중등 특수교육을 포함한 현재 프로그램의 성과를 명확화하는 시기를 열었다. 역사적으로 보호 작업장, 중등 특수교육, 대부분의 생활 준비 등 장애와 관련된 프로그램은 선택, 대안, 자립으로 가득한 삶과 같은 바람직한 생활 양식을 가능하게 하는 교육 또는 훈련을 제공하겠다는 약속을 지키지 못했다. 예를 들어 보호 작업장은 장애인들이 '노동의 이익을 인식할 수 있는' 기회를 제공하기 위해 개발되었다(DeFazio and Flexer, 1983: 161). 하지만 벨러미 등(Bellamy, Rhodes, Bourbeau and Mank, 1986)의 발표에 의하면 보호 작업장에 고용된 장애인 중 5퍼센트도 안 되는 인원만이 경쟁 고용 시장으로 갈 수 있었다. 오늘날까지도 직장을 잡고 보호 작업장을 떠날 가능성은 극히 적은 수준이다.

(1) 자기 결정권

1990년 이전에 연방 정부가 장애 청년의 꿈이 계속 실패하는 사회적 흐름을 막기 위해 택한 방법은 주로 전문가가 장애 관련 서비스 제공에 대한 의사 결정에 참여하는 가부장적인 방법이었다. 케네디는 "장애인들이 직면하는 문제는 기관이 대부분의 통제권을 갖고 있다는 것이다. 장애인이 서비스가 필요하고 자신이 원하는 것이 무엇인지 알고 있더라도, 기관은 그 장애인에게 다가가서 필요한 것이 무엇이고 지원해 주기 위해 어떤 조건이 필요한지 알아보려 하기보다는, 그 사람이 필요할 것이라고 예상되는 서비스를 개발할 것이다"라고 설명하였다 (Kennedy, 1995: 44).

계획하기와 의사 결정에 학생들의 참여에 대한 연방 정부의 지원과 위의 인식들이 결부되어(Ward and Kohler, 1996), 베르사니(Bersani, 1995)가 장애 운동의 제3의 물결로 언급한 시기로 이어졌다. 베르사니(Bersani, 1995)에 의하면 첫 번째 물결은 전문가들이 독점적으로 결정을 내리는 시기였고, 두 번째 물결은 결정 과정에 부모 참여를 요구하는 시기로 특징지어진다. 가장 최근에는 자신들의 삶에 영향을 끼치는 결정에 장애인이 더 많은 영향력을 가질 수 있도록 도와주는 것을 전 조직의 목표로 삼으면서 장애 청년 사이의 자기 결정을 증진시키는 데 초점을 맞추고 있다.

(2) 요약

최근 몇 년 동안 주로 장애인을 대상으로 했던 프로그램의 효과성에 점점 더 많은 관심이 집중되어 왔다. 이를 통해 얻은 주된 결과는 이 프로그램들이 그다지 효과적이지 않았다는 것이다. 그들에게 엄청난 비판적 관심이 쏟아졌던 시기나, 「장애인교육법」이 개정되었던 1983년도와 1990년도 시기에도 효과적이지 않았다. 연방 정부의 상당한 투자가 있었지만 현재까지도 이 프로그램들은 상당히 비효과적인 것으로 계속 관심을 끌고 있다. 일부 비평가들은 장애인이 자신의 삶을 통제하는 자원과 프로그램에 대한 결정을 내릴 수 있는 위치에 있도록 시스템이 전반적으로 변해야 한다고 생각한다. 예를 들어 장애 분야 관심의 '물결'을 규정한 베르사니(Bersani, 1995)는 현재의 물결을 장애인이 자신에게 영향을 주는 주요 결정에 있어서 권력을 얻어 가는 것으로 특징되는 시기라고 지칭하였다.

이 마지막 시기가 장애가 있는 사람, 없는 사람 모두에게 가장 도전적인 시기일 것이다. 고등학교와 그 이상의 과정에서 분리 정책을 조장하는 구분된 시스템, 장애인에게 의존적 삶을 강요하는 시스템에 질문들이 제기되고 있다. **현재 우리는 특수교육과 성인 복지 서비스를 개혁하는 최선의 방법에 대해 질문하고 있다. 그리고 그에 대한 해답은 우리가 알고 있는 시스템 전체를 폐기하는 것일 수도 있다.** 전문가, 부모, 장애인이 모두 이런 문제를 해결하려고 노력할 때, 중요한 부분은 역할의 구분이 더 명확해지면 시스템에 중대한 변화가 일어나 궁극적으로 원하던 공평한 목표와 성과를 가져올 수 있을 것인가를 고려하는 것이다. 변화를 거친 시스템은 지적장애인이 자신의 삶과 그 조건의 개선을 위해 할당되는 자원에 대한 지배력을 높임으로써 더 많은 이득을 얻을 수 있다는 것을 인식하고, 지적장애인의 꿈이 실현되도록 보장하는 시스템이어야 한다.

3. 결론

1960년대에 소개된 주요 개념과 1980년대 중반에 절정에 달한 실험 연구 결과 덕분에 장애인의 관점과 견해가 전문가와 비장애인에게 예전보다 훨씬 잘 받아들여지고 있다. 이번 장에서 나는 정상화, 능력-일탈 가설, 행동 분석의 출현이 1960년대와 1970년대에 주로 지적장애인을 보호하기 위한 서비스로 구성되었던 복지 서비스를 완전히 새로운 도전에 직면하게 만들었다고 주장했다. 끝이 없는 열망과 전지전능해 보이는 행동 기술에 따라 중증 지적장애인의 경쟁 고용을 포함하는 복지 서비스의 새로운 목표가 만들어졌다. 통합 작업 환경과 같은 이런 새로운 단계 진입에 따라 지적장애인에게 주어지는 자원을 재조정할 필요성이 높아졌다. 이런 기대와 더불어 정상화도 이해의 폭을 넓히게 됐다. '같음'에 대한 우리의 이해 증진에 있어 가장 중요한 부분은 사회적으로 중요하게 관련되었다고 여겨지는 것들에 보였던 우리의 초기 관심이었다. **장애인의 능력을 조사하는 실증적 근거로 사회적 검증법을 사용했기 때문에 우리는 장애인이 비장애인 동료와 다른 점보다는 비슷한 점이 더 많다는 것을 점점 더 찾을 수 있었다.** 훈련 프로그램은 고용 시장에서 생존하기 위해 필요한 사회적·직업적 기술과 같이 장애인과 비장애인이 공유하는 행동 특성에 꽤 자주 집중했다. 대략 20년 이상 동안 교육, 고용, 삶의 질과 관련된 쟁점을 고려할 때 누구의 발언을 중요하게 여겨야 하는가의 문제를 알리는 데 사회적 검증 방법이 영향력을 미친다는 점이 증명되었다. 이 글을 읽고 있는 독자가 자신의 삶의 방향을 정하는 데 자신의 목소리가 중요하길 기대하듯이, 이제는 장애인의 발언권을 증진시켜야 할 기대도 유사하게 존재해야 한다.

6장 · 장애를 다름의 관점에서 생각할 수 있을까?[1]

앙리 자크 스티케

철학과 인류학은 매우 밀접한 관계가 있기 때문에, '다름'으로써 핸디캡에 철학적으로 접근하기 위해서는 장애의 상징화에 대한 역사적 탐구가 필요하다.

먼저, 사회 역사를 통틀어 일어난 인류학적 변화에 대해 알아야 한다. 악마의 주술, 예배 금지, 광대 역할, 빈곤의 형상, 무질서, 비정상, 사회적 격차, 그리고 핸디캡으로서의 장애가 그것이다. 이런 변화가 다름이라는 개념에 기반하여 생각될 수 있는가? 다름에 관한 질문들을 제기하는 성, 문화, 인종, 나이 등 특정 분야들을 훑어보면서, 이번 장은 다름의 모든 개념이 같은 종류가 아니며 하나의 단일한 개념으로 묶이기 힘들다는 것을 보여 줄 것이다. 어떤 다른 점들이 장애를 구분되게 만드는가? 비록 역사적 관점에서 장애인의 다름에 대한 견해들이 매우 다양해 보이지만 쟁점이 발생하는 공통의 수준이 있는데, 그것은

---

1) 이 장의 원문은 "De la métaphone au modele: l'anthropologie du handicap"로 인디애나 대학교의 타미 그라벤호스트(Tammy Gravenhorst)가 영어로 번역했다.

삶의 질서에서의 다름이다. 이를 통해 우리는 재조정 또는 통합을 위한 시스템으로서 개별적인 환상과 사회적 그림이 서로 대답하는 영구적인 불편함의 느낌을 이해할 수 있게 된다.

이런 시스템들은 이중 모순을 만들었다. 경쟁과 업적에 근거하는 산업적, 상업적, 화려한 문명에 의해 나타난 사회적 유사성에 대한 의지, 즉 비슷할 권리로 인해 사람들이 격리되는 눈에 띄지 않는 영역들이 생겨났다. 나는 이것을 차별적 동화라고 부른다. 더 나아가 게으름과 가끔 생기는 다름에 대한 비뚤어진 시각 때문에 우리는 통합하는 척하는 방어적이고 차별적인 시스템을 만들게 된다. 나는 이것을 출구 없는 우회로라고 부른다.

이런 조건 아래에서 '핸디캡'이 다루기 불가능해 보이는 것은 당연하다. 만약에 우리가 한편으로 다름이 아닌 타자otherness, 별개의 개념을 통해서 접근한다면, 그리고 만약에 다른 한편으로 우리가 민주적 통합을 위한 조건에 대해 생각해 본다면, '핸디캡이 있는 사람들'은 숨겨진 차별과 외적으로 보여지는 비차별 사이의 균형을 찾을 수 있을 것이다.

* * *

1. 머리말

물론 우리는 구별을 한다. 종, 물건, 개인, 성별, 역사적 시기, 인종 집단 등 사이에서 우리는 항상 차이점을 포착한다. 그렇지 않았다면 세상은 완전히 획일적일 것이다. 사람이나 물건이나 하나하나 모두 똑같은 반복의 연속일 것이다. 하지만 이는 우리가 사는 세상이 전혀 아니다!

그러므로 우리는 다름이 존재하는가 또는 장애인이 몸이 건강한 사람과 다른가와 같은 질문이 중요한 것이 아니라, 오히려 우리가 다름에 대해 어떻게 생각하는지, 다름을 어떻게 구조화하는지, 어떻게 이해하는지, 어떤 원칙에 의해 이 모든 것을 실행하는지에 대한 조사를 해야 한다. 그러므로 우리는 무엇과 무엇 사이의 다른 점인지, 두 개의 사물 사이의 다른 점인지, 두 사람 사이의 다른 점인지와 같은 질문을 해야 한다.

이런 주제들에 관한 나의 개인적인 생각과 나의 생각을 민주주의 사회로 통합시키기 위해 사용하고 싶은 방법을 제안하기 전에, 인류학적 역사와 이런 사고가 지난 시기를 구축한 방법을 살펴볼 것이다.

2. "다름"이란 무엇을 의미하는가?

다름의 개념은 논리적 의미, 언어적 의미, 사회학적 의미 등 다양한 의미가 있다. 이에 따라 이런 점검의 첫걸음은 이 중 어떤 것이 우리의 문화 체계에서 작동하는가를 알아내는 것이다. 하나의 다름이 있고 다른 의미의 다름이 있을 수 있다!

다름의 개념은 교묘하기 때문에, 우리는 역설적이게도 '타자' 개념에 의존하여 유사함과 다름 사이의 변증법을 개발하기 위해 노력해야 한다.

동일하지 않은 타인을 동화시키거나 또는 반대로 우리가 사회를 구성하지 못할 만큼 차이점을 주장하는 것처럼 현대 사회에서 정의되는 두 개의 추세를 극복하기 위해 다름을 재개념화할 수 없다면, 사실 쌍으로 이루어진 '유사함'과 '다름'의 개념을 다루는 것은 막다른 이분법적 논리에 의해 구석에 몰리는 위험을 무릅쓰는 것이다.

1) 장애에 대해 생각해 보기: 역사적 개관

(1) 고대부터 고전 시기의 시작까지

우리의 주제와 관련하여, 고대 그리스와 르네상스 종결 사이의 수백 년은 명백하게 동질적이지 않다. 그렇더라도 그 시간 동안 발생한 문화적 변화 사이에 변함없이 유지되는 근본적인 특징이 있는데, 그것은 장애의 의미를 중심으로 영향력 있는 담화가 진행되었다는 것이다. 인간 조건의 측면에서 태어날 때부터 혹은 부상에 의해 변형된 신체, 기형이 된 신체가 사람들에게 의미하는 것은 무엇인가? 시기적·문화적 문맥에 따라 불구인 사람에 대한 정의는 많고 다양했지만, 17세기까지 그들은 내가 '메타 사회적'이라고 부르는 지위를 갖고 있었다. 이 지위는 불구인 사람에게 경제, 법 체제, 또는 일상생활의 어떠한 부분도 뛰어넘어 사회적 또는 상징적 성질의 자격 또는 기능적 역할을 부여하였다. 다시 말해서 장애는 사회에서 많은 역할이 있었지만 순수한 의미로 이해되었다. 그런데 근대국가와 과학의 탄생과 함께 그 질문은 사회적 실행의 일부가 되었고, 이에 따라 운명 그리고 신과의 관계와 관련한 인간적 관념의 측면에서 이 사람들의 신체는 무엇을 상징하는가와 같은 질문보다는 이 집단의 사람들을 어찌해야 하는가와 같은 질문을 하게 되었다.

　고대 그리스에서 장애는 악마의 주술이라 생각했다. 기형의 자녀가 태어나는 것은 자신의 뜻을 거역한 사람에게 화가 난 신이 보내는 불길한 전조였다. 기표인 기형아는 의미가 전달되었다는 뜻에서 신에게 다시 되돌려 보내야 했다. 이후 그리스 사람들은 아기들을 전시하였는데, 이 행사는 혼인하지 않은 자가 낳은 아기들을 전시하는 행사인 엑테시스ekthesis와 반대되는 개념으로 아포테시스apothesis[2]라고 불렸다. 도시 대표들의 지시에 따라 손가락 기형, 팔다리 기형 등 다양한 신체에 이상이 있는 아이는 황무지로 옮겨 가 도랑이나 물가에 버려져 죽음을 맞았다. 정확히 말하자면 죽임을 당한 것이 아니라 신의 뜻에 맡기는 것이었다. 상인이나 매춘 알선업자의 수중에 들어가지 않은 이상 생존한 아이들은 적어도 아주 특별하다는 사회적 가치가 있었고 과도한 의미도 부여되었다.

오이디푸스가 대표적인 사례이다. 고대 그리스 전문 역사학자인 마리 델코트(Marie Delcourt, 1938: 44)에 따르면 오이디푸스는 그리스인들을 심적으로 괴롭힌 극심한 형태의 '다름'인 '일탈자'의 운명을 대표한다. 그는 자신의 어머니와 혼인하고, 아버지를 살해하고, 자녀들이 서로 찢어 죽이는 등 자신이 당한 일을 반복하고 모방하는 운명에 처하게 된다. 기형인 자녀의 탄생은 악한 행위임과 동시에 이런 '타자들'의 수용이 가능하지 않음을 시사한다. 인류는 신의 분노로부터 자신을 보호하기 위하여 있는 그대로의 모습을 보존해야만 한다.

타자성은 장애에 대한 라틴계와 그리스계 관념의 중심에 있다. 기

---

2) 혼인하지 않은 자가 낳은 아이는 서자임에도 동일 분류이기 때문에 엑테시스(ek는 동족의 의미)라 부르고, 기형아는 신이 의미를 전달하기 위한 수단이라 인간과는 다른 분류이기 때문에 아포테시스(apo는 저쪽의, 떨어져서라는 의미)로 불린 것으로 판단된다. —옮긴이

형아는 인류에 나타날 변화와 신에게 추방당할 저주에 대한 두려움을 구현하는 것이다.

히브리 문화에서 장애는 여전히 의미의 수준에서 구분되었고 불순함을 대표하였다. 어떠한 장애든지 인간의 범위와 신의 범위 사이의 차이를 강조해야 하는 부담을 지고 있었다. 「레위기」를 보면, 신에게 접근하는 사람은 모두 잘못이나 오점이 없어야 하기 때문에 사제의 불구 아들은 사제직이 금지되었고 성찬 전례를 모시는 것도 허락되지 않았다. 그리스나 로마 신과는 다르게 히브리 신은 완전히 초월적이기 때문에 사람들과 함께 하지 않는다. 오히려 특정한 때와 특정한 장소에 나타나기 때문에 히브리 문화는 신을 받아들이고 만나는 조건을 갖고 있다. 종교적 금지는 강력하지만 한정되어 있고, 또 성급한 행동을 수반하지 않는다. 사실 히브리식 사고는 빈민과 불구인 사람에게 친절할 것을 권고하지만 아직 그들에게 제도를 바치지는 않았다. 장애는 다른 것들보다 성스러운 표시이며 장애 때문에 사회에서 배제되지는 않았다. 히브리 사상에는 두 가지의 면이 있다. 한편으로는 장애인의 타자성은 신의 타자성과는 완전히 다르고, 동시에 측정할 수 없다. 신의 타자성은 완벽 그 자체다. 반면 장애인의 타자성은 순결하지 못한 것이다. 다른 한편으로 장애인의 타자성은 사회에서 단순한 다름이며, 모든 인간은 신의 자식이라는 생각의 당연한 결과이다.

중세 시대에 장애에 대한 주요 표현 두 개가 나타난다. 그 중 첫 번째는 내가 '어릿광대식'이라고 부르는 것으로, 신비주의와 궁중 광대에 대한 과대평가를 포함한다. 궁중 광대의 경우 난쟁이, 절름발이, 기형, 정신박약자 등 불구인 사람들은 조소적인 역할을 부여받는다. 장애는 언제나 허약함을 나타내고, 질서와 체제에 대한 인간의 자의성을 드러낸다. 장애는 세상의 약점을 환기시키고, 또 다른 사람들은 할 수 없는 말을 할 수 있는 특권, 특히 권력층에게 말을 할 수 있는 권한을 부여한다. 이처럼 왕 앞의 광대와 아시시의 성 프란체스코 앞의 나병 환자는 언급할 수 없는 것을 드러내기 위해 베일을 벗기는 '세속을 초월한 자'의 역할을 했다. 장애 광대는 중세 사회의 기본 토대에 의문을 제기하면서도 관용을 보여 주는 것이기 때문에, 두 세계 사이의 중재인 역할을 했다.

어떤 역사가들은 모든 형태의 정신이상을 귀신 들린 상태라고 생각한다. 어떤 경우에는 사실일 수 있다. 불구자가 귀신 들린 흔적이라고 생각되는 것은 그가 쫓겨난 다른 세계의 일부라고 여전히 여겨지기 때문이다.

내 생각에 고대의 사악한 인물처럼 농담하는 인물은 다름보다는 '타자'에 더 가깝다. 불구인 광대들은 우월한 지위에서 말을 하기 때문에 현재를 판단할 수 있다.

또 다른 형상은 중세 시대에 나타난다. 불구를 빈곤의 표현으로 보는 것이 그것이다. 그들에게서 그리스도의 얼굴을 볼 수 있기 때문에 장애인은 나의 동지이다. 중세의 거지는 그리스도에 더 초점을 맞췄다. 그리스도 안에서 우리는 모두 형제이기 때문에 거지는 환영받아야 하고 그들에게 자선을 베풀어야 한다. 부유한 평신도, 왕자, 주교가 운영하는 특별한 재단이 다루던 선물들은 구원을 보장하였다.

이런 '고귀한' 자선 유형은 대부분 불구자가 차지하고 있는 거지의 입지를 조금도 변화시키지 못하였다. 구호 사업이 의무적이었다는 사실은 고통과 불평등에 대한 사회적 태도를 바꾸는 데 별반 도움이 되지 않았다는 것을 의미한다. 당연히 세상 그 자체는 신의 손과 지혜의 작품이었고, 우리 인간들은 하느님의 목적에 관여하지 못한다. 중세 사회는 불구자를 절대 의도적으로 차별하려 하지 않은 반면에 그것을 대면하거나 막으려는 노력도 하지 않았다.

그렇다 하더라도 타자 개념은 불구인 거지에게 적용되지 않았다. 동등한 존엄성에 따라 그들도 다르지만 그에 걸맞은 사회적 범주를 구성하고 다름의 정의 중 하나를 보여 주었다. '비슷하지만 평생 구별되는 것'이라는 정의가 그것인데, 누군가는 '평생 열등한'이라고 덧붙일 수도 있을 것이다.

(2) 고전주의 시기와 근대의 시작

이후 자연에 대한 인간의 관계와 사람에 대한 인간의 관계인 정신세계, 정치 이론과 공적 문제의 통치를 다루는 사회적 세계는 둘 다 무너지게 된다. 연표를 만들거나 특정 사건을 언급하지 않아도, 광기를 새로운 정신이상insanity이라고 칭하는 것을 통해 이해하면서, 근대 이성의 출현이 광기로부터 이성을 철저히 분리하게 되었다고 말하는 것은 타당하다. 게다가 정치적·사회적 자율성마저 주장되었다. 고세(Gauchet, 1985)에 따르면, 절대군주제에 의해 유지되던 정치적 권력과 사회조직의 개념은 외부적인 '다른 곳'에 근거하지도 의존하지도 않았다.

우선, 절대군주 이후에는 시민이 권력의 원천은 타고난 것이라고 주장하면서 투표를 통해 공통 의지를 표출하였다. 동시에 사회계약을 통해 구체화된 사회는 더 이상 외부에서 의미를 찾지 않았다. 해결책은 내부에서 찾을 수 있어야 했다. 이와 같이 장애 또한 '다른 곳'을 의미하는 투영에 의존하지 않고 독특한 사회의 대상이 된 것은 놀라운 일이 아니다. 결국 인간 그 자신이 과학적 연구의 대상이 되었고, 그 후에 사회적 실천과 치료의 대상이 되었다. 몽테스키외로 거슬러 올라갈 수 있는 인문과학의 탄생은 인간과 인간을 어느 정도 결정하는 힘에 대한 행동을 가져왔다.

고전주의 시대에 장애는 비합리성을 나타낸다. 장애를 훼손하지 않고는 표준에 동화될 수 없는 것이다. 격변의 세기를 거치면서 질서가 필요해졌다. 국가는 힘 그리고 반박의 여지가 없는 권력이 필요하다. 악당, 범죄자, 거지, 정신이상자, 기형인 사람들과 같은 주변화된 사람은 바람직하지 않은 집단으로 구성되었고, 그들의 욕구에 맞추어 만들어진 장소에 감금되어야 했다. 1657년에 발행된 파리 시내와 시외의 거지를 가두어 두기 위한 종합병원의 설립에 관계된 왕의 칙령은 병원에 감금할 대상으로 장애인, 거지, 정신이상자를 포함한다고 명시하였다. 1972년에 푸코가 명시했듯, "영광의 권리와 영예를 빼앗긴 광기는 빈곤 및 나태와 더불어 이 시점부터 국가의 논리에 꽤 명백하게 나타난다".

데카르트의 그 유명한 "나는 생각한다. 그러므로 나는 존재한다"라는 말은 동시에 "나는 생각한다. 그러므로 나는 미치지 않았다"는 의미를 암시한다. 제정신과 광기는 더 이상 섞이지 않고, 사회의 이득을 위하여 질서는 무질서와 구분되어야만 한다. 고전주의 시기 동안 정상적인 것과 병적인 것, 동화될 수 있는 것과 소외시켜야 하는 것들에 대한 범주적 구분을 하고자 하는 상당한 노력이 진행되었다. 이와 같은 기본적 범주는 노동에 부적합한 사람과 노동자, 비생산적인 사람과 생산적인 사람 등의 구분으로까지 확대되었다. 사회에서 거부당한 다른 사람들과 함께 장애인은 신분 계층에서 적군으로 인식되어, 사회 분열의 명분이 되고, 중화되거나 통합되어야 할 사회에 대한 잠재적 위협으로 낙인찍히게 되었다. 이에 따라 적어도 정신이상에 관한 한 17세기의 사고는 타자성의 개념으로 되돌아간다. 미치광이는 철저하게 근본적으로 치료될 수 없을 정도로 다르며, 절대 이성에 동화될 수 없다.

계몽운동은 비록 표준화standardization 개념에 근거했지만, 더 넓은 사회 평등의 개념을 위해 사회 평균의 개념을 버렸다. 이러한 관념에 따라 교육이 장애 개념의 토대를 만드는 것이 필요하게 되었다. 민주주의의 교훈 중 하나는 진정한 시민권의 토대로 공평한 교육을 명시하는 인권의 평등이다. 동시에 다른 영역에는 어느 정도의 이질성이 용납된다. 18세기가 루소와 페스탈로치의 시대였다는 것은 우연이 아니다. 교육에 대한 열정이 백과사전 편집자와 박애주의자의 표상이었다. 디드로는 그의 유명한 저서인 보이는 사람들을 위한 『눈이 보이는 자들을 위한 맹인에 관한 서한』Lettre sur les aveugles a l'intention de ceux qui voient를 작성하였는데, 적절한 가르침과 교육이 주어진다면 모든 사람은 동등하다는 것을 입증하려는 것이 이 책의 목적 중 하나였다. 이러한 원칙은 장애에 부착된 열등함을 중재하는 역할을 하였다. 표준적인 잣대에 의해 '평균 이하'로 분류되었거나 정신이상의 이유로 감금되었던 사람들은 노력과 적합한 방법에 의한 재활의 가치가 있고, 그래서 결국에는 다시 사회로 통합될 가치가 있는 것으로 여겨졌다. 바로 이런 맥락에서 우리는 발렌틴 아우이Valentin Hauy의 맹인 교육과 유럽에서 표준이 된 점자의 발전을 이해할 수 있다. 동일한 방식으로 아베 드 레페Abbé de l'Epée는 수화와 농인 교육을 발전시켰고, 정신이상자들은 치료 가능하다고 여겨지면서 치료의 대상이 되었고, 필리프 피넬Philippe Pinel은 정신의학을 발전시켰다.

19세기에는 사회가 바보 또는 얼간이라고 언급하는 사람들을 교육하려는 시도가 생겨났다. 이타르Itard는 성공하지는 못했지만 '야생아'인 '빅터 드 아베롱'Victor of Aveyron을 교육하기 위해 노력하였다. 체계적인 교육 방법을 발견한 것은 에두아르 드 세갱Edouard de Seguin이었고, 그 후 마리아 몬테소리Maria Montessori에 의해 재개발되었다. 세갱의 작업은 세기말에 의학과 교육 분야를 접목시킨 본빌Bourneville에 의해 재조명되었다. 이와 같은 노력이 정치와 결합하면서 특수교육 입법으로 이어지게 되었다. 결국 정형외과가 생겨났고 신체장애인들이 우선 치료를 받을 수 있게 되었다.

(3) 핸디캡 개념의 시작

19세기 말에는 노동력 착취와 작업장 규제 부족의 결과로 발생하게 된 산업재해 장애인이 큰 문제였다. 노동자들의 상당한 인원이 작업 중 부상을 당했다. 직장에서 발생한 노동자의 부상에 대한 인정과 보상받을 권리가 있다는 사회적 책임의 개념이 나타나게 되었다. 산업재해 장애인은 더 이상 개인적으로 경영자에게 의존하지 않고, 국가 전체에 의존하기 시작했다. 이는 사고를 당한 후 그들이 사회에서 어떤 입지를 부여받았다는 뜻이다.

제1차 세계대전 또한 '핸디캡'의 현대적 개념 발달에 중요한 역할을 했다. 당연히 유럽에 더 큰 영향을 끼쳤지만, 전쟁은 세계 갈등에 관여한 또 다른 지역인 북미에도 영향을 미쳤다. 국가들은 애국주의라는 이름으로 부상당한 수많은 남성의 문제에 직면하였다. 그들에 대한 책임은 집단적 죄책감과 경제적 책임감의 형태로 자리 잡았다. 자신들의 희생에 대한 배상과 보상을 요구하는 사람들을 만족시키기 위해서 전문적인 사회 복귀 서비스들이 탄생하였다. 이 시민들의 예전 상태로의 회복이 사회적 필수 임무가 되었다.

이 시기에 나타난 또 다른 집단은 결핵 환자들이었다. 결핵은 전염성이 강했기 때문에 금세 환자 수가 꽤 많아졌다. 이는 공중위생의 영역을 넘어서는 파문을 몰고 왔다. 경제에도 충격을 주기 시작하면서 결핵은 사회적 저주로 알려지기 시작했다. 요양원에서 나온 이후 결핵 환자들은 질병 때문에 강제적으로 차단되었던 일자리나 교육을 요구하였다.

마지막으로 나는 의무교육의 결과를 언급하고 싶다. 비록 특수교육이 학교에서의 까다로운 아이들 때문이 아닌 병원에서 퇴원한 저지능 학생들 때문에 나온 직접적인 결과이지만, 시몽과 비네의 지능 측정 기준에 기초하여 교육 표준화를 진행함에 따라 어떠한 이유로든 표준화된 학교교육에 적응하지 못한 학생들을 솎아 냈다는 사실에는 변함이 없다. 여기서 다시 재통합이 점점 더 중요해지게 된다.

이처럼 이전에 소외되었던 모든 사람을 통합하려는 의지인 새로운 사회적 움직임이 나타났다. 1920년대에는 어휘적 반전이 일어났다. 병약한in-firm, 무력한im-potent, 무능의in-capable, 병약한in-valid, 멍청한im-becile 등과 같이 '결함'(in 또는 im)과 관련된 단어들이 사라지지는 않았지만, 어느 정도까지는 재활re-habilitation, 재조정re-adjustment, 회복re-instatement, 재투입re-insertion, 재교육re-education 등과 같은 '복귀'의 단어들로 대체되었다. 마찬가지로, 사회에 완전 참여자로 자신의 지위를 요구하는 사람들에 대한 대응으로 새로운 기관이 생겨났다. 병자와 장애인을 재통합시키겠다는 의지는 꽤 훌륭했다. 그럼에도 실질적인 경제적 제약 때문에 사람들의 요구와 사회가 제공할 수 있는 것 사이에는 여전히 차이가 존재하였다. 하지만 효율성이 내가 여기에서 전개하는 간략한 역사적·사회적 분석들의 가장 중요한 측면은 아니다. 더욱 중요한 점은 이 사람들이 갖게 된 인식인 사회적 표상이다.

이와 같은 전후 사정을 명심하며 이제 우리는 핸디캡 개념과 관련된 단어들을 분석한다. 비록 요즘 북미에서 일반적으로 사용되지는 않지만, 핸디캡이라는 단어는 지난 몇십 년 동안 사용되었다. 모든 사람이 알다시피 핸디캡이라는 단어는 본래 경마와 관련하여 스포츠 세계에서 만들어졌다. 핸디캡이라는 것은 동등하지 않은 능력을 가진 경쟁자들이 서로 비교하며 평가하는 방식을 나타낸다. 경쟁자들이 한번 비교되고 나면, 핸디캡에 의해 그들의 차이는 조정되고, 이에 따라 출발점에서 모든 경쟁자는 동등한 우승 기회를 가질 수 있게 된다. 경마에서는 힘이 센 말일수록 무게 또는 거리가 증가한다. 핸디캡은 유리한 점 또는 불리한 점을 의미하는 것이 아니라, 오히려 재능과 노력의 요인을 구분해 내고 측정하기 위하여 동등한 환경을 만들어 주는 문제라는 것을 이해하는 것이 중요하다. 이렇게 해야 더 흥미로운 경주가 될 것이다. 핸디캡을 적용하지 않으면 승자를 예상하는 것이 너무나 쉬운 일이기 때문이다. 한 작가가 언급하였듯이 "어떠한 경기가 되었던 핸디캡이 있는 자의 바람은 모든 경쟁자들이 함께 결승선에 들어가는 것이다"(Hauthuille, 1982: 63). 또 "프로그램은 모든 경쟁자가 맞춰야 할 기준을 나열한다. 이 기준들은 말의 품종에 상관없이 모든 말에게 동등한 기회를 주며 말을 최고로 관리하기 위하여 선별된 기준들이다"(Hauthuille, 1982: 61).

특히 경마에서 핸디캡이라는 단어의 어원인 핸드 인 캡hand-in-cap은 어원으로써 별 역할을 하지 못했다. 단지 이 용어가 언급된 게임이 경마장에서 내기를 정산하기 위해 사용되었을 뿐이다. 서양 언어의 사전들은 모두 스포츠에서 의학-사회적 맥락으로의 의미 변화를 기록한다. 이 용어는 어떻게 장애인을 지칭하게 되었을까?

사전들에 의하면 1920년대까지 이 용어가 경마와 관련하여 독점적으로 사용되었다는 점은 일치한다. 그 이후 '장애물' 또는 '열등함'과 비슷한 비유적 의미가 부여되었다. 예를 들어 다른 국가에 비해 산업이 더디게 성장하는 국가는 '핸디캡'이 있다고 불릴 수 있었다. 미국에서는 20세기 초반에 언론에 나타났었고 프랑스에서는 보다 최근인 50년대에 나타났는데, 어려운 사회적 또는 직업적 입지에 있는 사람뿐만 아니라 모든 종류의 비정상성에 의해 고통받는 사람을 언급하였다. 핸디캡 용어 사용의 폭발적인 증가는 장애인이 비장애인 사이에서 성공할 수 있는 기회를 동등하게 하고, 그들을 정상화하기 위해 장애인이 앞서갈 수 있는 기회를 제공해 주려는 시도에서처럼 장애에 대한 새로운 사회적 의무가 생겨난 시점과 일치하는 것으로 보인다.

⑷ 핸디캡 모델

위에서 언급되었던 비유는 점점 더 보건 분야에서 진화하여 장애인을 위한 치료 모델을 나타내게 되었다. 마치 경주마가 전체 말 중에서 선별되고 추출되었던 것처럼 특정한 사람이 인류 전체에서부터 선별되고 추출되는 것이다. 일단 선별된 사람은 범주화된다. 순종, 속보에 특화된 말 등처럼 종류가 나뉘듯이, 장애인도 신체적, 정신적, 그리고 감각적 장애로 구분될 수 있다. 각각의 범주에 해당되는 사람들은 특수교육, 재활, 치료 훈련 과정과 같은 굉장히 특화된 치료법을 이용할 수 있게 된다. 궁극적으로 사람 또한 경쟁에서의 평등을 보장하는 방법으로 평가되고 배치된다.

비트겐슈타인은 다양한 언어가 생활 양식과 연관되어 있다고 주장한다. 이처럼 우리 사회에서 핸디캡 언어는 실적의 중요성을 반영한다. 경마 또는 일반적인 스포츠, 그리고 그것들이 생성해 내는 열정은 현대 서구 사회를 산업적, 상업적, 이미지 중심적인, 그리고 허세를 부리는 것으로 규정한다. 성공하기 위해서는 효율적이고 경쟁적이며, 다른 사람에게 존경을 받을 수 있어야 한다. 장애를 경마와 연관시킴으로써 우리 문화가 장애를 이데올로기에 통합할 수 있도록 하고, 이에 따라 우리 모두에게 적용되는 기준을 회피하지 않도록 할 수 있다. 그리하여 우리는 일상적이지 않은 사람을 차단시켜 왔던 주변부를 중재해 왔다. 장애인은 핸디캡이 있는 것으로 명명되었고 성취할 수 있는 시민으로 여겨지고 있다. 장애인은 적어도 이론적으로는 성공할 수 있고, 성공해야만 하는 대상으로 제시된다. 핸디캡의 은유는 단순히 우리의 생산과 기술에 기반한 합리성의 맥락에서 부조화를 분명히 표현하고 만들어 내는 방식이다(Stiker, 1991).

2) '다름'의 양식

지금까지 추적된 역사적 궤적은 지배적인 이데올로기에 의해 형성되기 때문에 몇 가지 '다름' 모델로만 확장될 수 있다. 온전한 다름은 오로지 자신의 한계를 넘어설 때만 존재할 수 있다. 사실 원래대로 보이거나 또는 얽매이지 않고 자유롭게 보일지라도, 사고 자체는 언제나 역사적 구조에 의해 체계화된다.

(1) 계층 모델

복잡한 문화적 이유들 때문에 이 모델은 북미보다 유럽에서 훨씬 일반적이다. 이 모델에서는 다름이 인정되고 수용되며, 심지어 없어서는 안 되는 요소로 인식된다. 생물학 분류의 종과 속의 논리에 따르면, 인류의 속은 적어도 한 가지 특정한 특성에 대응되는 일련의 범주를 포함한다. 성은 남성과 여성, 남자와 여자, 또 생물학적 적합성은 장애의 몸과 능력 있는 몸 사이의 구분을 포함한다. 그런데 이런 범주들은 순위가 매겨진다. 이 범주들은 동등하지 않으며 범주 내에 속해 있는 사람 모두 똑같은 권리 또는 사회적 지위를 누리지 않는다. 그들은 계급적 등급으로 존재하는데 이것은 각각이 얼마의 '가치'를 갖는지 보여준다. 다름을 사회적 표상의 일관성 있는 연결망으로 모으고 통합하는 모델은 이데올로기를 정당화하는 하나의 방법이다. 남자로서 존재하는 것과 여자로서 존재하는 것은 '사람'으로서 존재하는 것에 대한 전혀 다른 두 개의 개념이다. 하지만 우리 문화에서 이런 구분은 남자들이 가정과 정치적 영역에서 생산성, 교육, 권위의 측면에서 더 많은 존엄과 중요함을 지니고 있다고 생각되기 때문에 남성의 원래 역할이 여성을 지배하는 것이라는 가정을 동반한다.

또 다른 예시는 가톨릭, 즉 종교적 계급에서 볼 수 있다. 기독교인들은 성직자와 평신도와 같은 중요한 종들을 포함하는 하나의 속이다. 성직자는 평신도와 꽤 뚜렷하게 구별되는 범주를 구성하며 그들 위에 높은 지위를 누린다. 계급은 분석될 만큼 굉장히 간단하다. 제일 위에는 남성 성직자가 존재하고. 다음으로 독실한 남성, 독실한 여성, 그리고 그 밑에 남성 평신도, 여성 평신도 순으로 존재한다.

오늘날의 핸디캡 시스템과 더불어 장애-빈곤 시스템도 이와 비슷한 계급 모델을 따른다. 장애가 있는 거지들은 당연히 중세 사회의 일부분이었으며 하느님에 의해 창조된 자연적·사회적 세상의 일부였다. 하지만 자신들이 있어야 할 위치에 머무른다는 한 가지 조건을 지켜야 했다. 거지들은 항상 거지였고, 그들의 역할은 자선사업을 촉진하고 더 나아가 구원을 보장하는 것이었다. 그들에게도 사회에서 역할이 부여되었지만, 사회 계급의 맨 밑에서 수행되어야 했다. 이처럼 오늘날의 장애가 있는 빈곤자도 사회에 포함된 것으로 생각된다. 비록 그들을 위해 만들어진 시설들이 부적합할 때가 더 많지만, 이론적으로 그들은 원하는 대로 행동할 권리가 있다. 그들은 직업을 갖고 일상생활에 참여하도록 권장되고 자극을 받는다. 이러한 통합을 촉진하기 위해 많은 국가에 수당 시스템이 존재한다. 하지만 한 반항적인 장애인이 말하였듯이 "태어날 때부터 그랬던지 사고가 난 이후로 그랬던지 사람을 노예로 지명하는 것은 사회적 시스템이다. 순종적이고 감사하는 태도를 지녀야 하고 자기 자신을 표현할 수는 없다. 존재감이 없어질 가능성이 항상 존재하고, 자신의 존재에 대해 사과해야 할 가능성도 언제나 있을 것이다. 신은 당신의 생존에 감사해야 한다"(E. Aubacher, 1982).

이미 존재하는 다른 집단에 동화되도록 특정 상태로 강등되고 엄격하게 제한되는 약간의 공통점을 수락함에 따라, 계층 모델은 우리가 '다름'을 없앨 수 있도록 한다. 불구인 사람들은 수 세기 동안 작업장에서 배제되어 왔고, 장애가 없는 거지들은 게으르다고 비난을 받아 왔다. 불구인 사람에게 그들의 나약함에 기반하여 예외를 허락함으로써, 불구인 사람은 그 자체로는 쓸모가 없어짐에 따라 종속된 사람들과 하나의 무리로 분류된다.

(2) 병렬 모델

비록 관용 모델의 이름이 암시하는 존중과 수용과는 전혀 상관없지만, 병렬 모델은 관용 모델이라고도 불릴 수 있다. 오히려 이 모델은 관련된 가치의 부족에 따라 다르게 행동할 방법이 없어 장애인을 참고 견디는 것에 기초하고 있다. 다르게 얘기하면 '그들은 다르고, 우리도 다르다. 그들의 문화와 우리의 문화도 그러하다'는 식이다. 이 모델에서 다름은 완전히 인정되지만, 사회의 기능은 분리와 철저한 문화적 영향에 기초한다. 각 집단은 각자 자신의 뚜렷한 조직, 감정 그리고 역사를 갖고 있는 것으로 인정된다.

병렬 모델은 다양한 방법으로 나타날 수 있다. 첫 방법은 파시즘으로 나아갈 수 있는 민족주의적 이데올로기와 유사하다. 다르다고 생각되는 사람들은 위험할 수 있기 때문에 분리된 장소인 '집에 있어야만' 한다. 이 모델은 첫 번째 모델인 계층적 모델의 측면에서 설명될 수 있다. 각각의 집단은 자신만의 위치가 있기 때문에 예를 들어 백인들은 흑인들보다 우세하게 된다. 당연히 이런 상황에서 통합에 대해 논의하는 것은 불가능하다. 이런 보수적 입장은 변이라고 여겨지는 '타자성'에 의해 더럽혀지지 않은 순수한 공간을 생성하려는 의도가 있다. 다름은 단호한 배척의 형태로 제쳐진다. 현재의 극우적 사고는 더 교묘하다. 한편으로 분리는 특정 범주의 종속과 함께 진행되는 것처럼 보이며, 다른 한편으로는 모두 국가 또는 세계 질서의 이름으로 수행된다. 따라서 그러한 의견은 독재 이데올로기에서 극단적인 통합을 의미하는 용어인 '광신주의자'라고 불린다.

더 민주적인 병렬 모델을 구현하는 또 다른 방법은 다르다고 여겨지는 사람들을 함께 집단화하고, 그들이 어떤 종류의 흡수에 의해 통합될 것을 주장하지 않으면서도 모든 사람에게 권리를 보장하는 것이다. 다문화 모델과 유사하게 이런 종류의 병렬 모델은 중앙 차원이 아닌 지역 차원에서 권한을 주장하며, 역사적 소수집단들의 정체성을 재평가하고 재확인하는 유권자들에 기반한다. 극단적으로 보면 집단 정체성의 주장은 사회적 응집력을 의도하는 보편성을 약화시킴으로써 사회 전체에 위협이 된다. 위협 중 하나는 르네 지라르(René Girard, 1972; 1978)가 '모방의 위기'라고 부르는 것인데, 각각의 집단이 서로 경쟁을 하며 다른 집단이 갖고 있는 것으로 보이는 것들을 바라게 되는 현상이다. 이러한 위기를 해결하는 단 하나의 해결책은 희생양을 만드는 것이다. 일반적으로 약한 희생양은 다른 집단이 '같음'을 찾는 도중 표출되는 폭력성에 희생된다. 일정 수준에서 통합을 조장하는 일련의 보편성 없이 다른 점들을 병렬적으로 배열하는 것은 그 자체로 폭력으로 이어질 수 있다. 위에서 언급된 바와 같이 불구자들은 예를 들어 고대에 기형인 아이들이 전시된 것과 같이 여러 시대에 희생양으로 사용되었다. 사회질서를 약화시킬 위협이 되는 사람들은 희생되었다.

병치는 연방 차원에서도 규제될 수 있지만, 공통 사회 공간을 구축할 수 없다면 급진적 연방주의는 관리하기가 어렵다. 거부되거나 소외된 집단들은 항상 존재할 것이다. 그리고 우리의 발전된 사회에서 인디언 보호 구역과 같은 구역에서 살지 않는 이상 장애인들은 항상 이 집단 중 하나가 될 가능성이 높다.

자신들을 다르게 보이도록 하기 위한 가장 강력하고 성공적인 방법은 결국 초기의 다른 점들을 고착화시킴으로써 자신들이 추구하는 규범을 고수하는 것이다. 이것은 위에서 전개된 양식에 부합한다. "완전히 반대되는 집단들이 있는 곳에서 각자의 가치와 관습은 병렬

적으로 놓여진다. 반대 집단에서 사회질서를 통해 투영되고 사회구
조를 공고히 굳히는 역할을 하는 가치에 대한 강력한 반대가 발생한
다"(Copeland, 1959: 152).

(3) 표준화 모델(normalizing model)로서 다름의 관리

누군가가 이런 병렬 관계에 이의를 제기하자마자, 공통의 목표와 집단
적 가치의 형태에 적합성이 엄격하게 부과되었다. 이것들은 민주주의
의 중심에 위치한다. 우리는 모든 시민이 통합되어야 할 공공의 공간
을 정하기 위하여 권리, 의무, 자격을 이용해 왔다. 다수결 원칙에 의한
투표, 국가의 권력, 그리고 그에 부과된 복잡한 규제 체계 등과 같이 헌
법에 따라 부과된 정부의 체계는 통합을 촉진하도록 의도된 것이다.
이런 유형의 정치적·사회적 구조들은 무정부 상태로 퇴화할 수 있는
과도한 다양화 또는 차이에 의해 나타나는 폭력을 제한한다. 그에 대
응하는 방법은 특이성을 근절할 수 있는 평균을 통해 표준화하는 것이
다. 서구 사회들은 이 방향으로 나아가고 있는 것 같다. 공정하고 평등
주의적이려는 의도를 갖고 그들은 점점 과도하게 제도화하고 있다.

다른 많은 사회학자와 마찬가지로, 어빙 고프먼(Erving Goffman,
1963)도 표준화가 통합의 필수적인 요소라고 설명하고 있다. 예를 들
어 장애인이 비장애인의 삶에 참여하도록 초대되어 어떤 도움과 편의
지원을 받아서 경제에 공헌하도록 권장될 수 있다. 그렇더라도 이 사
람은 생산성에서부터 건강과 신체적 외모에 이르기까지의 다양한 규
범을 잘 따를 것으로 기대된다. 그런데 다양한 규범 중 대부분은 장애
인의 특징들과 충돌한다. 이런 상황에 닥치게 되면 제약을 견디고 규
범에 최대한 부합할 수 있도록 자신을 채찍질하는 등의 노력을 해야

하는 책임은 장애인에게 주어진다.

이런 개념은 지난 수십 년 동안 진화해 왔고 물리치료, 인체 공학적 치료, 재교육 등을 포함하는 다양한 범위의 실천을 통해 사람에게 신체적·정신적 기능을 회복시키는 것을 시도하는 재활 시스템의 밑바탕이 되었다. 우리는 없는 부분 또는 결핍되었다고 여겨지는 부분을 인공적 장치로 대체하고 우리의 사지를 바로잡고 우리의 정신을 정돈하기 위해, 우리 신체와 정신의 모형을 만들고자 하는 정형외과적 사회, 또는 더 나아가 인공 보장구의 사회를 살고 있다.

한계에 대처하기 위한 교육을 하고, 또 생명을 구하는 데 있어 재활이 종종 우리 신체를 복원하는 데 성공한 것은 말할 필요도 없다. 비록 재활이 모든 사람을 대상으로 시행되긴 하지만, 동시에 사회적 평균을 부과하는 지배적 규범들을 강화해 갔다. 이와 같은 노력은 다름과 실패를 최소화하려는 시도를 보여 주는 것이다. 여기서 최소화한다는 것은 다름을 줄인다기보다는 가능한 한 없애는 것과 유사하다. 우리 사회가 완벽한 세상을 만들기 위해 불완전한 부분들을 제거하려고 노력한다는 주장이 터무니없는 것은 아니다. 우리는 이와 같은 집단적 개선 의지를 '거부'로까지 해석할 수도 있다.

거부는 마음에서 끊임없이 일어나는 과정이다. 우리는 타고난 계층, 자신의 한계, 각자가 만들어 낸 삶, 죽음의 운명 등을 거부한다. 비슷하게 우리가 불평등을 부와 권력, 빈곤의 이름으로 정당화하고, 실업을 경쟁과 생산방식의 이름으로 정당화시키는 집단적 거부도 존재한다. 사회에서의 이런 측면들이 일상적인 것처럼 보이지만 필수적인 부분은 아니다. 사회적 배제는 우리 삶의 방식을 보장하는 중심적 역학, 그리고 산업과 상업의 발달 때문이다. 하지만 이런 배제를 인정하게 되면 무차별적 굴복, 일반적 이익과 번영에 대한 위협, 정부의 토대에 대한 위협을 만들어 낼 것이다. 그래도 소외된 사람들은 지원을 받는다. 우리가 이전에 장애인을 위해서 한 것들을 보면 알 수 있다.

3) 모델에 대한 고려 사항

내가 제안한 바와 같이, 평등주의적 방식이 아닐지라도 일관성 있고 공정한 방식으로 부정할 수 없는 차이점을 사회 구성체와 연결하는 데에는 많은 어려움이 존재한다. 아무도 열등한 지위로 강등되거나, 잊히거나, 거부되는 것처럼 보이지 않는 방식으로 특수성을 분류하여야 한다. 마찬가지로 분류된 집단들은 고립 또는 폭력으로 이어지는 보편적인 연대를 희생하면서 자유 통치를 하여야 한다. 이 두 개의 모델 사이에서 타협점을 만드는 모델은 어디에서 찾을 수 있을까? 잠시 언어학 이론에 접근하는 것이 도움이 될 것이다.

언어는 우리를 인간답게 한다. 의미를 구성하고 표현하며, 심지어 우리가 사는 세계까지도 표현한다. 음소, 형태소, 담론 단위에 관계없이 언어의 각 요소는 음향적이거나 의미론적일 수 있는 하나 이상의 특정 기능에 의해 다른 요소와 구별된다. 하지만 이런 요소가 특정한 규칙에 의해 연결되지 않은 이상, 언어 그 자체는 존재하지 않았을 것이다. 요소들은 분리되지 않으면서 뚜렷이 구별된다. 다른 요소들과 다른 경우에만 존재한다. 대조적인 관계만이 각 요소를 구성한다. 이것이 소쉬르가 언어로는 차이가 있다고 말할 때 의미하는 것이다.

언어는 또한 다른 방식으로 유익하다. 다름의 폐쇄 체계이기는 하지만, 이로부터 생성해 낼 수 있는 발화 행위의 수는 무한하다. 언어만큼 의미를 창조하고 생산하는 데 유리한 시스템은 없다. 생겨날 수 있는 조합은 끝이 없고 시는 말 그대로 한계가 없다. 고정된 조합에 갇혀 있는 것이 아니라 우리는 발화자로서 원하는 대로 언어를 조작할 수 있다.

마지막으로, 비록 각각의 언어가 독자적인 시스템을 구성하고 있지만, 다른 언어에서도 그에 상응하는 시스템을 발견할 수 있다. 이에 따라 한 언어는 다른 언어로 번역될 수 있다. 따라서 언어를 하나의 체계로써 규정하고, 또 각 언어를 특징짓는 한 특이성은 다른 특이성을 배척하지 않는다. 당연히 번역본은 원래 언어로 작성된 문서만큼 정확할 수는 없다. 하지만 두 언어 사이의 의사소통 가능성과 같은 문제는 어디에도 존재하지 않는다. 각 언어의 '자기성'에도 불구하고, 번역이 가능하다. 언어 모델은 유사성(사회적 통일성)과 자신이 되는 것(순수한 정체성)의 개념을 교묘하게 양립시킨다.

마지막 고려사항에 따라 우리는 타자성의 개념으로 되돌아갈 수 있다. 우리가 외국어를 배우면서 깨닫듯이 언어는 다른 언어와 비교하여 언제나 '이질적'이다. 완벽한 이중 언어 사용이란 꽤 드문 일이며, 첫 번째 언어를 확실히 파악하지 못한 아이는 정체성을 형성하고 주장하는 데 어려움을 느낀다. 다름의 개념은 특정한 언어 안에서 충분히 만족적이지만, 집단으로 함께 묶이게 되면 각 언어는 근본적으로 타 언어와 다른 것이 된다.

이처럼 긴 일련의 명백한 추상화로 우리는 무엇을 해야 하는가? 이와 같은 사회적 질문은 언어학의 문제가 아니므로, 기껏해야 엄격하게 양도 가능한 모델보다는 다소 애매한 일련의 비유들을 다루고 있다. 맥스 블랙(Black, 1962)이 설명하듯이, 여러 종류의 모델이 있다. 인간 과학에는 적용되지 않는 수학적 모델, 좁은 견해의 대상에 대한 축소된 표현인 소규모 모델, 마지막으로 해석 가능하고 사회과학에서 중요한 역할을 갖는 해석학적 모델이 있다. 언어는 사회 현실을 이해하고 변화하려는 방법이기 때문에 세 번째 모델에 적합하다. 이 모델은 우리에게 일정한 조건을 상정하고 존중하는 관계를 만드는 것, 여러 조합을 발명하는 것, 또는 '타자성'의 개념을 고려하는 것과 같은 세 개의 선택권을 준다.

세 번째 선택부터 시작해 보자. 다름에 대해서 논하는 것은 유사함과 연관성의 체계 내에서 논하는 것과 같은 이치다. 언어에 대한 논의에서 벗어나더라도 우리는 유사함과 다름의 관계를 인정하여야 한다. 남자와 여자는 같은 종의 일원으로서 유사하기 때문에 다를 수 있는 것이다. 이는 피부색 또는 계층, 그리고 비장애인 또는 장애인에게도 동일하게 적용될 수 있다. 결과적으로 비슷하면 비슷할수록 일치감에 반대하여 다른 점들이 더 두드러지고, 다른 점들은 더 수용되기 힘들어진다. 핸디캡이 있는 장애인이 우리와 유사하면 할수록 더욱 위협적인 존재가 되는 것이다.

한 장애인은 다음과 같이 언급했다. "통합에 관한 한 우리는 외국인과 공통점이 아주 많다. 그들의 존재와 다른 점에 의해 발생한 갈등은 공격적이고 인종 차별적인 태도로 분명하게 해결된다. 이를 증명하는 예제는 너무나도 많다. 우리 자신의 다른 점에 관하여서는 이런 종류의 압력 밸브가 존재하지 않는다. 과거에 우리에 대하여 사용되었던 완강한 도덕적 또는 종교적 관념 때문이 아니라 단순히 우리가 그들과 비슷하게 생겼기 때문이다. 우리는 보행한다는 점에서 그들과 늘 비슷했고, 우리는 그들이 꽤 쉽게 변하게 될 수도 있는 대상을 대표하기도 한다"(Simon, 1989).

　이것은 임상 실습과 정신 치료에서 널리 통용되고 있는 '거울 현상'인데, 우리랑 닮았으나 변하기 시작한 것들이 우리 자신의 독자적 정체성에 위협을 느끼게 하는 것을 말한다. 우리는 두려워하고 있고 우리 자신에 대한 의식을 위태롭게 해서는 안 된다. 마찬가지로 다르지만 그 차이가 근접해 있다는 사실은 유사하다는 이유만으로도 사회에서 참을 수 없는 일이 된다. 다름을 인식하면 다소 큰 갈등이 생길 수 있다. 다시 한번 지라르의 분석이 도움이 된다. 우리를 타인과 다르게 만드는 것, 최소화될 수 없거나 동화될 수 없는 것을 인정하면 우리가 다른 사람에게 더 쉽게 접근할 수 있기 때문에, 우리는 '타자성'의 개념을 인정하여야 한다. 최소화될 수 없는 한 가지는 남자를 여자에게서, 또 하나의 인종 집단을 다른 집단에게서, 나를 다른 사람으로부터 분리할 수 있는 거리이다. 이것은 부인할 수 없는 타자성의 흔적이다. 이런 존재 중 완전히 다른 것은 없지만, 하나 이상의 다른 점을 갖고 있다. 예를 들어 남성과 여성의 관계는 우리가 인간으로서 공유하는 양성적 성질을 제외하고 남성과 여성이 동일한 속성을 모두 공유하지 않는다는 사실을 받아들이면 협상하기가 더 쉬울 것이다. 여성이 모자란 자질을 남성이 갖고 있고, 그 반대의 경우도 마찬가지이다. 언어의 어떤 부분이 번역 불가능한 것처럼 변환이 안 되는 부분이 있다. 핸디캡이 있는 사람은 자신의 경험에 의해 독특하게 특징지어진 고유한 신체와 정신을 갖고 있다. 이와 더불어 비정상적 측면은 빈곤과 실업과 같은 신체적 또는 사회적 질병에 의해 의미되는 것과는 다른 일련의 특징을 수반한다. 이런 사실을 부정하는 것은 소용없다. 하지만 누가 한 언어가 다른 언어보다 더 뛰어나다고 할 수 있겠는가?

내가 다른 사람이 아닌 나 자신이라는 사실이 나의 우월함을 암시하는 것은 전혀 아니다. 내가 다른 사람과 똑같은 것을 원한다는 것은 우스꽝스럽고 개성이 없는 일일 것이다. 이 점에서 농 사회의 역사는 꽤 교훈적이다. 농인은 들을 수 없고 다수는 아마 평생 듣지 못할 것이다. 청각장애가 없는 사람과 청각장애인이 소통하는 법을 찾아야만 한다는 사실 때문에 듣는 것이 구성 요소 중 하나인 구어를 청각장애인에게 배우도록 강요하는 것이 터무니없는 일이라는 사실은 전혀 변하지 않는다. 그들은 자신들의 언어로 말하고 그렇기에 자신들만의 문화를 갖고 있다. 청각장애인이 스스로 원하지 않고 또 그렇게 할 가능성도 적은데 그 청각장애인을 듣게 만들고자 하는 의지는 그들을 그들 자신에게서 멀어지게 만드는 것과 같다. 성별, 문화 또는 언어를 바꾸고 싶어 하는 사람은 충격적이지 않다. 하지만 몇몇 수준에서 바꾸고 싶은 상대가 '타자'인 한, 비교할 근거가 없다.

차이에 의존하는 타자성의 개념 안에서 비교하려는 강력한 충동은 갈등 관계를 형성하고, 이후 그 관계는 계층구조 내에 포함되어야 하고, 조직화되고 표준화되어야 한다. 타인은 완전히 근본적으로 다른 것도 아니고 단순히 다르기만 한 것도 아니다. 인류학자의 관점에서는 인류학적 다양성이 존재한다. 장애인인 레슬리 필더Leslie Fielder는 대중 예술과 문학에서의 불구자 이미지에 관한 강연의 마지막에 다음과 같이 주장하였다. "앞에 나타난 사실에 비추어보면 대중 예술과 문화에서 불구자들의 전통적 이미지는 핸디캡이 있는 사람을 근본적으로 받아들이기 힘든 타인이 아닌, 인간 현실에서 타인 중 하나의 극단으로 인식하는 태도에 전혀 도움이 되지 않았다는 것이 분명하다. 여기서 인간 현실은 인식과 이동의 차이가 개인 간의 거리를 만들어 내고, 또

유아기의 완전한 의존에서부터 노령의 병약한 상태까지 인생의 단계 간의 거리를 나타내는 곳이다. 심리적 수준에서 가장 쇠약한 장애조차 도 더 이상 일탈로 인식되지 않고, 인간 규범의 무한한 다양성의 변형 으로 인식될 것이고, 그러면 우리는 당혹감이나 공포감 없이, 또는 동 정심으로 거부당하지 않고, 슬픔이나 기쁨으로 고통과 죽음에 직면할 수 있을 것이다."

더 학문적인 수준에서 생각하기 위해 나는 레비 브륄(Levy Bruhl, 1922)의 작업을 언급하고자 한다. 그는 과거의 사회들이 이성적 사고 와는 전혀 맞지 않는 '원시적 사고'를 공유했다고 도를 넘는 주장을 하 는 민족학자이다. 하지만 그의 학설은 하나의 중요한 점을 드러낸다. 인류학적 경향과 민족학적 '선택'이 존재한다는 것이 그것이다. 예를 들어 레비 스트로스는 서양 문화와 자신들 사이에서 전통적 인종 집단 들을 형성하기 때문에 '타자성'의 특징을 받아들이면서도 상징적인 사 고가 보편 논리에 따른다는 것을 입증하였다.

개인과 집단을 특징짓는 근본적인 차이를 인정하는 것에 찬성하 는 주장은 특이성과 보편성의 인정과 명료성 문제로 돌아가는 가장 쉬 운 방법이다. 데이비드 쿠퍼David Cooper는 중요한 함의를 갖는 간단한 아이디어인 '다른 사람들과 있을 때 자기 모습 그대로이기' 개념을 제 안했다. 유럽 사회는 이미 개인을 위한 균형을 맞추는 노력을 하고 있 다. 세계 인권 선언을 시작으로 해서, 특별히 장애인을 목표로 하는 권 리와 더불어 복지, 사회보장, 교육 등과 같은 사회권이 시민에게 부여 되었다. 하지만 이같이 정교한 권리의 망도 사회가 개인보다 더 많은 것들로 구성되었고, 사회 내의 집단과 공동체의 권리 또한 보장되어야 한다는 것을 인지하지 못하고 있다. 국가의 역할은 단순히 시민의 권리를 보호하는 데 그치는 것이 아니라 보편성과 특이성의 균형과 상호 작용에 대한 숙고를 더 요구하는 과제인 시민의 사회참여를 보장하는 것이다.

미국은 이러한 균형을 향해 진화하고 있을지 모르지만, 과거의 불공평함을 보상한다는 핑계로 법 앞에 사람을 우선시하면서 평등 원칙을 위반할 정도로 너무 극단으로 치우침에 따라 나타나는 정치적 공정함의 어리석은 결과를 해결할 때까지 이를 달성하지 못할 것이다. 이런 현상은 굉장히 위험한 권력의 분산과 자기 규제적 정체성으로 이어지고 있다.

폴 리쾨르(Ricoeur, 1995)는 최근 저서에서 이런 질문을 한다. "무엇이 우리를 정의하는가? 어떤 사회적·시민적 구조가 우리가 받아들여지는 공간의 경계를 짓는가? 우리는 어떻게 이러한 구조에서 정치적 대표성을 얻을 수 있는가? 아직 인식의 수단으로 남아 있음에도 불구하고 우리에게 가장 가까운 중재적 관계자부터 시작해서 정치적 기관을 개혁하는 것이 가능한가?"

다문화 논쟁이 진행되는 중심에 있는 '정체성'이라는 단어보다는 '인정'이라는 단어가 더 적합해 보인다. 정체성은 오직 유사성만을 함축하기 때문이다. 반면 '인정'은 유사함과 다름의 변증법을 통해 둘의 의미를 모두 함축한다. '정체성'이 다른 사람에 대한 폭력을 함축할 때, '인정'은 호혜를 함축한다. 규제 수준에서 보편성을 맥락과 관련 지을 수 있는가에 열쇠가 있다. 칸트에 따르면 사회는 갈등의 논리, 즉 그가 명명한 '비사교적인 사교성'의 논리에 따라 기능한다. 우리는 '비사교적인 사교성' 개념을 사용하여 "내 것"과 "너의 것"에 대한 인정을 개념화하여야 한다.

동전의 뒷면은 월저가 제안한 것과 같은 공동체 모델에 의해 구성된다. 그는 공동체에 의해 공유되는 이해에 따라 문제를 해결되지 않은 상태로 남겨 둔다고 제안하였다. 합법적 거리를 두고 고려되어 재구성된 사회적·정치적 공간에 근거하여 정의의 원칙을 세우려면 조정 기구가 있어야 한다. 나는 하나의 모델을 분명하게 지지하는 것보다 각각의 근본적인 실패로부터 시작하여 공동체 의식과 보편성 사이를 끊임없이 오가는 변증법에 더 관심이 있다. 이게 나에게는 가장 효과적인 것 같다(Walzer, 1988:95, 98).

3. 결론

불구자의 오랜 역사와 '장애인'의 상황은 다음과 같은 지점으로 요약될 수 있다.

1. 이번 논의는 우리가 개인의 권리와 집단의 권리 사이의 균형 잡힌 변증법, 유사함과 다름 사이의 변증법을 인정하고 촉진하는 사법제도를 위해 노력하여야 한다는 것을 제안한다. 프랑스에서 청각장애인, 시각장애인, 만성적이고 정신적으로 병이 있는 사람 등을 포함하는 모든 핸디캡이 있는 사람을 꾸준히 인정하기 위한 특별한 법안이 시행되어야 한다는 의미이다. 제도적 변화의 측면에서 이것은 통합된 '일상적' 환경에서의 특별한 시설을 위하여 보호 작업 프로그램, 특수학교와 같은 분리 구분된 특수화를 그만둔다는 것을 의미할 수도 있다. 이 방법으로 핸디캡이 있는 사람들은 자신의 특이성에 대해 존중받으면서 공용의 사회적 공간에 통합될 것이다. 장애가 있는 사람은 다른 사

람과 같은 대우를 받으면서도 개인적으로 존중될 것이다. 이것을 완성한다는 것은 장애인을 작업장으로 제한하면서 장애인의 지위를 악화시켰던 제도적 공간을 변화시킬 의사가 있음을 의미하는 것이다. 작업장 내에서 우리는 통합을 촉진하기 위한 시민적 책임을 맡기보다는 생산 수준과 이윤의 폭에 끊임없이 초점을 맞추고 있다. 이러한 변화는 성공 가능한 변증법을 설명하고 인정하는 중요한 실천적인 점을 보여주는 것이다.

2. 우리 공헌의 인류학적 본질은 철학적·사회적 관점에 찬성하여 무시된 것 같다. 우리의 주된 목적은 '인류학적 다양성'의 개념을 발전시키는 것이었고, 그 와중에 보편성과 줄어들 수 없는 특이성 사이의 끊임없는 갈등을 분석하는 것이었다. 이 논의의 역사적-인류학적 관점은 그러한 모델로 돌아가려는 최소한의 경향이 죄악일지라도 타자성이 만연했던 역사적 시기에 대한 판단을 피할 수 있게 해준다. 여기에서 우리의 의도는 다름의 이념적 관념과 논쟁하는 사회를 찬양하거나 비난하려는 것이 아니라, 오히려 '특이한' 사람에게 본래의 모습을 회복시켜 주고 그들이 공공장소에 완벽하게 참여할 수 있는 방법을 보장하기 위해 역사적 분석이 우리에게 제공하는 가능성을 추론하고 분석하는 것이다. 이러한 공간의 창출은 오로지 인류학자에게만 책임이 전가되어서는 안 되고, 법학자, 철학자, 사회학자, 교육자, 의사 결정자 등 모두를 포함해야 할 것이다.

당연히 어떠한 법령도 자신과 다른 신체를 대면함에 따라 발생하게 되는 두려움, 곤란함, 거울 효과, 정신적 트라우마를 제거하지는 못할 것이다. 공공장소, 공정한 기관 및 존중하는 규정의 구현은 우리가 비공식적으로 "사고방식"이라고 칭하는 것, 제도, 대표성 또는 사회적 상징화의 발전에 기여할 것이다.

학습을 위한 질문

1. '타자성'과 '다름' 개념 사이의 구분은 역사적 토대가 있는가?

2. 이 구분은 철학적 토대가 있는가?

3. 현대 서구 사회에서 우리는 어떤 수준에서 타자성을 인식하여야 하는가?

4. 모델을 사용하여 사고하는 것이 중요한 이유는 무엇인가?

5. 다름을 정당화하고 타자성을 정당화하는 공적 공간은 어떻게 만들어지게 되었는가?

6. 북유럽 출신 미국인 문화와 유럽 문화는 성격이 다르다. 하지만 상호 영향의 가능성은 없는가?

7. 어떤 한 사람에게 과도한 부분이 있는 경우, 이와 같은 과도함은 다른 사람에 의해 어떻게 조절될 수 있는가?

8. 역사적 분석, 정신분석학적 분석, 사회과학적 분석과 같이 다양한 분석의 수준을 연결할 방안은 무엇인가?

9. WHO의 ICIDH분류는 어떻게 사용되어 왔는가?

10. '장애' 개념은 정말로 문제를 해결할 수 있는가?

7장 · 장애학 패러다임

데이비드 파이퍼

지난 40년 동안 미국과 전 세계에는 장애에 대한 이해에 혁명이 발생하였다. 이 혁명은 장애인의 사회적 참여에 새로운 국면을 가져오고 인권 면에서도 많은 목표를 달성한 장애인 인권운동의 일부였다.

일반적 이해에 따르면 장애는 그 자체로 죄이거나 혹은 죄의 산물이다. 장애인은 동정의 대상 또는 힘과 용기의 예시로 여겨진다. 이런 시각은 광범위해서 새로운 장애에 대한 패러다임은 절대로 완벽히 이를 대체하지는 못할 것이다.

장애에 관한 두 개의 주요 전문 관점인 의학적 모델과 재활 모델이 여전히 학계에 존재하지만, 새로운 장애 패러다임은 이들을 거부한다. 장애 패러다임이 궁극적으로 이들을 대체할 수 있기를 소망한다.

장애 패러다임과 더불어, 장애에 대한 가지각색의 정의가 존재한다. 기능 수행 능력의 부족, 보조 도구의 사용, 특이한 체형, 비전형적인 태도, 실직 상태, 그리고 이 중 하나 이상을 경험했던 이력 등을 포함하는 정의들이 그것이다. 이런 정의들은 장애 패러다임과 다양한 방법으로 상호 작용하지만, 장애 패러다임에는 하나의 고유한 정의가 존재하는 것은 아니다. 적합한 정의를 찾는 것은 아직 해결되지 않는 문제로 남아 있다.

장애 패러다임의 확실한 의미가 존재하고, 또 서비스 제공자, 정책 입안자, 장애를 공부하는 학자를 위한 다양한 장애 정의도 존재한다. 이러한 의미가 이번 장에서 설명된다. 장애, 복지 서비스, 그리고 장애인 복지 서비스 제공 기관을 포함한 복지사업 기관에 관련되어 있거나 관심이 있는 사람이라면 반드시 공부하여야 한다.

* * *

지난 40년 동안 미국과 다른 영어권 국가에서는 사람들이 장애와 장애인을 보는 관점에 있어서 혁명이 발생하였다. 이 혁명은 장애인의 사회적 참여에 새로운 국면을 가져오고 인권의 측면에서도 많은 목표를 달성한 장애인 인권운동의 일부분이었다. 비록 몇몇은 장애를 죄로 보고 장애인을 동정의 대상으로 보는 일반적인 시각이 사라지지 않을 것이라고 말하겠지만, 장애를 다루거나 장애인 사회 자체에 속해 있는 전문가와 연구원에게는 엄청난 변화가 발생하였다.

이런 변화는 제2차 세계대전 직후 장애화된 참전 용사들이 수동적이고 의존적인 역할을 거부하면서 커지기 시작했다. 오히려 그들은 자신이 특정 제약이 있기 때문에 다를 수는 있지만, 자신도 여전히 인간이고 일상적인 삶에 참여할 수 있다는 점들 때문에 다른 사람과 같음을 지적하였다. 1970년대에는 장애인이 다른 비장애인에 비해 더 제약을 받는 것도 아니고, 정상 상태의 개념이 잘못되었다고 주장하며 이러한 관점조차 도전을 받았다.

1. 초기 활동들

1920년대부터 장애인들의 부모, 형제, 친척, 친구들은 장애인을 도와줄 단체를 만들었다. 아이들이 단지 장애인이라는 꼬리표가 붙었다고 해서 공립학교에서 배제되지 않아야 한다는 것을 요구한 부모들의 조직도 초기 단체 중 하나였다. 다른 단체들은 대체로 형편이 좋지 않은 장애인을 돕기 위해 후원금을 모으려는 목적으로 시작되었지만, 점점 새롭게 장애를 갖게 된 사람이 독립적으로 살기 위해 필수적인 기술을 배울 수 있도록 돕는 의도로 바뀌어 갔다. 하지만 장애인권운동이 지금의 형태로 발전하기 위해 필수적인 자극을 가져온 것은 제2차 세계대전의 참전 용사들이었다(Pfeiffer, 2003).

최초의 정책 성과 중 하나는 1968년에 통과된 「건축상 장애물 법」 (42 USC 4151)이다. 이 법안은 장애인이 정부 자금으로 건설되는 건물에 물리적으로 접근이 가능해야 함을 필수사항으로 요구한다. 이 법안은 '미국참전용사지체장애인협회'에 의한 공공 교육, 마리 스위처Mary Switzer와 같은 선구자에 의한 정부 내의 법안 발의, 직업 재활 분야에 있는 사람들의 노력, 그리고 장애 활동가들의 압력의 결과물이었다.

이러한 활동 등에 의해 탄력을 받으면서 1973년의 「재활법」(29 USC 790), 지금은 「장애인 교육법」IDEA으로 알려진 「전 장애아 교육법」 (20 USC 1401), 1975년 「미국 발달장애 지원 및 권리장전」(42 USC 6001) 그리고 다른 법률 등과 함께 많은 연방 법률이 1970년도에 만들어졌다. 이 모든 법률은 비록 장애인이 일반 사람과 달라 보일지라도 권리에 관해서라면 모든 사람이 동등하다는 개념에 기초하고 있다.

'직업의'라는 접두사를 처음으로 뺀 법인 1973년의 「재활법」은 장애인을 위한 첫 민권법으로 알려진 504항을 포함하고 있다. 추후 수많은 법률이 반포되었는데 그중 가장 잘 알려진 것이 1990년의 「미국 장애인법」이다. 1964년의 민권법 이후로 등장한 가장 중요한 시민권법으로 불렸다.

동시에 지역 단위, 주 단위의 활동에 따라 장애인이 결성하고 운영하는 기관이 설립되었다. 예를 들어 '행동하는 장애인'Disabled in Action 지부가 필라델피아와 뉴저지주에 등장하였다. '캘리포니아신체장애인연합'California Association of the Physically Disabled과 '매사추세츠장애시민연합'Massachusetts Coalition of Citizens with Disabilities도 탄생했다. 이런 지역 및 주 단위 기관의 많은 사람의 활동을 통해 전국적 조직인 '미국장애시민연합'American Coalition of Citizens with Disabilities, ACCD이 생겨났다. 미국장애시민연합은 지미 카터가 1976년 대선에서 이길 수 있도록 도와주었고, 이후 카터 행정부로부터 강력한 지원을 받았다.

1974년에는 '백악관 장애인 회의'WHCHI를 만들어 낸 관련 입법이 통과되었다. 다르지만 같음의 개념이 이 법안의 근본이었다. 이 법안을 통해 의회는 다음과 같은 결론을 내렸다. "기회의 평등, 사회의 모든 분야에 대한 동등한 접근, 그리고 미국 헌법에 의해 보장되는 동등한 권리가 장애가 있는 모든 사람에게 제공되는 것은 우리나라에게 지극히 중대한 일이다"(U.S. Congress, 1974: 2). 이 결론은 16년 후 「미국 장애인법」의 전조가 되었지만, 그와 동시에 거의 알려지지 못하였다. 하지만 '백악관 장애인 회의'는 묻히지 않았다.

1974년부터 1976년까지 장애인 지지자들은 제럴드 포드 대통령 행정부가 504항을 시행하는 규정을 발표하도록 압박하였다. 발표 지연에 관한 다양한 이유가 나왔고, 결국 1976년 여름 소송으로까지 이어졌다. 포드 대통령의 마지막 보건복지교육부 장관이 규정을 발표하지 않아 법정 모독으로 소환되기 바로 직전에, 그는 10일 후에 새로운 정권인 지미 카터 행정부가 들어서면 그들이 규정을 발표하여야 한다고 주장하였다. 법원에서는 그에게 동의하였다. 자기 자신을 법정 모독죄 소환에서 구하면서 그는 연방 정부와 장애인 사이의 엄청난 대치의 장을 열어 놓았다.

1977년 4월까지 규정이 발표되지 않자, 장애인 집단들은 연방 정부의 지사들이 있는 모든 주요 도시에서 데모를 하고 자신들의 분노를 표출했다. 보스턴에서는 휠체어에 탄 사람들이 의회 사무실에 들어오는 것을 막은 연방 정부 총무청 경찰과 대치했는데, 이후 시위대는 기자회견을 열고 나서 떠났다. 대부분의 도시에서 비슷한 일이 일어났다.

샌프란시스코에서는 시위대가 미국 보건복지교육부 지역 사무소를 점령하였다. 워싱턴에서는 시위대들이 보건복지교육부 장관인 조지프 칼리파노Joseph Califano의 사무실을 점령하였다. 3주가 지나도 시위대가 떠날 기미가 보이지 않자, 장관은 항복하고 504항 규정에 서명하고 발표하기로 동의하였다.

그가 이렇게 한 이유 중 하나는 '백악관 장애인 회의'가 5월에 워싱턴에서 소집되기 때문이었다. 3000명이 넘는 장애인과 지지자들이 수도에 모이기로 했었고, 그가 규정을 발표하지 않았다면 그들은 보건복지교육부 건물 전체를 빠른 시간 안에 장악했을 것이다. 칼리파노 장관이 '백악관 장애인 회의'를 언급하자 미국 수화 통역자들은 그에게 수화용 이름을 붙여서 사용하였는데, 그 이름은 공손하게 표현하자면 황소의 변bull dung을 나타내는 수화 언어였다.

'백악관 장애인 회의'에서 만난 옹호자, 연구자, 교사, 서비스 제공

자, 그리고 그 외 사람들은 서로 네트워킹을 시작하였다. '백악관 장애
인 회의'에서 나온 추진력에 의해 「미국 장애인법」을 포함한 상당한 양
의 연방 법률 및 주 정부 법률이 만들어지게 되었다. 「미국 장애인법」
등 장애인 관련 법률은 비록 장애인이 다른 점들을 갖고 있긴 하지만
그와 동시에 다른 사람과 유사한 점도 갖고 있다는 혁신적인 관점을
구현하는 것이었다.

　1980년대 초반에 장애인 당사자 학자 다수가 관련 논문을 작성하
고 전문적 학회에서 발표하기 시작하였다. 이런 논문을 환영한 최초
의 집단 중 하나는 대학에서 장애가 있는 학생에게 서비스를 제공하는
센터를 운영하는 사람들이 새롭게 구성한 연합체였다. 이 단체는 현
재 장애인고등교육협회AHEAD로 알려져 있다. 또 다른 하나는 '서구사
회과학학회'의 '만성질환과 장애 분과'였다. 이 분과는 장애학회SDS로
발전되었고, 이 학회는 현재에도 매년 장애학의 다양한 학문적 발표를
하고 있다.

　장애학회의 창립자 중 한 명인 고故 어빙 졸라는 현재『계간 장애
학』DSQ으로 알려진 학술지를 발간한 편집자이기도 하다.『계간 장애
학』은 장애학과 장애인권운동에 대한 학술지로 많은 사람이 읽고 있
다. 다른 학술지로는 아칸소대학교의 케이 슈라이너Kay Schriner에 의
해 처음 창립되고 발간된『장애정책연구』Disability Policy Studies와 현재 런
던대학교에 재직 중이고 당시에는 셰필드대학교에 재직 중이었던 렌
바튼Len Barton에 의해 창립되어 여전히 발간되고 있는『장애와 사회』
Disability & Society 등이 포함된다.『정책학 연구』Policy Studies Journal,『미국
행동 과학자』American Behavioral Scientist, 그리고『보건복지 서비스 행정』
Journal of Health and Human Services Administration과 같은 다른 잡지들도 장애

학 주제에 관한 학술 토론회를 개최하고, 관련 내용을 책으로 출판하고 있다.

장애학은 현재 학계에서 확고하게 자리를 잡았다. 이는 장애 관점 혁명의 산물이기도 하고 장애 운동의 결과물이기도 하다. 장애학의 의미를 이해하고 그것에 의해 생성된 지식들을 활용하기 위해서는 장애학의 기초적 패러다임을 이해해야만 한다. 하지만 우선 장애에 관한 일반적 견해와 더불어 장애에 관한 의학적 모델과 재활 모델이 먼저 재검토되어야 한다. 한마디로 장애 패러다임이 무엇인지 말하기 전에, 장애 패러다임에 속하지 않는 것이 무엇인지를 아는 것이 필수적이다.

2. 대중적 관점

미국의 역사 대부분을 통틀어 지배적인 두 개의 제도는 종교와 법이었다. 20세기에는 의학이 사회 통제를 행사하는 세 번째 제도로 등장하였다. 오늘날 실제로 의학이 다른 두 개의 제도를 밀어내고 있지만 장애에 대한 대중적 관점은 종교를 통해 봤을 때 가장 잘 이해할 수 있다.

지난 3세기 동안 미국의 많은 사람 사이에서 '본질적 실용주의' 또는 일련의 실용성이라고 할 수 있는 것 때문에, 세계에서 일어나는 일에 대한 설명을 찾아야 하는 대중적 요구가 존재한다. 미국인들은 왜 어떤 일이 일어났는지 알아야 한다. 이런 강렬한 호기심은 기술적 발전과 과학적 발전에 도움이 되지만, 동시에 해답을 구하는 사람이 만족할 만한 해답이 없음에도 인과 설명에 대한 요구로 이어지기도 한다. 이런 경우 미국인들은 종종 종교적 설명에 의존한다. 다름과 두려움의 대상에 대한 설명을 찾던 행위가 나중에는 이미 발생한 일에 대한 책임의 원인을 찾으려는 욕구로 바뀐다.

왜 어떤 사람은 장애인이 되고, 다른 사람은 장애가 없는지에 대한 해답은 죄악의 개념에서 자주 찾게 된다.

너무나 많은 사람들이 에이즈로 이어지는 인체면역결핍바이러스 HIV를 퍼뜨리는 활동을 죄악이라고 말한다. 좀 더 완화된 예시를 들자면 암과 심장질환의 원인은 담배 또는 다른 해로운 활동들을 끊지 못하는 데 있다. 장애의 원인에 대한 특정한 행동을 짚어 내지 못하면, 장애인 또는 그들의 부모에 의한 죄악의 행동이 원인으로 일반화된다. **하느님이 착한 사람에게 그처럼 끔찍한 일이 일어나도록 허락하지 않을 것이기 때문에 장애는 죄악인 행동의 결과라는 것이 대중적 견해다.**

많은 사람들은 장애인을 죄인으로 보는 이런 대중적 견해를 거부한다. 대신에 그들은 장애에 대한 다른 반응을 경험한다. 그들은 자신이 장애인이 되고, 자신이 원하지 않는 방향으로 달라질까 두려워한다. 그들은 장애에 엄청난 혐오감을 느끼고 있기 때문에 장애인인 우리가 어떻게 우리의 삶을 견뎌 낼 수 있는지 이해할 수 없다. 장애인은 동정의 대상으로 보이고, 많은 기관은 우리를 그런 식으로 형상화하면서 거액의 기부금을 모은다.

어떤 사람들은 이런 동정의 접근을 거부한다. 동정의 관점으로 볼 수 없는 장애인과 마주할 때 특히 그러하다. 대신에 우리는 힘의 사례가 된다. 사람들은 우리의 용기를 존경하고 우리에 의해 영감을 받는다. 하지만 이런 견해는 오늘날 미국에 있는 강렬한 유명세를 향한 욕구 또는 유명세에 접근하고자 하는 욕구에 의해 오염되었다. 거의 역설적인 방법으로 성공한 장애인은 유명인이 된다.

위에서처럼 장애인을 죄인, 동정의 대상, 힘, 용기, 영감의 사례로 보는 대중적 견해 중 장애에 대한 적절한 해석은 없다. 이런 견해 중 대부분은 장애에 대한 두려움에서 시작한다. 하지만 장애는 인생의 일부분이다. 모든 사람은 현재 장애가 없다고 하더라도 죽기 전에 장애를 갖게 될 것이다. 심장마비나 교통사고로 죽기 전 아주 잠시 동안일 수도 있지만, 대부분의 사람은 상당한 시간을 장애인으로서 보낼 것이고 그들이 아끼는 누군가도 동일하게 장애를 겪게 될 것이다.

장애에 대한 대중적 견해는 신문이나 소설에 국한된 것은 아니다. 학계를 포함하여 사회의 모든 제도에서 발견된다. 정치 체제에서는 레이건 행정부의 정책 안에 공고히 자리 잡고 있었다. 아마 최고의 예시는 미국 교육부의 '교육철학과 실무실'에서 잠시 근무했던 아일린 가드너Eileen Gardner일 것이다. 가드너는 특수교육을 위한 예산을 '비생산적'이라는 이유로 반대하였다. 가드너에 의하면 사람의 외적 상황은 내적 정신 발달의 수준에 부합하기 때문에 장애인은 자신들에게 일어난 일에 책임이 있다. 그녀는 '정상'과 '장애'인 사람들을 각각 '고등의' 그리고 '하류의' 사람들이라고 표현하였다.

그녀의 전반적인 생각은 헤리티지 재단이 1983년에 발행한 「교육에 관한 연방 정부의 역할」이라는 보고서에 포함되어 있다. 이 보고서에서 가드너는 "장애인 유권자 중 자신의 짐을 다른 사람에게 전가하려 하고 자신이 해야 할 도전을 하지 않으려는 사람은 자신의 삶의 중요한 쟁점을 회피하려는 사람이다. 장애인은 인생의 운명이 자신을 무작위로 처벌하였다고 잘못된 추정을 하고 있다"고 밝혔다(Gardner, 1983: 22).

장애 자녀의 부모로 상원의원이 된 로웰 와이커Lowell Weicker는 상원 분과위원회 청문회에서 이와 같은 가드너의 견해를 공개했다. 많은 사람이 그와 같은 견해가 정부의 최상층에서 나올 수 있다는 사실에 크게 놀랐다.

미 교육부 장관 윌리엄 베넷William Bennett은 와이커가 보고서 내용을 공개하면서 가드너의 신념을 조롱하고 그녀를 난처하게 하려고 했다는 이유로 상원의원 와이커를 공격하였다. 베넷의 발언은 가드너의 견해가 적어도 내각 수준, 그리고 어쩌면 레이건 행정부의 더 높은 수준에서도 받아들여지고 있음을 보여 준다. 이와 같은 견해는 현재에도 여전히 장애와 관련된 대중적 논의에서 볼 수 있다.

3. 장애의 의학적 모델

두 번째로 고려되어야 할 모델은 의학적 모델이다. 이 모델은 과거 학술적 논의의 많은 부분을 지배하였고 여전히 광범위하게 사용되고 있다. **20세기의 역사에 깊이 뿌리를 두고 있는 의학적 모델은 다름(결손)에 초점을 맞추고 같음을 망각하는 관점이다.**

20세기 초에 의료 기관은 지역사회 생활의 중심이 되기 시작했다. 노먼 록웰Norman Rockwell 그림으로 유명해진 친절한 가정의는 사람들에게 편안한 공감을 불러일으켰다. 동종 요법, 카이로프랙틱, 약초 치료, 그리고 다른 유형의 전통적 의학 방법을 제외한 의학을 점진적으로 과학적 의학으로 변화시킴에 따라, 이런 친절한 의사들은 강력한 권위를 부여받게 되었다. 그들은 왜 이런 일들이 발생하였는지 알았고, 고통을 줄이기 위해 어떻게 해야 하는지 알았으며, 사람들을 돕고 싶어 했다.

장애의 원인이 되는 것은 죄악이 아니라 병 또는 상해였다. 병을 고치고 상해를 치료하면 모든 것이 괜찮아질 것이라고 생각했다.

사회학자 탤컷 파슨스Talcott Parsons는 의사가 사회에서 갖게 된 역할을 설명하였다. 의사는 병들고 상처 입은 사람들을 치료해 줄 지식, 권한, 책임감을 발휘하는 전문가다. 의사는 생과 사를 결정짓도록 국가에 의해 허가받았다. 좋음과 나쁨, 옳음과 그름, 정상과 비정상에 대해 진정한 지식을 가진 자가 의사인 것이다. 다름을 같음으로 변화시킬 수 있는 것 또한 의사다(Parsons, 1957: 146~150; Parsons, 1975; Bickenbach, 1993: 61~92).

병이 들었거나 상처를 입은 환자는 병자 역할을 맡고, 삶의 모든 부분에서 의사에게 의지한다(Parsons, 1951: 285). 장애인은 의학적 모델에서 봤을 때 병자 역할을 맡은 환자다. 병자 역할을 맡는 사람들은 병을 고치기 위해서 의사의 말에 복종하여야 한다.

의사는 환자가 낫도록 돕기 위해서 항생제 또는 마취제와 같은 금지된 물질을 처방할 수 있다. 의사는 환자의 삶에 대해서 별의별 결정을 내릴 수 있다. 예를 들어 병원이나 시설에의 구금 여부, 강제 투약 또는 사회적 압박에 의한 강제 투약 여부, 환자의 직업 복귀 여부, 복귀 시기, 수행할 수 있는 업무, 관계의 폭 등 모든 것을 결정할 수 있다.

병자 역할을 하는 사람은 착한 환자가 됨으로써 특권을 누린다. 그중 중요한 것은 '회복되는 것'이다. 하지만 병자 역할을 하는 동안에는 사회적 의무로부터 면제된다. 의사의 지시만 있으면 환자는 학교나 일로부터 면제될 수 있다. 누군가가 아픈 채로 직장에 오면 그가 아프지 않았으면 허용되지 않았을 행동들을 참아 줄 것이다. 그 말은 그 사람이 사회적 책임으로부터 면제되었다는 말이다.

모든 일반적인 사회적 책임으로부터의 면제됨의 다른 측면은 자신의 권리를 포기한다는 것이다. 의무와 책임을 완수함으로써 사람은 권리를 누릴 자격을 갖게 된다. 책임이 없다는 것은 권리가 없다는 뜻이다. 병이 있는 사람은 의사 또는 대리자에 의해서 무엇을 해야 할지, 언제 해야 할지, 어떻게 해야 할지 명령받을 수 있다.

장애의 의학적 모델에는 문제가 있다. 소아마비 바이러스 감염 이후 휠체어를 사용하고 있는 장애인은 휠체어를 쓰지 않아도 될 만큼 결코 회복될 수 없다. 이 사람은 다른 사람과 이동방법이 달라질 수밖에 없고, 그래서 다른 사람과 절대 같아질 수가 없다. 결과적으로 의사는 그런 사람을 실패로 볼 것이고 부적합의 실례로 볼 것이다. 이런 불완전성은 의사들에게 당황스럽고 위협적인 것이다. 오랜 세월 동안 장애에 대한 의사들의 반응은 그저 공공시설에 수용시키는 것뿐이었다.

장애 의료화의 극단적인 예 중 하나는 세계보건기구가 만들어 낸 '국제 손상·장애·핸디캡 분류'ICIDH 이다. ICIDH는 병자 역할을 명확하게 언급하고 있다. "[…] 병이 있는 사람들은 일상적인 사회적 역할을 유지하기 불가능하고 다른 사람들과 통상적인 관계를 유지할 수 없다"(Wood, 1980: 10). 다른 말로 하면, 아픈 사람은 바람직하지 않은 방향으로 일반인과는 다르다는 것이다.

ICIDH는 '환경적·사회적 장애물의 경감'과 관련 있는 것으로 제시되고 있고, '작업 평가'를 위해 사용되었다(Wood, 1980: 2). "지역사회 수준에서는 ICIDH가 장애인의 요구를 발견하고, 사회적·물리적 환경에서의 불리한 상황을 알아보고, 물리적이고 사회적인 환경에의 수정을 포함하는 일상생활의 개선에 필수적인 정책 결정들을 만들어 내는 것에 도움을 주었다"(Wood, 1980: 3). 이런 문제는 의학적 문제가 아니라 경제적·사회적·정치적 문제들이다. ICIDH는 쉽게 장애인에게 우생학적 도구이자 위협이 된다.

ICIDH는 장애계의 강력한 비판에 따라 개정되었다(Pfeiffer, 1998). 하지만 ICIDH의 개정판인 '국제 기능·장애·건강 분류'$_{ICF}$도 별반 개선된 점이 없다고 여겨진다. ICF는 2001년 5월 세계보건기구의 세계보건총회에서 채택되었다.

시설 수용이 모든 장애인에게 만족스러운 해결법이 아니라는 것을 인정하게 되면서, 대안으로 다른 분야 하나가 성장하였다. 재활 또는 재활 상담이 1920년대에 나타났다. 재활 상담이라고 부르는 이유는 수술, 의약품, 물리치료, 작업치료 등과 같은 의학적 재활과 구분하기 위함이다. 재활 상담은 오늘날 중요 산업으로 성장하였다.

4. 장애의 재활 모델

재활 모델은 의학적 모델의 파생물이다. 어떤 의미로는 의사가 할 만큼 하고 난 후에는 재활 상담사가 인계받는다. 재활 모델의 기본 취지는 존재하는 다름을 변화시키거나 숨겨서 장애인이 다른 사람과 같다고 통할 수 있도록 하려는 것이다.

한때 이 모델은 장애인을 고용의 측면에서 바라보았다. 장애인은 결손 문제가 있는 것이고, 이에 따라 고용되지 못한다. 재활 상담사가 장애인에게 결핍된 문제가 무엇인지를 결정한다. 예를 들어 훈련의 부족, 도구의 부족, 지속적으로 의료 개입이 필요한 것 등이 문제라고 판단될 수 있다. 문제가 무엇이든 재활 상담사는 필요한 서비스를 조정해 주고 얻게 해주는 관리자로 활동한다.

10년 전까지만 해도 재활 상담사는 전문가이고, 그러므로 장애인이 필요로 하는 것이 무엇인지 결정할 수 있다고 여겨졌다. 결국 장애인은 그 상황을 받아들여야만 했고, 그렇지 않으면 장애에 '적응을 못하는' 또는 '받아들이지 않는' 사람으로 비춰지게 되었다. 자립생활운동은 재활 상담사에게 장애인이 의사 결정 과정에 참여하여야 한다고 설득하였다. 모든 상담사가 설득 당하지는 않았지만, 그들은 장애인을 의사 결정 과정에 참여시키는 것이 필요한 재활 계획에 대한 동의를 얻는 가장 쉬운 방법이라고 생각한다.

재활 모델의 문제점은 두 부분이 있다. 장애인을 노동자로만 보다 보면 원래의 사고를 왜곡시킬 수 있다. 사람은 생산 기계의 톱니바퀴가 아니다. 노동자에게는 삶의 다른 면이 있고, 사회에서 노동자로서의 삶 말고도 성취감을 얻을 수 있는 다른 역할도 있다. 이러한 문제를 피하기 위해서 자립생활운동은 시장 고용이 재활의 유일한 목적이 아님을 법에 명시하였다.

재활 모델의 두 번째 문제는 발생한 일에 대해서 피해자를 비난한다는 데 있다. 장애인이 물리적·감각적·인지적 측면에서 교통수단, 건물, 학교에 대한 접근이 불가능하기 때문에 직업을 찾지 못한다면, 해결책은 장애인이 사회에 맞춰 변화하는 것이 아니라 사회가 모든 사람이 접근할 수 있도록 변화해야 한다.

5. 장애 패러다임

장애 운동이 일어나 학계에 정착되면서 장애 패러다임이 공식화되었다. 초기 형태는 장애를 사회적 구성이라고 바라보는 어빙 졸라에 의해 정교화되었다. 다른 사람들은 장애인을 억압된 집단으로 보고, 소수인권 모델을 제안하였다. 보다 최근에는 장애가 정치적·법적·경제적 의지가 있는 특정 차별 행위에서만 존재하는 것으로 간주된다.

졸라는 그 누구보다도 학계에서의 장애 패러다임의 발달과 장애 운동에 많은 영향을 끼쳤다. 나중에는 개인적인 것이 정치적이기도 하다는 것을 알게 되었지만, 개인적인 것을 사회적 지식과 엮는 그의 믿을 수 없는 능력에 의해 그는 사회과학의 주요 사상가로 위치하게 되었다(Williams, 1996).

졸라에게 장애는 다른 사람에 의해 만들어진 것이었다. 낙인 개념(Goffman, 1963; Zola, 1982)을 사용하면서, 그는 장애인을 회피하고 격리해 온 '정상적'인 사람들에게 보여지지 않음에 따라 장애인이 어떻게 차별받는지를 설명하기 위해 노력하였다. 사회학자로서 졸라는 이런 일이 일어나는 사회적 절차에 초점을 맞추었다. 장애가 사회적으로 구성되는 주요한 방법 중의 하나가 장애의 의료화였다(Zola, 1972; 1983).

다른 사람들, 특히 장애인 옹호자들은 장애인이 억압받게 되는 정치적 과정에 더 관심이 많았다. 예를 들어 장애인은 거부당하고, 사회적 자원의 몫이 줄고, 조롱당하고, 분리되고, 억압받는 다른 사람들과 유사하다는 것이었다. 이에 따라 우리는 이런 행위를 내재화하고, 그 행동이 정당하다고 느끼게 된다. 이후 우리는 죄책감을 느끼고 우리의 억압을 조장하는 방식으로 행동하기 시작한다. 이와 같은 죽음의 순환을 끝낼 수 있는 유일한 방법은 사회자원의 할당과 차별의 종식을 요구하고 조직하는 것이다.

장애의 사회 구성 모델 또는 소수자 모델 중 본질적으로 잘못된 것은 없다. 많은 사람에게 두 개의 모델은 절절한 설명적 틀이다. 하지만 다른 많은 사람에게는 그렇지 않기도 하다. 사회학자로 교육받지 않은 사람들에게 사회적 절차는 가끔 희망에 따른 사고로 보여진다. 어떤 일이 일어나고 그것이 사회적 절차가 된다. 정치학자로 교육받지 않은 사람들에게 소수자 억압과 저항은 사건에 대한 과도한 해석으로 보인다. 그들은 이런 견해가 문제 해결에 도움이 되지 않는다고 말한다. 장애인이 차별과 억압으로 고통 받는다는 것을 절대 부정하지 않으면서 또 다른 견해가 미국 사회의 법적 경향에 의해 서서히 나타나고 또 장려되고 있다. 새로운 견해는 장애인의 다름을 인식하면서 동시에 같음을 강조하는 견해다.

이 패러다임의 모델 또는 버전은 차별 중에, 그리고 차별의 결과로서 장애가 존재한다고 여긴다. 차별이 없다면 장애도 없다. 정상 행동이란 힘과 자원을 갖고 있는 사람이 힘과 자원이 없는 사람을 비정상이라고 규정할 수 있도록 조장하는 통계학적 인공물이다. 다르다고 인식되면서 장애인은 자신이 갖고 있는 같음마저 부정된다(Pfeiffer, 2000; 2001).

사회 구성 모델, 소수자 모델과 모순되지 않으면서 오히려 비슷하게 닮은 장애의 법적 모델은 차별에 대항할 수 있는 해결책을 제공한다. 해결책의 일부는 「미국 장애인법」처럼 법정에서 사용될 수 있는 법적인 방법이다. 다른 해법은 개인과 집단 교육으로, 이것은 사람들을 교육시키고 가끔은 사람들이 차별 사실을 직면하게끔 강제하는 것이다. 교육은 몸짓 언어, 말하기, 그리고 행동의 다른 형태가 그러하듯이 또 하나의 해결 방안이다.

새롭게 떠오르는 장애 모델은 근대성 및 그 범주에 대한 거부와 밀접한 관련이 있다. 장애에 대한 객관적 현실을 부정한다는 의미에서 그것은 실존주의이다. 장애인은 다른 사람들과 어떠한 근본적이고 필수적인 면에서도 다르지 않다. 장애가 필수적인 존재라고 상정하는 것은 사회 구성 모델과 소수자 모델이 그러하듯이 장애를 객관적 실재라고 하는 것과 같다. 장애인이 있고, 장애가 없는 사람들이 있다고 상정하는 것은 차별에 굴복하는 것이다. 이러한 이원론을 상정하는 것은 '우리와 그들'로 구별하는 것, 그리고 '우리'는 항상 '그들'보다 낫다고 생각하는 것에 동의하는 것이다.

세 종류의 장애 패러다임 모두에 공통적인 요소가 존재한다. 장애 패러다임에서는 장애인이 의사 결정자이다. "나 없이는 나에 관한 어떠한 것도 없다"라는 슬로건이 이런 원칙을 요약한다. 전문가는 전문적 조언의 공급자일 뿐 의사 결정자가 아니다. 전통적 인식으로 보면, 서비스 제공자는 장애인을 고객으로 대우하여야만 한다. 만약 서비스의 질이 낮고, 차별적인 태도로 서비스가 제공되거나 값이 과도하게 비싸면, 장애인은 다른 곳으로 갈 수 있는 선택권이 있어야만 한다.

세 종류의 장애 패러다임의 또 다른 공통적 요소는 장애인이 아닌 태도적·감각적·인지적·건축적 장벽이 변화되어야 한다는 것이다. 우리가 계단을 올라갈 수 있도록 수술을 하는 것이 아니라 경사로와 엘리베이터가 제공되어야 한다. 개선되어야 할 대상은 장애인이 아니라 사회와 정책인 것이다.

다수의 장애인 당사자 연구원과 옹호자들에 의해 '장애가 없는 사람도 장애 연구를 이행할 수 있도록 허락되어야 하는가?'와 같은 의문이 제기되었다. 페미니스트, 아프리카계 미국인, 히스패닉, 아시아계 미국인, 북미 원주민, 그리고 다른 집단들은 모두 연구자가 자신의 특정 견해를 공유하지 않는 이상 그것을 이해할 수 없다고 주장하고 있다. 그들은 어떠한 결과물도 가짜일 것이라고 말한다. 어쩌면 누구나 언제든지 장애인이 될 수 있을 정도로 장애가 아주 흔한 현상이기 때문에, 장애 패러다임은 다를 수도 있다. 장애 패러다임을 사용하는 사람이 아닌 장애 패러다임 그 자체가 연구의 질을 결정한다. 연구를 위해 장애 패러다임을 사용하는 사람이라면 누구나 장애 연구를 하는 것이다.

장애 패러다임이 문제가 없는 것은 아니다. 하나는 다른 학문에 의한 광범위한 이해가 부족한 상황이다. 또 다른 하나는 아직도 의학적 모델과 재활 모델의 강력한 지지자가 존재한다는 것이다. 세 번째 문제는 장애를 정의하기가 어렵다는 것이다.

6. 장애의 정의

일반적으로 받아들여지는 장애의 정의는 없다. 장애 패러다임에서 나타나는 모델 중 그 어느 것도 장애를 분명히 정의하지 못한다. 법률적 모델에 의하면 장애에 기반한 차별을 만드는 사회적·정치적 행위가 없다면 장애는 없는 것이다. 사회 구성 모델과 소수자 모델은 차별이 실재하고 있고 계속 진행중임을 주장한다. 이는 여전히 해결되어야 할 인식론적 문제이다.

하지만 여섯 개의 장애의 정의는 흔하게 사용된다. 그것들은 다름을 강조하고 a.기능적 능력 b.보조 기구의 사용 c.신체적 외형 d.행위 e.실직 상태 f.장애의 지각에 기초한다.

첫 번째는 일상생활 활동과 같은 평범한 기능을 수행하는 능력의 부족으로 장애를 정의한다. 만약 계단을 오르지 못하는 사람이 있다면 그들은 평범하게 행동할 능력이 부족한 것이다. 이 정의의 문제점은 일상생활 활동을 수행하는 보편적 방식이 없다는 것이다. 1마일을 가는 정상적인 방법은 무엇인가? 택시를 타는 것? 차를 운전하는 것? 인라인 스케이트를 타는 것? 휠체어를 타는 것? 지하철을 타는 것? 걷는 것? 사람들이 이동을 하는 데는 참으로 여러 가지 방법이 있을 것이다.

생계를 꾸리는 정상적인 방법은 무엇인가? 학자들도 분명히 평범하지 않은 일상을 살고 있다. 책을 집필하고 회의에 참석하는 등 이상한 방법으로 생계를 유지하고 있다. 다른 어떤 사람들은 극도로 신기한 방법으로 생계를 유지한다. 생계를 유지하는 데 평범하고 정상적인 방법이란 없다. 사랑을 하는 데 정상적인 방법이란 무엇인가? 이 질문은 다양한 방법으로 답할 수 있다. 사랑을 하는 데 정상적인 방법이란 없다.

두 번째 정의는 정상성과 일상적 기능의 문제에 대한 해법을 제안하면서 나온다. 보조 기구를 통해 기능을 수행하였는지를 질문한다. 만약 그렇다면 그 사람은 장애가 있는 것이다. 또다시 이런 정의는 많은 사람들이 이동하기 위하여 자전거, 자동차, 택시, 버스와 같은 보조 기구들을 사용한다는 사실 때문에 정의로써 어려움이 발생한다. 단순히 초점을 일상 활동에서 보조 기구로 옮긴 것이고, 그 과정에서 생기는 이익은 거의 없다.

제안된 다른 정의는 특이한 신체적 외형과 이상 행동을 포함한다. 다시 이 정의는 둘 다 외모와 행동에 대한 문화적 견해를 수반한다. 나라의 한 지역에서 정상적인 것이 다른 지역에서는 정상적이지 않을 수 있다. 이 두 개의 정의는 모두 무엇이 정상적인 외모이고 행동인가라는 질문에 무너진다.

직업 재활로 교정할 수 있는 일부 결함으로 인해 실업 상태가 된 것을 장애로 정의한 이유는 이해할 만하다. 하지만 장애를 갖고도 직업을 가진 사람한테 취업했기 때문에 더 이상 장애인이 아니라고 말하는 것은 터무니없다. 만약에 실직이 장애의 본질이었다면 「미국 장애인법」과 다른 법률들은 필요 없었을 것이다. 하지만 그러한 법률의 필요는 충분히 입증되었으며, 이에 따라 이러한 장애 정의는 못 쓰게 되었다.

과거에 위의 다양한 정의 중 한 개 이상에 부합하는 사례가 있다면 장애로 정의할 수 있다는 제안도 존재한다. 그런데 정의 자체가 적합하지 않으면 그러한 과거 사례만으로 정의하는 것도 실패할 수밖에 없다. 하지만 그럼에도 이 방법은 가능성 있는 정의로 이어질 수 있다.

장애는 장애가 있다고 간주되는 것으로 정의될 수 있다. 장애가 있다고 간주되는 것이 아름답게 비춰지면 그것은 좋은 상황이다. 만약 장애가 있다고 간주되는 것이 중립적으로 비춰지면 그것 또한 좋은 결과이다. 하지만 장애가 있다고 간주되는 것이 배제, 분리, 박해, 차별, 심지어 죽음까지 이르게 되면 그 상황은 아주 안 좋다.

장애인이 가진 다른 점이 나쁜 것이라고 보여지면 차별이 발생한다. 이 정의는 장애 패러다임의 법률적 버전이 내세우는 정의다. 미래에 더 많은 유익한 결과를 가져올 정의이고, 장애 패러다임의 의도와 원칙을 수행할 정의다.

7. 장애 패러다임의 함의

장애 패러다임의 함의는 무엇인가? 전문가, 사회적 변화, 연구, 다름과 관련한 네 개의 주요 함의가 있다.

장애 패러다임에서 전문가가 의사 결정자가 아닌 것은 명백하다. 의사, 재활 상담사, 서비스 제공자, 부모, 배우자, 친구, 사회복지사, 교사, 정책 입안자, 연구자는 장애인을 위해 결정을 내릴 권리가 없다는 것을 인정해야 한다. 결정을 내리는 것은 장애인이다. 비록 장애인이 다른 사람에게 조언을 구하고 서로 다른, 상충되는 의견을 야기할 수도 있지만, 결정은 상황을 가장 잘 아는 사람, 즉 장애인이 내려야 한다. 나이 또는 의식 부족과 같이 과소평가하게 만드는 상황에 의해 다른 사람이 결정을 내리게 만들 수는 있지만, 장애의 심각성과 상관없이 장애의 존재 여부 자체에 의해 다른 사람이 대신 결정을 내릴 이유는 전혀 없다.

두 번째 함의는 사회 전반과 관련된다. 장애인이 사는 곳의 정책과 환경에서 변화가 생겨야 한다. 모든 종류의 장벽은 제거되어야 한다. 차별은 중지되어야 한다. 교육적 기회가 제공되어야 한다. 고용은 능력에 기반하여 결정되어야 하는 것이지 장애에 대한 인식에 기초해서는 안 된다.

이 모든 필수 사항이 연방 법과 모든 주의 법에 다양한 버전으로 존재한다는 사실은 아이러니하다. 이러한 법적 요건에 덧붙여, 장애인은 인간으로 받아들여져야 하며 인간 이하의 대접을 받아서는 안 된다. 변화해야 할 대상은 장애인이 아니다. 변화해야 할 대상은 비장애인이다.

세 번째 함의는 장애와 장애인에 관해 받아들일 수 있는 연구는 반드시 장애 패러다임에 기초하여야만 한다는 것이다. 어떤 상황에선 다른 모델이 적합할 수도 있지만 장애학을 다른 학문 영역과 구별 짓는 것은 장애 패러다임이다. 장애 패러다임의 사용만이 이 분야에 더 발전된 지식을 많이 만들어 낼 수 있다.

장애 패러다임의 마지막 함의는 우리의 다름이 안 보이게 가라앉는 것이 아니라 보존될 것이라는 데 있다. 장애인은 다를 권리도 있고 다른 사람과 동등하게 대우받을 권리도 있다. 틀림없이 사회적, 정치적, 그리고 경제적 힘들은 불완전하며 더 많은 자원을 가진 사람들이 언제나 우위를 점할 것이다. 하지만 장애에 대한 인식 때문에 일어나는 장애인에 대한 차별은 중지되어야만 하고 중지될 것이다.

학습을 위한 질문

1. 1970년대 장애인들이 자신의 권리를 위해 싸우기 위해 만든 지역 및 전국 단위의 장애인 단체 이름을 열거해 보자.

2. 1977년에 개최된 '백악관 장애인 회의'는 장애운동의 발전에 어떤 역할을 했는가?

3. 장애학회의 기원은 무엇인가?

4. 장애에 대한 일반적이고 대중적인 견해와 그 기원은 무엇인가?

5. 장애의 의학적 모델과 그 기원은 무엇인가?

6. 장애의 의학적 모델의 주요한 문제점은 무엇인가?

7. 장애의 의학적 모델과 재활 모델은 어떻게 연관되어 있는가?

8. 장애 패러다임의 세 가지 버전의 공통점과 차이점은 무엇인가?

9. 모든 사람이 받아들일 수 있는 장애 정의에 이르는 것이 어려운 이유는 무엇이라고 생각하는가?

10. 전문가, 사회 변화, 연구, 사람들 사이의 다름과 관련하여 장애 패러다임의 함의는 무엇인가?

3부
장애 공동체의 출현

공동체에 관한 연구는 사회과학자들에게 중심 관심사였지만 장애와 관련해서는 거의 연구되지 않았다. 이후에 나오게 될 장에서 저자들은 공동체에 관한 고정관념, 그리고 궁극적으로 문화에 관한 고정관념에 이의를 제기한다. 장애와 공동체 사이의 조화는 더 많은 연구를 요구하는 불안정한 상태임이 분명하다. 저자들은 공동체의 가능성에 의문을 제기하고 재정의하는 사회적 현실의 기반으로서 손상의 공통성, 가족 역학, 정치적 의제 형성 및 더 넓은 담론의 일부로서의 용어, 그리고 새로운 정보 통신 기술에 기반한 관점을 사용한다.

넓은 범위의 장애 공동체가 점점 더 독특한 문화를 갖고 있다고 자신을 정의함에 따라, 많은 농인들은 이러한 노력에서 역사적으로 거리를 두어왔다. 3부의 첫 장에서 수전 포스터는 농이 어떻게 광범위한 장애학 패러다임에 부합하는지 검토하였다.

정의와 경험에 대한 공유 역사 그리고 유사한 용어와 비유의 사용 역사, 장애가 없고 청각이 정상인 사람들의 대표성, 행동주의, 기타 역할에 대한 논란, 또 농장애를 특정 사회 조건에서만 핸디캡으로 보는 견해를 포함하여, 농과 일반 장애 사이에 상당히 많은 수렴 지점이 존재함에도 불구하고, 농 사회는 몇몇 중요한 방식으로 장애와 다른 것으로 규정되어 왔다. 이중 가장 주요한 개념은 농인들이 일반 장애인 집단보다는 문화적으로 언어적 소수집단을 구성한다는 것이다. 이는 특히 교육, 그리고 선호되는 '이름 짓는 방법'에 대해 광범위한 함의를 갖는다. 이에 따라 그들의 자부심은 농이 있는 사람에게 할당되는 주요 역할을 장려하고, 농 정체성과 농 문화를 발전시키고 보존하기 위해 분리 교육을 요구한다. 옹호적 관점에서, 다수의 농인은 전통적으로 정치적 활동보다는 사회적 상호관계와 유대감에 집중한다는 측면에서 광범위한 장애인 사회와는 다르다. 그러므로 농 문화와 농 사회는 청각장애 인권운동보다 훨씬 앞서 있었다. 마지막으로 많은 농인은 비장애인 사회와 마찬가지로 장애 사회에서도 고립되어 있다고 느끼기 때문에, 건청인과 다른 장애인 사이에 아무런 차이를 느끼지 못한다. 농인의 입장에서 보면 그들은 모두 들리는 사람의 일부일 뿐이다.

포스터가 지적하듯이, 이런 주요 분기 지점들은 주로 문화적 농 사회의 견해를 대변하지만, 여기에는 어떠한 종류로든 청력 상실을 겪고 있는 2000만 미국인들 중 오직 10퍼센트만이 포함된다. 이에 따라 더 넓은 범위의 농 사회와 난청인 사람들은 장애인들의 관점을 동일시할 수 있다. 게다가 몇몇 농인은 자신들의 정체성에 농 문화와 장애인 문화 모두를 포함하기도 한다. 정체성은 주어진 상황의 수요에 응답하면서 유동적이라는 농 소수자 학생들의 최근 연구 결과에 근거하여, 포스터는 농, 장애, 그리고 '같음 또는 다름'의 질문에 대해 효과적으로 생각할 수 있는 방법으로 다차원적 정체성의 개념을 제안한다. 이런 이유 때문에 그녀는 농이 장애학 교과목에 '같음과 다름'으로서 인정되고 포함되어야 할 것을 권고하며 결론지었다.

필립 퍼거슨은 문화와 장애에 대해 논의하는 것보다 장애의 문화에 대해 논의할 때 '같음'과 '다름' 사이의 긴장이 가장 명백하게 나타난다고 제시한다. 그는 성인인 복합장애인 아들의 삶에서의 사건들과 더불어 자립생활운동ILM, 사회통합운동CIM을 기준으로 사용하며, 지적장애의 문화에 대해 말하는 것이 어떤 의미일지 탐구한다.

현재 문화의 맥락 내에서 퍼거슨은 우리가 소위 최중증 지적장애인을 마주하게 되면, 우리는 어떠한 문화도 보지 않는다고 결론짓는다. 그리고 문화의 맥락 없이는 중증 인지장애인은 장애가 없는 사람과 같지도 다르지도 않게 되는데, 그런 판단을 내릴 만한 비교 맥락이 부족하기 때문이다. 더 나아가 퍼거슨은 심각한 인지장애인에게는 농 사회와 같은 지배 사회 문화의 부재를 대체할 수 있는 대안 또는 하위문화가 존재하지 않는다고 지적한다. 결과적으로 중증 지적장애인들을 둘러싼 전문적 또는 관료주의적 하위문화에 대항하는 진짜 지적장애 문화에 대해 말하는 것은 소용없을 수 있다.

퍼거슨은 인지장애와 지체장애 간의 다른 문화적 역사의 예시로서 자립생활운동과 사회통합운동에 존재하는 문화적 함축을 조사하고, 아무리 의도하지 않았다 하더라도 이 두 운동의 논리는 인지장애인을 장애 사회와 주류 사회의 주변부로 끊임없이 가두어 두는 것을 정당화하는 경향이 있다고 결론지었다. 퍼거슨은 몇몇 통합 유형에 존재하는 문화 본질주의의 위험 요소는 지배적 문화에서 필수적인 차이를 절대적으로 거부하는 것이 인지장애인이 대안 문화와 전통에 접근하는 것 또한 거부하게 할 수 있다는 점이라고 말한다. 전통적인 '다름의 딜레마'를 피하기 위해 퍼거슨은 장애를 본질적인 것이 아닌 상호 관계적이라고 접근하는 '사회적 관계' 접근법을 옹호한다. 장애에 대한 상호 관계적 접근은 장애를 약화시키거나 장애가 우리 삶에서 갖는 중요성을 떨어뜨리기보다는, 우리가 보아야 할 것이 무엇인지가 아니라 그저 우리가 어디에 초점을 맞춰야 할지를 보여 줄 뿐이라고 퍼거슨은 주장한다.

매들린 아이리스는 공공 정책이 어떻게 노화와 장애의 사회적 정의와 더불어 자기 개념에 영향을 끼쳤고, 이들이 결국 어떻게 협력 또는 불일치에 대한 틀을 제공하였는지 조사함으로써 논의의 폭을 넓혔다. 노인들이 집단적으로 특별한 지위를 갖는 것으로 보이게 발전하는 반면, 장애인들은 파이퍼에 의해 논의된 새롭게 떠오르는 패러다임에 따라 점점 더 법적으로 보호받는 소수집단으로 여겨지고 있다. 아이리스에 의하면 법적으로 인정받는 소수집단으로서의 입지가 두 집단의 연합 형성을 통한 공동 합의 또는 공통 의제로 가는 길의 가장 큰 장벽일 수 있다. 장애와 노화가 삶의 자연스러운 절차를 어떻게 상징하는지에 대한 차이에도 불구하고, 노인과 장애인의 세계가 교차하는 어떠한 시점이 존재한다. 장애인들은 장애가 없는 또래 사람들과 마찬가지로 늙어 가고, 많은 노인은 기능적으로 또는 인지적으로 장애를 갖게 된다. 아이리스에 의해 세세하게 논의된 다른 이유와 더불어, 이러한 이유들 때문에 두 집단은 점차 공통 의제로 수렴하게 된다. 그럼에도 불구하고 다발성 경화증을 앓고 있으면서 노인 취급도 장애인 취급도 받고 싶지 않은 62세 여성인 마리 헨더슨에 관한 사례 연구에서 묘사되었듯이, 개인적 정체성의 전체성을 생애 주기의 연령 또는 특정한 손상과 같이 하나의 특징만 있는 기능으로 이해하는 것은 문제점으로 가득 차 있는 것이다. 이것은 그동안 성공적이었다면 양쪽 집단 모두에게 도움이 되었을 것이 분명한 통합된 지원 방법을 발전시키는 것조차 왜 역사적으로 시도하지 않았는지를 부분적으로 설명한다.

하지만 두 집단 사이의 수많은 차이점에도 불구하고 아이리스는 그들을 한데 묶어 놓을 수 있는 '강력한 접착제'를 우리에게 상기시켜 준다. 복지 급여의 축소, 자격 요건의 강화, 그리고 소수집단 또는 주류와 다르다고 정의되는 사람들의 집단에 주어지는 어떤 공공 지원에도 반대하는 더 일반적인 보수주의와 같이 1990년대에 많이 나타난 외부의 공통 위협이 그것이다.

아이리스는 발전하는 장애학 분야에서 노인과 장애인 사이에 중복되는 구성원에 대한 우려와 관심이 중요하다는 것을 상기함으로써 우리의 초점을 장애학으로 되돌려 놓으면서 결론짓고 있다. 장애학이 중요한 이유는 어떻게 공공 인식이 구성되는지에 대해 이해할 수 있는 가장 큰 잠재성이 존재하는 곳이기 때문이다.

패트릭 데블리저는 지적장애인의 역사가 특정 사람의 과거만 반영하는 것이 아니라 사회의 과거와 문화의 작용도 반영한다고 밝히고 있다. 이런 관점에 따르면 '지적장애'를 가리키기 위해 사용하는 용어들은 사회를 향한 창문으로 보여질 수 있다. 지난 세기 동안 일어난 정의의 변화는 '다름'의 정의의 변화였다는 것을 보여 준다.

인류학적-의미론적 접근법을 채택한 데블리저는 지적장애 용어들의 전문적 발전에 집중하면서, 더 광범위한 체계인 지적장애에 대한 내러티브를 분석한다. 내러티브는 사회에 있는 지적장애인의 역할이 무엇이어야 하는지에 관한 발화로 이해될 수 있다. 예를 들어 '백치'idiocy라는 용어는 낮은 기대치와 낮은 기술적 역량이 만연했고, 사회 환경적 요소들이 지능과 행동에 잠재적으로 가져올 수 있는 해로운 영향들을 염두에 두지 않던, 19세기 후반의 사회적 맥락에서 이해되어야 한다.

기호학적 분석 방법을 사용하여 데블리저는 지난 세기 동안 일어난 지적장애를 나타내는 용어의 변화가 사회적·문화적 맥락 안에서 '다름'으로서의 장애와 '같음'으로서의 장애 사이의 역학을 배우는 데 있어서 통찰력이 있음을 보여 준다. 대중매체, 교과서, 사전을 증거로 인용하면서 데블리저는 내러티브의 단순한 생산을 넘어서 유포의 중요성 또한 보여 준다. 아마도 우리는 환경과 지적장애들 사이의 조화에 초점을 맞추는 내러티브에 따라 장애의 작용점을 계속해서 개인에게 찾기보다는 환경이 개선될 수 있는 요소를 식별하게 될 것이라고 그는 제안한다.

데블리저는 지적장애를 사회와 연관시킬 때 통합-분리 외의 다른 이분법이 존재하게 된다는 알브레히트의 의견에 동의한다. 다른 이분법에는 진보와 보수와 같은 주어진 시점에서의 사회적 분위기, 생산성, 개인주의와 같은 미국 문화의 지배적 은유, 지적장애인을 대리하는 서로 다른 전문 집단들의 지배력 변화 등이 있다.

3부의 마지막 장에서 제럴드 골드는 포스트모던 시대에 지리적 경계를 벗어나 지역사회의 주제를 확장한다. 이를 위해 다발성 경화증을 위한 온라인상 또는 가상 지원 집단에 대한 민속지학적 논의를 하였다. 골드의 연구는 본인이 직접 참여자이면서 성찰적 관찰자로서 2년 동안 생활하면서 완성되었다. 이 연구는 가상 공간에서 게시되고 논의된 주제를 통해 지원 집단인 MSN-L의 효과와 한계를 평가하였다. 다양한 스레드를 통해 새로운 다발성 경화증 의제가 나타나기 시작했다.

대면 지원 집단이든 온라인상 가상 지원 집단이든 지원 집단의 주요 특징은 공동체를 만들고 강화하는 참가자들 간의 유사성이다. 즉, 장애인과 함께 살거나 가까이 사는 사람의 목소리는 권위를 갖게 되고 확실성의 원천이 된다. 가상 지원 집단도 대면 지원 집단의 특징을 많이 공유하긴 하지만 대면 모델에 기초하는 것은 아니다. 영토의 제한에서 독립적이고 직접적인 의학 권위에 덜 의존적이기 때문이다. 더 나아가 그들은 대부분의 장애 집단과 모든 성별에까지 영향을 미쳐 독특한 사회를 향한 길을 닦는다.

MSN-L의 역학을 논의하면서 골드는 특별한 관심사와 자기 자전적 설명에 답하는 공적인 게시물과 아주 사적인 메시지의 조합으로 인해 나타나는 공적이면서 사적인 현상을 강조한다. 일부 관찰자는 가상 집단이 친밀감과 지속적인 맥락을 촉진하지 못한다고 말하지만, 골드는 이것이 가상 지원 공동체에는 적용되지 않는다는 것을 발견하였다. 공통의 정체성과 장애 문화에 참여할 수 있는 능력은 장애인뿐만 아니라 분산된 공동체의 일부인 의미 있는 다른 사람들에게도 상황적으로 중요하다. 골드에 의하면 이러한 집단은 경험과 전문성의 결합이 장애인의 인생 과정을 바꿀 수 있는 새로운 집단 문화를 발아시킬 수 있다.

8장·농(聾)과 장애의 적합성 조사

수전 포스터

장애인 공동체가 자신들만의 문화가 있는 것으로 자기를 정의하고 통합과 같음에 대한 집중보다는 다름을 포용하는 시점에, 자신들을 문화적 농인으로 생각하는 사람들은 왜 장애 인권운동에서 거리를 두는 것일까? 만약에 농이 장애가 아니라면 농인들은 기초소득보장을 받고, 특수학교에 다니고, 「미국 장애인법」의 보호를 받을 권리가 있는 것일까? 소수민족 또는 인종 집단의 일원인 농인에게 정체성의 지배적 결정 요인은 무엇인가? 교육정책과 실천을 위한 농의 이중 언어, 이중 문화 모델의 함의는 무엇인가?

이번 장에서는 최근 장애학의 떠오르는 분야인 '다름으로서의 장애'와 관련지어 이런저런 질문이 제기될 것이다. 역사적이거나 현대에 일어나고 있거나 농에 대한 경쟁하는 정의들이 검토될 것이고, 이러한 정의들이 농인에게 끼치는 영향이 논의될 것이다. 농 사회와 다른 공동체 간의 공통 부분과 다른 부분을 포함하여, 농과 장애학 사이의 조화에 관련된 주요 쟁점이 탐구될 것이다.

* * *

필자의 대학에서는 취업 공고가 온라인 메일을 통해서 발송된다. 그리고 이탤릭체로 "문화적 다양성, 다원성, 그리고 개별적 차이를 위한 대학의 꾸준한 노력에 의미 있는 방법으로 기여할 수 있는 능력이 있다면 강력한 우선권이 있습니다. 농인이거나 난청이 있는 사람, 장애인, 여성, 또는 소수집단의 일원인 사람들의 지원을 바랍니다"와 같은 문구가 항상 이어진다. 이 문구는 농 분야에서 현재 일어나는 논쟁을 포착하고 있는 것이다. 농은 장애인가, 아니면 언어적 소수집단에 포함될 조건인가?

장애인 공동체가 자신들만의 문화가 있는 것으로 자기를 정의하고 통합과 같음에 대한 집중보다는 다름을 포용하는 시점에, 자신들을 문화적 농인으로 생각하는 사람들은 왜 장애 인권운동에서 거리를 두는 것일까? 만약에 농이 장애가 아니라면 농인들은 기초소득보장을 받고, 특수학교에 다니고, 「미국 장애인법」의 보호를 받을 권리가 있는 것일까? 교육정책과 실천을 위해 농을 언어적 소수자로 정의하는 함의는 무엇인가? 이번 장에서는 농과 장애의 조화 또는 적합성을 살펴보는 것과 관련된 이런저런 질문을 제기할 것이고, 장애학 분야에서 농의 위치에 대해서도 살펴볼 것이다.

이번 장은 세 개의 부분으로 나뉜다. 첫 번째 부분에서는 세 개의 장애 모델이 검토되고, 장애학 분야에 이 모델들이 끼치는 영향이 논의될 것이다. 두 번째 부분에서는 농과 장애 사이의 유사점과 차이점을 조사할 것이다. 그리고 나서 농과 장애 사이의 적합성에 대한 논의와 또 이 적합성이 장애학과 농학deaf studies에서 갖는 함의에 대한 논의로 결론지을 것이다.

1. 장애의 세 가지 모델, 그리고 청각장애에 각각이 가지는 의미

'장애'의 상태는 다양한 방법으로 정의되어 왔다. 각각의 상황에서 사용된 모델들은 농인을 포함한 장애인이 인식되고 대우받는 방법에 상당한 영향을 미쳤다. 이 장에서는 의학적 모델, 사회 구성 모델, 정치 모델과 같은 세 개의 주요 장애 모델이 설명된다.

1) 의학적 모델: 개인적 문제로서의 장애

일반적으로 의학적 모델은 장애인이 겪고 있는 어떠한 문제라도 그 사람에게서 원인을 찾을 수 있고, 신체적 또는 정신적 기형의 어떤 형태로 정의될 수 있다고 여긴다. 다른 말로 하자면 신체적·정신적 상태와 연관된 문제는 그 당사자 내에 존재한다는 것이다. 그 결과로 진단과 치료는 장애인을 중심으로 발생하고 당사자에게 적용되는 검사, 평가, 개입을 수반한다. 이러한 모델은 또한 재활의 책임을 장애인에게 전가하는데, 그래서 당사자가 자신의 신체가 손상되었음을 분명히 인정하고 자발적으로 진단과 치료 절차에 참여해야 한다. 의학적 모델에는 전문가들의 전문적이고 적극적인 역할에 대한 믿음, 이와 더불어 전문 의견에 대한 높은 비중과 신뢰도가 내재해 있다. 의학적 모델에서는 진단, 처방, 고통, 결점, 수용의 단계, 재활, 예방, 치료 등의 용어가 사용되고 있다.

의학적 모델은 전통적으로 가장 널리 알려진 농 모델이기도 하다. 임상 모델, 질환 모델, 병리 모델로도 불리는 농의 의학적 모델은 주요 감각기관의 실패, 즉 손상에 따라 신체적 상태가 나타난다는 믿음에 기반을 두고 있다. 이러한 해석에는 귀와 같은 무언가가 고장 났다는 믿음이 함축되어 있다. 교정은 필수적으로 결함의 보수 또는 결함의 대체를 수반한다. 교정의 목적은 일반적으로 차이점을 줄이고 공통점 또는 적합성을 늘려서 농인을 물리적으로나 사회적으로 사회의 주류에 복귀시키는 것이다.

의학적 모델에서 농은 피해야 할 결점이고, 교정의 초점은 거의 항상 농인에게 맞춰져 있다. 영향을 받고, 치료받아야 하고, 기꺼이 재활을 받아 회복되어야 할 사람은 농인인 것이다. 치료가 수술, 약물 등 의학적이건, 보청기, 달팽이관 이식 등 기술적이건, 특수교육 과정, 개별화된 교육 계획 등 교육적이건, 직업재활과 관련되었건, 또는 상담과 같은 심리적이건 농인에게 초점이 맞춰지고, 미국 수화 대신에 구두적 발화에 초점이 맞추어져 있다. 진단, 예측, 치료는 의사, 청각학자, 농아 특수교사, 언어 병리학자, 상담사 등 위에서 설명된 다양한 직종에서 훈련받은 전문가들에 의해 관리된다. 의학적 모델에서 사용되는 언어들은 이와 같은 양식을 반영한다. 예를 들어 청력 상실, 청력 손상, 언어 치료, 의사소통 장애와 같은 것이다.

의학적 모델은 농과 관련된 연구와 학계에 영향을 미쳤다. 제2차 세계대전 이후 청각학 분야의 엄청난 성장, 청각학과 의학 사이의 강한 관계 형성에 따라 의학과 농 사이의 관계가 강화되었다. 그동안 농의 많은 원인이 병 또는 유전과 결부되어 왔다. 예를 들어 1963년과 65년 사이에 유행한 풍진은 대략 8000명의 유아에게 어느 정도의 청력 상실을 가져왔다(Stuckless and Walter, 1983). 심리학과 생리학을 포함하여 청각학과 언어 병리학 연구가 이 분야에서 중요한 역할을 해왔다. 이들의 연구는 대부분 청각 시스템 또는 음성 시스템, 의학적 또는 기계적 기술 개발, 청력의 정도를 회복하거나 독화술을 하거나 말할 수 있는 능력을 향상하기 위해 만들어진 요법들, 또는 자신들의 청력 상실을 받아들이고 그것에 적응할 수 있는 개인의 능력에 초점을 맞추었다(Bender, 1981; Liben, 1978; Myklebust, 1964). 최근 의학적 모델 내에서 일하는 전문가들은 유전자를 농과 연관시키는 유전적 연구 분야의 발전, 보청기의 소형화, 달팽이관 이식의 발전을 추구하고 있다.

2) 사회 구성 모델: 사회 구성으로서의 장애

1960년대부터 시작하여 지금까지 장애의 의학적 모델은 특히 토머스 사스(Szasz, 1961), 하워드 베커(Becker, 1963), 어빙 고프먼(Goffman, 1961; 1963), 도러시아와 벤저민 브라긴스키(Dorothea and Benjamin Braginsky, 1971), 제인 머서(Mercer, 1973), 로버트 보그단과 스티븐 테일러(Bogdan and Taylor, 1976), 프랭크 보우(Frank Bowe, 1978; 1980), 그리고 마이크 올리버(Oliver, 1983; 1986)의 연구를 통해 문제 제기되고 있다. 이 학자들은 장애인의 경험은 개인과 사회의 상호작용 기능으로 가장 잘 이해될 수 있고, 손상, 핸디캡 그리고 장애라는 개념은 사회적으로 구성된 것이라고 제안한다. 문헌에서 해석적 또는 상호작용주의적이라고 언급되는 이 모델에서는 개인뿐만이 아니라 환경에도 초점을 맞추어야 하며, 장애인의 관점이 장애인으로서의 경험을 규정할 때 권위 있는 위치를 차지한다.

사회 구성 모델은 장애 연구의 모형, 방법, 해석에 대한 비판적인 평가를 요구한다. 이 모델 내에서 시행되는 연구들은 개인의 경험에 대한 서술과 해석을 통해 환경에 대한 평가를 포함한다. 과거에는 장애인만 살펴보았지만, 전문가들과 다른 숙련자들의 판단과 행동에 대한 검토가 이루어진다(Scott, 1969; Conrad and Schneider, 1980). 장애인을 향한 편견과 정형화된 이미지의 근원을 더 잘 이해하기 위해서 대중문화가 분석된다(Zola, 1987, 1985; Bogdan et al, 1982; Kriegel, 1982). 또 사회적 태도가 연구와 논의의 대상이 된다(Makas, 1988).

사회 구성 모델에서 '청력 손상' '농아', 그리고 '사회 복귀'와 같은 개념은 농의 존재에 대한 사회적 이해의 반영으로, 그리고 이러한 언어를 사용하는 사람들의 견해를 반영한 것으로 이해된다. 쇼핑, 학교 가기, 공공 집회 참여 등과 같은 일상생활에서 농인들이 마주하는 장벽들은 건청인인 다수와 농인인 소수집단 사이의 언어적·문화적 차이의 작용으로 여겨진다. '이중언어 구사자' '농 문화', 그리고 '언어적 소수자'와 같은 용어들은 농의 사회 구성 모델을 고수하는 사람들이 사용하는 언어다.

농 분야의 연구와 학문에 이 모델을 적용한 사례는 농인의 역사, 언어 그리고 문화에 대한 풍부한 서술(Sacks, 1989; Van Cleve and Crouch, 1989; Padden and Humphries, 1988; Groce, 1985; Lane, 1984; Stokoe, 1960)뿐만 아니라, 대중문화에서 농인이 묘사되는 방식에 관한 연구(Hafferty and Foster, 1994; Gershon, 1992; Schuchman, 1988)를 통해서도 나타나고 있다. 또 농인의 경험을 그들의 견해와 그들의 언어를 통해서 이해하는 것에 초점을 맞춰 진행된 작업도 많다. 예를 들어 포스터(Foster, 1989c), 자이델(Seidel, 1982), 베커(Becker, 1980), 히긴스

(Higgins, 1980)는 농인들의 공동체와 문화를 조사하였다. 또한 농인들의 직업 경험(Emerton et al, 1987; Foster, 1987, 1992; Crammatte, 1968), 교육 경험(Foster, 1988, 1989 a, b; Mertens, 1989; Saur et al, 1986)을 서술한 연구도 존재한다.

3) 정치 모델: 옹호와 정책 문제로서의 장애

지난 10년 동안 의학적 모델과 사회 구성 모델에 대한 비판이 제기되어 왔다. 비판의 이유는 위 두 개의 모델이 장애가 있는 사람과 없는 사람 사이의 전통적 권력 관계와 그에 따른 장애인들의 소외와 억압에 기초하여 형성되었다는 것이다(Hahn, 1985, 1988; Oliver, 1992; Scotch, 1984; Zarb, 1992). 해방적이라고도 불리는 정치 모델은 장애의 개념을 권력의 면에서 재구성한다. 즉 장애를 정의할 수 있는 권력, 치료받아야 한다면 어떤 치료가 적용되어야 할지 결정할 수 있는 권력, 그리고 광범위한 사회에서 동등한 입지와 권리를 요구할 수 있는 권력 등이다. 이 모델에서는 정책 의제 형성, 연구, 정책 개발에 있어 장애가 없는 전문가보다 장애인의 견해가 더 큰 권위를 갖게 된다. 정치 모델에서 전형적으로 사용되는 언어로는 '해방' '시민의 평등권' '통제' '권력' '권한 부여' '억압' 등이 포함된다. 정치 모델에서 문화가 중요한 요소이기는 하지만, 사회적 수용 또는 통합보다는 상대적 권력과 자원의 분배 측면에서 틀이 구성된다.

정치 모델에서 농은 건청인 다수 집단에게 억압받아 온 언어적 소수자 상태로 여겨진다. 역사적으로 농인은 건청인과 비교해 권력이 약했고, 그래서 건청인이 농인의 농에 대해 정의할 수 있었고, 농을 장애로 규정할 수 있었다고 주장된다. 또 건청인은 자원에 대한 접근을 통제해 왔고, 농인의 삶을 좌지우지하는 치료와 정책에 관한 결정을 유도할 힘을 갖고 있었다. 남자가 여자의 견해를 완벽히 이해하지 못하고, 백인이 흑인의 견해를 이해하지 못하듯, 농의 정치 모델은 건청인이 절대 농인의 경험을 완벽히 이해할 수 없다고 말하고 있다. 결과적으로 아무리 좋은 의도가 있다 하더라도 건청인은 농인의 운명이나 치료에 있어서 지배적 위치에 올라서는 안 된다.

정치 모델은 종종 시민권, 공공 정책 그리고 자원의 통제에 초점을 맞추고 있다. 예를 들어 갤로뎃대학교[1]에서 일어난 '농인 총장 선출'the Deaf President Now, DPN 운동은 자주 농인 학생과 교사들이 대학 총장직에 농인을 세우기 위해 싸우고 승리한 사건으로 인용되어 왔다(Christiansen and Barnartt, 1995). 유사하게 농인에게 의사소통 접근과 편의 제공에 관한 특정 권리를 보장하는 「미국 장애인법」은 장애인들을 위한 '인권법'으로 여겨진다.

농에 관한 연구들은 정치적인 틀 안에서 시행되어 왔다. 예를 들어 베이커셴크와 카일(BakerShenk and Kyle, 1990)은 언어학 분야에서 건청인 학자들과 농 사회 사이의 갈등을 조사하였다. 그들은 건청인 연구자들이 갈등이 일어날 만한 부분들을 인지하여야 하고, 농인들을 소외시키기보다는 권한을 더 줄 수 있도록 연구 방법을 수정해야 한다고 결론지었다. 권력과 억압 측면에서의 농인 역사(Lane, 1992), 농 사회 안에서의 정치적 활동의 역할(Bateman, 1991)을 조사하는 연구도 진행되었다.

---

1) 세계 유일의 청각장애인 대학교. —옮긴이

4) 모델들 이해하기

다양하고 가끔은 경쟁하는 이런 장애 모델과 농 모델을 어떻게 이해해야 할까? 모델들에 대한 해석으로 가능한 한 가지는 모델들이 진화하고 있다는 것이다. 예를 들어 의학적 모델은 사회 구성 모델에 의해 대체되었고, 다시 정치 모델에 의해 대체되고 있다. 이런 해석은 새롭게 나타나는 모델이 대체되는 모델보다 발전된 모습을 보여 준다는 믿음을 내재한 것이다.

두 번째 해석은 의학적 모델만이 진짜 또는 지속 가능한 모델이라는 것이다. 이 해석에서는 사회 구성 모델과 정치 모델이 60년대부터 90년대까지의 사회적·정치적 분위기를 나타내는 일시적인 모델일 뿐이라며 신뢰도를 떨어뜨린다. 또 사회 구성 모델과 정치 모델은 소수 강경파 장애인 집단과 농 사회에 의해 발전된 것이고, 그렇기에 진정으로 받아들일 수 없고, 공동체의 대표 견해로 받아들일 수 없다는 것이다.

위 해석 중 어느 것도 도움이 되지 않으며, 현재 미국의 사회적·정치적 현실을 적절하게 반영하는 것도 아니다. 농과 연관된 요소를 포함하는 '인간 유전체 규명 계획'HGP, '장애 예방 프로그램'과 같은 프로그램에 주어지는 정부의 막대한 재정 지원은 의학 모델이 여전히 강력하게 작용하고 있다는 것을 보여 준다. 다수의 농인과 장애인은 청력 상실 또는 장애를 예방, 개선, 치료해 주도록 설계된 의료 개입을 원하고 필요로 한다. 이런 사람들에게는 의학 연구, 재활 서비스 이용, 전문가의 조언이 모두 가치 있는 자원이다. 반면에 장애인과 농인에게 사회 구성 모델과 정치 모델이 대세를 형성하였다는 것은 의심할 여지가 없다. 장애 학생을 위한 주류 교육, 「미국 장애인법」, 농인 총장 선출 운동, 그리고 대중매체에서의 농인과 장애인에 대한 긍정적 묘사 등은 이 모델들이 장애인과 관련하여 미국의 분위기를 바꾼 방법 중 몇 개의 예시일 뿐이다.

　　어떤 모델이 가장 정확하고 대표성을 갖고 유용한지 알아내기 위해 노력하는 것보다, 모두가 장애와 농에 대한 다양한 견해라고 생각하는 것이 더 적절할 것이다. 각각의 모델은 특정한 조건 아래에서 또는 일정한 한도 내에서 유용하게 적용될 수 있다. 어떠한 모델도 농인이나 장애인이 경험하는 모든 부분을 적절하게 언급하는 것은 불가능하다. 또 각 모델은 다른 모델의 지지자들이 장애와 농에 대한 자신들의 추측과 접근 방법들을 재검토하도록 자극하기 때문에 경쟁하는 모델들이 있다는 것이 아마도 좋은 일일 것이다.

5) 위 모델들을 장애학과 연결하기

장애학의 정의를 보면 이 분야가 의학적 모델이 아닌 사회 구성 모델과 정치 모델과 밀접한 관계가 있다는 것을 알 수 있다. 예를 들어 파이퍼와 요시다(Pfeiffer and Yoshida, 1995)는 "의학적 모델에서 장애는 건강 문제이다. 장애학 패러다임에서 장애는 정책이고 정치적인 문제다"라고 기술하면서, 의학적 패러다임과 장애학 패러다임 사이의 차이를 명료하게 밝히고 있다. 다른 학자들은 대학 교육과정과 지식의 사회 구성을 넓힘으로써 장애학의 역할을 탐구하였다.

　　여성의 역할과 입지가 생물학적으로 결정되었다는 주장과 유사하게 장애인의 사회적·경제적 입지와 부여된 역할은 그들의 몸 상태 때문에 발생하는 불가피한 결과라는 사고에 장애학은 문제를 제기한다. 하지만 장애학은 단순히 차별을 나열하고 사회적 변화를 주장하는 것을 넘어선다. 오히려 장애학은 현재 교육과정의 내용과 구성이 적합한지에 이의를 제기한다. 여성학과 마찬가지로 장애학은 누락된 역사, 견해, 다수의 문건을 바로잡고, 장애라는 범주의 구성을 분석하고, 그 구성이 사회에 미친 영향, 구성이 기본 인식론적 이슈인 지식의 구조에 미친 영향을 살펴본다. (Linton, Mello, and O'Neill, 1995: 5)

농은 장애가 그랬던 것처럼 분명히 의학적, 사회 구성, 그리고 정치적 관점을 통해서 정의되어 왔다. 사회 구성과 정치적 차원을 가지고 있는 만큼, 광범위한 장애학 패러다임과 조화로울 수 있다. 하지만 농 문화에 속해 있는 많은 사람은 그러한 조화에 반대할 수도 있다. 어떠한 근거로 반대하는가? 그리고 그 반대는 어떤 의미가 있을까? 이런 질문들은 이 장의 남은 부분에서 소개될 것이다.

2. 농과 장애의 유사성과 차이점

이번 장은 역사적으로, 그리고 현재도 미국에서 장애와 농을 정의하기 위해 사용되어 온 주요 모델들의 검토로 시작하였다. 이번 절에서 우리는 농과 장애 사이의 유사점과 차이점을 조사해 볼 것이다. 그 둘이 만나는 점은 어디인가? 어떤 점에서 차이가 발생하는가? 이 절은 다시 두 부분으로 구분된다. 첫 번째 부분에서는 농과 장애가 합의하는 부분 또는 만나는 부분이 검토된다. 두 번째 부분에서는 농과 장애의 견해가 다른 부분들을 검토한다.

1) 농과 장애의 수렴 지점

농과 장애 사이에는 일치하는, 또는 수렴되는 부분이 많다. 가장 일반적인 수준에서 볼 때 이 장의 첫 번째 부분에서 논의된 세 개의 모델들 내에서 농과 장애는 개념 정의와 경험의 역사를 공유한다. 장애와 농모두에서 의학적 모델은 강력한 패러다임으로 작용해 왔고 여전히 작용하고 있다. 보다 최근에는 농 사회와 장애인 집단의 구성원들이 자신들을 소수자 집단의 일부로 인식하기 시작하면서, 역사적으로 억압받은 여성 또는 흑인 등과 같은 집단의 입지와 자신들의 입지를 비교하기 시작하였다.

> 다른 인권운동들의 영향력도 동등하게 중요하다. 장애인, 특히 대학을 다니던 장애인들은 종종 베트남전 반대 시위와 관련되었다. 몇몇은 흑인 민권운동과 관련이 있었고, 많은 여성은 1970년대의 페미니스트 운동에 영향을 받았다. 장애 인권 리더들은 다른 운동에 내재된 권리가 장애인의 권리로도 확장될 수 있고 확장되어야만 한다고 말한다. (Brannon, 1995: 4)

여성과 아프리카계 미국인들이 자신의 특별한 문화, 역사, 정치적 의제를 갖고 있다고 정의했듯이, 농인과 장애인도 그러했다. 이와 같은 연관성을 확대하여, 많은 농인과 장애인은 새로운 시민권 운동의 측면에서 1990년의 「미국 장애인법」이나 농인 총장 선출 운동에 반영된 것과 같은 정치적 활동의 틀을 구성하였다.

장애와 농 관련 학자들은 소수자 정체성을 표현하기 위해 유사한 단어와 은유를 개발하였다. 하나의 예시는 장애 문화Disability culture와 장애인Disabled persons을 언급할 때 대문자 D를 사용하고(예를 들어 Gill, 1995), 농 문화Deaf culture와 농인Deaf persons을 언급할 때에도 대문자 D를 사용하는 것이다(예를 들어 Padden and Humphries, 1988). 일반적으로 이런 표기법은 소수집단과 이런 표기법으로 묘사되는 사람들의 문화적 입지를 강조하기 위해 사용된다. 농인을 묘사할 때 이런 방법은 집단 내에서 자신들을 소수집단 문화의 일부라고 생각하는 사람과 그렇지 않은 사람을 구별하기 위해서도 사용된다(Padden and Humphries, 1988; Bienvenu, 1991).

두 번째 예시는 농인과 장애인의 경험에 '식민지화'라는 비유와, 이에 따라 필연적으로 발생하는 '온정주의'를 적용하는 것이다. 예를 들어 허슈와 허슈(Hirsch and Hirsch, 1995)는 이런 비유를 장애인에게 적용한다.

식민지화는 현대 세계관에 뿌리를 두는 현상이다. 식민지가 된 지역의 사람들은 현대 사회의 일부가 되기 위해 식민지 개척자에게 정복되고 교육받아야 한다. 만약 장애인이 '식민화'된 사람이고 '도움을 주는 전문가'가 식민지 개척자라면, 억압받는 자들의 해방 투쟁은 거주시설, 그룹홈, 요양원, 특수교육, 직업 재활 등 개척자들이 설립한 제도 및 시설 안에서 일어나게 된다. 장애인은 여전히 일반적으로 자치권을 실현하거나 현대 세상에서 부와 권력에 자율권을 휘두르는 것이 불가능하다고 여겨지고 있지만, 도움을 주는 전문가가 장애인에게 부과한 의학적 모델과 그에 따른 온정주의적 영향은 모두 거부되고 있고, 소수집단 모델에 의해 대체되고 있다. 장애인은 서비스 전달 프로그램, 교육 제도, 공공정책 개발에 있어서 통제권을 갖기 위해 법적·정치적 방법을 사용하고 있다. '원주민'들이 식민지 개척자들에게 반항하면서 권력과 통제권을 그들에게서 가져가고 있다. (Hirsch and Hirsch, 1995: 22~23)

비슷하게 레인(Lane, 1992)은 아프리카의 온정주의적 식민지 역사와 농 사회가 받아온 억압 사이의 유사점을 설명한다.

아프리카의 식민지 개척자들이건 농 사회를 염려하는 건청인 전문가들이건 온정주의는 미개하고 성공적이지 못하며 이기적이다. 하지만 이것이 지니고 있는 악의 목록은 여기서 끝이 아니다. 온정주의는 수혜자를 의존적인 관계에 두고, 수혜자가 심리적·경제적 이익을 위해 의존하게 한다. 온정주의는 수혜자가 그들의 역사를 빼앗고, 그들이 구상하는 삶까지도 빼앗는다. 온정주의는 억압된 소수집단의 구성원들을 타락시켜서 그들이 현재 입지를 유지하기 위해 지배자들과 공모하는 집단을 만들게 된다. 수혜자의 생물학적 열등함을 주장하면서 온정주의는 실패의 책임을 회피한다. 온정주의는 지속되면서 가해자의 가치를 수혜자에게 주입시킨다. 이에 따라 억압이 내재화된다. 그리고 결국 수혜자는 오랜 시간 자신들을 경멸해 온 가해자를 경멸하게 되고, 가해자는 자신들의 업적에 감사하지 않음을 비난한다. (Lane, 1992: 38~39)

세 번째 예시는 '인종차별주의'와 '성차별주의'라는 용어에서 발전되었다. 보그단과 비클렌은 "명백히 나타나거나 추측되는 신체적, 정신적, 또는 행동적 다름 때문에 차별적이고 불공평한 대우를 촉진하는 일련의 가정과 실천과 행동"을 묘사하기 위해 '핸디캡주의'handicappism라는 용어를 만들었다(Bogdan and Biklen, 1977: 14). 유사하게 레인은 '농차별주의'audism를 "농 사회를 지배하고, 개조하고, 권위를 행사하게 하는 청각 방법"으로 정의하였다(Lane, 1992: 43).

장애와 농 모두에서 특정 사회적 상황에서만 장애인이 되는 것이라는 입장이 제기되었다. 예를 들어 경사로, 접근 가능한 화장실, 적당한 높이에 설치된 전화기, 엘리베이터가 있으면 휠체어를 사용하는 것은 장애가 아니다. 글로 쓰인 자료가 점자로 제공된다면 시각장애인은 불리한 상황에 놓인 것이 아니다. 이와 유사하게 지역 농 클럽에서나 통역사들이 존재할 때는 언어적 차이가 사라지기 때문에 농이 핸디캡이 아니라는 주장도 있어 왔다. 실제로 그로스(Groce, 1985)의 마서스비니어드 섬에서의 농 연구를 보면, 농인이나 건청인이나 모든 섬 주민이 수화를 알았기 때문에 농이 핸디캡으로 인식되지 않는 장소와 시간이 기록되어 있다.

농인과 장애인은 모두 자신들의 문화를 배우는 데 있어서 장벽에 마주하게 되고, 일반적으로 청년기 또는 성인이 되어서야 문화에 참여하기 시작한다. 이런 이유 중 하나는 장애인과 농인이 일반적으로 장애가 없거나 농이 없는 부모에게서 태어나기 때문이다. 또 다른 이유는 다른 장애인 또는 농인과 만나고 교류할 수 있는 기회가 제한되어 있는 인구 구조와 관련 있다. 다른 장애인 또는 농인과 만나고 교류하는 경우, 뚜렷한 농 문화 또는 장애 문화가 그들에게 표지등으로 작용한다(Padden and Humphries, 1988; Gill, 1995).

장애와 농 사회에서 발생하는 논쟁의 가장 큰 근원은 연구, 대표자, 그리고 정치적 활동에서의 비장애인 또는 건청인의 역할과 연관되어 있다. 특히 장애와 농의 정치 모델은 이런 활동에 비장애인 또는 건청인이 역할을 갖거나 영향을 주는 것을 제한할 것을 요구해 왔다. 예를 들어 '해방적 연구 패러다임'의 논의에서 올리버는 연구원들이 "자신들의 지식과 기술을 연구 대상이 자유자재로 사용할 수 있고, 그들이 선택한 어떠한 방법이든 자유롭게 사용할 수 있도록 하는 법을 배워야 할 것"을 제안하였다(Oliver, 1992: 111). 건청인이 농인에 대한 연구를 하는 것에 대해 논의하면서, 스틴슨은 "농인 연구원으로서 나는 어떤 연구가 농인에 의해 저술되었을 때 그 사람의 견해에 동의하지 못하더라도 농인으로서 겪는 경험의 공유 때문에 가산점을 주게 되는 것 같다"고 하였다(Stinson, 1993: 19). 비엔베누는 건청인은 농인 삶의 의미에 대해 정의할 권리가 없다고 제의한다. "십중팔구 미국 수어 또는 미국 농 문화와 관련된 한 과목도 수강하지 않았을 건청 전문가들에 의해 우리의 농 사회가 정의되고 묘사될 것이 아니라, 이제는 우리 농인들이 우리 자신이 누구인지 선언할 때이다"(Bienvenu, 1991: 21).

중간 지점이 제안되는 경우도 종종 있었다. 예를 들어, 포스터(Foster, 1993)가 제안한 공동 전략은 농인 연구원과 건청인 연구원 사이의 제휴 형성과 연관되어 있다. 우딜은 일부 건청인이 특정한 조건에서 장애 인권운동에 참여할 수 있다고 제안한다. 예컨대 "인권운동에서 대표자 역할을 차지하지 않고, 그들의 참여를 부탁한 장애인 단체들에 대한 지원을 즐겁게 받아들이고, 장애인의 관점에서 세계를 보는 법을 배울 준비가 되어 있어야 한다"(Woodill, 1994: 47). 올트먼(Altman, 1994)과 버테이비아(Batavia, 1994)는 연구원과 옹호자를 누가

할 수 있는가에 대한 논의에서 역할의 분리를 권고했다. 왓슨과 오데이(Watson and O'Day, 1996) 및 포스터(Foster, 1993)는 특정한 신체적 특징을 장애 또는 농 연구 과제 및 정치적 활동에 참여할 조건으로 요구하는 것의 잠재적 '단점'을 설명하였다. 예를 들어 농인 또는 장애인도 똑같은 논리로 자신들의 선택권 또한 동일하게 제한될 수 있다. 즉 농인 및 장애인의 활동은 장애 또는 농 분야와 대의명분에만 국한되고, 그들의 경험과 기술이 아닌 신체적 특징에만 기초하여 평가된다.

2) 농과 장애의 차이점

몇몇 주요 방법으로 농은 장애와 다른 것으로 정의되고, 경험되고, 묘사되었다. 하나의 주요 차이점은 문화적 농인은 장애 집단보다는 언어적 소수집단을 구성한다는 주장과 관련된다(Lane, 1995a; Bienvenu, 1991). 이 견해를 지지하는 많은 논거가 제시되어 왔지만 가장 강력한 주장은 문화적 농인이 일반적 소통 방식으로 미국 수어_{ASL}를 선택하고 있으며, 이에 따라 장애 공동체를 형성하기보다는 오히려 다른 언어적 소수집단과 마찬가지로 언어 공동체를 형성한다는 것이다.

　　농 집단과 장애 집단의 두 번째 차이점은 「장애인 교육법」(P.L. 94-142)과 모든 장애 아동을 일반 학교에서 교육하는 것을 지향하는 추세에 대한 해석과 관련되어 있다(Lane, 1984; Van Cleve and Crouch, 1989; Higgins, 1990; Foster and Emerton, 1991). **장애 인권운동은 일반 학교교육에의 통합에 초점을 맞춰 오고 주류화를 주요한 돌파구라고 보는 반면, 문화적 농인들은 통합을 문화적 몰살이라고 해석해 왔다.** 그러한 이유는 일반적으로 '농인 학교'라고 불리는 농인을 위한 분리된 특수학교들이 농 문화를 위한 인큐베이터이자 전달 매체로서 작동해 왔기 때문이다. 특수학교가 없으면 농 아동들은 다른 농 아동들 또는 미국 수어를 배우고 농 문화의 일부가 될 수 있도록 도와줄 성인 농인을 만날 기회가 거의 없거나 아예 사라질 수도 있다는 주장이다. 주류화, 즉 장애 아동을 일반 학교에서 비장애인과 함께 교육받게 하는 것이 장애 아동 교육을 위한 지배적인 모델이 되면서, 많은 농아 학교가 학생들을 잃었고, 몇몇 학교는 문을 닫았다. 이러한 추세에 대해 로와 로는 "「장애인 교육법」이 신체적 장애 아동에게는 혜택이지만 농 아동에게는 파멸을 일으키는 법"이라고 묘사하였다(Roe and Roe, 1993: 146).

농과 장애 사이의 더 미묘한 차이는 장애 분야에서 문화적 자각과 정치 활동 사이의 상관관계가 더 크게 나타난다는 것이다. 예를 들어 브래넌은 "장애 인권운동의 의제 형성 과정의 일부분은 집단 정체성을 조성하고, 다른 장애 집단과의 연합체를 만들고, 권한 부여를 추구하기 위해 문화적 개념에 호소해 왔다"고 지적하였다(Brannon, 1995: 3). 이와 유사하게 질(Gill, 1995)은 장애 문화의 네 가지 기능을 묘사하였는데, 각각의 기능들은 사회적 정체성뿐만 아니라 정치적 정체성의 발달과 연관되어 있다. 그 기능들은 요새화, 통합, 의사소통, 모집으로 나뉜다. 반면에 농 문화와 농 집단은 농 인권운동 훨씬 이전부터 이어져 왔는데, 아마 초기 결속력이 억압이나 인권보다는 공용 언어에 의해 발생했기 때문일 것이다. 다수의 농 단체, 특히 지역 농인 클럽과 같은 지역적 집단은 정치적 활동보다는 사회적 상호작용과 유대감 생성 기회의 마련이 주된 목적이었고, 농 대표들은 정치 활동을 위해 농 사회를 동원하는 것에 대해 불만을 표출해 왔다(Batemen, 1991). 농인들은 장애인들보다 훨씬 더 순수한 사교적 목적으로 모일 확률이 높았고, 기혼 농인의 약 86퍼센트는 농인 또는 난청인 사람과 혼인하였다(Schein and Delk, 1974).

장애학과 농학의 교육과정에서 다뤄지는 주요 주제를 검토해 보면, 각 분야에서 나타나는 옹호와 정치의 상대적 중요성을 볼 수 있다. 1980년대와 90년대 장애학 과정에 관한 분석에서 파이퍼와 요시다(Pfeiffer and Yoshida, 1995)는 과정의 50퍼센트 이상에서 다루어지는 다섯 개의 주제를 발견하였다. 그 주제는 태도, 옹호, 정의definitions, 발달장애, 정치였다. 갤로뎃대학교와 국립농인기술연구소NTID의 농학 프로그램을 검토해 보면 이와는 초점이 다름을 알 수 있다. 갤로뎃대학교의 농학 기초 과정은 학생들이 다양한 수준의 청력 손실을 앓는 사람들의 사회학적·역사적·언어적·심리학적 측면에 특별한 관심을 키울 수 있도록 설계되었다(Gallaudet University Course Book: 50). 농학 프로그램의 선택과목들은 문화, 공동체, 언어와 같은 주제를 다룬다. 제공되는 과목의 예로는 '비교 시학: 미국 수어와 영어'(문화), '대중문화와 농 공동체의 역사'(공동체), '수어 소통에서의 이중 언어적 측면'(언어)과 같은 것들이 포함된다. 국립농인기술연구소의 농학은 학생들에게 미국 수어, 농 문화와 농 공동체의 역사적·인류학적·언어학적·문학적·예술적·다문화적 측면을 포함하는 견고한 지식 기반을 발달시킬 기회를 주고자 한다(Preliminary Rationale Format: 1). 미국 수어 또는 농학을 주 전공으로 선택하는 학생은 미국 수어, 수어 교육, 창조 예술과 문학, 옹호와 공동체, 농 역사와 같은 다섯 개 분야의 수업을 듣게 된다. 국립농인기술연구소 교육과정에서는 옹호가 주된 주제이지만 이 프로그램들은 명백히 정치보다는 언어, 역사, 예술을 강조한다. 물론 갤로뎃대학교의 교육과정에서도 정책과 인권에 관련된 다수의 선택과목이 있기는 하다.

장애와 농 사이에서 발생하는 차이에 대한 비유는 이 공동체의 구성원들이 '호명 방법'으로 선호한다고 인정한 용어에서 발견할 수 있다. 예를 들어 장애 집단의 구성원들이 일반적으로 선호하는 용어는 '사람인데 장애가 있는'people with disabilities인데 사람이 일차적 강조점이고 장애의 정체가 부차적으로 밀려나기 때문이다. 하지만 '사람인데 농이 있는'people who are deaf이라는 용어는 일반적으로 농 사회의 구성원들이 선호하는 용어가 아니다. 농인 동료가 이런 선호에 대해 아래의 예를 제시해 주었다.

장애 공동체에서는 표지를 없애려는 운동이 존재해 왔고, 그 결과로 누군가의 장애의 상태가 덜 강조되어야 한다고 봤다. 그렇기에 '사람인데 농이 있는'이라는 용어가 '농인'이라는 용어보다 더 선호될 것으로 기대되었다. 하지만 농 사회에 속한 사람들은 이에 동의하지 않는다. 농인들은 다양한 문제로 인해 장애 공동체의 다른 집단과 조화하지 못하는 것으로 보인다. 어쨌든 많은 농인은 농인으로서의 정체성을 숨길 필요성을 느끼지 못한다. '사람인데 농이 있는'이라는 문구는 '사람인데 검은'people who are black 또는 '사람인데 여성인'people who are women 또는 '사람인데 동성애자인'people who are gay만큼이나 어리석어 보인다. 이 집단에 선호되는 명칭들은 흑인black people 또는 아프리카계 미국인African-Americans, 여성women, 동성애자gay people 등일 것이다. 나는 나 자신을 포함하여 많은 농인이 어떤 농인에 대한 이야기가 신문에 나왔는데 그 사람이 농아인 것에 대한 언급이 없을 때 기분 나빠한다는 것을 느껴 왔다. 우리 중 많은 사람은 농인으로서의 정체성이 너무나 중요하기 때문에 우리에 관한 뉴스가 나왔는데 '농'이라는 단어가 생략되면 기분이 언짢아진다. 반면 장애 공동체의 많은 사람은 이야기 자체가 장애와 아무 상관이 없을 때 기사나 이야기 중 장애에 관한 부분이 구체화되는 것을 불필요하고 모욕적이라고 생각한다는 것을 나는 잘 알고 있다. (토머스 홀컴과의 통화, 1996. 3. 31)

많은 농인, 특히 자신을 문화적 농인이라고 간주하는 사람들이 이에 해당된다. 농 공동체, 농 아동, 농 성인, 농인 총장 선출 운동과 같은 모든 문구에서 '농'deaf이 제일 앞에 위치한다. **이러한 농인으로서의 자부심과 역할은 농인들 자신에게뿐만 아니라 이에 상응하여 농 정체성과 농 문화가 발전되고 유지될 수 있게 해준 분리 교육에 대한 요구에도 적용되었듯이 언어적 소수자 개념의 중심에 위치하고 있다.**

농과 장애 공동체 사이의 또 하나의 다른 점은 많은 농인에게 존재하는 '장소'의 중요성이다(Lane, 1995b; Van Cleve and Crouch, 1989). "미국 농아들이 자신들만의 장소가 있다고 생각해야 한다는 사실, 미국 농 역사의 중요 사실을 체계화하기 위해 그러한 신념이 필요하다는 사실은 이전에 설명된 장애에 기반한 것이 아닌 농의 다른 구성을 증명한다"(Lane, 1995b: 76). 농인을 위한 기숙학교는 '공유 장소' 중 하나의 예시일 뿐이다. '농인들이 하루 일과를 마친 후 미국 수어를 통해서 유창하게 소통하고, 교류하고, 상황을 통제할 수 있는 미국 전역에 있는 농인들의 특별 구역'인 농 클럽도 또 다른 예시이다(Lane, 1995b: 76). 갤로뎃대학교도 미국 내 유일한 농인 대학이다 보니 농인을 위한 특별한 장소가 되었다. 로체스터공대 산하에 있으면서 대략 1100명의 농인 학생을 지원하는 국립농인기술연구소의 학생들을 대상으로 수행된 입학 조사를 보면, 많은 농 청년이 농 공동체에 참여할 기회가 필요하다는 사실을 알 수 있다(Foster and Elliot, 1987). 레인(Lane, 1995b) 및 반 클리브와 크라우치(Van Cleve and Crouch, 1989)가 지적한 바와 같이 농인은 이따금 농 시민에 의해 독점적으로 구성되고 지배되는 유토피아의 나라인 농 국가를 설립할 생각을 하기도 했다.

농과 장애 사이의 다른 점 중 명백하지만 약간 과소평가된 부분은 장애인 중 대다수는 농인이 아니라는 점이다. 이 차이에 따라 농인과 건청인 사이만큼이나 장애인과 농인 사이의 거리감이 유지된다. 내 친구가 지적하였듯이, "많은 농인은 여전히 장애인 공동체에서 장애가 있거나 핸디캡이 있는 것으로 느낀다. 예를 들어 장애인으로 가득 찬 방안에서 농인이 고립되는 경험은 장애인이 한 명도 존재하지 않는 방에서 느끼는 고립감만큼이나 심각할 것이다. 이러한 이유로 우리에게는 장애인과 건청인 사이에 차이가 없다. 장애인도 여전히 '잘 듣는' 사람들이다! 이는 마치 다른 소수집단을 위한 특별한 범주는 정하지 않으면서 여성이 남성의 세계라고 하거나 흑인이 백인의 세계라고 주장하는 것과 같다. 우리는 장애인을 포함한 이 세계를 들리는 자들의 세계라고 본다"(토머스 홀컴과의 통화).

농과 장애 사이의 주된 차이점은 적어도 문화적 농인에게서는 농이 장애로 인식되지 않는다는 점이다. 이러한 점에서 문화적 농인은 농 아기가 태어나는 것을 반가워할 수 있다. 레인이 지적한 것처럼, "미국 농인들은 문화적 농을 좋은 것으로 생각하고 더 많은 부분을 보고 싶어 한다. 출산을 앞둔 농 부모들은 어떠한 소수 언어 집단에서와 마찬가지로 자신들의 언어, 문화, 특별한 경험들을 공유할 수 있는 농 아동을 낳기를 바란다"(Lane, 1995a: 178). 더 나아가 대부분의 문화적 농인은 비록 성공 확률이 100퍼센트에 달한다고 하더라도 달팽이관 이식과 같이 들을 수 있게 만드는 치료를 선택하지 않는다(D'Antonio, 1993).

농과 장애 사이의 이러한 차이점의 결과, 두 문화는 종종 패든과 험프리스(Padden and Humphries, 1988)가 말하는 '불안한' 동맹을 맺는다. 동맹은 정치적이거나 경제적 이유에 의해 대부분 이루어진다. 예를 들어 농인과 장애인은 1990년의 '미국 장애인법안'의 통과를 위해 협력했었다. 많은 농인은 장애인을 위한 입법 과정에서 장애 연금 또는 장애인 복지 서비스를 요구해 왔다. 일반 학교에 다니는 장애인을 지원하는 특수교육 기금은 일반 학교를 다니는 농아 학생을 위한 통역사와 농아 학생을 위한 분리된 프로그램도 지원한다. 공교육에 투입된 농 아동과 농 아동을 위한 특별 프로그램에 배치되는 통역사 또한 지원한다. 지하철에서 장애인 할인을 적용받는 것에 대해 농인 친구가 갖는 상반되는 감정에 대해 논의하면서, 패든과 험프리스(Padden and Humphries, 1988)는 장애와 농 사이의 어색한 관계에 관해 다음과 같이 언급했다.

'장애'는 역사적으로 농인에게 속하는 표지가 아니다. 장애라는 단어는 이들에게 익숙하지 않은 정치적 자기 대표성과 목표를 제시한다. 농인이 자신의 농에 대해서 논의할 때는 자신의 언어, 과거, 공동체와 깊은 연관이 있는 용어를 사용한다. 오래된 그들의 고민은 그들 언어의 유지, 농 아동의 교육을 위한 정책들, 그리고 자신들의 사회적 정치적 조직의 유지와 같은 것이었다. '접근' 또는 '인권'과 같은 현대 용어들은 농인에게 익숙하지 않은데도 불구하고 농 대표들에 의해 사용되어 왔는데, 대중은 농 공동체가 익숙한 분야들보다 이런 관심사를 더 쉽게 이해하기 때문이다. 자신을 장애인으로 부름으로써 받는 경제적 이익과 다른 특별한 혜택을 알기 때문에, 비록 쉽지 않았음에도 농인들은 다른 장애 집단과 제휴한 역사가 있다. 하지만 지하철에서 만난 친구가 상기시켜 주었듯이 '장애'는 자기 식별의 대표적 조건이 아니고, 사실 거부가 필요한 조건이다. (Padden and Humphries, 1988: 44)

레인(Lane, 1995a)이 말하듯이 만약 문화적 농이 장애가 아닌 언어적 소수로 재정의된다면 현재 자격이 있는 권리와 서비스 중 많은 부분은 더 이상 적용이 불가능할 수 있다. 대신에 문화적 농인들은 시민권 법률과 규칙의 보호를 받을 것이고, 언어적 소수인 아이들을 지원하기 위한 교육 조항이 농 아동들에게도 적용될 수 있을 것이다. 명백하지 않은 것은 어디에 선을 그어야 하느냐는 것이다. 예를 들어, 만약 농 아동들을 위한 별도의 학교가 문화적 농 아동들에게 이용 가능한 경우, 이 학교에 다닐 수 있는 자격을 결정하는 데 어떤 정의를 사용할 수 있으며, 또 어떻게 적용할 것인가? 학교와 관련해서는 문화적 농인을 주장하고 나중에는 장애인 신분을 주장해도 되는지, 아니면 한번 특정 상태를 주장하면 평생 그 상태를 유지하여야 하는가? 자신을 문화적 농인으로 생각하는 사람 중 얼마나 많은 사람이 현재 '장애인'으로 분류되어 받는 경제적 혜택과 법적 권리들을 포기하고자 하겠는가? 농인에게 공식적 신분의 변화를 적용하고자 한다면 이런 질문들을 포함한 더 많은 질문이 해결되어야 한다.

3. 농과 장애 사이의 '적합성' 분석

이 장의 초점은 "같음 또는 다름"으로서의 농과 장애를 살펴보는 것이다. 첫 부분에서 묘사된 장애와 농에 관한 세 가지 모델 또한 같음에서 다름으로의 연속이라고 설명될 수 있다. 의학적 모델은 농인 또는 장애인이 예상되는 성과의 기준과 수준에 부합하도록 장려하고 가능하게 하는 데 중점을 둔다는 면에서 기본적으로 순응주의적 모델이다. 사회 구성 모델은 농인 또는 장애인을 사회적·경제적 주류로 통합시키는 것을 가능하게 하는 방식으로 사회가 변화하는 통합 모델이다. 정치 모델은 다문화적이다. 장애인 또는 농인은 동등한 권리와 기회를 보장하며 독특한 정체성과 문화를 발견하고 유지하기 위해 노력한다.

이 장의 두 번째 부분에서는 농과 장애 사이의 수렴 지점과 차이점을 살펴보았고, 수렴과 차이의 쟁점을 입증할 중요한 증거를 발견하였다. 그래서 해답은 무엇인가? 농과 장애는 단순히 같은 주제의 변이일 뿐인가, 아니면 근본적으로 다른 경험인가? 어쩌면 이 질문은 장애와 농을 다차원적인 경험들로 평가함으로써, 그리고 질문을 농 공동체, 장애 공동체, 미국 공동체와 같은 세 개의 수준으로 나눠서 생각했을 때 더 쉽게 해답을 구할 수 있을 것이다.

첫 수준에서 농 공동체에 엄청난 다양성이 존재한다. 비엔베누(Bienvenu, 1991)가 주목하듯이 미국에서 어떠한 정도로든 청력 손실이 있는 사람들 2000만 명 중 오직 200만 명만이 '동일한 언어, 규범, 가치들을 공유하는' 문화적 농인이다. 문화적 농인 대부분은 태어날 때부터 농이 되었거나 구어를 습득하기 전에 농이 되었다. 즉 언어 발달 전에 농이 된 것이다. 그리고 미국 수어를 제1언어로 사용하고, 농 아동을 위한 분리된 학교를 지지하고, 농 모임에 적극적으로 참여한다. 자신을 난청이라고 표현하고, 구화를 지지하고, 언어 습득 후 농인이 되었거나, 농 학생들이 일반 학교에 통합되는 것을 지지하고, 농 모임에 참여하지 않는 사람들은 일반적으로 문화적 농인으로 분류되지 않는다. 농이 발현된 나이, 선호하는 언어, 학교 경험, 부모들의 농 여부는 모두 농인이 자신에 대해 생각하는 방식에 영향을 미친다. 이런 조합에 인종, 민족, 성별의 문제가 더해지기 시작하면 농 사회의 이질성은 더욱 강조된다. 두 명의 농인이 농이라는 생리적 특성을 공유할 수 있지만, 유사점은 그것에서 끝날 수도 있고, 또는 인종, 성별, 학교교육 등과 같은 다른 공유된 특성이나 경험을 바탕으로 구축될 수도 있다.

장애의 수준에서도 농은 '같음과 다름'이다. 전 부분에서 언급했듯이 농인과 장애인은 많은 경험과 상황을 공유하지만 동시에 중요한 부분에서 꽤 다르다. 자신을 문화적 농인으로 간주하는 사람들은 자신을 장애인과 다르게 볼 수 있다. 하지만 문화적 농인이 아닌 더 광범위한 농 공동체와 난청인 사람들은 장애인의 경험과 견해에 동감할 수 있다. 또 농인이 농 문화와 장애인 문화 모두를 자신의 정체성에 포함하는 것도 가능하다.

미국 사회의 수준에서 보면 농인은 장애인과 같은 방식으로 같으면서도 다르다. 두 집단 모두 질 높은 교육에의 접근, 취업과 경력 향상의 기회, 모든 시민과 같은 수준의 자원과 서비스를 즐길 수 있는 힘을 원한다. 이런 면에서 그들은 미국 사회의 다른 구성원과 같다. 그들의 다름은 전통적으로 '장애' 또는 '농'이라고 이름 붙여졌던 신체적 특징들과 연관된 것이 아니라 이런 특징이 해석되어 온 모델들과 관련되어 있다.

1) 같음 또는 다름? 다차원적 관점

농 소수자들의 정체성에 관한 연구는 농과 장애 사이의 관계에 대해 유용한 생각의 방법을 제공한다. 포스터와 키누시아(Foster and Kinuthia, 1995)는 아프리카계, 히스패닉계, 아시아계 학생 각각 11명씩 총 33명의 농 대학생과 심층적인 개방형 인터뷰를 실시했다. 이 연구의 넓은 의미의 목적은 학생들의 가족과의 경험, 대학에 오기 전의 학교 경험 그리고 대학에서의 경험을 묘사하려는 것이었다. 질문의 일부는 정체성 문제에 집중하였다. 학생들에게 흑인으로서, 농아로서, 남성, 여성으로서 등 자신을 어떻게 생각하고 어떻게 정의하는지 질문하였다.

학생들의 이야기와 자기 자신에 대한 설명은 정체성이 상황의 요구에 따라 변경될 수 있다는 것을 제시한다. 예를 들어 히스패닉계의 농 학생은 대학에서는 자신이 농인이지만 집에서는 난청이며 스페인어를 하는 사람이라고 말했다. 그의 말에 따르면 "나는 집에서보다 대학에서 더 농인인 것 같다. 왜냐하면 집에는 농인들이 그렇게 많지 않기 때문이다. 나는 집에서는 그냥 난청인 것 같다. 하지만 학교에서는 수어를 많이 사용하기 때문에 농인이다. 집에서 부모님과는 수어를 사용하지 않는다. 그냥 내 목소리로 말하고 스페인어를 사용한다". 이 학생에게는 소통과 언어적 상황이 정체성을 구성하는 결정적 요소였다.

다른 상황에서는 학생들의 정체성이 새로운 환경에 반응하여 생성되거나 영구적으로 재구성되었다. 예를 들어 한 흑인계 농 학생은 대학에 입학할 때 미혼모인 상태였는데 학교에서 아이가 없는 흑인계 농 친구들보다 백인 농 미혼모들과 더 강력하게 동감할 수 있다는 것을 알았다. 그녀의 삶에서 인종과 농이 여전히 결정적 요소이긴 했지만 부모로서의 감정이 그녀의 정체성의 초점을 바꿔 놓았다.

정체성을 형성하는 세 번째 종류는 억압과 차별의 상황이다. 한 학생은 자신에 대해 농의 정체성이 우선한다고 했다. 그 이유는 자신이 농인이기 때문에 고용되지 않을 거라고 생각하기 때문이다. 다른 학생은 자신을 우선적 정체성으로서 흑인이라고 생각한다고 했는데, 그 이유는 다른 사람들이 자기를 정의하는 방법이 그것이기 때문이다. "식당에 들어갈 때면 사람들은 내가 흑인이기 때문에 쳐다본다. 또 가게에 들어가면 사람들이 내가 흑인이기 때문에 물건을 훔칠 것이라고 생각하고 날 쫓아온다."

이런 학생들의 이야기에는 사람이 한 개 이상의 정체성을 갖고 있다는 점이 함축되어 있다. 성별, 인종, 결혼 여부, 자녀 유무, 미국 수어를 사용하는 농인, 구화를 사용하는 농인 등 이런 것들은 학생들에 의해 묘사된 주요 정체성의 일부일 뿐이다. 상황의 요구와 필요에 대한 반응으로 이런 정체성 중 하나 또는 그 이상이 도출된다. 이전 히스패닉계 학생이 학교에서는 농인이고 집에서는 난청인 사람이라고 해서 위선자도 아니고, 자신에 대해 불확실한 사람인 것도 아니다. 오히려 그는 각 상황에서 제공되는 환경과 기회에 적응하는 것이다.

간단히 말해서 정체성은 유동적이고, 반응적이며, 누진적이고, 상황의 요구에 따라 변화하고, 시간이 지남에 따라 진화한다고 결론낼 수 있다. 그렇다고 해서 인터뷰에 응한 학생들이 '중심적인 정체성' 또는 자신이 누구인가에 대한 관념이 없다는 뜻이 아니다. 오히려 그들의 정체성은 다차원적이었다. 농인들 사이의 문화적 언어적 다양성에 관한 논의에서, 패러스니스(Parasnis, 2000)는 자아 정체성을 '심리적·

상황적·관계적 변수에 영향 받는 역동적인 개념'으로 설명하면서 유사한 주장을 하였다.

농은 장애와 같은 것인가, 아니면 장애와는 별개의 것인가? 정체성에 관한 다차원적이고 역동적인 해석을 따르면 둘 다 맞는 말이라고 답할 것이다. 한 사람이 '농인'이면서 '난청인 사람'인 것이 가능하듯이, 농인이 한 상황에서는 통합되기를 원하고 다른 상황에서는 분리되기를 원할 수 있는 것이다. 농인임에도 8시부터 5시까지는 말하기, 쓰기, 손동작, 통역을 포함하는 의사소통 방법들을 사용하며 건청인들과 함께 일하기를 선택할 수 있다. 그 후에 그는 지역 농 모임에 참여하거나 농인 배우자가 있는 집에 가서 미국 수어를 사용할 수도 있다. 농 부모는 자신의 농 자녀를 위해 분리된 학교를 선택하면서도 자녀들이 주류 대학을 가도록 격려할 수도 있는 것이다. 농 옹호자들은 법안의 통과를 위해 장애 옹호자들과 협력하지만 그 외에는 장애 문화와 거리를 둘 수도 있다. 평생 보청기를 사용하지 않았던 농 여성이 건청인 아이를 낳고 아기의 울음소리를 듣는 데 보청기가 유용하다고 생각하여서 새롭게 장만할 수도 있다.

2) 농학과 장애학을 위한 함의

장애학과 농학의 교과과정에서 중복되는 부분과 차이점이 모두 소개되어야 한다. 예를 들어 인종, 과학기술, 여성, 정신건강, 교육, 고용 등 장애학 과정에서 현재 다루어지는 주제의 많은 부분은 농인에게도 영향을 끼친다. 하지만 주제들 중 일부, 예를 들어 통합 교육과 같은 주제의 해석은 장애인과 다르게 농인에게는 굉장히 다를 수 있다는 것이 인정되어야 한다. 미국 수어와 같은 농학 프로그램에서 중심이 되는 일부 주제는 장애학 교과과정에서 다루어지지 않을 수도 있다. 이러한 차이점이 인정되어야 하고, 가능한 경우 학생들은 추가 교육 및 정보를 위해 관련 강좌 및 대안적 자원에 접근할 수 있어야 한다. 장기적으로 장애학에 농을 주제로 한 하나 이상의 과목을 개설하고, 또 이 시간을 이용하여 농이 장애와 같으면서도 달라지는 방식에 대해 학생들이 발견하고 묘사하고 고찰해 보도록 하는 것이 더 이익이 많음을 교수들도 알 수 있을 것이다. 이와 같은 대화를 통해 우리는 장애학 분야에서 우리 모두가 독특하면서도 서로를 묶을 수 있는 방식에 대해 더 깊은 논의를 할 수 있을 것이다.

마지막으로 장애학 과정은 농을 같음과 다름으로 인정하면서 통합하여야 한다. 그러기 위해서는 문화적 농인들이 자신들을 장애 문화의 일부가 아니라고 생각하는 관점을 인정하고, 그러한 믿음의 이유에 대해서도 인정해야 한다. 여기에는 농이 어떤 상황에서는 핸디캡일 수 있다는 믿음을 포함하여 다른 농인의 90퍼센트와 난청인 사람들에 의해 대표되는 수많은 관점 또한 포함되어야 한다. 이는 장애학 과정이 농을 핸디캡으로 보는 정의를 장려하거나 지지해야 한다는 의미가 아니라, 단지 농을 핸디캡으로 보는 관점을 개인 모자이크의 일부분으로, 또 농아들의 집단 정체성으로 인정해야 한다는 것이다.

학습을 위한 질문

1. 장애의 세 가지 모델은 무엇인가?

2. 장애의 다양한 모델을 이해하는 것이 중요한 이유는 무엇인가?

3. 장애의 세 가지 모델 중 농과 관련하여 가장 널리 주장되는 모델은 어떤 것이고, 그 이유는 무엇인가?

4. 장애의 세 가지 모델 중 하나를 선택하고 이 모델이 사용하는 용어의 유형, 지금까지 수행되었던 연구 유형, 연구에서 개념화되는 방식의 예를 포함하여 이 모델이 농 연구 및 학계에 미치는 함의를 설명하라.

5. 장애의 세 가지 모델 중 본인이 생각하기에 가장 강력한 모델은 무엇인가? 그리고 그 이유는?

6. 농과 장애의 각 영역에서 개념 및 실천이 비슷하게 진행되어 온 방식 등, 농과 장애의 수렴 지점 세 가지를 당신의 답을 지지할 수 있는 사례를 들어 기술해 보자.

7. 농과 장애의 차이점 세 가지를 당신의 답을 지지할 수 있는 사례를 들어 기술하라.

8. 농과 장애를 같게 보는 것의 함의는 무엇인가?

9. 농과 장애를 다르게 보는 것의 함의는 무엇인가?

10. 당신은 농과 장애를 본질적으로 같게 보는가? 아니면 본질적으로 다르다고 보는가? 그 이유를 논리적으로 설명해 보라.

9장 · 윙크, 눈 깜박임, 사시, 근육 떨림
내 아들의 왼쪽 눈을 통한 장애와 문화 고찰

필립 퍼거슨

장애학 운동의 특징 중 하나는 '장애의 문화'를 탐구하고, 회복하고, 찬양하는 것이다. 이 문구의 의미는 당연히 결정된 것은 아니다. 정확하게는 문화와 장애에 관한 대화에서 장애의 문화에 관한 대화로 이동하고 있는데, 이 시점이 '같음'과 '다름' 사이의 긴장 상태가 가장 명백하게 나타나는 부분이다. 이번 장에서는 "지적장애의 문화"에 대해 말하는 것이 어떤 의미를 갖고 있는지에 대해 답하려는 성급한 시도에 대해 논의할 것이다.

나의 초기 초점은 장애 접근의 발전 속에서 발생해 온 인지장애의 역사와 상태에 맞출 것이다. 논의의 대부분은 인지장애 연구에 특별한 중요성을 갖는 정상화, 통합, 자립생활과 같은 세 개의 특정 정책을 중심으로 진행될 것이다. 흔히 정상화와 관련된 사회적 가치와 정책은 다른 어떤 장애보다도 지적장애 분야에 훨씬 많은 영향을 끼쳐 왔다. 유사하게 교육적·지역사회적 통합의 강한 지지자들 중 일부는 중증 지적장애라고 불렸던 배경에서 나타났다. 마지막으로 자립생활의 사례는 완전히 다른 과정을 보여 주는데, 원래 이 개념은 신체장애 분야에서 시작했지만 인지장애 분야로 확장되었다.

　마지막으로 나는 장애와 문화에 대한 '관계적 접근법'이라고 내가 칭한 것을 발달시키고, 인지장애의 문화적 해석을 위한 몇 개의 인식 가능한 양식을 묘사하려고 노력할 것이다. 나는 이런 양식의 관련성을 다른 장애와 비교하고, 장애학의 미래를 위한 교훈을 제시할 것이다.

＊　＊　＊

근대 서구 역사의 많은 부분에서 지적장애를 연구하는 공식적인 이유는 그것을 어떻게 사라지게 할 것인가에 대해 더 알아보기 위함이었다. 지적장애는 예방하거나 고쳐야 할 질병으로, 교정되거나 극복해 내야 할 교육적 결함으로 여겨졌다. 또한 재활이 필요하거나 적어도 사회적 시선에서 제거되어야 할 경제적·사회적 부담으로 여겨지는 경우가 많았다. 하지만 최근에 장애 인권운동의 발현에 따라 개인적 경험, 사회 정책, 문화적 해석과 같은 넓은 범위에서 주로 사용되는 의학적 접근에 이의가 제기되었다. 운동의 결과로 많은 사람들은 처음으로 장애를 복잡한 사회 구성과 중요한 개인적 정체성으로 인식하기 시작했다. 즉, 우리가 개인의 삶에서 자신, 문화 그리고 장애 사이의 상호작용을 재인식함과 동시에 재고하고 있다는 것이다. **'장애학'으로 언급되는 이런 새로운 접근을 통하면 장애를 공부하는 이유는 장애를 더 안 보이게 하는 것이 아니라 더 잘 보이게끔 하고, 인간 경험의 계속 진행 중인 부분으로서 더 타당하게 하고, 인문학과 사회과학을 가로지르는 학문의 주제로서 더 정당하게 하기 위해서이다.**

　장애학 운동의 특징 중 하나는 '장애의 문화'를 탐구하고, 회복하고, 찬양하는 것이다. 이 문구의 의미는 당연히 결정된 것은 아니다. 정확하게는 문화와 장애에 관한 대화에서 장애의 문화에 관한 대화로 이동하고 있는데, 이 시점이 '같음'과 '다름' 사이의 긴장 상태가 가장 명백하게 나타나는 부분이다. 이번 장은 '지적장애의 문화'에 대해 말하는 것이 어떤 의미를 갖고 있는지에 대해 답하려는 성급한 시도에 대해 논의할 것이다. 나는 특히 지난 20여 년 동안 일어난 장애 옹호의 중심에 있는 자립생활과 통합과 같은 두 운동을 검토해 볼 것이다. 이 논의의 중심에는 '지적장애의 문화'에 대해 말하는 것이 어떤 의미인지를 이해하는 것이 있다. 그러면 '그런 것이 있기는 한가? 있어야 하는 것인가? 농, 맹, 지체장애 문화와 어떻게 비교될 수 있는가? 그리고 이런 질문들에 대답하려는 노력이 갖추어야 할 방식과 접근법은 무엇인가? 장애학은 어떻게 보여야 하는가?'와 같은 다른 질문들이 빠르게 뒤따를 것이다. 마지막으로 이번 장에서 나는 아들의 삶의 사건에 대한 내러티브에서 이런 주제에 대한 나의 생각의 근거를 찾을 것이다.

1. 개념 정의 없애기: 아들의 왼쪽 눈을 통해 장애 들여다보기

나의 아들 이안은 현재 스물여덟 살이고 복합장애를 갖고 있다. 살아오면서 그는 아마도 그 장애들이 무엇인지 명시하는 다양한 표지를 수집해 왔다. 중증 지적장애, 경직형 사지마비, 발달장애가 그것이다. 예상하듯 아들의 삶에 관여한 교육 및 성인 서비스 시스템들은 오직 그에게서 인지되는 한계에만 꼬리표를 부착시켰다. 내가 아들에게 갖고 있는 신기한 재능과 개인적 기벽이 혼합된 이미지에는 어떠한 임상 진단도 이루어지지 않았다. 음향효과 테이프 마니아를 칭하는 전문 용어는 무엇인가? 텔레비전 시트콤 주제가의 첫 네다섯 음만 듣고도 구별해 낼 수 있는 이안의 능력을 어떤 전문가가 평가해 줄 것인가? 이안의 비뚤어진 유머 감각과 함께 격하게 웃는 행동은 언제 평가되는가?

나의 요점은 아들의 특성이 너무나도 쉽게 공식적 표지 뒤에 자리하는 무서운 고정관념과 진단상의 범주에 의해 삼켜질 수 있다는 것이다. 28년이 지난 후 이안에 대해 나에게 중요한 것은 '지적장애'나 '뇌성마비'와 같은 용어들에 의해 다루어지지 못한다. 분명히 이런 용어들을 불러일으키는 생리적 현실은 다루어져야 할 대상이다. 대부분의 28세가 쉽게 해결할 수 있는 많은 일을 이안은 집중적인 지원 없이는 할 수 없다. 하지만 수많은 세월 동안 아들이 그런 한계 앞에서 발전하고 좌절하는 모습을 목격하면서 내가 정말 신경 쓰는 질문은 처음에는 피상적인 것으로 생각될 수 있는 질문이다. 이안이 '윙크'를 할 때 나는 그가 무엇을 하고 있다고 설명해야 하는가?

그 사연은 이렇다. 몇 년 전, 누군가가 이안에게 윙크하는 것과 비슷하게 왼쪽 눈꺼풀을 꾹 감으라고 가르쳐 주었다. 이안에게 윙크해 달라고 요청하면 그는 이 행동을 할 것이다. 다른 사람이 '윙크'하는 것을 보면 이안은 요청받지 않아도 그 행동을 따라 할 수도 있다. 그리고 아주 가끔은 자발적으로 윙크하는 행동을 보일 수 있다. 이런 행동을 할 때마다 이안은 거의 항상 웃거나 미소 짓는데, 그러면 대체로 주변 사람들도 따라 웃거나 미소 짓는다.

이 상황을 짧게 요약하면 이안이 한쪽 눈의 눈꺼풀을 감을 수 있다는 것이다. 윙크의 역학을 아는 것이다. 또한 이안은 '윙크'해 달라고 부탁받았을 때도 눈을 찡긋한다. 그 말은 그가 우리와 같이 명백하게 '윙크'라는 단어와 신체적 행동을 연결시킨다는 것이다. 더 나아가 그가 어떤 수준에서 보면 그런 신체적 행동이 유머와 관련된 것이라는 사실을 이해하는 것도 명백하다. 왜냐하면 그 행동을 할 때 대개 웃기 때문이다. 하지만 여전히 '이안은 진짜로 윙크하는 것인가?'라는 질문은 남아 있다. 조절되지 않는 경련이라기보다는 의지에 따른 것에 더 근접해 보인다. 하지만 그는 정말로 배움에 의해서 찡긋하거나 깜박이는 것인가? 어쩌면 그의 행동들은 윙크를 모방한다고 묘사될 수 있을 것이다. 하지만 다른 사람들은 윙크할 때 자신이 장난치고 있다는 것을 표시하고, 다른 사람과 하는 협력적 이해에 대한 승인을 표시하고, 추파를 던지는 등의 목적 없이 윙크가 이루어질 것이다. 아니면 눈꺼풀이 닫힌다는 얕은 행동 묘사만이 신중한 관찰자들에게 남을 정도로 이안의 장애가 어떤 문화적 맥락을 압도하는가?

당연히 이런 질문들은 새롭지 않다. 비록 그는 장애를 언급하지 않았지만 클리포드 기어츠의 '두터운 묘사'thick description(Geertz, 1973)에 관한 글은 길버트 라일Gilbert Ryle의 원래 논의를 빌려서 윙크 행위의 복잡성에 바탕을 두고 있다. 근육 떨림부터 윙크하기, 윙크 모방하기, 윙크 모방을 연습하기 등까지 하나의 행동을 둘러싼 맥락을 풍성하게 살펴봄에 따라 가장 간단한 신체적 행동조차 어떻게 다양한 층의 문화적 해석에 포함될 수 있는지를 설명하기 위해 윙크 행위를 사용했다.

기어츠와 연계시키고 두터운 묘사 개념을 사용하는 것엔 목적이 있다. 기어츠는 윙크 자체에 관심이 있었던 것이 아니라, 윙크를 어떻게 문화적 의미가 충만한 기호로 해석할까에 관심이 있었다. 그의 논의는 장애학에도 관련되어 있다. **장애학의 맥락 안에서 개인과 문화 사이의 상호작용을 탐구하기 위해 '두터운 묘사' 노력을 함으로써 우리는**

장애의 문화적 의미가 처음으로 구체화되는 이야기를 수집하고 해석하게 된다.

어떻게 내 아들과 같은 누군가가 윙크하는 것으로 이해될 수 있는지를 두텁게 묘사하도록 하는 것은 무엇인가? 참가자의 의도적 행동 능력이 조금이라도 의심받거나 접근하기 힘들 때 나타나는 더 폭넓은 질문들은 개인적 관점과 문화적 맥락 사이의 변화된 상호작용을 포함한다. 문화적 맥락은 얇게 묘사하는 것이 아니라 두텁게 묘사하도록 도움을 주는 모든 차원을 말한다.

그러므로 이안의 윙크에서부터 나는 두 개의 기본적 질문을 하게 되었다. 첫째, 이안이 눈꺼풀을 닫을 때 무엇을 하는 것이며, 이는 다른 사람들의 행동과 어떻게 유사하거나 다른가? 둘째, 이안이 무엇을 하는지 이해하려고 할 때 나는 무엇을 하는 것이며, 과거의 나의 행동들과 어떤 면에서 유사하거나 다른 것인가? 나는 인지장애를 정의하려는 시도를 적어도 부분적으로 포함하기 위해 첫 번째 질문을 한다. 그리고 장애학을 정의하기 위한 시도를 부분적으로 포함하기 위해 두 번째 질문을 상정한다. 나는 기어츠의 방식을 모방하여 두 질문을 통해 윙크하는 일상적인 행동을 사용함으로써, 장애와 문화에 대한 더 광범위하고 더 추상적인 사고를 하고자 한다.

장애와 장애학의 개념에 대한 정의를 요구하는 것은 종종 오해의 소지가 있다. 종종 이 질문은 우리를 인식론적 황무지로 보내, 집 벽에 걸어 놓을 수 있는 개념적 전리품을 찾아 헤매게 한다. 정의는 본질을 의미하는 것 같다. 본질은 용어가 올바르게 적용되는 모든 대상이 갖는 공유된 현실의 조각조각을 말하는 어떤 공통적 의미를 말한다.

하지만 정의를 찾는 일이 본질주의 추구를 수반할 필요는 없다.

알려진 대로 철학가인 비트겐슈타인은 그의 제자들에게 질문을 다르게 표현함으로써 이런 함정을 피해 가라고 조언하였다. "의미를 묻지 말고 용도를 구하라"(Wisdom, 1965: 87에서 재인용). 다른 말로 하자면, 언어적 공통 기반의 추구를 위해 맥락의 특이성을 빼앗아 가는 잘 잡히지 않는 실체에 대한 탐색을 포기하라는 것이다. 대신 비트겐슈타인은 거친 실천의 장으로 돌아가서 사람들이 실제로 자신의 삶을 어떻게 언어로 해석하는지 알아보라고 조언한다. 나를 위해 문학 개념을 정의하지 말고, 이야기를 전해 달라는 것이다. 만약 그 예시 중에서 내가 어떤 가족 간의 유사점을 인식하게 된다면 그만큼 더 좋은 것이다.

두 질문에 대응하여 내가 하고자 하는 일은 일반적인 면에서 장애를 정의하거나 또는 특정한 인지장애를 정의하려는 것만은 아니다. 더욱이 장애학을 정확하게 하기 위한 권위적 규칙을 강요하려는 욕구가 있는 것은 아니다. 나의 목표는 훨씬 단순하다. 몇 개의 이야기를 들려주고, 인지장애와 우리 문화 사이의 연관성을 찾고, 인지장애에 대한 우리 문화의 해석을 발전시킬 만큼의 충분한 자극을 찾는 것이다.

2. 근육 떨림부터 윙크까지: 문화에서 자아 찾기

아무도 윙크한다는 것이 무엇인지 모르고, 실질적으로 눈꺼풀들을 어떻게 마주치는지 모르고서는 윙크를 하거나 풍자할 수 없다. 하지만 이런 사실에서 어떻게 윙크하는지 아는 것이 윙크하는 것이라는 사실을 끌어내는 것은, 윙크하는 것을 눈꺼풀 수축과 동일시하기 위해 빈약한 묘사를 두터운 묘사로 혼동시키는 것만큼이나 기만하는 것이다.

(Geertz, 1973: 12)

지적장애 또는 인지장애를 재인식하는 방법은 한 사람이 하는 행동의 복잡한 의미가 얼마나 철저하게 축소되는지를 기술하는 것이다. 언어와 태도의 의미에 대한 사회적 구성에 따라 무한하게 다양한 해석의 가능성이 있다. 객관주의 비평가들은 의미에 대한 구성주의적 접근이 상대주의에서 벗어날 수 없다고 주장하고, 이에 따라 한 가지 의미를 다른 것들보다 더 타당하다고 선호할 수 있는 규칙들이 존재하지 않는 해석적 무정부 상태에 놓이게 된다고 비판한다. 문화적 장소, 역사적 시대, 하위 집단의 관습들, 맥락의 특정 요소들, 그리고 개인적 의도 간의 복잡한 상호작용을 통해, 우리는 가능한 의미의 지껄임에서 소통의 정밀함으로 옮겨 간다. 나는 인지장애에 접근하는 유용한 방법 중 하나는 인지장애를 이와 같은 소통 과정의 선제적 수축으로 보는 것이라고 주장하는 바이다.

이안의 눈꺼풀 움직임은 해석적 상호작용에서 제외되었기 때문에 단지 눈꺼풀의 움직임일 뿐이다. 그것은 우리 나머지가 우리를 위해 치는 그물인 '사회적 중요성의 망'(Geertz, 1973: 5)과 동일한 그물에 매달리지 않는다. **어떤 행동에 대한 해석을 단순 근육 떨림에서 윙크로 바꾸게 하는 개인적 행위 능력 또는 심리적 의도의 요소를 인지장애는 제거하는 것처럼 보인다.** 예를 들면 이안이 윙크할 때 남성의 전통적 태도를 이해하고 받아들이면서 성차별적으로 여성을 성적 대상으로 객관화시킨다고 생각하기는 힘들다. 이안의 행동에 풍자적으로 비꼬거나 기만하는 감정을 귀속시키는 것은 나에게도 똑같이 힘든 일이다. 같은 맥락에서 누군가 이안을 인종차별주의자, 또는 자본주의자, 또는 일반적으로 우리 사회의 성인 백인 남성들의 행동을 해석하는 부류로 생각한다고 상상하는 것은 나에게 힘든 일이다. 문화적 규범과 전통에 대한 개인적 이해가 특정 행동의 해석에 중요하다고 내가 믿는 한, 그런 의미들이 이안에게 사용될 가능성은 다른 사람들보다 낮아 보인다.

사회과학과 인문학의 포스트모더니즘 논의들에서 빈번하게 언급되는 재현representation의 위기는 여기서는 이전의 표현presentation의 위기에 의해 대체되는 것 같다. 위기는 자신의 세계에 대한 이안의 이해에 바로 접근하지 못하는 나의 무능력에서 발생하는 것이 아니라, 오히려 접근할 수 있는 완벽하게 갖추어진 세계가 존재하는지에 대한 불확실성에서 발생한다. 장애학의 중심에 있는 사회과학을 다른 사람들의 해석에 대한 해석, 이른바 이중해석학으로 정확하게 표현할 수 있다면, 해석의 부재는 어떻게 해석해야 하는가.

3. 이야기 말하기: 문화적 맥락 묘사하기

해답은 과학보다는 인문학적 비유로 나에게 다가왔다. 나는 행위behaviors를 행동actions으로 바꿔 주는 상징적 '담론' 안에서 이안의 이야기를 '읽기' 위해 노력했다. 여전히 지배적인 장애에 대한 접근법에서 인지장애가 다르게 인식되는 이유를 인식하는 것이 중요하다. 소위 최중증 지적장애인을 마주쳤을 때 우리가 그를 '사람' 또는 '실제적 인간 존재'로 보지 못하기 때문만이 아니다. 오히려 우리가 어떠한 문화도 보지 못하기 때문이다. 우리는 상대방의 행위에서 어떤 의미도 찾지 못한다. 단어들은 있지만 담론은 없고, 사건은 있지만 이야기는 없다. 어떤 면에서 해석의 문제는 우리 눈에 개인밖에 보이지 않는다는 점이다. 탈맥락적 존재에 최대한 가깝게, 문화의 부재에 단 한 사람만이 존재하는 루소의 고결한 야인과 같은 상태다. 생리학이 사회를 압도하는 것처럼 보인다. 우리는 종교, 정치, 민족의식 또는 계급 정체성, 도덕성, 경제 그 무엇도 보지 못한다. 우리가 서로를 정의하기 위해 사용하는 문화적 요소를 의도적으로 인식하는 데 많은 난항을 겪는다. 그렇다면 이안의 "윙크"하는 모습에 대한 나의 해석을 잠재적으로 지연시키는 것은 자아의 부재가 아니라 문화의 부재인 것이다. 이처럼 문화적 맥락이 없다면 중증 인지장애인들은 비장애인과 같은 것도 아니고 다른 것도 아니게 된다. 판단을 내릴 수 있는 비교 맥락이 없는 것이다.

하지만 그러고 나서 문화가 들어온다. 내 아들의 삶을 다른 사람들에게 이야기로 표현함으로써 나는 눈 경련을 윙크로 변화시키는 시간의 연속으로 아들의 행동을 표현하였다. 이안이 윙크해 달라는 요구를 듣고 눈을 감는 법을 배웠다는 이야기를 기술했을 때, 나는 이야기를 통해 이안의 삶의 문화화에 도움이 되고자 했다. 간단하게 말해서, 이안은 누군가가 큰 목소리로 그가 윙크를 할 수 있는지 궁금해하지 않는 이상 윙크를 할 수 없다. 이는 그의 삶과 관련된 문화를 만들고 더 깊은 해석적 상징의 탐구를 시작하게 만든다. 충분하지 않을 수 있지만, 인지장애인들의 삶에 대한 의미를 위해 유사성과 다름에 대한 질문을 향한 필수적인 해석적 도약 같아 보인다. 세상이 탕 하고 사라지는 것이 아니라 흐느끼며 사라질 것이라는 시인의 말이 맞을 수 있다. 나는 모든 것이 윙크 하나로 시작한다고 말하고 싶다. "나는 윙크한다, 고로 존재한다."

이쯤에서 간략한 여담을 하나 하고 싶다. 이 분석이 냉정한 해석주의자와 유순한 행동주의자 사이의 개념적 공존으로의 길을 보여 줄 것이라고 나는 생각한다. 계몽된 교육자들이 별개의 기술을 형성하는 것에서부터 기능적 환경에 활동을 끼워 넣는 것까지 진화하는 것은 적어도 문화적 맥락의 중요성을 부분적으로 인식하는 것이다. 동시에 해석주의자는 성공적인 중증 인지장애인들의 문화화가 집단적 가식 내에서 해석적인 행동일 뿐이라는 생각을 버려야 한다. 만약 이안이 눈을 감는 것과 유사한 것을 배우지 못했더라면 아무리 많은 '만약'의 이야기들이라도 설득력 있는 윙크를 만들어 내지 못했을 것이다. 문화적 상태의 필요성을 언급하는 것은 행위를 의미 있는 활동으로 해석하는 것이지, 아무도 볼 수 없는 행동을 창조하는 것은 아니다. 소위 최중증 지적장애인에 초점을 맞춘 몇 안 되는 민속지 연구자 중 한 명인 데이비드 구드는 '원료'와 해석학적 통찰력의 필수 조합을 설명하기 위해 '행동적 조각 기법'이라는 은유를 사용했다(David Goode, 1980; 1995). 이때 통찰력은 다른 사람들은 무작위의 소리 또는 움직임으로 보았던 의도적 행동을 인식하는 친구와 가족의 능력을 해석하는 것을 말한다.

4. 이야기 읽기: 문화적 맥락 설명하기

> 인간의 행위가 상징적 행동으로 보여지면, 문화가 정형화된 행위인지, 사고의 틀인지, 또는 두 개념이 어떻게든 섞여 있는 상태인지에 대한 질문은 의미를 잃는다. 익살스러운 윙크 또는 거짓된 양 습격에 관해 물어보는 것은 그들의 존재론적 상황이 어떤지를 물어보는 것이 아니다. 그것의 의미가 무엇인지에 대해 물어보는 것이다. (Geertz, 1973: 10)

말하는 내용은 듣는 사람과 문화적 맥락에 따라 달라진다. 인지장애가 있는 사람에 관한 이야기를 하는 것만으로는 충분하지 않다. 우리는 그것을 설명할 방법도 배워야 한다. 이안이 윙크를 할 수 있는지, 그리고 그것이 어떤 의미를 가져오는지 묻는 것이 이야기의 시작이고 이안의 행동을 사회적 담론의 일부로서 인식하는 것이다. 기어츠의 두터운 묘사 이면의 문화적 해석학에 따라 나는 단지 이안의 행동이 무엇을 의미하였거나 의미하지 않았다고 해석하는 수준을 넘어, 이안의 행동이 '말하는 것'을 해석할 수 있게 된다. 즉 이안의 윙크가 의미를 가진 사회적 문구가 되는 것이다.

최중증 지적장애인에게는 이런 사회적 측면이 굉장히 중요하다. 이안의 윙크를 할 수 있는 능력은 일시적인 것이 아니라 상황에 따른 것이다. 이안은 그가 윙크를 할 수 있다고 믿고, 또 어떤 의미로는 자신들에게 중요한 용어라고 볼 수 있는 사람들에게 둘러싸여 있어야 한다. 사르트르는 틀렸다. "타인은 지옥이다"라는 그의 유명한 말은 괴상한 실존주의자들을 위해 만들어진 다른 활동적인 사람들의 존재를 단순히 인식하는 압도적인 유한성을 전달하였다. 나는 그의 발언이 죽을 수 있는 운명에 대한 암시보다는 공간적 제약과 더 관련 있을 것으로 해석하였다. 다른 의식적인 사람들의 존재에 대한 의식이 나의 세상과 세상의 해석에 대한 유아론적 통제적 자만심을 물리쳤다. 우리 생각의 우월성을 인정하지 않으려는 사람들과 불만스러운 위원회 회의를 할 때마다 우리는 사르트르의 경구 이면에 무엇이 있는지에 대해 피상적으로 알게 된다. 하지만 이안에 관해서라면 사르트르가 완전히 틀린 것 같다. 타인은 이안의 구원자이다. 매일 자신이 누구인지 정교화하는 데에 타인은 필수적이다. 우리의 존재를 위해 타인이 필요하기는 하지만, 그 이상으로 타인은 이안이 누구인지에 대해 주요한 부분을 차지한다. **인지장애는 자아의 부재가 아니고 타인의 부재이다.**

이안의 이야기를 사회적으로 확장하기 위해 두 개의 설명적 요소가 존재한다. 첫째, 이안의 공동체 구성원들의 중요성이 있는데, 그의 개인적 이야기에 대한 집단적 설명에 참여하는 지지적 친구들과 가족들이다. 이안의 이야기는 다양한 목소리를 가진 집단에 의해 알려져야 한다. 정확히 이런 종류의 공동체로부터 지적장애인들이 역사적으로 고립되고 배제된 것이 지적장애인들에게서 그들의 문화적 목소리를 빼앗은 원인 중 하나이다. 공동체 안에서 이안의 존재에 관한 이야기, 말하자면 그의 문화화에 관한 이야기들은 그가 사회에서 어떻게 행동하는지에 관한 설명을 풍부하게 한다. 사회적 문맥의 해석적 은유를 사용함으로써 나는 이안의 친구들이 자신들의 이야기도 말할 수 있도록 한다. 이안의 이야기는 그의 주변 사람들에 의해 설명되어야 한다.

설명의 두 번째 측면은 개념적 두께의 유형과 관련되어 있다. 이안은 자신의 이야기를 말하는 데 다른 사람들의 도움이 필요할 뿐 아니라, 자신의 이야기를 비판적·역사 사회학적 맥락에 위치시켜야 한다. 이안이 왜 윙크를 할 수 있는지 또는 없는지에 대한 두터운 묘사는 인지장애인들이 문화의 다른 구성원들에 의해 윙크하는 것으로 인식될 수 있는 기회에 도움이 돼야 한다. 이안의 윙크 행위를 지적장애의 의학적 모델에 대한 사회적 도전과 관련된 더 넓은 거시적 수준으로 해석함으로써, 반사적으로 그의 행동을 그가 상상할 수 있는 것 이상으로 풍부하게 설명하게 된다(Watson-Gegeo, 1991). 이안이 자신의 행동에 특별한 정치의식을 부여하지 않는다고 하여 그런 적용 자체가 금지되는 것은 아니다. "해석이 기원하는 곳에 의해 해석이 가야만 할 곳이 규정되지는 않는다. 사소한 사실은 큰 문제를 말하고, 윙크는 인식론에 말하고, 또 양 습격은 변혁에 호소하는 것이다"(Geertz, 1973: 23).

이 같은 역사 사회학적 맥락에서 이안의 삶을 설명하면 인지장애와 다른 장애 사이에 일부 중요한 차이점이 나타나게 된다. 사회에서 이안의 입지를 비판적으로 설명하기 위해 문화적 맥락을 제공하려고 시도하다 보면, 곧 지배적 사회에서 문화의 부재를 대체하거나 저항할수 있는 대안 또는 하위문화가 없다는 문제에 직면하게 된다. 이런 측면에서 최소한 중증 인지장애는 청각장애와 같은 장애와는 다르다고 판단된다. 농인들이 이런 공동체에 자신을 위치시키는 것을 선택하거나 안 하거나, 또는 허락되거나 안 되거나, 그들은 주류 문화와 명백히 다르고 영향력 있는 언어, 유산, 그리고 공유되는 가치들의 전통을 갖고 있다. 농인들은 자신들이 발전시키고 세상에 내보일 수도 있는 '농인으로서의 나'라는 강력한 자기 인식이 있다. 동시에 대안 문화에 대한 농 사회 구성원 자신들에 의한 성찰적 해석은 다른 사람들 또한 공부하고 해석할 수 있게 하기 위한 두터운 묘사의 맥락을 제공한다.

내가 제안하는 바는 '농 문화' 또는 '맹 문화' 더 나아가 '지체장애 문화'를 이해하는 동일한 방식으로 '지적장애 문화'를 말하는 것은 소용이 없을 수도 있다는 것이다. 아마 지적장애인들을 에워싸는 '전문적' 또는 '관료주의적' 하부문화라고 불리는 것이 있을 것이다. 이런 삶의 패턴들의 흔적은 '발달장애'로 분류된 사람들을 위해 운영되는 많은 주거 프로그램에서 찾을 수 있다. 장애인들이 사는 집을 지원 인력들이 일하는 시설로 바꾸는 요인은 규칙과 프로그램에 따른 삶, 그리고 엄격한 절차들이다. '가족/지지자' 하위문화라는 것도 아마 존재할 것이다. 예를 들어, 가족 일원들 사이에서 겉보기에 무관심한 외부 세상에 설명하고, 변호하고, 옹호하는 것에 지친 사람들과 부모들을 위한 친근함의 안식처가 되는 한 종류의 '지지 집단'이 발생할 수 있다.

하지만 이런 예들은 지적장애 인구 자체에서 나타나는 문화보다 최중증 인지장애인의 주변인들에 더 연관성이 크다고 주장하고 싶다. **기껏해야 최중증 인지장애인들은 주류 문화에의 허술한 통합, 또는 온정주의적 주류 문화에의 통합만이 제공되어 왔을 뿐이다.** 이것은 마땅히 받아야 할 학문적 관심을 받지 못한 복잡한 문제이다. 누군가에게 지적장애가 얼마나 심각하게 있는지에 관련된 문화적 경험에는 중요한 차이점이 있다. 이 주제에 관해서 여기서 충분히 다루는 척은 하지 않겠다. 하지만 나는 지적장애 하위문화가 설득력 있는 가능성이 아니란 것을 명백하게 논리적으로 제안한다. 만약 지적장애가 문화의 부재 또는 점진적 감소로 적절하게 이해된다면 지적장애와 동일시될 수 있는 대안 문화(둘러싸고 있는 체제보다)의 실행 가능성이 불가피한 귀결이 될 것으로 보인다.

설명적 맥락에서의 이런 비교를 통해, 일반적으로 인지장애의 해석주의적 학문 분야 내의 동시대적 발전들로부터 장애학운동의 비판적 학문과 옹호가 상대적으로 고립되는 현상을 설명할 수 있다. 역사적으로 문화와의 상호작용을 위한 선택은 다른 유형의 장애를 가진 사람들과는 달랐다. 대부분 이런 선택들은 대안적 문화와 주류 문화 사이의 움직임과 관련되어 왔다. 인지장애인들에게 선택은 문화의 부재에서 약간의 문화로의 이동이었다. 이런 장애 부류들을 가로지르는 억압, 차별, 낙인의 공통적 경험들은 문화적 입지를 규정하기 위한 서로 다른 첫 시작점을 완전히 대체하지는 않는다. 분명 미국의 주류 문화와 반대인 유색인종들의 다른 전통과 유사한 측면이 있다. 아프리카계 미국인들과 아시아계 미국인들의 다른 역사적 맥락은 고정관념과 인종주의에 관한 공통된 경험을 약화시키지는 않지만, 각각의 상호작용과 문화적 위치를 복잡하게 한다. 이런 점에서는 장애가 민족이라는 용어보다 더 응집력이 있는 것도 아니다. 소수민족에 대한 일반론이 문화와 전통에서 민족적 독특함의 인식을 대체하면 안 되는 것처럼, 우리도 장애 공동체 내에 존재하는 교차적인 복잡성을 무시하거나 감소시키려 해서는 안 된다.

5. 성년기에 윙크하기: 인지장애에의 관계적 접근

아들의 삶에 윙크나 근육 떨림보다 확실히 더 중요한 것들에 관한 이야기로 초점을 옮기면서 나는 장애 간 비교를 더 이어 나가려고 한다. 특히 같은 시기에 일어난 정책 중 제일 중요한 자립생활운동과 사회통합운동에 내장되어 있는 문화적 함의를 탐구하기 위해, 지난 10년 동안 진행되어 온 이안의 성년기로의 이전 과정을 활용하고 싶다. 이 두 가지 운동은 인지장애와 신체장애의 서로 다른 문화 역사에서 볼 수 있는 매우 흥미로운 사례 연구다. 이들은 장애와 문화 간의 발전하는 관계를 통해 퍼지고 있는 '같음'과 '다름'의 핵심 개념 사이의 개념적 갈등을 잘 보여 주는 것 같다.

간단하게 내 주장을 미리 밝히면, 나는 자립생활운동과 사회통합운동이 성인기의 다른 차원에서 등장하지만, 이 운동들을 둘러싼 담론에 본질적인 동일성과 본질적인 차이에 대한 가정이 내재되어 있음을 발견했다. 이런 지속적인 본질주의의 의도하지 않은 결과는 가장 심각한 인지장애를 겪고 있는 사람들을 장애 공동체와 주류 문화의 변두리로 밀어내어 강제수용을 지속화하는 위험이 있다는 것이다. 이런 비교를 통해 나는 합리적인 차이를 신화에나 나올 도가니에 넣어 녹여 버리지 않으면서도 본질주의의 굳어진 차이를 조금씩 깎아 나갈 수 있는, 장애와 문화에 대한 관계적 접근의 가능성을 제안한다.

이전처럼 내 논의의 기초를 아들 삶의 기술적 부분에 두고 싶다. 지난 20여 년간 이안이 겪어 온 수많은 경험은 그와 비슷한 인지장애 수준을 보이는 사람들을 대하는 우리 사회의 정책과 전문적 실천에 있어 극적인 변화를 잘 보여 준다. 이안이 다섯 살이 되었을 때 우리가 살던 주의 일반 학교에서 합법적으로 배제되었다. 1년 후, 그리고 브라운 인종차별 폐지 결정이 난 지 20년이 넘게 흐른 후, 「장애인 교육법」제정에 따라 처음으로 아들에게 '무상의, 적절한 공교육'을 받을 권리가 보장되었다. 학창 시절 동안 이안은 통합적 교육 환경 유지에 대한 강조와 이를 위한 기능적 기술의 강조를 결합하기 위한 방법의 전문적 발전에 따라 많은 이익을 얻었다. 마지막으로 이안이 학교를 졸업할 때가 되자 성년기로의 전이를 최대한 부드럽게 하기 위한 효율적 계획과 협력에 전문적 관심이 새롭게 쏟아졌다(Rusch, Szymanski and Chadsey-Rusch, 1992).

이런 변화된 관점들은 이안과 같은 세대의 다른 사람들이 학교를 졸업하고 성인으로서 자신만의 삶을 구성하려고 노력할 때까지 함께 따라왔다. 지난 몇 년 동안 우리 아들과 유사한 장애를 가진 사람들이 지역 공동체에 최대한 포함되어 성인의 삶을 꾸려 나갈 수 있도록 도와주기 위한 효율적 서비스를 많은 가족과 전문가들이 계획하는 도전에 접근하는 방법이 급격히 변해 왔다. '지원 고용'이라는 직업적 정책의 한 종류를 통해, 이안은 보호 작업장으로의 분리를 피할 수 있었다. 주거 부문에서의 유사한 정책인 '지원 생활'은 전통적인 대형 수용 시설이나 다른 형태의 보호시설보다 훨씬 다양한 선택권이 존재하는 생활 방식을 제공하였다.

6. 카나리아가 죽은 날: 성년기의 취약한 지위

이런 변화들을 구체적이고 오래가는 개선으로 바꾸는 것은 여전히 난제로 남는다. 이 글을 쓰면서 이안과 나는 처참한 한 주로부터 회복하려고 노력하고 있다. 나와 아내가 3년 동안 공들인 계획과 일이 무너지기 일보 직전이었던 주였다. 이안이 자신의 집으로 들어가기 위한 모든 부분이 들어맞아 보였다. 전환 계획, 예외적 정책 적용, 다시 디자인한 지원 전략, 유연한 지원 금액 사용 방법의 탐색 등이 모두 가치 있어 보였다. 하지만 며칠 사이에 앞날의 전망이 급격하게 변한 것 같았다. 그 주의 하루를 시간 순으로 기록하면 다음과 같다.

09:00 이안의 밴 차량이 고장 났다. 활동지원사가 배터리 연결선을 사용해 봐도 시동을 걸 수 없었다. 이는 이안이 직장에 못 가고 아무런 교통편 없이 사실상 우리 집에 갇혀 있다는 뜻이다. 내가 전화를 받고 집에 갔다. 활동지원사의 말이 맞았다. 밴은 시동이 걸리지 않았다.

10:30 대출 상태가 굉장히 안 좋다. 이안의 새집 담보 대출을 담당하는 직원에게 연락을 받았다. 이안이 자택을 소유할 수 있도록 제공

되는 특별신탁 합의와 함께 몇 개월 전에 대출이 사전 승인되었음에도, 기분이 좋았던 투자자는 갑자기 의지가 없어졌고 대출 절차를 마무리하지 않았다.

12:45 지불 시스템이 무너졌다. 나는 차 수리소에서 음성 메시지를 들었다. 이안의 지원 방안을 관리하는 사람에게 지난 18개월 동안 우리가 설계하는 것을 도왔던 유연한 자금 지원 방식이 작동하지 않게 되었다는 소식을 들었다. 이렇게 될 경우 이안을 지원하는 활동지원사 등에 대한 급여를 부인과 내가 다 떠맡든가 아니면 그들이 월급을 받을 수 있는 다른 일자리를 찾아 떠나는 위험을 감수해야 하는 것으로 보인다.

13:30 냉장고가 작동하지 않는다. 이안의 새집으로 냉장고를 운반할 사람이 전화를 해서 냉장고가 새집에 맞지 않는다고 말한다. 이안의 휠체어에 적합하도록 설치한 보통보다 폭이 넓은 문이 냉장고가 들어갈 공간을 차지한 것 같다. 아무도 크기를 다시 측정해 볼 생각을 못했었다. 나는 이안을 대신해 차가운 저장공간을 사용할 준비가 되었다.

15:45 이안과 그의 지원 인력과 미리 계획된 모임을 하면서 나는 그날의 사건들을 검토하였다. 이안은 회사에 못 가서 기분이 좋지 않다. 활동지원사 등은 수당 처리 방식이 여전히 확실하지 않아 기분이 좋지 않다. 주말 동안 이안을 새집으로 이사시키려던 계획을 취소하였다. 즉석에서 마련된 그다음 주에 있을 계획과 함께 모임은 중단되었다. 나는 긍정적이고 쾌활해야 한다.

20:00 이안이 키우는 루시라는 이름의 카나리아가 새장 바닥에 가만히 누워 있는 것을 발견했다. 나는 광부들이 폭발성 있는 가스에

대한 조기 경보 시스템으로서 카나리아를 사용하였다는 오래된 이야기가 떠올랐다. 관료 체계를 뚫으며 수년 동안 길을 뚫어 왔는데, 모든 것이 폭발하는 것은 아닌지 걱정되었다.

루시를 제외하고 우리는 그 주를 견뎌 냈고 미래에 대한 전망이 조금 더 나아진 것 같다. 하지만 사건들의 연이은 발생과 그 주 동안 내가 느낀 공허함과 좌절감은 이런 중단과 지연이 더 오래 지속될수록 이안의 성년기가 더 취약하게 될 것이라는 의식을 강화했다. 쟁점이 윙크하는 것이건 성년기이건 현재 이안의 장애의 주된 특징은 자신의 통제를 확연히 벗어난 사건에서 그의 문화적 입지가 얼마나 불확실해 보이는가 하는 것이다.

여기서 내가 제안하는 쟁점에 대해 분명히 하고 싶다. 우선, 취약해 보이는 것은 성년기의 문화적 입지이지, 이안이 성인인가 아닌가가 문제가 아니다. **성인이 되는 것과 주류 문화 내 성년기의 상징적 상태를 확보하는 것은 굉장히 다른 두 개의 성취물이다. 많은 방면에서 인지장애가 존재하는 곳은 정확하게 둘 사이의 틈일 것이다.**

두 번째 경고는 첫 번째로부터 나온다. 인과관계의 방향이 중요하다. 내 관찰에 따르면, 이안의 성년기를 점증적으로 위기에 처하게 한 원인은 이안의 복합장애의 유형과 심각성이 아니다. 오히려 반대여야 한다. 그의 장애의 속성과 심각성을 구성하고 정의하는 것은 신체적 장애보다는 이야기의 실패처럼 이안이 성년기로 가는 길에 놓인 수많은 사회적 장벽들이다.

그중 가장 불만스러운 점은 아마도, 자신이 성년기로 가는 길에 놓인 이런 위협에 자신의 말로 이의를 제기할 수 없다는 것이다. 장애가 있건 없건 우리는 내가 위에 설명한 하루와 같은 날들을 겪어 보았다. 당연히 장애인들은 대부분 자신의 의존성과 빈곤을 영구화시키려는 의도가 있는 관료 체제를 대해야 했던 자신들만의 공포를 다시 언급할 수 있을 것이다. 이안의 경험, 또 다른 중증 인지장애인들의 경험의 다른 점은 어떻게 그런 장벽에 대응하였는지에 있다. 이안은 성인이 되는 과정에 마주하는 난제를 자기 주변 사람들처럼 쉽게 알아차리지는 못한다. 만약 이안이 어떤 방법으로 난제를 알아차렸다고 하더라도 그의 소통 능력과 사회적 능력 때문에 효율적으로 대응하기 어려울 것이다. 다른 말로 하면, 그의 성년기를 둘러싼 문제 중 하나는 그의 불만과 요구에 관해 나 또는 다른 어떤 옹호인의 계속되는 통역이 필요하다는 점이다.

마지막으로 나는 나의 아들, 그리고 유사한 장애를 가진 다른 사람들이 자립생활운동, 지역통합운동, 또는 둘 다에 기인하는 정책 개혁에 의해 얻게 되는 실질적인 이익을 거부하거나 무시하고 싶지 않다. 아들의 삶은 그의 성년기에 대한 이야기를 사회로 전파하는 데 도움을 주는 친구들 사이에서 존재하는데, 이런 이야기들은 자신이 참석해 있을 때는 말하기 불편할 수 있다. 직장을 유지하고 자신만의 집으로 이사하기 위한 이안의 투쟁은 성년기의 입지가 존재하는 개인적·문화적 측면에서 인정된 공간을 만들어 주려는 장애 옹호 세대 노력의 명백한 표시이다. 그리고 이런 투쟁 중 일부를 이기면서, 비록 미약하고 승리의 경험이 적을지라도, 이안과 수많은 이안의 동료들은 오늘날 25년 전에는 우리가 감히 상상도 못했던 더 좋은 삶을 살고 있다. 하지만 이런 이익에도 불구하고, 두 운동에 대한 본질주의적 가정들이 인식되고 재구성되기 전까지는 이 문화적 분야가 주류 사회에 의해 지속적인 논쟁거리로 남아 있을 것이라고 주장하고 싶다.

7. 자립생활과 성년기의 개인적 측면

개인 자율성은 아마 특수교육과 성인 서비스 분야에서 가장 많은 관심을 받은 성년기의 의미 또는 측면일 것이다. 내가 어디에서 누구와 함께 살고, 어디에서 누구를 위해 일하는가에 대한 통제권을 갖는 것이 아마 자립생활의 가장 일반적인 표지일 것이다. 이런 성년기에 대한 개인적이며 함축적인 의미야말로 교육자와 복지 전문가들이 '학생의 삶에서 성인의 삶으로의 이행'에 관하여 말할 때 보통 전달하고자 하는 점일 것이다. 지난 10년 동안, 이런 이행의 공적 전략을 확대하려는 노력이 우리 사회의 개인적 독립성과 가장 확연히 연관된 삶의 영역들에 가장 자주 중점을 두었다(Rusch, DeStefano, Chadsey-Rusch, Phelps and Szymanski, 1992).

처음부터 성년기의 개인적 측면에 초점을 맞추는 것 또한 자립생활운동의 강점이었다. 어쩌면 자립생활운동의 주된 기여는 경제적 의존과 사회적 고립의 원천을 장애에 내재하는 개인적 결손으로부터 사회에 의해 구성된 문화적·환경적 장벽으로 이동시킨 것이었다. 이 운동은 폭넓은 창의적 적용과 순응이 가능해지기만 한다면 장애인들도 쉽게 누릴 수 있는 자기 결정과 자율성의 가치를 강조하였다. 여기서 주된 가치는 개인적 통제였던 것 같다. 어디에 사는지, 생계를 어떻게 꾸려 나가는지, 그리고 한 장소에서 다른 장소로 어떻게 이동하는지에 관한 통제가 그것이다.

몇 명의 전문가가 지적하였듯이 자립생활운동의 구조는 동일한 목적을 달성하기 위해 대안의 방법들을 사용할 수 있게 된다면 장애인도 주류 사회에서 성공할 수 있다는 것을 주장하는 것이었다. 운동에 의해 제안된 사회적 비평은 목표 그 자체에 관해서가 아니라 자율성과 자급자족처럼 서구 개인주의의 특징을 막는 장벽에 관해서였다. 운동의 초기 학자 중 한 명은 "장애인들은 미국 경제-정치적 시스템에의 전면적 참여가 배제되었지만, 여전히 시스템이 가장 소중히 여기는 가치와 가정에 동의하고 있다. 그들은 여전히 시스템의 일부가 되고 싶어 한다"라고 언급했다(DeJong, Williams, 1983: 1004에서 인용).

논의에 의하면 성년기는 근본적으로 다른 사람들에게 만큼이나 장애인들에게도 똑같다. 달라져야 하는 것은 환경적 조정이다. 결과적으로 이런 뚜렷하게 경제적인 게임의 규칙은 문제가 되지 않았다. 장애인들은 단순히 출발선에서 자리 하나를 요구하고 있었다.

장애 인권 공동체 내에서 몇 명의 사람들은 적어도 공식 정책과 미사여구들의 측면에서, 정치적으로 온건한 의제야말로 이 운동의 상대적 성공의 배경이라고 주장할 수 있다(Williams, 1983). 분명히 자립생활운동에서 나온 태도와 프로그램이 우리 문화가 성인 장애를 어떻게 생각하는지에 큰 변화를 가져오는 데 도움을 주었다고 주장할 수 있다. 그 변화의 전형은 적어도 수사적으로는 「미국 장애인법」의 언어들에 내포되어 있을 수 있다. "장애인들에 대한 국가의 적절한 목표는 그들을 위한 기회의 평등, 완전한 참여, 자립생활, 그리고 경제적 자기만족을 보장하는 것이다"(Williams, 1983: Section 2.a.8).

하지만 자립생활운동의 핵심에서 나온 이와 같은 성공에는 위험도 존재한다. 장애인들이 다른 사람들과 본질적으로 같다고 주장하고 완전

한 성년기로의 장벽들이 제거되고 나면, 남아 있는 차이점은 모두 동등하게 필수적인 '피할 수 없는 인생의 현실'로 구체화된다. 자립생활운동이 단호한 개인주의의 사회적 규칙을 심각하게 비판하지 않기 때문에 접근권이 확대되었을 때도 계속 실패하는 잔여 부분이 있다면, 문화에서 그 부분들이 배제되는 것은 그 어느 때보다도 더 정당화될 수 있다 (Ferguson, 1994; Ferguson and Ferguson, 1986). 만약 이안이 개인적 생산성과 자기 결정권을 기준으로 성년기로의 전환을 계속 시도한다면, 그의 사회적 참여는 기껏해야 꾸준히 취약한 상태로 남거나, 최악의 경우 공공연하게 거절될 것이다. 가장 심한 중증 인지장애인들을 위해 자립생활운동은 그들의 주변화를 다른 장애인들을 위한 본질적 같음의 법칙을 입증하는 예외로 정당화시킬 수 있는 논리를 만들었다. 이것은 다수의 타고난 친숙함을 주장함으로써 일부 몇 명의 타고난 '타자성'을 강화하는 양자택일적 존재론의 본질주의적 가정이다.

　　자립생활운동을 둘러싼 담론들을 해체하다 보면 이런 배제적인 논리가 어떻게 자립생활의 초기 설명에서부터 존재하였는지 보여 준다. 인지장애인을 성년기의 지위에서 지속적으로 배제하는 것을 정당화하는 것은 자립생활운동의 한정적인 성공일 뿐이다. 이와 같은 배제는 맨 먼저 장애인으로 누가 인정되었는지에 대한 용어와 정의로부터 파생하였다. 초기 장애인권운동의 공공연한 비밀 중 하나는 소위 '지적장애' 집단과 장애라는 표지를 공유하는 데 불쾌감이 있었다는 것이다. 국제적으로 인정되는 '장애'의 그림 표시가 휠체어에 앉은 막대기 모양 사람인 것처럼, 자립생활 진영의 가장 유명한 지도자 중 일부도 신체적 장애와 장애를 일부가 전체를 나타내는 대유법적 관계에 둔다. 그래서 용어와 실천 모두에서 자립생활운동은 신체적 장애를 장애 그 자체와 동의어로 만들었다. 자립생활운동 내 본질주의적 논리에서 인지장애인에 대해 간과된 의미 중 하나는 운동의 용어들이 애초에 인지장애인을 장애인으로 인정하지 않았다는 것이다.

　자립생활운동의 초기 성공 이후 이전에 제외되었던 집단에 관심을 촉구했을 때조차 인지장애인에 대한 배제 담론은 계속되었다. '자립생활'의 초기 학자이면서 가장 잘 알려진 학자도 자립생활운동의 과정을 설명하면서 이 운동의 "주된 참여자"(De Jong, 1984: 40)는 일부 젊은 신체적 장애인에 국한되어 있었다고 인정하였다. 그리고 그가 생각하기에 이 운동에서 "뚜렷하게 부재한" 집단(De Jong, 1984: 41)은 노인과 신체적 장애가 있는 소수인종들이었다. 이 지점에서도 중증 인지장애인의 부재는 눈에 띄지도 않았다.

　다시 한번 여기서 내가 말하고자 하는 것은 자립생활운동의 초기 지지자들이 인지장애인들과 원치 않는 방향으로 연관되는 것을 방지하기 위해 개인적 자율성의 본질주의적 방어에 의도적으로 집착하였다는 것은 아니다. 우리의 독자성을 떨어뜨리는 공통의 본질, 객관적 현실을 찾는 매력은 종종 거부할 수 없는 만큼 눈에 띄지 않는다. 이것은 중증 인지장애인들에게 명시적으로 초점을 맞춰 왔던 옹호운동 내에서도 동등한 힘과 동등한 위험으로 발견될 수 있다.

8. 지역공동체 통합과 성년기의 문화적 차원

성년기의 문화적 차원은 고용과 거주지 같은 개인 자율성의 지표와 연관되어 있지만, 이와 같은 구체적인 개인 상황을 넘어선다. 이는 아마 최중증 인지장애인이 갖는 성년기에 대한 개인적 정의보다 훨씬 더 큰 문제일 것이다. 이는 내가 누군가가 '책임감 있는 어른' 또는 '좋은 시민'이라고 얘기할 때 언급하는 시민권, 소속감, 그리고 상호관계의 더 상징적인 측면을 포함한다.

자립생활운동과 다르게 지역통합운동의 강력한 초기 지지자 중 다수는 가장 심각한 지적장애인들의 옹호인들이었다. 장애인을 위한 완전한 성년기를 확보하는 방법에 대한 지역통합운동의 초점 또한 변하였다. 통합이라는 개념이 장애 학생들을 위한 교육적 통합의 요구로 종종 인식되지만, 용어 자체는 성년기를 포함하는 삶의 다른 부분들(예를 들어 Ferguson, Hibbard, Leinen and Schaff, 1990; Taylor, 1988)을 포함하도록 범위가 넓어졌다. 하지만 자립생활운동과 다르게 장애가 있는 성인들의 지역공동체 통합에 대한 요청은 성년기의 개인적 측면보다 문화적 측면을 강조하였다.

자율성과 자기 결정 같은 개인적 자질에 중점을 두는 단어 대신에 지역통합운동은 소속감과 참여의 상징에 중점을 두는 것처럼 보인다. 하지만 논거는 여전히 익숙하다. 인지장애인도 본질적으로 다른 사람들과 같다는 것이다. 그렇기에 이런 본질적 같음을 인정하면서 지역공동체의 완전한 시민으로서 인정받을 가치가 있다는 것이다. 당연히 완전한 성년기를 달성하기 위해서는 주로 동화의 사회적 측면을 통해야만 한다. 성년기에 대한 상징 분석의 일부분으로서, 장애와 연관된 상징들의 회피는 똑같이 중요해 보인다.

아마 이 논거를 가장 분명하게 보여 주는 것은 발달장애 공동체 내의 자기 권리 주장자들과 그 외 사람들이 요청한 '사람 우선'people-first 용어의 사용에서 발견될 수 있을 것이다. 적어도 이 용어의 채택 뒤에 존재하는 추진력은 지적장애 표지 뒤에 어떠한 다름이 존재한다 하더라도 우리의 본질적인 인간적임에 비교하면 하찮은 것이라는 사실이다. 언어적 개혁은 통합으로의 문화적 장벽이 제거되면 드러나는 공통적인 인성에 의존하는 내재적 존재론과 일맥상통한다. 여기서 나의 주장은 '사람 우선' 언어 뒤에 있는 존재론에만 적용된다. 나의 개념적 추상성의 균형을 잡을 수 있는 윤리적 또는 정치적 주장이 존재할 수 있다. 장애인, 특히 중증 지적장애인의 인간성을 부정하는 사람들에 의해 생겨난 폭행, 감금, 그리고 죽음의 역사는 윤리적 또는 정치적 논쟁들과 더 연관성이 있다. 인지장애인들에게 사용된 표지의 전반적 역사에 대한 더 광범위한 설명을 보기 위해서는 데블리저가 저술한 장을 참조하면 된다.

일부 통합 개념에 놓여 있는 문화적 본질주의의 위험은 주류 문화와의 본질적 차이를 은연중에 부인하는 것이 광범위한 장애 공동체가 기념하기 시작한 대안의 문화와 전통에 인지장애인들이 접근하는 것 또한 부인하게 할 수 있다는 점이다. 이안이 자신의 지역공동체에서 성인으로 완전히 포함될 수 있도록 성년기의 문화적 상징으로 이안을 둘러싸는 노력을 하면서, 동시에 나와 아내는 광범위한 장애 공동체 내에 포함되면서 갖게 되는 똑같이 중요한 혜택으로부터 이안을 고립시키는 것이 아닌가 걱정한다.

내가 주장한 바와 같이 만약 인지장애를 문화의 부재로 볼 수 있다면, 장애학에서 발현하는 대안 문화의 혜택을 얻는 것이 주류 문화 내에 소속되는 것만큼이나 가치 있어 보인다. 장애가 자부심의 원천이 되는 시간에는 이안도 장애인이기 때문에 독특한 권력, 전통, 역할 모델, 가치, 그리고 관계를 이용할 수 있다. 분명한 점은 인지장애인들이 장애인으로서 구축된 정체성을 희생하지 않으면서 성년기의 지위를 누릴 수 있어야 한다는 점이다. '장애의 본질에 관한 진실'에 대한 탐구에서 본질주의적 논리가 두 개념을 양립 불가능한 개념으로 상정하는 한 이분법이 존재할 것으로 보인다.

9. 장애와 성년기에 대한 관계적 접근

장애학에서 본질주의는 근본주의 종교와 같다. 교리의 안전은 믿음을 유지하는 데 필요한 맹신을 감춘다. 악마와 신의 마니교도적 이분법이 우리에게 필요해 보인다. 다름이 신성하다고 생각하건 유사함이 지옥으로 가는 길이라고 생각하건 또는 그 반대이건, 당연히 위안은 신념의 명료함에서 온다. 이런 신학 체계에서 진정 기분 나쁜 부분은 애매함과 변화에 대해 관용하는 것이다. 천국과 지옥을 믿지 않는 해석주의적 불가지론자에게 남은 것은 무엇인가? 만약 성년기의 개인적·문화적 측면이 지난 25년 동안 가장 중요한 개혁운동들에 내재되어 있는 본질주의적 가정에 사로잡혀 있다면, 장애와 문화에 대한 해석적 접근은 성인의 삶에서 다름과 같음을 어디에서 찾아야 하는가?

나에게 이 문제는 어떻게 이안이 다른 장애인을 포함한 다른 성인들과 다르다는 것을 강조하지 않고 그의 성년기를 지원해 줄 수 있는가의 문제로 다가온다. 이안의 다른 점을 강조하면서 사회가 전통적으로 부과했던 열등성의 결론을 회피하기 위해 노력해야 하는가? 아니면 그의 같음을 강조하면서 이미 이안을 불공평하게 배제시킨 현재의 사회적 규칙과 기대를 지속시키는 위험을 감수할 것인가? 이안의 성년기는 주류 문화 모델, 또는 장애 공동체의 다른 부분들 의해 제시되는 대안적 모델과 같아야 하는가 달라야 하는가?

이 모든 문제는 마사 미노(Martha Minow, 1990)와 애니타 실버스(Anita Silvers, 1995)와 같은 여성주의 학자들과 더불어 인지장애의 저명한 학자들(Woodill, 1994; Zola, 1994)이 써 온 글들과도 유사하다. 주류 문화가 이안의 성년기를 거부하는 것을 정당화하기 위해 전통적으로 사용해 온 배제의 근거를 의도치 않게 영속시키지 않으면서, 장애 성인인 이안의 정체성의 구성 요소인 것으로 보이는 다름을 나는 어떻게 강조해야 하는가? 미노는 이 '다름의 딜레마'가 중증 인지장애인과 그들을 대변하는 지원자에게 어떻게 영향을 끼치는지를 명쾌하게 언급하면서, 다름의 딜레마를 다음과 같이 요약하였다.

> 부과된 특성에 기반한 배제와 지위 하락에 이의를 제기하는 사회적·정치적·법률적 개혁의 노력은 다름에 중점을 두어 다름을 다시 만들어 내는, 또는 사람들의 삶에 미치는 지속적인 영향을 부인하는 위험에 끊임없이 맞닥뜨린다. 이 다름의 딜레마는 다르다고 표시된 사람들에게 오명, 비하, 또는 단순히 어울리지 못하는 점 등의 부담을 지우면서 그 외의 대중은 다름의 문제에 책임이 없고, 관련이 없는 채로 둔다. […] 중증 정신장애인들을 위한 주거, 교육, 고용에 관한 결정은 다름의 딜레마 위에 가장 영향을 많이 받는 사람들이 스스로 원하는 것을 아는 데 어려움을 가중시킨다. (Minow, 1990: 47~48)

여기서 나는 해답의 윤곽만을 제안할 수 있는데 나의 독창적인 견해는 아니다. 나는 해답을 본질이 아닌 일상적 상호작용의 모호함과 혼란 안에 있는 관계에서 찾는다. 후에 졸라(Zola, 1994)에 의해 구체적으로 방어되기도 했던, 미노의 '사회적 관계' 접근의 많은 부분은 실제로 긴장을 해결하려고 노력하지 않으면서 위에서 인용된 '다름의 딜레마'의 부정적인 결과를 피할 수 있는 유망한 방법처럼 보인다. 아이러니하게도 인지장애인들에게는 '자립생활운동 내로의 포용'이 이런 관계적 옹호가 어떻게 작용할 수 있는지에 대한 실질적 예시이다. 만약 중증 인지장애가 문화의 부재로 특징지어진다면, 대안적인 또는 주류 문화에서 자신들의 입지를 확보하고자 하는 것은 문화적 맥락을 거절당함에 따른 부정적 결과를 완화하는 것과 동일한 목적을 달성할 수 있다. 자립생활 또는 포용, 장애 문화 또는 공동체 통합처럼 같음과 다름 사이의 긴장 상태를 없애거나 녹이는 대신, 관계적 접근은 이분법에 내재되어 있는 본질주의를 회피한다.

그렇다면 우리는 장애를 본질적인 방법이 아닌 관계적 방법으로 접근하기 시작해야 한다. 내 생각에 관계적 접근 방법은 장애의 중요성을 감소시키지도 않고, 우리 삶에서 장애의 중심성을 의심하게 하지도 않는다. 우리가 누구인지, 우리가 어떻게 같은지, 또 우리가 어떻게 다른지를 말해 주는 모든 것들은 우리 문화를 구성하는 관계들의 망에 걸려 있게 된다. 관계적으로 장애를 해석하는 것은 우리가 무엇을 봐야 하는지가 아니라 단순히 어디를 봐야 하는지를 보여 준다. 관계적으로 장애를 해석함에 따라 탐색이 시작될 따름이다. 내가 볼 때 나는 서로 간의 제휴, 다름에 대한 찬사, 평등을 향한 투쟁에서 장애를 찾는다. 또 우리의 문화적 업적과 공유된 열망에서 장애를 찾는다. 우리의 우정과 상호 지원에서도 찾는다. 우리의 다름과 같음의 역사에서 찾는다. 그런 관계의 의미를 찾는 것에 누가 진짜로 참여할 수 있는가에 대한 논의에서조차 찾을 수 있다. '우리'는 누구이고 '그들'은 누구인가?

나는 그중에서 무엇보다도 우리의 삶에 대해 각자에게 말해 주는 이야기들에서 찾는다. 나는 특히 내가 들을 수 있고 볼 수 있도록 내 아들이 도와주는 이야기들에서 찾는다. 간단하게 말해서 나는 윙크 하나에서도 발견할 수 있다.

학습을 위한 질문

1. 이 장은 중증 지적장애를 이해하는 하나의 방식으로 문화의 부재를 논의하고 있다. 이 장에서 문화의 개념이 어떻게 사용되었는지, 이에 따라 문화가 누군가의 삶에서 존재할 수도 부재할 수도 있다고 말할 수 있는지 논의해 보라. 문화적 맥락이 박탈당한 것처럼 보일 수 있는 다른 장애 범주는 존재하는가?

2. 저자는 그의 분석의 일차적 기초로 자신 아들의 경험을 사용하였다. 장애학에서 개념적 분석을 하는 데 이처럼 개인적 경험에 의존함에 따라 발생할 수 있는 장점과 단점은 무엇인가?

3. 이 장은 문화와 상호작용하는 방법에서 중증 인지장애가 다른 유형의 장애와는 상당히 다르다고 말하고 있다. 그렇다면 경증 인지장애도 다른 유형의 장애와 차이점이 존재한다고 생각하는가?

4. 이 장은 '두터운 묘사'에 대한 기어츠의 유명한 논문에서 많은 인용을 하고 있다. 두터운 묘사의 의미를 어떻게 해석할 수 있는가? 그리고 이것은 퍼거슨이 언급한 내러티브 분석과 어떤 관련이 있는가? 장애학에서 두터운 묘사와 내러티브 분석이 적용된 논문을 찾아보고 기술하라.

5. 이 장은 자립생활운동과 지역통합운동이 일차적으로 장애의 다른 분야에 초점을 맞추었다고 주장하고 있다. 하지만 장애의 근원적인 접근법인 유사한 본질주의를 공유하고 있다고 주장하고 있다. 이와 같은 분석에 동의하는지와 그 이유를 논의해 보자.

6. 퍼거슨은 일반적으로 장애인을 언급하는 방법과 지적장애인을 특별하게 언급하는 방법에 대해 간단하게 논의하였다. 이 논의의 한 측면에서 '사람 우선'(people first)이라는 용어를 주장하고 있다. 또 다른 측면에서 장애 표지를 두드러지게 함으로써 장애인으로서의 정체성과 유산 측면에서의 자부심을 보여 주는 '장애 우선'(disability first) 입장을 주장하고 있다. 이 논쟁과 우리 사회에서 장애 이미지를 위한 함의에 대해 논의하라.

7. 장애인의 친구이거나 가족일지라도 장애인이 아닌 사람이 장애인과 어떻게 비슷하고 다른지를 어떻게 이해할 수 있을까? 일부 장애에 대해서는 가능하다고 하더라도, 중증 인지장애와 관련된 장애의 경우에 가능할까?

8. 인지장애는 우리 사회에서 인종, 성, 성적 지향, 계급 등과 같은 범주와 어떻게 비슷하고 다른가? 유사성과 차이점은 문화적으로 어느 정도까지 설명될 수 있는가? 또 문화를 가로지르는, 변할 수 없는 생리학적 문제들은 어느 정도까지인가?

9. 장애의 실재, 본질, 하나의 정의가 존재할 수 없다는 주장을 받아들이면, 관계는 장애의 개념을 형성하는 매우 강력한 방법이 된다. 일, 학업, 여가, 가족생활 등과 같이 삶의 주요한 부분을 선택해 보고, 장애를 이해하기 위한 관계적 접근법이 어떻게 우리의 정책과 실천을 바꿀 수 있는지 고찰해 보라.

10. 시간과 장소의 변화에 따라 장애의 개념이 변할 수 있다는 주장을 받아들이면, 21세기에 장애 의미가 어떻게 변화할 것인지 생각해 보자. 3003년의 장애는 2003년의 장애와 비슷할까, 다를까? 이에 대해 논의해 보자.

10장 · 노화와 장애의 공통 의제
막다른 궁지 또는 진화

매들린 아이리스

'같음'과 '다름'은 장애를 갖고 사는 삶 및 노화와 같은 두 개의 인생 경험을 정의하는 강력한 개념들이다. 노화는 긴 삶의 자연스러운 결과로 보인다. 하지만 장애를 갖고 살아가는 것은 종종 규범적이지 않은 인생 경험으로 생각된다. 노인들이 예전보다 더 오래 건강을 유지하고 있지만, 장애인 중 가장 많은 비중을 차지하는 것은 65세 이상의 노인들이다. 그러므로 미국 노인들과 장애인들 사이의 공통된 우려들은 앞으로 더욱 중요해질 것이다. 미국 노인과 장애인은 나이에 상관없이 자립생활을 유지하기 위해 만들어진 지원 서비스에 대한 접근, 보건 시설에 대한 접근과 상환 제도, 그리고 소득 보장을 위한 지속적인 공적 지원을 포함하는 공통 관심사로 연결되어 있다. 정책 영역 내에서 두 집단은 공공 프로그램으로부터 혜택을 받는 사람들의 이미지를 바꾸고, 누가 어떠한 목적으로 혜택을 받아야 하는지에 대해 재정의하기 쉽다.

이 장은 노인과 장애인이 유사하거나 다르게 되는 수많은 방식을 탐구할 것이다. 노인과 장애인의 문화적 이미지 조사를 시작으로 하여,

마리 헨더슨이라는 만성장애를 가진 고령의 여성에 대한 사례 연구를 제시하고, 같음과 다름의 개념이 어떻게 정책 과정에 영향을 끼치는지 설명하고, 장애와 노화의 공통 안건을 세우기 위한 노력의 역사적 개요를 보여 줄 것이다. 이런 노력의 성공과 실패의 근본적인 원인에 초점을 맞추어 분석이 이루어질 것이다.

* * *

나이가 든다는 것은 긴 인생의 자연스러운 결과이기 때문에 익숙한 경험이다. 비록 서구 문화가 사회에서 노인들의 가치에 대해 엇갈리고 가끔 모순되는 형상을 제공하지만, '성공적으로 나이 든' 사람들은 대체로 존경받고, 우리는 그들의 긴 삶에 대한 비법을 알고 싶어 한다. **생애 주기 관점은 우리가 매일 마주하는 노화의 신체적 절차에 질서를 부여하는 시간순의 틀을 제공한다.** 인생의 단계는 유아기, 아동기, 청소년기, 성년기를 지나 결국 노령기로 우리를 인도하고, 시간에 따라 예상할 수 있으며 사회적·문화적으로 규정된 규범적 행동과 기대(Neugarten, 1996) 그리고 변화(Erikson, Erikson and Kivnick, 1986; Friedan, 1993)에 우리를 연결한다. 우리가 노화를 측정하는 방법은 우리가 예상되는 삶의 결과를 달성하는 데 있어 우리의 성공을 얼마나 잘 보는지를 말해 준다.

장애는 다르다. 우리는 장애를 예상하는 경우가 거의 없고, 장애를 갖고 태어나거나 나이를 먹어 가는 도중 장애를 갖게 되는 것은 종종 역경, 비극, 개인적 잘못 또는 인격의 실패, 또는 적어도 운이 나빴던 것으로 여겨진다(Shapiro, 1993). **장애는 새롭지만 예측할 수 없이 규범**

적 과정을 바꾸기 때문에 생애 주기의 붕괴를 나타낸다. 과거에는 장애인들이 대부분 동일하게 불명예를 당했지만(Goffman, 1963), 오늘날에는 알려진 장애의 결과가 딱히 없다. 그래서 장애는 사회구조에 갈등과 혼란을 만들어 낸다. 우리의 행동 또는 기대의 방향을 잡아 줄 안내서가 없으며, 장애에서 성공적인 것이 어떤 것인지 알려 줄 역사적 모델뿐만 아니라 현대의 모델조차도 거의 존재하지 않는다.

우리 사회 안에 노령과 장애의 의미와 가치에 대한 상반되는 메시지는 아주 많다. 첫째, 우리는 '노인' 그리고 '장애인'과 같은 표시를 부여함으로써 계급을 만들어서 개인을 자신의 독특함에서 멀어지게 한다. 이런 표지들은 매우 다양한 경험과 배경에 대해 최소한의 인정만 함으로써, 집단 간 공통점보다 차이점을 더 많이 생산한다. 둘째, 우리는 두 상태와 연관된 의존, 쇠퇴, 손실의 상황을 혐오하지만, 동시에 우리는 실제적이거나 인식적인 일부 특징을 이상화한다. 노인들은 삶의 진정한 의미를 향한 지혜의 원천이자 통찰력의 근원으로 보일 수도 있지만, 동시에 우리는 노화의 신체적 징후를 쇠퇴, 노쇠, 무력의 징후로 본다(예를 들어 Cole, 1992). 이와 유사하게 우리는 수많은 장애인의 영웅담, 특히 자신의 장애 조건 때문에 생기는 한계를 극복해 내고 우리가 모두 가치 있다고 인식하는 목표를 달성한 사람들의 이야기를 기억해 낼 수 있다. 하지만 이런 모습의 뒷면에서는 목표를 달성하지 못하거나 장애를 극복하지 못한 사람들이 자신들의 장애의 비인간성을 극복하지 못하고 실패한 것으로 여겨지고 있다(Shapiro, 1993).

우리가 만드는 그들의 이미지와 의미는 노화의 과정과 특정 장애 상태에 대한 우리의 문화적 역사와 현대 과학기술의 이해에 그 뿌리를 두고 있다. 하지만 이런 이해에서 발생하는 긴장과 딜레마는 하나의 설명 틀만으로 해석될 수 없다. 즉, 자유 라디칼과 신체적 노화, 또는 타우 단백질과 치매 사이의 관계는 변화하는 요구를 수용하고 연령 관점에서 이익을 얻을 수 있는 노인의 의미 있는 역할을 찾기 위한 우리의 사회적 투쟁을 설명하기에는 충분치 않다. 더 나아가 다운증후군, 취약 X 증후군 또는 알츠하이머병에 대해 우리가 아는 것이 이런 경험의 사회적·공공적 성과를 변화시키지도 않는다.

이번 장은 연합체 설립을 위한 과정을 살펴보고, 또 서로 다른 가치, 목표, 언어에 따라 공통 관심사 식별을 어렵게 만드는 장벽에 대해 탐구하면서, 노화와 장애의 공통 의제 합의를 향한 움직임을 간략히 살펴볼 것이다. 공통 의제는 공공 정책의 사회적 공공 성과의 틀 내에 위치하고, 노인과 장애인의 사회적 인식과 자아 인식을 구성하는 데 끼치는 영향력 내에 위치한다. 내가 집중하고자 하는 부분은 노인을 특별한 계층으로 발전시키는 특별한 지위와 장애인을 법적으로 보호받는 소수자로 보는 인식의 발전인데, 특정 입법 행위들을 통해서 두 집단을 공통 의제로 합치하는 현재의 정치적 맥락을 구체적으로 살펴볼 것이다.

마리 헨더슨(가명)의 인터뷰에서 본 사례는 의제 만들기와 그에 따라 마주하는 장벽의 '살아 있는 경험'을 설명한다. 마리는 '시카고에서 나이 들어 가기 프로젝트'와 동시에 인터뷰를 하였다(Iris and Berman, 1995). 20대에 다발성 경화증을 진단받은 그녀는 이제 62세가 되었고, 일리노이의 노인국과 재활서비스국과 같은 두 복지 서비스 시스템 사이에서 전환의 어려움이 있었다. 두 부서 모두 재가 서비스를 제공하고 있었지만, 두 부서는 목표, 사정 방법, 서비스 제공 환경 등에서 호환적이지 않았다. 마리의 경험들은 장애를 갖고 나이 드는 것의 영향을 분명히 보여 주고 있다. 또 마리의 경험은 평생 겪어 온 장애 또는 성인이 되어서 얻은 장애를 가진 사람들이 나이가 들어 감에 따라 대면하는 수많은 갈등과 내적 딜레마의 예를 잘 보여 주고 있다.

비록 그녀는 장애인을 지원하는 주와 시의 부서에서 제공하는 수많은 프로그램에 적극적으로 참여하였지만, 동시에 장애인권운동의 이념을 피했다는 면에서 마리는 자신이 속해 있는 특정 집단의 전형일 수 있다. 그녀는 장애인권 운동가들이 사용한 더 전투적이고, 인권 중심적인 접근법을 강하게 반대하였다.

> "그들은 그저 또 다른 '내가 장애가 있으니까 당신들이 해줘야 하는 거야'라고 말하는 사람들이다. […] 나는 '도대체 너희들이 뭐라고 생각해!'라고 생각한다. 텔레비전에서 그 사람들이 현수막이랑 여러 가지를 들고 시위하는 것을 보면서, '너희들은 자신이 어떻다고 생각하니'라고 말하였다."

마리 헨더슨의 사례는 단일한 해석이나 분류를 거부하는 노화와 장애의 복잡한 모델을 제시한다. 그녀는 노화와 장애 서비스 모두를 적극적으로 사용하고 추구하는 사람이지만 한쪽 집단에 개념적으로나 이념적으로 일치시키는 것은 거부한다. 대신에 그녀는 개인의 정체성을 연대기적 나이 또는 특정 손상과 같은 단일한 특징의 기능으로 이해하려는 문제점을 우리가 성찰하도록 한다.

1. '같음'과 '다름'의 개념

개인들이 같거나 다르다고 여겨지는 방식에 대한 이해는, 관계있는 상황 또는 문제에서 의미 있거나 중요하게 보이는 어떤 특징이나 특성에 대한 식별에 따라 달라진다. 우리가 분류하는 문제, 목적, 또는 적합성의 방향이 바뀜에 따라, 분류하기 위해 중요하다고 선택된 특징 또는 특성들은 변화할 가능성이 있다. 예를 들어, 내가 어렸을 때는 남녀의 구별만이 학생이 학교에서 어떤 운동을 하는가의 유일한 기준이었다. 성별이 분리된 스포츠들이 여전히 존재하기는 하지만 성별 그 자체는 더 이상 중요한 구별 기준이 되지 않는다. 오히려 남자와 여자의 구별은 상대적인 힘 또는 무게와 같은 신체적 특징의 차이에 기초하여 생길 수 있다.

범주화는 자연계에 감각 질서를 가져오고 인생 경험에 대한 의미 있고 공통적인 이해를 제공하는 데 필수적인 중요한 발달 과제다(Lakoff, 1987). 범주화는 한 계급의 일원들 간에 공유하면서도 어떤 면에서는 구별되는 특징의 인정에 기인한다. 동시에 계급의 구성은 '반대 계급'에 대한 잠재적 인정을 암시하기도 한다. 예를 들어, 현재 미국의 의료보험제도Medicare의 자격은 65세 이상의 노인들이라는 계급을 만들기 위한 연령의 변별적 특징을 보여 준다. 또 자격 기준에 65세 이하이지만 장애를 갖고 있는 특정 사람들을 포함함으로써 프로그램과 지지자들은 연령을 초월하는 유사점을 발견하였다. 사회적으로 의미 있다고 인식되는 하나의 기준에 의해 집단에 포함되는 사람들은 유사하다고 추정되고, 포함되지 않는 사람들은 다르다고 추정된다.

분류의 방법으로 수용될 수 있는 기준을 만드는 것은 다양하고,

'같음과 다름' 개념의 중요성을 이해하는 중심에 위치하고 있다. 범주화의 기준은 가치의 시스템에 따라 무엇이 중요한지를 알려 주고, 미국 의료보험제도의 경우와 같이 무엇이 다수의 다른 결정적 특징의 대리변수가 될 수 있는지 알려 준다. 한번 제도화되면 이런 기준들은 수많은 의미를 상징하기 때문에 변경하는 것이 거의 불가능하다. 그렇기에 장애와 노화에서 '같음과 다름' 개념의 중요성을 평가할 때, 우리는 우리의 가치와 이해를 형성하는 공공 정책의 역할을 인식할 수 있다.

'같음'과 '다름'의 개념은 노인 공동체와 장애인 공동체의 정책 의제와 옹호자들의 노력을 통해 드러나고, 또 장애가 있는 노인을 포함한 노인 자신의 삶에서도 나타난다. 정책의 관점에서 이런 개념들은 통합, 자격 부여, 편의 제공, 일반화와 대조적인 특수화, 그리고 노쇠, 의존, 손상, 빈곤 등 부정적으로 연관된 문화적 가치들과 같은 일련의 이념적 가치의 복잡한 결합을 보여 준다. 이런 집단을 가로질러 공동으로 존재하는 같음과 다름에 대한 분석의 중심에는 분리와 통합, 시민권과 자격에의 호소와 같은 두 개의 이념적 차이가 존재한다(Minow, 1990).

역사적으로 노인 서비스 네트워크 내의 공공 정책과 프로그램 개발은 생계 지원, 사회복지 서비스, 의료 서비스, 주택 공급을 통해 노인들을 위한 특별한 편의 제공을 강조해 왔다. 이와 같은 편의 제공 방법은 특별히 나이 든 성인들을 위해 지정된 유사한 또는 독특하기까지 한 서비스와 맥락을 창조해 내는 모델에 의해 만들어진다. 이와 같은 모델의 생성을 호소하는 근원에 있는 원리는 자격의 원리다 (Neugarten, 1982). 노인들은 사회의 복지 그리고 청년의 행복을 위한 과거의 기부자로 여겨진다. 나이가 듦에 따라 그들은 독특한 입지와 사회 시스템에서의 특별한 위치를 얻었다. 자격 부여의 정당화는 숫자에 기반한 논쟁으로 틀이 잡혔다. 미국과 다른 서구 사회들은 노인 계급이 성장하며 사회에서 노인들의 요구, 입지, 역할을 재평가하는 것을 필요로 하게 만드는 역사적으로 독특한 현상을 경험하고 있다. **오늘날 고령화 시대를 살아가는 노인들의 수가 증가함에 따라 발생하는 '인구학적 불가피성'은 우리 사회에서 노인들의 필요, 입지, 역할에 부여되는 꾸준하고 특별한 관심을 지지하는 맥락에서 선호되는 비유법이다.**

반대로, 장애인권운동의 철학적 기반은 평등함과 사회적 수용의 관념에서부터 발생하여 통합과 평등한 입지로 이어진다. 이 철학은 시민권에 대한 호소이고 이를 행동으로 보여 준 사례는 연좌 농성, 시위, 그리고 풀뿌리운동과 같은 시민 불복종을 포함하는 1950년대와 60년대의 미국 민권운동이다(Shapiro, 1993). 장애인권운동은 장애인의 자기 옹호와 권한 강화를 가장 중요하게 요구한다. 물리적으로나 태도적으로 장벽 없는 환경을 만들어 어떤 장애인이라도 일반 사람들에게 제공되는 기회와 사회적 공간이 똑같이 제공되는 세상에서 자유롭게 움직일 수 있도록 하는 것이 목표다.

이런 목표를 달성하기 위한 힘은 인지된 공통 관심사를 통해 모든 장애인을 결속시키는 중요한 정치적 연합의 생성에서부터 나올 것이다. 노령 인구 옹호자들과 마찬가지로, 장애인권운동 또한 개인적으로 의미 있는 수많은 특성 중 하나에만 기반하여 다양하고 이질적으로 나뉜 집단들을 통합시키는 역사적으로 특별한 사회적 계급을 인정받음에 따라 가능해진다. 성공하기 위해서는 장애인들이 장애를 성별, 인종, 종교 또는 연령보다 훨씬 강력하게 정의되는 특성으로 간주해야한다. 하지만 하나로 공유된 문화적으로나 사회적으로 의미 있는 태도와 행위가 없으면 이런 목표를 달성하는 것이 어려워진다(이 책의 8장 참조).

일부분의 사람들이 장애를 갖고 태어나는 반면, 대부분의 사람은 성인기 중에 장애를 얻는다. 사실 65세 이상의 사람들 중 절반 이상이 장애를 갖고 있다(Torres-Gil, 1996). 미국 인구의 20퍼센트 정도만이 장애가 있는 것으로 조사되는데, 이는 장애인들의 다수가 노인이라는 의미이다. 노인들은 장애를 갖기 전 층층이 쌓여 확립된 정체성을 통해 이미 수년 전부터 자기 개념들을 갖고 있다. 이에 따라 장애인권운동에 의해 공유된 견해를 받아들이는 것이 어려울 수 있고, 더 나아가 자신이 누구인지에 대한 오래되고 더 의미 있는 개념들에 장애는 부차적인 것으로 인식할 수 있다. 사실 장애는 장애인으로서의 입지를 만들거나 변화된 현재 모습에 대해 말하기보다는, 그들이 더 이상 해당되지 않는 모습에 대해 더 많이 말하는 것으로 보일 수 있다.

마리 헨더슨(가명)의 경험은 우리가 '노인'이라고 부르는 집단의 일부로 자신을 간주하면서도 자기 인식의 절차에서 노인들이 겪는 어려움을 보여 준다. 심각한 순환기 문제 때문에 병원 생활을 한 후 그녀는 재활을 위한 돌봄 시설로 보내졌다. 인터뷰에서 그녀는 자신의 입지 변화에 대해 다음과 같이 언급하였다.

"내가 말하고 싶은 한 가지는 처음 병원에 들어갔을 때 나는 병원에 있는 사람들만큼이나 늙은 것처럼 느껴졌다. 그 사람들은 다들 나이가 80대는 되었다. […] 처음 병에 걸렸을 때는 내가 어린 것 같았지만 나중에는 나에게 내가 더 이상 어리지 않다는 것을 잊지 말라고 당부하곤 했다. '넌 이제 할머니야. 할머니처럼 행동해야 해'라고 자주 내게 말했다. 병원에서 나는 그렇게 지냈다."

　연장된 돌봄 시설의 환경에서 마리는 자신의 정체성이 어리고, 장애가 있는 사람에서 이제는 노후화된 인격체로 변하는 것을 경험했다.

　연구원과 학자들이 노인 인구의 증가와 이런 증가가 의미하는 사회적·문화적 중요성에 대해 개인적·사회적으로 분석했지만(Callahan, 1987; Silverman, 1987; Cole, 1992; Friedan, 1993), 증가하는 장애인 인구의 입장에서 이와 같은 문제점을 파악한 문헌들은 찾기 힘들었다. 비록 개인의 인생 얘기와 사례 연구들은 종종 장애인의 삶에 대한 본보기로 제시되었지만, 더 넓은 사회 문화적 또는 철학적 문맥에서 장애의 의미를 마주하는 경우는 거의 없을뿐더러(Zola, 1982; Murphy, 1990), 공공 영역에 표출되는 경우는 더욱 없었다(Berube, 1996). 이에 따라 미국 사회생활의 구조 내에서 장애의 의미에 대한 광범위한 공개 토론의 부재가 계속되고 있다.

　이와 같은 차이에도 불구하고, **노인과 장애인의 이해를 합치려는 움직임이 증가하고 있다.** 그러기 위해서는 오랫동안 지속된 역사적 장벽을 반드시 극복해야 한다. 예를 들어 노인과 장애인에게 예상되고 기대되는 사회적 역할에는 큰 차이가 있었다. 산업화 이전의 가족 구성에서 노인들의 위치는 일반적으로 인정되는 것보다 더 복잡하였지만, 요즘은 대체로 노인들이 자신이 쌓아 온 부, 재산의 통제, 교회의 남성 지배적 계급사회에서 차지한 위치에 기반하여 존경받았다는 문화적 신화가 통용되고 있다(Achenbaum, 1978; Cole, 1992).

　반면에 인지장애, 신체장애, 그리고 특히 정신장애를 포함하는 장애인들은 오랜 시간 오명을 쓴 채 살아왔다. 지적장애의 언어에 대한 데블리저의 분석(이 책 11장)을 보면, 이런 오명을 꽤 적절하게 볼 수 있다. 사회에서 장애인들의 위치는 자선 모델에게 점령되었지만 동시에 수용소 설립으로 대표되는 사회적 거리를 유지해야 했다. 이렇게 문화적으로 깊이 배어 있는 태도 또는 언어들은 이런 집단에 대한 우리의 생각에 끊임없는 영향을 끼치고, 그에 따라 '다른' 사람의 배제 또는 통합을 정당화한다.

이런 분석을 통하면 다수의 질문이 생겨난다. 예를 들어 장애인이 '자선 사례' '얼간이' 또는 '정신박약자'로 인식되거나, 또는 과거의 죄에 대한 징벌로 표현된다면, 우리는 어떻게 하나의 사회로 장애인들을 위한 평등권을 통합할 수 있겠는가(Minow, 1990)? 우리가 계속 노인들이 공경받고 가족 내에서 존경받았던 '좋았던 시절'을 신화화하고 있으면, 노인들에 대한 지속적인 공공 지원의 필요성을 어떻게 인식할 수 있겠으며, 이렇게 다양한 집단의 욕구를 충족시키기 위한 우리의 사회적 의무를 어떻게 인식하겠는가? 마지막으로 인종, 소득, 연령, 장애의 정도, 서비스의 필요 정도 등 거의 모든 부분에서 내적으로 동질적이지 않은 집단인 만큼, 우리는 어떻게 다양성에 대처할 것인가?

2. 인구 통계

위의 질문에 대답하기 전에 왜 그것들이 중요한지 이해하는 것이 우선되어야 한다. 일반적으로 공공 정책의 문제를 다룰 때는 인구 통계가 무엇보다도 중요한 근거가 된다. 문제들의 해답이 상당한 힘이 있는, 또는 잠재적으로 힘이 있는 정치적 유권자들에게 적용될 때는 질문들이 매우 중요해진다. 우리가 다루는 문제가 바로 그것이다. 젊은 나이에 사망하는 사람들이 점점 줄어들고 오래 살게 되면서 말년에 장애를 갖게 될 확률이 높아질 것으로 연구자들은 예상한다(Crimmins, Saito and Reynolds, 1997). 이에 따라 노인과 장애인 사이에 이해관계의 합치를 볼 것으로 예상할 수 있을 것이다.

노화되는 사회에 관한 문헌들에서 연구자와 학자는 '인구학적 불가피성'의 힘을 언급한다. 1990년에는 미국 인구의 대략 13퍼센트가 65세 이상이었다. 이 수치는 노인 인구의 큰 증가를 반영하기도 하지만 더 중요하게는 85세 이상 노령 인구의 급격한 증가를 포함하는 수치이다. 실은 2020년에는 인구의 17퍼센트 정도가 65세 이상일 것으로 예측되고, 제2차 세계대전 후의 '베이비 붐' 세대가 나이가 들어 감에 따라 그 후 10년에서 15년 동안은 숫자가 계속 늘어날 것으로 예상된다. 우리는 이 집단 내에서 굉장히 노령인 사람들의 숫자가 많이 늘어나는 것을 볼 수 있을 것이고, 그래서 2050년쯤에는 많으면 노령인구의 절반이 75세 이상일 것이다(Siegel and Taeuber, 1986).

노령 인구의 증가는 기대 수명의 증가와 결합되었을 때 더 많은 사람이 더 오래 살 것이라는 의미이다. 하지만 수명의 증가와 함께 이동 능력, 청력, 시력, 그리고 인지능력에의 장애와 더불어 울혈성 심부전, 뇌졸중, 만성 폐쇄성 폐질환, 그 외의 노화와 관련된 질병에 따른 기능의 상실을 포함하는 장애의 위험 또한 증가하게 된다. 안셀로는 이미 65세 이상의 시력 손상 또는 전맹인 사람들이 550만 명 정도일 것으로 예측하였다. 청각 손상이 있거나 농인인 사람들은 900만 명, 그리고 고령으로 인해 생겨난 어느 정도의 소통 장애가 있는 사람은 600만 명 정도로 예상한다(Ansello, 1988).

미국에서 나이를 먹고 있는 장애인들 또한 증가하는 추세다. 이런 결과를 만드는 데는 응급 상황에서 목숨을 살리는 복잡한 방식들의 발달이 영향을 끼쳤다. 예를 들어 셔피로(Shapiro, 1993)는 제1차 세계대전 당시에는 400명의 병사들만이 하반신 마비 부상을 가진 채 생존할 수 있었으며, 그중 고향에 돌아올 수 있었던 사람은 몇 없었다는 점을 언급했다. 하지만 제2차 세계대전 때는 위와 같은 사례 중 2000명이 살아남았고 그중 다수는 여전히 생존해 있다. 한국전쟁과 베트남전쟁 때는 훨씬 더 많은 병사가 더욱 충격적인 부상을 당하고도 생존하였다. 정치적 이익집단과 옹호 단체로서 '미국참전용사지체장애인협회'는 그런 생존율의 영향을 증명한다.

새로운 의약품과 개입 또한 충격적인 척추 외상 또는 이전에 불치병으로 여겨졌던 질병들에서 생존할 가능성을 높여 주었다. 예를 들어 예전에는 치명적인 질병으로 생각되었던 당뇨병을 갖고도 나이를 먹어 가는 많은 사람에게 일상적인 치료법으로서 인슐린 사용은 큰 공헌을 하였다. 많은 암과 심장 질환들은 이제는 만성 질병으로 변화되었다. 결과적으로 현재 대략 3500만 명에서 4300만 명 정도의 사람들이 미국에서 장애를 갖고 살아가고 있고, 그중 3분의 1 이상이 65세 이상인 장애인이다(Shapiro, 1993; Torres-Gil, 1996).

덧붙여 안셀로는 발달장애 또는 지적장애를 가진 노인들이 무려 50만 명 정도라고 예측하면서, 이 숫자가 앞으로 꾸준히 증가할 것이라고 예상했다. 태어나고 살아가면서 기대 수명이 증가함에 따라, 발달장애가 있거나 다른 종류의 장애가 있는 사람들은 가까운 미래와 먼 미래 모두의 장애 노인 인구수에 분명히 중요한 영향을 끼칠 것이다.

이에 따라 많게는 7명 중 1명의 미국인이 자신을 장애인이라고 간

주한다(Shapiro, 1993). 이런 개개인들이 공통된 의제를 중심으로 연합하기로 마음먹는다면 공공 정책에 대한 그들의 영향력은 상당할 것이다. 이런 이유 때문만으로도 그런 사람들이 공동 목적에 참여하는 것을 막아 온 역사, 정책, 그리고 철학적 입지들을 고려하는 것과 그들을 결집하게 하려고 노력하는 현재의 과정을 탐구하는 것이 중요하다.

3. 공적 역사

우리가 알고 있는 현대 공공 정책들의 발전에 앞서, 서구화된 유대교와 크리스천 전통의 윤리적이고 도덕적 계율에 따른 노인과 장애인에 대한 문화적 시각에 기초하여, 공적·사적 방법으로 지원을 제공하는 오래된 역사적 전통이 있었다(예를 들어 Brakel, Parry and Weiner, 1985; Gartner and Joe, 1987). 코프와 파크가 언급한 바와 같이, 식민지 시절에는 빈곤 노인, 장애인, 그리고 정신질환자들은 종종 한데 묶여 지역 빈민 구호소에서 도움을 받았는데, 구호소 자체도 공적 세금과 사적 기부금을 지원받아 운영되었다(Koff and Park, 1993). 이처럼 공공 정책의 초기 형태에서 미국인들은 노인과 장애인의 욕구와 목표를 다르게 보기보다는 비슷한 것으로 보는 경향이 있었고, 양쪽 집단에 유사한 제도적 구조가 적합하고 적절하다고 생각하였다.

하지만 20세기 공공 정책은 노인과 장애인에 대한 우리의 인식을 재형성하였고, 공통 이해의 발전에 있어 장려책과 장벽 모두를 형성시켰다. 노인 정책 분석에서 코프와 파크(Koff and Park, 1993)는 공공 정책, 개인적 가치, 사회적 가치 사이의 친밀한 관계를 기술하였고, 정책,

대중 의지, 역사적 맥락 사이의 관계도 설명하였다. 노인들에게 재정적 원조, 서비스, 프로그램을 제공하기 위해 설계된 가장 중요한 의회 활동 중 일부에 대한 간략한 검토를 통해, 공공 정책이 서비스를 받는 사람들에 대한 우리의 개인적·사회적 견해에 영향을 주고 또 이를 성문화시킨다는 점이 드러났고, 이 점은 이 장의 주요 주제이기도 하다.

4. 노인 정책

노인 정책의 범위 내에서 노화에 따른 영향을 보조하고 보상하기 위한 프로그램을 만드는 것이 강조되었다. 사회보장과 기초소득보장 같은 프로그램은 경제적 지원을 제공하였고, 「미국 노인법」Older Americans Act 에 의해 설립된 노인복지 서비스망과 같은 프로그램 구조는 서비스 전달 및 지원을 위한 보편적이고 국가적인 체계로서 역할을 하였다.

사회보장의 역사, 산업혁명의 후유증에 따른 사회보장의 기원, 그리고 대공황의 결과로서 사회보장의 출현은 잘 정리되어 있다 (Achenbaum, 1986; Koff and Park, 1993). 고령의 가치에 대한 사회적 판단이 여러 이유로 인해 변화하기 시작했다. 이런 이유 중에는 농업 경제에서 부와 권력의 주요 원천이었던 토지를 보유했던 고령의 지주들에게서 권한을 빼앗은 산업 경제로의 이동, 또 평균연령이 1850년에는 40세, 1900년에는 47세, 1935년에는 대략 60세로 증가하는 등 기대 수명 증가를 포함한다(Siegel and Taeuber, 1986). 고령을 질병의 증가, 활력의 감소, 불가피한 노쇠 상태에 의한 지적 능력의 결여로 묘사하는 것이 기대 수명의 증가와 연관되었다. 나이 먹는 것 자체가 질병으로 인식된 것이다. 코프와 파크(Koff and Park, 1993)가 주목하듯이, 개인적 욕구나 차이가 아니라 생활 연령이 사회에서 개인의 입지를 결정 짓는 표지가 되었다. 노인층이라는 새로운 사회적 계급은 연령이라는 하나의 특징에만 기초하여 발전했지만, 장애, 허약함, 사회적·재정적 욕구의 증가와 광범위하게 연관되었다. 이는 노인층을 예전에 누렸던 입지와 다소 다르게 별개의 하위 집단으로 보는 전례를 만들었다. 최근에야 학자, 정책 입안자, 프로그램 개발자들은 노인들 사이에 존재하는 엄청난 다양성, 노인 개인을 통합시키기보다는 분파를 만들 수 있는 다양성을 인식하기 시작했다.

사회보장은 여러 사회운동에 기반을 두고, 노인들에게 빈곤과 재정적 의존의 위험이 있다는 증거가 늘어나면서 의안이 통과되었던 길고 복잡한 역사가 있다. 예를 들어 1890년에는 65세 이상의 남성 중 3분의 2가 고용 상태였지만, 1930년에는 이 연령대 또는 더 나이가 많은 남성 중 반도 못 미치는 사람들만이 여전히 고용된 상태였다(Koff and Park, 1993:51). 미국 노동자들을 위한 공공연금 프로그램에 대해 상당한 반대가 있었지만, 대공황의 시작에 따라 획기적 사회정책들을 지지하는 방향으로 기울어지게 되었고, 1935년에 루즈벨트 대통령의 지휘 아래 「사회보장법」Social Security Act이 통과되었다.

정치적 편의와 법안 통과를 보장하기 위해서 법안의 초기 형태는 노인들에게 지원을 주는 것을 강조하면서, 궁핍한 노인들을 위한 지원, 노령 연금, 그리고 실업 보험의 세 갈래로 나뉜 접근을 통해 국가 '사회보장' 프로그램을 생성하였다. 그 후 몇 년 안에 법은 배우자, 미망인, 사망한 노동자의 자녀들 등 수많은 다른 집단들도 보호하도록 확장되었다. 1939년 개정안은 장애인 노동자의 자녀들과 장애 아동의 부모들에게 보조금을 주는 항목도 포함하였다(Koff and Park, 1993).

지난 세월 동안 「사회보장법」은 급여와 정책의 일부 개정 및 광범 위한 전면 개정 등 수차례에 걸쳐 개정되었다. 1965년은 의료보험제도 와 의료보호제도Medicaid 관련 법률이 통과되면서 변화의 선두였던 한 해로 두드러진다. 이 정책들이 합쳐져 65세 이상의 노인, 빈곤층, 그리 고 장애인이라는 세 집단을 위한 국민건강보험 프로그램을 만들었다. 1972년에 극빈층과 장애인을 위한 소득보장 프로그램을 강화하여 '기 초소득보장'이 통과되었다.

현재 「사회보장법」으로 불리는 시스템은 노인과 장애인의 이해관 계를 합치는 프로그램에 두 가지 방법으로 자금을 지원하고 있다. 하 나는 과거 소득 또는 현재의 필요와 연관된 재정적 혜택이고, 다른 하 나는 급성 질환과 장기적 돌봄을 모두 포함한 보건 의료 서비스다. 비 록 서비스에 참여할 권리를 '얻은' 퇴직한 노동자들에게 주어지는 급 여와, 일할 능력이 없어서 서비스를 받고 그렇기 때문에 자체적으로 얻은 권리가 없는 사람들이 받는 급여 사이에 구분이 지어지기는 하지 만, 급여의 조정 또는 축소, 급여에 대한 과세, 급여 수급 자격의 적격성 축소 등을 통해 사회보장제도가 미래에 어떻게 변할지에 대해서는 두 집단 모두 기득권을 갖고 있다는 것은 확실하다. 줄어들지 않는 국가 재정 적자의 주요 원인을 사회보장제도로 돌리고, 급여 수급자들의 이 미지를 자격이 없는, 꾀병, 명백한 사기꾼 또는 최소한 탐욕스러운 사 람들로 만드는 노력을 통해 현재 사회보장제도에 가해지는 공격에 따 라, 양쪽 유권자 집단은 모두 통합된 반응을 요구받고 있다. 노인과 장 애인에게 재정적 지원을 제공해 주는 것에 덧붙여 연방 정부는 이 집 단들에게 의료보험제도와 의료보호제도를 포함하는 보건 의료 서비스를 제공했다.

1965년에 「의료보험법」과 동반되는 법안인 「의료보호법」이 통과되기 전까지 위의 다양한 역할이 대중의 이목을 두드러지게 받지는 못하였다. 이 두 법률은 세 개의 주요 집단들에게 보편적 의료 서비스를 제공한다. 65세 이상의 노인층, 장애인, 빈곤층이 그들이다. 병원 내 치료를 위한 부분(A파트)과 외래환자 서비스 부분(B파트)의 두 개로 나뉜 보험료 납입 시스템을 통해, 의료보험제도는 노인과 젊은 장애인에게 포괄적인 치료를 보장한다. 의료보호제도는 수많은 보충적 소득보장 급여를 받는 장애인을 포함하여 저소득 적격 요건에 합치하는 사람들을 위한 광범위한 의료 서비스 비용을 충당한다. 가장 중요하게는 요양원 돌봄 비용과 주 정부 기반 재가 서비스 비용을 보장하면서, 의료보호제도는 양쪽 집단에 속하면서 엄격한 소득 자격 요건을 충족하는 사람들을 위한 전문 요양원과 재가 서비스의 주요 자금 출처가 되었다. 실제로 장기 요양 서비스를 지원하기 위해 들어가는 의료보호제도 자금은 제도의 출범 이후부터 상당히 증가했고, 계속 증가하는 비용을 어떻게 처리할 것인가에 대한 대중의 우려를 불러일으키게 되었다.

장애인과 노인 모두가 의료 서비스, 지속 가능한 의료 기기, 장기 요양 서비스 등의 접근을 통해 의료보험제도와 의료보호제도 혜택을 받고 있는 반면, 이 프로그램들을 위한 대중의 합의를 발전시키려는 노력은 거의 없었고, 심지어 통일된 지지 입장을 형성하려는 시도도 없었다. 그렇게 된 이유가 몇 가지 있다고 생각한다. 우선 의료보험제도와 의료보호제도는 급성 의료 서비스 보장을 강조하고 만성질환 또는 영구적 질병이 있는 사람들의 욕구는 오직 급성 치료 모델을 통해서만 해결한다. 한마디로 서비스 혜택을 얻기 위해서는 정의 가능한 의학적 질병을 갖고 있어야 한다. 이것은 골관절염 또는 류머티스성 관절염, 뇌성 마비, 척추 외상, 지적장애, 만성 요통, 환경에 의해 유발된 전신 알레르기, 다양한 원인에 의한 치매 등과 같이 다양한 건강 상태의 결과로 발생하는 장애가 모두 질환 또는 질병으로 정의되어야만 한다는 것이다.

급성 의료 서비스를 강조한 결과, 노화와 장애 모두에 있어 동시에 의학적 모델이 우세해져 왔다. 노화와 장애의 의료화는 이번 장의 초점을 넘어서는 주제이지만, 양쪽 집단에 영향을 주는 개념이다. 장애(Zola, 1988; Longmore, 1995)와 노화(Cohen, 1988; Estes and Binney, 1989; Minkler, 1990)라는 의학적 모델에 침투해 있는 잠재적 편견과 명시적 편견에 엄청난 관심이 존재해 왔다. 또 만성질환이나 장애를 갖고 있는 사람들을 나쁜 생활 방식 또는 빈곤과 같이 많은 위험을 가져올 수 있는 환경에 희생된 사람으로 보는 경향 때문에 양쪽 집단은 항상 반발의 위험에 노출되어 있다.

관리 의료를 향한 움직임은 의료 제도와 관련 서비스에 대한 접근을 통해 노인과 장애인들의 복지에 가해지는 공동 위협이 어떻게 공동 의제를 형성할 수 있는지에 대한 적시의 예를 제공한다. 의료 서비스의 보편적 이용에 대한 최근 논의들은 의료비 증가가 억제되어야 하고 미국 의료 서비스 제도가 위기에 빠졌다는, 명백하고 강력한 여론을 강조하고 있다. 이 위기는 두 개의 근원에 뿌리를 두고 있는데 하나는 노인들을 위한 의료 서비스 비용의 증가이고, 다른 하나는 건강 관련 문제들에 대한 최첨단 개입과 해결책에 대한 요구의 증가이다.

관리 의료가 이 문제들의 해결책 중 하나로 보인다. 관리 의료는 서비스에 대한 환자의 접근성, 명확하게 정의된 치료 요강 및 기타 효율성을 엄격하게 통제하여 비용을 제한한다. 많은 주에서 의료보험제도와 의료보호제도 프로그램은 관리 의료에 대한 선택권을 제공한다. 이 모델의 함의는 노인과 장애인 모두에게 상당하다. 노인의 경우 의료 서비스를 가장 많이 사용하는 집단 중 하나이고, 장애인의 경우 정기적이고 지속적인 서비스가 필요하고, 특히 전동 휠체어, 의사소통 보완 장치, 원격 조정 장치, 휴대용 인공호흡기 등과 같은 고가의 물건이 필요하기 때문이다. 관리 의료가 이 두 집단에게 얼마나 잘, 또는 얼마나 형편없이 도움을 줄지는 아직 확실하지 않지만, 어떠한 집단도 이 문제에 충분한 관심을 보이지 않고 있다는 것은 확실하다.

예를 들어 1995년에 있었던 노화에 관한 백악관 회의에서 대표들에 의해 통과된 건강과 장기 요양에 관한 결의안은 돌봄 서비스 결정과 관련하여 개인 선택권과 자율권의 유지를 요구하기는 했지만, 관리 의료에 대한 문제는 분명히 언급하지 않았다. 1995년 11월에 있었던 노인 집단과 장애인 집단 사이의 연결에 관한 화상회의에서 장애 활동가들과 노인 옹호자들이 참석했음에도 불구하고 의료 서비스와 그에 대한 접근권에 관한 문제들은 논의되지 않았다. 1996년 미국노인학회 회의에서 장애인권 운동가이자 정책 자문위원인 준 케일스June Kailes는 관리 의료 문제를 노인과 장애인의 충분한 의료 서비스에 있어서 유일한 위험으로 설명하면서(Iris, 1996 참조), 이 문제를 중심으로 결속하기를 청중에게 촉구하였다. 하지만 지금까지 취해진 조치는 없다.

어떻게 공공 정책과 입법 조치가 장애인들과 노령 인구를 결속시키거나 분리시키는지 고려해 볼 때 나타나는 하나의 특이한 차이점은 장애와 치료에 관한 철학과 이념과 연관되어 있다. 이 차이들은 특정 인구를 고려해서 시행된 몇 개의 법률에 잘 반영되어 있다. 예를 들어 1965년에 통과된 「미국 노인법」은 현재까지도 유지되는 노인 서비스 전달 체계 구조를 만들었고, 법률 조항들은 대체로 노인을 도움이 필요한 사람으로 보는 인식에 기반하고 있다. 법률은 본래 제정된 바와 같이 노인을 위한 직업 소개 또는 재교육에는 최소한의 관심만 두면서, 보상 서비스, 재가 지원 서비스, 노인 센터를 통해 전달되는 오락 서비스와 식사 서비스와 같은 복합 서비스 등을 통해 노인들의 상태를 개선시키고자 하였다. 버코위츠(Berkowitz, 1987)의 표현에 의하면 「미국 노인법」은 개인의 입지를 강화하여 상황을 바꾸기보다는, 외부 자원이나 개선을 통해서 노인들의 상황을 보상한다. 버코위츠는 이처럼 개인의 입지를 강화하여 상황을 바꾸는 입장을 '투자'라고 표현했다.

「미국 노인법」의 독특한 성과는 현재 관습적이기도 하고 때로는 의무적이기도 한 65세의 퇴직 연령, 그리고 의료보험제도를 통한 의료 서비스 접근을 통해서 오직 생활 연령에만 기반한 새로운 집단을 만들었다는 것이다. 즉 다른 사회 지원 프로그램과는 다르게 「미국 노인법」에 의한 프로그램, 의료보험제도, 사회보장제도 급여는 필요에 기초한 것이 아니다. 그래서 미국 역사상 처음으로 나이에 기초한 계급 구조가 완전히 구성되었고, 적어도 정책 결정자와 옹호자들의 입장에서 보면 생일에 의해 구별되는 노인들의 이해관계는 다른 모든 나이, 인종, 또는 소수집단들의 이해관계와 분리된다. 게다가 의료보험제도와 포괄적인 사회보장 프로그램과는 다르게, 「미국 노인법」에 따른 프로그램에의 접근은 나이에 따라 제한된다. 그러다 보니 다른 관련된 단체나 유권자들과 공통적 유대 관계를 만들 기회가 전혀 없다.

5. 장애 정책

「미국 노인법」의 개선적 철학과 노령층의 독특한 사회 계급으로의 발생은 장애인권운동 및 관련 옹호 활동 노력들과 현저하게 대조된다. 직업 훈련과 재활을 강조하며 연방 자금 지원을 받는 프로그램들과 재활 서비스의 역사는 노인들을 위한 사회보장제도와 서비스의 역사만큼이나 복잡하다. 다양한 서비스 체계, 재향군인회를 통한 참전 용사들을 위한 서비스와 일반 장애인을 위한 서비스들 간의 상호 복제, 프로그램의 목적과 가치에 관한 철학적 차이가 모두 합쳐져 복잡한 역사를 만들어 냈다. 하지만 1973년은 보건복지교육부 내 재활서비스국 설립을 가능하게 해준 「미국 재활법」이 통과되면서 장애 정책의 역사에 있어서 중요한 분수령이 되었다. 「미국 재활법」은 중증 장애인들에게 서비스를 의무적으로 제공하게 하였고, 취업 준비보다 지역사회 생활을 강조하면서 자립생활을 위한 프로그램을 만들었다(Berkowitz, 1987).

하지만 역사적 관점에서 봤을 때 「미국 재활법」이 장애인권운동의 기반을 세웠다는 것이 가장 중요하다. 이 법률의 504조는 장애인을 위한 평등권과 반차별 원칙을 확립하였다. 비록 504조의 근원이 모호하기는 하지만(Berkowitz, 1987), 이 간략한 문장은 모든 장애인이 함께 모일 수 있는 평등의 원칙을 만들었고, 이후 1990년에 장애인을 위한 최고의 인권 법률인 「미국 장애인법」의 통과로 절정을 이룬 옹호 운동과 장애인권 노력의 철학적 기반을 제공하였다.

일반적으로 503조과 「미국 장애인법」의 규정들은 장애인에게 특정된 것으로 간주되지만, 사실 반차별과 편의 제공을 통한 동등한 접근권은 노인을 포함하여 수많은 다양한 미국 내 유권자에게 대단히 유용하다. 사적·공적 장소들이 경사로, 엘리베이터, 넓은 출입구 등을 설치해 시설들의 장애물을 줄이기 시작하면서, 신체적 또는 감각적 장애인들을 넘어서서 수많은 사람들이 함께 이득을 보게 되었다. 노인들은 병의 원인은 다를지 몰라도 유사한 장애를 가진 젊은 장애인들과 함께 훨씬 더 쉬운 접근성을 갖게 되었다. 더불어 직장 내의 편의 제공에 따라 원인과 상관없이 젊은 장애인들의 고용과 더불어 노인들의 고용도 촉진할 수 있게 되었다.

하지만 접근과 편의 제공에 대한 평등의 원칙은 영향력의 정도와 상관없이 장애가 있는 노인의 이미지를 포착하지는 못한 것 같다. 그리고 많은 장애 노인들은 평등권과 평등한 접근권의 영향력이 자신들의 상황에 적용될 수 있는 방법을 여전히 찾지 못하고 있다. 사실 「미국장애인법」이 지지하는 원칙에 대해 대중은 끊임없이 불만을 가져 왔고, 장애인권 운동가들은 아직 자신들의 입장을 옹호하는 여론을 확산시킬 여력이 되지 못하였다. 인권이라는 구실 아래 장애인권운동을 포함하고 장애인에게 소수자로서의 입지를 부여한 것은 부정적 여론을 매개하는 역할을 하였다. 법률, 소송, 인권에 대한 견해로 인해 의무화된 평등권과 평등한 기회들에 대해 현재 존재하는 반발심은 인종 평등 지지자들에게 향했던 반발심만큼이나 강력하다. **노인들은 자신들의 집단이 법적으로 인정받기 위해 노력한 적이 한 번도 없었기 때문에, 장애인들이 권리를 요구하는 이런 입장이 아마 두 집단 사이의 영구적인 경계가 될 것이고, 연합체를 형성하여 일반적 합의 또는 적어도 공유되는 안건을 만드는 데 있어서 가장 큰 장벽이 될 것이다.**

6. 연합 형성

연합은 이질적인 집단들이 적어도 한 부분에서는 공통적인 관심사를 갖고 있을 것이라는 믿음을 전제한다. 때때로 경쟁적인 관심 분야가 만연할 수는 있지만 어떤 순간에는 하나의 쟁점이 공통 관심사에 초점을 맞추며 공동 의제를 만들어 낸다. 쟁점이 해결되거나 또는 해결될 수 없다고 판단되면 연합은 해산되거나 단순히 사라져 버릴 수 있다.

노인층과 장애인들 사이의 통합과 연계에 지배적인 모델은 연합 형성과 관련되어 있다. 하지만 연합 형성은 시행될 때 비대칭적이다. 시민들의 노력을 통하였거나 또는 지원받은 프로그램의 결과물이었건 간에, 지역적·전국적 연합의 출현은 일반적으로 개인 또는 단체에 기반한 장애인권 지지자들과 노인 서비스 대표들, 그리고 직접적인 서비스 제공자들을 함께 모이게 했다. 그 결과로 생긴 불균형 또는 비대칭은 두 집단의 굉장히 상이한 제도적 성질을 반영한다. 장애인권 지지자들과 옹호를 가르치고 훈련하는 장이 된 자립생활운동은 개인들을 중심으로 조직되었다. 자립생활운동은 민중, 지역 기관, 장애인들에 의해 관리되고 운영되는 기관들의 집합으로 발전하였고, 그들의 문제와 관심사에 대해 직접적으로 언급하였다(Berkowitz, 1987; Shapiro, 1993). 반면 노인 서비스 전달 체계는 일반적으로 노인 자신이 운영하는 것이 아니라 노인들을 대신하여 옹호하면서 동시에 자신들의 프로그램과 제도들을 대표하기도 하는 제공자들의 망이다. '회색 표범'Grey Panthers이라는 단체, 미국은퇴자협회AARP 등 몇 안 되는 기관들만이 특정 정치적 성향 또는 정책적 입지와 상관없이 소비자 기반 옹호 기관이라고 주장할 수 있다. 결과적으로 다수의 내재적인 문제로 인해 진정한 연합이 형성되지 못하고 있다(Iris, 1990).

지난 10년 동안 노인층과 장애인들의 공동 우려 사항에 대해 합의에 도달하려는 수많은 시도가 국가 회의 또는 토론회 등의 형태로 존재했었다. 일찍이 1985년에 캘리포니아대학교 샌프란시스코캠퍼스의 '건강과 노화 연구소'와 캘리포니아주 오클랜드에 있는 세계장애 연구소World Institute on Disability가 함께 위스콘신주 러신에 있는 윙스프레드 센터에서 개최된 전국 회의를 후원하였다(Mahoney, Estes and Heumann, 1986). 공동 의제에 대한 첫 국가적 회의였다는 역사적 역할 이외에, 이 회의에서 가장 흥미로운 부분은 아마 캐럴 에스테스Carrol Estes가 환영사에서 노인과 장애인이 공유하는 문제점을 공동 의제로 표현한 부분일 것이다. 그녀는 특히 보편적 의료 서비스의 부족과 만성질환이 있는 사람들의 지속적인 욕구를 충족시키는 것보다는 급성 환자 치료에 우선적인 중점을 두는 의료보험제도의 문제점을 언급하였다.

10년이 넘는 세월이 지났지만 이러한 우려는 여전히 장애인과 노인 모두에게 가장 중요한 점으로 남아 있다. 비록 이와 같은 수많은 회의와 자료집들이 뒤따랐지만(National Council on Aging, 1988; Ansello and Rose, 1989; American Society on Aging, 1992), 공동 의제에 기반한 의미 있는 전국적 연합의 형성으로 발전하지는 못하였다(Binstock, 1992). 토레스 길(Torres-Gil, 1995)이 언급했듯이, 1994년 5월이 되어서야 '노화와 장애에 관한 전미 연합'이 형성되었다. 이 연합체는 '노화에 대한 백악관 회의' 이후 그 동력을 유지하고 운동에 대한 관심을 늘리기 위해 일련의 일들을 주도적으로 추진하였다. 1995년 11월에 상호 원격 회의를 여는 조직적 활동이 있었으나, 이 활동은 지역 수준에서 계속되는 협력을 위한 의미 있는 체계 또는 구조를 만들지는 못했다.

지역, 주, 그리고 전국적 영역에서 특정 문제들에 직면하고 있음에도, 연합 형성을 위한 장애물은 공통의 이익보다도 더 강력했다. 1988년의 비극적 의료보험법에 대한 논쟁이 하나의 사례가 될 수 있는데, 노인 집단과 장애인 집단 사이에 공통 이익이 있음에도 불구하고 통일된 목소리를 내는 데 실패하였다. 또 지역과 전국적 단위의 토론회에서 젊은 장애인들을 위한 의료보험보장 범위의 재앙적 수준에 대한 문제는 충분히 다루어지지 않았다. 장애인권 운동가들이 조금 더 강경한 입장을 취하면서 이 법안의 잠재된 장기적 이익을 인지했더라면 결과가 달라졌을 수도 있고, 법안의 몇몇 조항이 지켜졌을 수도 있었다. 몇 년 후 노인 옹호자들은 노인 장기 요양 개선 캠페인을 적극 지지했지만, 장애인 집단의 관심을 불러일으키기는 쉽지 않았다 (Binstock, 1992). 아마 '장기 요양'이 여전히 요양원의 완곡한 표현으로 여겨지기 때문일 것이다.

연합 형성이 여전히 공통 의제를 찾아내거나 공통 이익들을 언급하지 못한 현실은 접근 가능한 간선 교통 서비스의 설립과 저소득층 공영주택과 관련된 문제와 같은 두 가지 사례가 잘 보여 준다. 수년 전 시카고에서는 ADAPT라는 장애인권 옹호 집단이 접근 가능한 대중교통을 요구하면서, 시카고 교통국이 장애인 특별 교통수단 서비스인 '다이얼 어 라이드Dial-a-ride 서비스'를 교체할 것이 아니라 대안 정책으로 승강기를 갖춘 버스를 구매하도록 압박하기 위해, 연좌 농성과 시민 불복종 행위들을 벌였다. ADAPT는 목적을 달성하는 데 성공했지만, 노령층 옹호 집단 또는 노인들로부터는 전혀 지지를 받지 못했다. 사실 많은 노인은 이런 시도를 반대했는데 특수 서비스들이 중단될 것이라고 믿었기 때문이다. 여러 가지 이유로 접근 가능하고, 통합적이고, 사용하기 편리한 교통 시스템은 노인들의 공통 관심사가 아니었다. 잠재적 이용자들을 서비스에 익숙하게 하고, 이용을 촉진하려는 상당한 노력을 하고 있음에도 승강기를 갖춘 버스들의 노선이 계속 증가하고 있는 오늘날까지도 노인들의 이용량은 낮은 수준을 계속 유지하고 있다.

더 나아가 공영주택에 관련하여서는 노인들이 연령 통합 주택에 대해 우려를 하면서 장애인에 대한 상당한 적대감을 형성하기도 했다 (Kailes, 1996). 휠체어를 이용하는 사람들이 접근할 수 있는 저소득층 주택은 전국적으로 수요가 높다. 예를 들어 시카고에서는 장애인들이 접근할 수 있도록 개조된 아파트를 제공함으로써 다수의 노인 주거 건물을 통합시키려는 시도가 있었으나 큰 저항에 직면했다. 젊은 장애인들이 이웃 노인들과 어떠한 관심사 또는 생활 방식도 공유하지 않으면서 '노인 주거 건물'에 거주하는 것이 불편하다고 느꼈기 때문이다. 반면에 노인들 또한 자신들의 건물에 어린 사람들이 거주하는 것이 부적절하다고 느꼈다. 더구나 주택에서 거주할 것을 제안받은 장애인 중 일부가 정신 질환이 있다는 사실이 문제를 더 악화시켰다. 노인들은 같은 건물에 정신장애인들이 존재한다는 사실에 위협감을 느꼈는데, 이는 계속되는 정신 질환에 대한 강력한 낙인의 반영이다. 또 노인 옹호자들은 자신들의 구성원들을 이런 지각된 위협으로부터 '보호'하는 조치를 취해 왔다.

또 다른 예로, 1988년 「공정주택법」(P.L. 100-430) 개정을 통해 지역사회 기반 생활을 위한 더 많은 기회가 창출됐다. 이 법안은 주거 공동체에 작은 그룹홈을 개발하기 위해 장애인 단체가 지지하고 로비한 법안이었다. 비록 법안이 고령의 장애가 있는 노인들을 위한 잠재적 이익이 많았지만, 노인 소비자들과 가족 지원 단체들은 이 법안을 강력히 지지하지는 않았다. 오히려 그들은 법안의 통과가 자신들이 선호하던 특정 연령대만을 위한 주택 서비스를 종결시킬 것을 두려워했다.

이런 예시들은 노령층과 장애인권 집단이 공동 관심사를 인정하며 서로 결합할 수 있는 중점 사안들이 존재함을 잘 보여 준다. 하지만 위에서 언급된 것과 같은 주요 차이점들이 쉽게 극복되리라 생각하는 것은 순진한 생각이다. 지난 10년 이상 계속된 노력의 역사가 이 연합의 어려움을 보여 주는 증거다.

지난 세월 동안 상호 협력에 대한 수사가 넘치고 상호 관심사가 존재했음에도, 통일된 의제 또는 공통 기반이 생기지 못한 이유를 보여 주는 충분한 근거를 가진 이유는 다수 존재한다. 첫째, 둘 중 어떤 집단도 자신들만의 통일된 의제를 갖고 운영된다고 생각하거나 집단 내 구성원들의 공통 관심사를 인지하였다고 가정하는 것은 잘못된 생각이다. 노령 인구의 모든 집단과 관련된 입장을 모두 아우르는 '노령층 의제'라는 것은 분명히 존재하지 않는다. 사실 노령층 집단 내의 다양성은 점점 증가하는 추세다. 예를 들어, 85세 이상의 '최고령 노인' 집단은 더 어린 노인들과 다른 이해관계가 있을 수 있고, 아프리카계 미국인과 히스패닉계 소수자 노인들은 백인 노인들과 꽤 다른 요구 사항과 이해관계를 대표할 수 있다. 노년학자들은 이제 막 다차원적인 이질성에 직면함으로써 나타나는 결과를 다루기 시작하였다(Grigsby, 1996).

장애 자체가 규정하기 힘든 범주이기 때문에, 모든 장애인을 통합시키는 공동의 문제를 찾는 것은 더욱 힘들 수 있다. 무엇이 장애를 구성하는지, 또는 '장애인'이 되기 위해서는 얼마나 병이 있어야 하는지 등에 대한 대중적인, 학문적인, 또는 심지어 법률적인 합의도 전혀 없다(LaPlante, 1991). 퍼거슨이 이 책의 다른 부분에서 언급하였듯이, 장애를 자립생활운동과 개인 자율성에 연관시키면 비신체적 손상을 가진 사람들을 포함하기보다는 배제하게 된다.

그러므로 장애의 필수적인 구성 요소로서 다름에 대한 해석은 다양하고 복잡하다(Minow, 1990). 하지만 점점 장애가 정치적 논쟁거리가 되어 가면서, 집단들의 움직임을 통합시키기보다는 잠재적으로 깨뜨릴 수 있는 문제가 더 많이 생겨난다. 「미국 장애인법」이 통과된 후, 수많은 옹호 집단들은 장애를 근거로 하여 차별로부터의 보호와 급여의 수급을 요구해 왔다. 결과적으로 '장애'라는 범주는 점점 더 넓어지고, 내적으로 더 다양해졌으며, 그러다 보니 장애를 이해하는 데 훨씬 덜 의미 있고 덜 유용해져 버렸다. 예를 들어 이제는 결핵과 에이즈 같은 감염 질환을 가진 사람들도 장애를 근거로 차별로부터 보호받는다. 그들의 관심사가 뇌성마비 또는 지적장애와 같은 선천적 장애인들의 관심사와 얼마나 비슷하겠는가? 이런 면에서 보면 '(기존 장애) 보호주의' 또는 영역 주의와 같은 위험이 도사리고 있고, 통일성을 이유로 누군가를 배제하려는 욕구의 위험도 있게 된다. 그렇게 되면 유사성은 특정 집단 또는 하위 집단 내에서만 유효할 것이고, 특수성과 다름의 원칙이 지배력을 갖게 될 것이다.

공공 정책과 서비스 전달 체계의 범위와 지향점의 차이에 따라, 노인층과 장애 집단들이 얼마나 서로 잘 화합할 수 있는지에 대한 기대는 영향을 받았다. 노인 옹호 집단은 사회보장, 의료보험, 의료보호 제도 아래에서의 장기 요양 보장에 우선적인 관심이 있었기 때문에 일반적으로 국가정책에 노력을 집중한다. 반면에 장애인권 옹호 집단은 주로 의료보호제도, 활동 지원 서비스, 이동과 직업훈련에 대한 주 정부의 입장을 포함하여, 지역사회 수준에서 어떻게 서비스들이 재정 지원을 받고 제공되는지에 초점을 맞추어, 주 정부와 지역 수준의 정책 결정 범위 내에서 활동해 왔다.

두 집단 모두 중심부로 더 큰 움직임을 보인 것은 최근에 생긴 일이다. 노인층 옹호자들과 노인 자신들이 재가 서비스와 간병 서비스 같은 분야에서 장애인권운동의 언어를 채택할 가능성이 훨씬 커졌다(Sabatino and Litvak, 1992; Simon-Rusinowitz and Hofland, 1992). 느슨하게 구성된 풀뿌리 단체들의 망으로 조직된 ADAPT는 초점을 전국적 범위와 건강 비용 지출 당국으로 옮기면서, 의료보호제도 지출을 시설 보호에만 사용하는 것을 반대하고 지역사회 서비스에 더 많이 지출할 것을 요구하였다.

노화와 장애에 대한 의료화를 수용하는 정도에서의 차이 또한 두 집단 간에 심각한 차이를 일으켜 왔다. 비록 노인, 노인층 옹호자, 서비스 제공 집단이 모두 연대기적 연령 정의에서 벗어났지만, 여전히 건강을 능력과 결부하는 기능적 기준에만 기초한 정의를 완벽히 버리지 못하였다. 이런 정의에 따르면 손상의 정도가 심각할수록 타인에 대한 신체적 보살핌의 의존성 또한 증가한다. 또 사회적 상호작용, 여가 활동, 그리고 일과 같은 일상적 활동에 참여하고 무언가를 습득하거나 즐길 수 있는 능력이 떨어진다는 것을 내포한다. 오늘날 잘 늙는 것에 관심이 증가하고 있는데, 이는 장애 또는 만성질환에 의한 한계 없이 늙어 가는 능력을 암시한다(Lawton, 1991).

이렇게 행복한 상태well-being를 건강과 능력으로 연결하는 의학적 모델이 젊은 장애인에게 적용되면, 그들에게 상처를 줄 뿐만 아니라 너무나 부적절하고 모욕적이고 차별적인 것으로 보인다. 장애를 질병에 걸린 상태와 연관 짓고, 결과적으로 의존적인 상태에까지 연결하는 개념은 장애인권 운동가들에게서 철저히 배척당한다. 졸라(Zola, 1988)와 다른 학자들(Mahoney, Estes and Heumann, 1986)이 언급하였듯이, 장애는 불완전과 혼란스러운 모습에 대한 사회의 거부에서 발생하는 사회적 범주 또는 사회적 상태로 더 잘 정의될 것이다. 이런 입장은 장애가 오로지 사회적 태도와 환경적 장벽으로부터 발생하게 된다는 것을 가정하면서 궁극적으로 장애는 전적으로 개인의 외부에 위치한다는 것을 의미한다(Hahn, 1996). 이런 입장은 개인적 수준에서 노인들은 나이를 정신 상태 또는 건강의 상실로 정의할지라도 노인 지원 시스템들은 '노인'의 자격을 획득하기 위한 요소로서 끊임없이 생활연령만을 활용하는 상황과는 현저한 차이를 보인다(Iris and Berman, 1995; Cagan, et al., 1996).

노인과 장애인의 서로 다른 목표는 직업과 직업훈련에 대한 상대적 입장에서 꽤 확연히 드러난다. 개인적 가치와 업적을 노동시장에서의 경제적 성공과 지위의 측면에서 끊임없이 정의하는 사회에서, 노인과 장애인에게 일과 노동의 문제는 매우 긴장감이 도는 부분이다. 노인 대부분은 직장에서 퇴직하였고, 만약에 일을 하고 있다고 하더라도 대체로 시간제 또는 봉사활동이다. 장애가 있는 노인들은 취업 가능성이 거의 없다. 하지만 젊은 장애인들은 일자리 획득에 굉장히 주력하고 있어서, 차별, 접근성이 떨어지는 직장, 그리고 직업훈련이나 다른 교육 기회들의 부족과 같은 장벽에 맞서야 한다. 장애가 있건 없건 이런 점들은 대부분의 노인들이 우려할 부분은 아니다.

자기 인식과 이에 따르는 사회 인식을 조사할 때 가장 크고 어쩌면 가장 깊은 차이점을 볼 수 있다. 예를 들어, 우리가 여전히 노인들을 지칭하는 경멸적이지 않은 용어를 찾고 있기는 하지만, 우리는 편하게 이 집단을 생활연령이라는 하나의 속성으로 나타내던 시절로 돌아갈 수 있다. 이 속성이 적용되는 사람들은 사회보장 급여, 의료 서비스 그리고 사회복지 서비스 등을 포함하는 정책 분야 내 몇 개의 중요한 쟁점을 중심으로 통합될 수 있다. 그들 사이의 차이점과 상관없이, 나이 하나에만 기초하여서도 공통의 이익을 인식한다.

어떤 비교할 만한 표지 또는 통일된 목표도 장애인들을 결속시키지 못하고, 장애 노인과 젊은 장애인들의 이해관계를 일치시킬 수 있는 것도 없다. 사실 지적장애 또는 정신 질환과 같은 특정 유형의 장애에 대한 사회적 태도, 편견, 선입견은 모든 분야의 사람들에게 지속되고 있으며, 장애가 없는 사람들만큼이나 다른 유형의 장애인에게서도 그런 점들이 표출될 수 있다(이 책의 9장을 참고하라).

진정한 연합 형성을 계속 방해하는 언어의 차이가 존재한다는 것이 가장 중요하다. 젊은 층의 '특수한'special 요구 사항과 대조되게, 노인층의 언어는 오랜 세월 동안 노인들의 '독특한'unique 요구 사항과 관심사에 집중해 왔다. 이것이 의미하는 바는 노인들은 특별한 욕구가 있고, 그래서 특수하고 다른 유형의 개입과 서비스가 필요하다는 것이다. 예를 들어 '노인 주택' '노인 복지 서비스', 그리고 '노인 복지관'은 노인들의 언어 중 용인되는 부분들이다. 장애가 있는 노인들은 주로 '장애가 있는'보다는 '노쇠한' 그리고 '손상된' 것으로 언급된다. 젊은 사람들은 '활동지원사'에게 '지원'을 받는 반면, 노인들을 위한 '돌봄'은 '돌보는 사람'에 의해 제공된다. 언어에 대한 논의가 구시대적 발상이라고 생각할 수도 있지만, 여전히 우리를 점령하고 있다. 우리는 개인의 사적 또는 공적 행위의 기초가 되는 믿음과 태도의 발전과 인식에 단어가 미치는 영향을 고심하고 있다(Cohen, 1988; Minkler, 1990).

장애인이나 노인 누구도 각 집단에 대한 우리 사회의 부정적 편견 또는 낙인으로부터 완전히 자유롭지 못한 것은 명백하다. 노인들은 '장애인'들과 엮이고 싶지 않고, 젊은 장애인들은 개인적으로 노인들과의 공통 이해관계를 찾지 못한다. 각 집단의 사람들은 만약 자신의 수준에서 공유되는 부분이 있다고 인정을 하여도, 인생 경험의 특정 사례에서의 '같음'에서만 공통의 이익을 찾을 것이다. 개념적으로 그들은 여전히 '다름'으로 존재한다. 이에 따라 개인적 수준에서 합의를 찾는 것은 합리적이지 못할 것이다. 대신 연합 형성은 정책 영역에서 계속되어야 할 것이다.

이런 분석은 공통 의제를 규정하고 만드는 노력의 성공을 예상하는 데 중요한 함의를 갖는다. 그리고 이 공통 의제에서 노인과 장애인은 관심의 공유를 통해 더 큰 범위의 같음을 확인하고 정책 형성을 통해 긍정적 성과를 볼 수 있을 것이다. 당연히 극단적으로 둘 중 한 집단의 입장을 고집하게 되면, 노인 옹호 집단과 장애인권 운동가들이 하나의 목소리를 내는 것이 장기 요양, 재가 서비스, 의료 서비스, 그리고 복지 프로그램 등과 같이 중요한 부분들에서 엄청난 효과를 가져올 수 있다는 것을 알아채지 못하게 만들 것이다. 개인적 이익에 대한 욕구를 제쳐두고 진보를 위한 공통 신념의 확립을 위해 일하는 것은, 몸에 밴 태도와 편견 그리고 유사성 원칙의 지배력과 맞서는 것이 필요한 야심적인 계획이다.

7. 미래의 가능성

이번 장에서 나는 장애인과 노인을 결속시키는 일부 공통점과 그들 사이에 차이를 만드는 다수의 사건과 근본적 목표를 탐구해 보았다. 나는 법률과 프로그램을 통해 드러나는 공공 정책이 어떻게 두 집단에 대한 우리의 문화 이미지와 공적 재현을 형성해 왔는지에 대해 집중하였다. 비록 두 집단 사이에는 유사한 점보다 다른 점이 훨씬 많은 것 같지만, 이 둘을 단결시킬 수 있는 강력한 접착제가 있다는 것을 기억하는 것이 유용하다. 이 접착제가 외부로부터의 일반적 위협일 수 있기 때문이다.

이런 위협은 우리의 공동선에 대한 이해를 의문시하고 대부분 사회정책 프로그램의 기초가 되는 공동체적 욕구에 이의를 제기하는 공개 토론회로부터 나온다. 이런 위협들은 기존 복지 프로그램의 절감, 적격성 기준에 대한 강력한 제한, 어떠한 소수자 집단 또는 주류와 다르다고 정의되는 사람들의 집단을 위한 공적 지원에 반대하면서 더욱 성장하고 있는 일반적 보수주의, 그리고 탐욕스러운 노인과 꾀병을 부리는 장애인과 같이 서비스를 받는 사람들의 목표와 목적에 대한 대중의 착오를 통해 그 모습을 드러낸다.

이와 같은 위협들을 인식할 때, 정치권 내에서 장애인권운동의 성숙과 복잡성의 증가, 노인과 장애인의 수의 지속적 증가, 공통 이해관계를 가진 사람들의 증가와 같은 점에 따라 정치적 편의성이 발생할 수 있고, 이와 같은 정치적 편의성에 의해 차이가 짓밟힐 수 있다. 덧붙여 시간이 지날수록 장애인권 운동가들 중 많은 사람이 노인의 범주에 들어가면서, 권한 강화와 같은 새로운 개념을 불러일으킬 것이고, 늙고 장애가 있다는 것이 어떤 의미인지에 대한 새로운 재정의를 할 것이다. 시간이 지남에 따라 노인들이 '약한 노인'의 모델에서 자기 권한 강화와 자기 옹호 모델로 이동하면서 우리는 더욱 많은 고령자의 자기 옹호를 볼 수 있을 것이다.

성장하는 장애학 분야 내에서 노인층과 장애인층 사이에 중복되는 구성원의 우려 사항과 관심 사항이 중요한데, 왜냐하면 대중의 인식이 어떤 형태이고 어떻게 구성되었는지를 이해하는 데 가장 큰 영향력을 갖고 있기 때문이다. 인구학만이 노화 작용의 역학과 시간에 따라 장애에 수반되는 양상들을 장애학이 다루기를 요구하고 있다. 하지만 이를 넘어서 우리 사회가 어떻게 노화 문제에 접근하였고 그것을 공적 활동을 통해 해결하기 위해 어떻게 노력하였는지 조사함으로써, 장애에 직면하여 의미가 어떻게 진화하는지를 이해하는 데 상당한 이득이 생길 수 있다.

학습을 위한 질문

1. 나이 듦의 이미지는 무엇인가? 나이 듦의 징표로서 우리 사회에서 우리가 인식하게 되는 표시에는 어떤 것이 있는가? 이런 것들은 어떻게 보편화되고 일반화될 수 있는가?

2. 장애인에 대한 당신의 이미지는 무엇인가? 그리고 장애라고 바라보게 되는 표지는 무엇인가? 이 표지들은 어떻게 우리 문화 속에 있으며, 오늘날 어떻게 정당화되는가?

3. 통합과 분리의 개념에 대한 당신의 생각은 무엇인가? 당신은 노인들이 연령에만 기초한 분리된 서비스와 프로그램에 접근하여야 한다고 생각하는가?

모든 장애인이 완전한 통합을 기대하여야 한다고 생각하는가? 또 사회에서 얼마나 많은 편의 제공이 이루어질 것으로 기대할 수 있는가?

4. 언어는 우리의 개념을 진척시키고, 사상을 형성하고, 그것들을 음성으로 표현하는 데 중요한 역할을 한다. 노령과 장애의 공통 의제를 형성하는 데 도움을 주는 언어의 역할은 무엇이라고 생각하는가?

5. 인구학적 불가피성은 무엇이라고 생각하는가? 그리고 장애인과 노인을 위한 공통의 정치적 의제를 생각할 때 인구학적 불가피성은 왜 중요한가?

6. 노인과 장애인 옹호 집단을 결합시키는 데 기여할 수 있는 보건 의료 개혁의 주요한 문제는 무엇이라고 생각하는가? 공동 의제를 형성하는 데 현재 기반이 되는 문제는 무엇이며 방해가 되는 장벽은 무엇인가? 이 장벽은 어떻게 극복할 수 있는가?

7. 노인을 위한 공공 정책은 어떤 방식으로 다른 인구 하위 집단과의 동일성 또는 차이를 기반으로 시민 계급을 만들어 냈는가?

8. 장애 정책의 역사에서 1973년 「미국 재활법」 504조는 왜 중요한 입법인가? 이 조항은 같음 또는 다름의 어떤 원칙을 채택하고 있는가? 이 원칙들은 「미국 노인법」과 같은 노인 정책의 원칙과 어떤 점에서 일치하거나 다른가?

9. 장애인과 노인을 위한 공동 정책 의제의 형성을 방해하는 집단 내 차이점은 무엇인가?

10. 공동 정책 의제 발전을 위한 권고를 해보자. 이를 위해 해결해야 할 주요한 문제는 무엇이며 어떤 방법으로 하면 되는가?

11장 · '바보'에서 '지적장애인'까지
차이를 해결하기 위한 노력의 일환으로 차이를 정의하기

패트릭 데블리저

지난 세기 동안 미국 내에서 지적장애[1]의 역사는 질병에 대한 끊임없는 정의의 유입으로 특징된다. 정의의 종류는 '바보' '정신박약자' '정신적 결함' '정신적 결핍' '정신적 표준 이하' '정신적 발달의 지연' 그리고 현재 사용되는 '지적장애인'까지 다양한 용어로 표현된다. 정의되어야 하는 다름으로서 지적장애는 새로운 사회적 발전에 적절하게 대응하는 전문 용어를 찾는 난제에 끊임없이 맞닥뜨린다.

지적장애가 표현하는 현상의 정확한 정의를 찾기 위한 끝없는 수색에 대한 해답은 사회적·정치적 풍토 그리고 지식 개발을 포함한 다양한 단계에서 발견될 수 있다. 각기 다른 용어들의 발전은 역사적 맥락 그리고 주요 행위자들과 연관지어 설명할 것이다.

구체적으로는 지적장애의 형식적 정의에 공존하는 두 개의 주요 측면, 즉 '사회적' 그리고 '지능적' 측면이 분석될 것이다. 여기서 하나

---

1) 이 번역서에서는 'mental retardation'을 현재 우리나라 법정 용어에 맞게 '지적장애'로 번역하여 사용하였다. ─옮긴이

의 측면을 더 많이 지지하는 것 자체가 지적장애인들을 '다름' 또는 '같음'으로 표현하는 현실에 기여하는 것이라고 나는 주장한다.

용어들의 나열에 반영된 지적장애의 역사는 '다름'으로서의 장애와 '유사함'으로서의 장애 사이의 역학을 이해하는 데 많은 도움이 된다. 이런 역학이 예전에 이미 생성된 것들을 사면하려고 노력하면서 결국 새로운 차이를 형성하는 것으로 볼 수 있다고 나는 생각한다. 나는 이 역학을 미국 문화에서 작동하는 '다름'과 '유사함' 사이의 기본적 차이와 연결함으로써, 어떻게 장애가 미국 사회를 반영하는 현상이 되는지 입증할 것이다.

* * *

미국에서 불이익을 당하는 많은 집단은 자신들의 목소리가 들릴 만한 공간을 만들어 왔다. 여성, 소수인종 집단, 그리고 최근에는 동성애자들 또한 그런 공간을 만들어 왔다. 반면에 지적장애인들의 의견을 듣기 위한 환경은 느리고 간접적으로 겨우 나타나고 있을 뿐이다.

지적장애인들의 역사는 한 무리의 사람이 자신들만의 정체성, 역사를 찾는 것이라기보다는 타인들에 의해 인식된 다름에 대한 개념 변화이다(Ryan and Thomas, 1987). 이에 따라 그들의 역사는 그들을 대신해서 책임을 갖는 사람들, 대게 전문가와 부모에 의해 형성된 부분이 많다. 결과적으로 '사람 우선'People First이나 '자기옹호-권한강화 연맹'Self Advocates Becoming Empowered, SABE과 같은 지적장애인 당사자 단체들의 형성은 최근에서야 일어났다. 오히려 아동의 경우와 유사하게 사회는 지적장애인과 관련된 문제를 해결하기 위해 집단의 형성을 그들에게 강요하였다.

　지적장애의 역사는 특정 사람들의 과거를 반영할 뿐만 아니라, 사회의 역사 그리고 문화의 작동을 반영한다. 이들의 역사에서는 사회의 창의적 힘이 작동했다. 이 장에서 제기되는 질문들은 지적장애인에게 부과되는 현실의 본질과 관련되어 있다. 이는 즉각적으로 장애인들을 특징짓고 그들을 나타내는 용어들을 불러일으킨다. 지난 세월 동안 사용된 다수의 용어는 불가피하게 "이 분야에서는 왜 이렇게나 많은 용어가 사용되는가?" "정해진 용어의 기초가 되는 의미는 무엇이며, 시간이 지나면서 그 의미는 어떻게 퇴보하는가?" "이런 용어들은 어떻게 그들의 역사적 맥락과 관련되는가?" 그리고 "어떻게 한 용어가 다른 용어를 대체하는가?"와 같은 질문들을 촉구한다.

　예를 들어 전문용어로서 '지적장애'가 나타내는 의미가 미국의 특정한 역사와 연결되어 있다는 점을 고려해 보자. 즉 맥락적으로 '지적장애'를 이해하기 위해서는, '결핍'deficiency이라는 용어에서 감지되는 비하적 어감에 반대해 온 부모들의 투쟁에 대해서 알아야 하고, 사람들을 분류하고 통제하기 위한 자격 검사 움직임의 기여에 대해서도 이해해야 하고, '지적장애'와 관련된 사회문제들의 근원이 장애인이 아닌 환경에 있다는 일반적 인식에 대해서도 알아야 한다. 용어의 역사는 이 용어가 다른 시점이나 지역으로 쉽게 전이될 수 없고, 미국 밖에서는 별로 대중적이지 않다는 것 또한 보여 준다(Fernald, 1995). 또 '지적장애'라는 용어가 그와 같은 명칭을 받은 사람들 사이에서는 널리 통용되지 않는다는 것을 고려해야 한다. 자신을 지칭할 때는 명칭을 무시하거나, 사회 서비스 제공 기관이 도입한 '클라이언트' 또는 '소비자'와 같이 더 긍정적인 의미를 갖는 용어로 대체한다(Devlieger, 1995).

이런 관찰을 통해 우리는 불평등한 권력 관계에서 '다름'을 나타내기 위해 전문용어를 만들었다는 점을 이해할 수 있을 것이다. 따라서 개념 정의의 변화는 미국 사회를 설명하는 데 적절하다. 이는 장애에 대한 인류학적 접근의 전반적 목표, 특정한 사회 문화적 환경에서 사회생활에 대한 우리의 지식에 기여하고자 하는 목표와 일치한다(Bruun and Ingstad, 1990). 바꾸어 말하면 '지적장애'라는 용어는 사회의 창(Sarason and Doris, 1979)으로 보일 수 있을 뿐만 아니라, 사회에 대한 논평으로 보일 수도 있다. 지적장애가 사회의 변화와 연관되었다는 주장은 문헌에 잘 확립되어 있다. 예를 들어, 저자들은 지적장애를 사회적 발명(Sarason, 1985), 은유(Blatt, 1987), 사회 문화적 개념(Langness and Levine, 1986)이라고 표현했다.

'바보' '정신박약자' '결함이 있는' '결핍이 있는' '저능한'과 같이 '지적장애'를 표현하기 위해 역사적으로 사용되어 온 다수의 혼란스러운 용어와 '지체'retarded라는 용어의 변화를 명료화하기 위해 나는 반대되는 두 방향으로 연구할 것이다. 하나는 맥락과 관련지으려는 시도이고, 다른 하나는 더 깊은 의미를 찾는 것이다. 일부 기호학적 성과에 의존하는 두 시도는 모두 역사적 인류학의 일부이다. 우딜은 장애인들이 직면하고 있는 불평등, 주변화, 그리고 불이익의 근원을 더 제대로 이해하기 위해서는 우리가 당연하게 여기고 이미 깊이 빠져 있는 문화 코드의 일부를 형성하고 있는 장애에 대한 용어와 이미지의 의미와 기원을 조사하여야 한다고 주장했다(Woodill, 1994: 203~204). 그는 대중문화 속의 장애 이미지 연구, 전문가 담론 속 장애의 재현, 그리고 장애문화의 발전에 관한 연구를 포함하는 사회기호학 연구 프로그램을 중요한 책무라고 서술하였다.

이 장은 지적장애와 관련된 전문적 용어의 발전에 초점을 맞추면서, 우딜의 연구를 따라갈 것이다. 용어들을 특정 역사적 시점, 사회적 기대, 주요 행위자들, 기초가 되는 철학과 연결지음으로써 맥락화를 추구할 것이다. 이런 방향에서 지적장애의 내러티브에 관한 더 큰 틀이 나타난다. 내러티브는 특정 시점에 지적장애인에게 적절하다고 여겨지는 기대와 실천의 일관성을 기술하는 이야기이다.

내러티브는 현실의 생생한 재현으로 이해될 수 있지만, 현실 그 자체와 동격으로 여겨서는 안 된다. 또 아무 때나 내러티브를 기술하려는 노력에 따라 실제 현실을 반영하는 하나의 참된 내러티브를 회복하려는 노력이 이루어지는 것도 아니다. 오히려 다양한 내러티브가 힘의 틀 안에서 공존하고 서로 작용한다. 또 이에 따라 시간이 지나면서 추가적 함축과 의미의 변화에 대한 함의를 갖게 된다. 내러티브의 변화는 의미의 확산으로부터의 해방, 중요성의 자아 증식으로부터의 해방으로 묘사될 수 있다. 사물 자체는 속성, 표시, 암시로 너무 부담이 되어 마침내 자신의 형태를 잃게 된다(Foucault, 1988: 18). 이런 내러티브를 재구성하는 데 사용되는 도구에는 '다름'의 정의로서 지난 세기 동안 지적장애에 대한 용어와 미국의 변화하는 개념 정의가 포함된다.

장애의 전문적 내러티브에서 우리는 장애가 이야기로서 소통되는 방식에 관심이 있다. 이는 처음, 중간, 끝을 포함하는 일련의 순서이다. 이야기의 처음은 어떻게 장애가 이해될 수 있는지 설명하는 방법인 사고의 틀이다. 중간은 사고의 틀을 장애의 의미가 명백해지는 특정한 맥락과 연결시키는 설명이다. 마지막으로 장애 이야기의 끝은 사고의 틀과 장애의 의미에 의해 생기는 현실적 함의로 구성된다. 예를 들어 '정상화'의 내러티브에서, 장애는 학교와 같은 맥락에서 주어진 사회 문화적 맥락의 비슷한 사람들과 동등한 접근, 참여를 할 필요성으로 틀이 구성될 수 있다. 이야기의 중간은 '최소 제한 환경'의 발전을 통해 학교의 맥락에서 정상화가 어떻게 적용될 수 있는지 설명한다. 이 전문적 이야기의 끝에서는 제한적 환경을 발전시키기 위한 실천적 함의, 접근의 양식을 제공하기 위한 실천적 함의 등을 제공한다.

내러티브로서 지적장애 용어를 분석할 때, 나는 용어의 의미를 이해할 수 있게 해주는 통합된 구조 내에서 의미의 일관성을 강조한다. 예를 들어 나는 은유의 힘이 최대화되었을 때인 19세기 내러티브의 일부로서 '바보'idiot가 어떻게 이해될 수 있는지를 재구성하려고 노력한다. 또 다름의 새로운 의미로 대체되었기 때문에, 나는 의미 본질의 변화 및 궁극적인 전복을 추적한다. 예를 들어 당시 지적장애인들은 제한된 공간에 갇혀 있었고, 성적으로 통제당하였으며, 그들의 삶의 관점은 일반 성인과 대등하다고 생각되지 않았다. 지적장애에 고착되어 있는 이와 같은 다양한 의미들은 지적장애인의 위험성을 강조하고 그에 따른 사회의 필요를 강조하면서, 사람과 문화의 상호 역할과 기대의 윤곽을 그리는 내러티브에서만 의미가 있게 된다. 지적장애인들이 주류의 삶의 일부가 될 것으로 기대되는 개념을 강조하는 상반되는 내러티브는 시민권, 개인적 기여 그리고 책무에 관한 다른 내러티브와 엮여 있다. 지적장애인들의 행운과 불운의 변화는 행동 기술, 사회 경제적 환경, 변화하는 가치, 신지식, 그리고 미국적 삶의 방식 내에서 지배적인 사회 기풍의 변화에 따라 달라져 왔다(Begab, 1975). 내러티브를 이해한다는 것은 이런 지식의 통합을 전제로 한다.

요약하자면, **내러티브는 사회 내에서 지적장애인들의 역할이 무엇이어야 하는지에 대한 언어화로 이해될 수 있다.** 문화적 산물로서의 내러티브는 '한번 분열이 되고 평온이 복원된 후 만들어진 과학이 아니라 분열하는 행동(Foucault, 1988: ix)으로 푸코가 표현하는 것'과 굉장히 유사하다. 다른 말로 하면, 지적장애에 대한 새로운 내러티브의 발전은 이전의 활동들을 쓸모없게 만드는 새로운 활동을 이끈다. 이후의 집필에서 푸코는 매개 역할이긴 하지만 근본적인 역할을 하는 문화의 규약들과 과학적 이론들 사이의 영역을 상세히 설명하면서 아래와 같이 말하였다.

> 자신의 초기 체계들에 의해 규정된 실증적 질서로부터 알아차릴 수 없게 벗어나면서, 그로부터 초기 분리를 시행하는 문화가 그들의 본래 투명도를 잃게 만들고, 즉각적이고 투명한 힘을 포기하고, 자신을 충분히 해방시킨 후 이런 질서들이 어쩌면 유일한 또는 최고의 선택이 아닐 수도 있다는 것을 깨닫는 부분이 여기다. 언어, 인식, 그리고 실천의 체계가 비난받고 부분적으로 허약한 것으로 만들어지는 곳은 이 새롭게 인식되는 체계의 기반이다. (Foucault, 1973: xx~xxi)

내러티브는 결국 '담론'으로 알려지게 되는 새롭게 인식된 언어 체계의 표현으로 해석되어야 한다. 푸코에 따르면, 우리는 시대와 언어에 관한 익명적이고 강제적인 사고의 시스템 내에서 생각한다(Foucault, 1973: 15). 이런 현상이 사실이긴 하지만 이런 담론들이 도전받고 해체될 수 있다는 것 또한 사실이다. 하지만 그 절차는 본질적으로 미국 사회에서 지적장애 구성의 가장 기본적 특징 중 일부를 드러내는데, 이 특징들이 다름의 오래된 이해를 버리면서 새로운 이해의 구성에서 이해될 수 있다고 나는 주장한다. 지적장애의 지적인 특징과 사회적 특징의 차원들은 모두 이 절차에서 중요한 역할을 한다.

맥락화와 반대 방향에서 작업하면서, 나는 의미론적 배열을 재구성하고 분석적 도구로서 기호학 정사각형을 사용하고, 기호학자인 알기르다스 그레마스Algirdas Greimas의 연구(Nöth, 1995)와 그와 유사하게 이 방식을 적용했던 이전의 스티케(Stiker, 1989)의 연구를 따라가며, 지적장애와 관련된 전문 용어를 공식화한다.

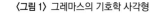

〈그림 1〉 그레마스의 기호학 사각형

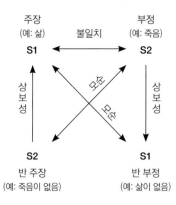

이 분석에서 두 종류의 논리적 관계들이 제시된다. 첫 번째 종류는 이진법의 범주인데, 주요 용어인 S1(주장)이 S2(부정)에 반대한다. 두 번째 종류는 모순의 종류인데, 의미의 부재라고 칭해진다. 즉 S1은 S1에 의해 모순되고 S2는 S2에 의해 모순된다. 그에 따른 결과는 4항 구도가 만들어지는데, 관계, 암시 또는 상보성의 새로운 유형이 S1과 S2 사이 그리고 S2와 S1 사이에서 나타난다. 예를 들어 S1 '삶'은 S2 '죽음'에 반대되는데 각각의 용어가 상대의 반대를 함축하기 때문이다.

다른 의미론적 부분에서는 모순의 논리적 관계가 존재 또는 부재의 면에서 설명된다. 예를 들면, S1 '삶'은 '삶'이 부재한 S1, '삶이 없음'에 반대된다. 이는 두 부분, S1-S2와 S1-S1에서 세 용어의 배열을 고려하면, S2의 모순인 S2('죽음이 없음')에 의해 확장될 수 있다. 용어 S1과 S2 또는 S2와 S1 사이에서 나타나는 4항 배열, 암시 또는 상보성에서 새로운 종류의 논리적 관계가 나타난다. 이런 논리적 관계는 다음과 같이 이해될 수 있다. '삶'이 '죽음이 없음'인 죽음의 부재를 함축한다. 〈그림 1〉에 나타난 기호학 사각형은 이런 배열을 요약한다.

내러티브의 맥락화와 사용되는 용어들의 깊은 구조와는 별개로, 장애의 사회적·역사적 기호학 연구에서 다수의 다른 질문이 생겨난다. 예를 들어 누군가가 새로운 내러티브가 생기는 이유, 어떻게 지적장애의 새로운 내러티브가 예전 것들을 대체하는지, 그리고 그것이 어떻게 핵심 집단에서 일반 대중에게 확산되는지에 관하여 물어볼 수 있다. 이런 질문들을 내가 다룰 것이다. 예를 들어, 나는 어떻게 다른 시기의 교과서, 신문, 그리고 사전이 변화하는 내러티브를 전하였고, 그것들이 어떻게 우리의 상식으로 자리 잡았는지 보여 줄 것이다.

이 책의 전반적 주제인 '같음과 다름'의 맥락에서, **지적장애의 새로운 정의는 이전의 다름의 정의를 넘어서려고 시도한다. 새로운 다름의 정의는 부정적 함축을 쌓아 오면서 '오염된' 예전 정의를 해제한다. 또다시 정의된 다름은 끊임없이 변화하는 시대와 새로운 정의에 의해 시대에 뒤떨어지게 된다.** 다름의 사회적 생산에서는 끊임없이 바로잡는 역할인 척하는 '같음'이 존재한다.

나는 주요 용어를 포함하는 몇몇 내러티브를 확인할 때 내러티브의 공존과 더불어 특정 시점에 발생했던 다양한 용어의 존재를 어느 정도 도외시하면서 일관성을 강조할 것이다. 다름의 구성에 내재되어 있는 창의적 힘은 이 분석에서 유지될 것이다. 하지만 이 모든 것은 용어와 내러티브의 문제가 많아져 결국 형태를 잃게 되면 그동안의 발전을 무시한다. 이것은 유사성의 과정이며, 엔트로피의 관점에서 의미가 저하되는 자연스러운 과정으로만 식별되어서는 안 된다. 오히려 다름과 유사함은 보완적인 절차다. 새로운 다름이 발전할 동안 다른 용어와 내러티브는 뒤로 물러난다. 나는 신문, 교과서, 사전 같은 다양한 인쇄 매체를 통해 지식을 배포하는 과정을 따라가면서 유사성의 작용을 추적하려고 한다. 이러한 매체 사이의 흥미로운 차이점은 정보 확산 속도와 정보의 수명이다. 예를 들어 교과서나 사전보다 신문의 전송 속도가 더 빠르지만, 정보의 수명은 세 매체가 반대로 순위 매겨진다.

철저하거나 포괄적이지 않고 다양한 내러티브가 더 많은 청중에게 전달되는 방식을 결정하려는 시도가 있었다. 신문, 교과서, 사전, 유의어 사전, 백과사전과 같은 참고 도서들이 고려되었다. 신문에서의 확산 절차를 이해하기 위해 우리는 『뉴욕타임즈 색인』*New York Times Index*을 살펴보았다. 교과서의 경우 심리학 관련 서적만이 고려되었다.

1. 다름 정의하기: 지적장애의 용어와 내러티브

용어 탐색과 지적장애 정의를 통한 내러티브 재구성은 우리의 이해를 단순화하는 동시에, 중요한 추세를 드러내면서 현재의 정의, 분류 및 정책 구상들을 맥락에 맞추는 데 도움이 된다. **우리가 사용하는 언어를 이해하는 데 있어서 필수적인 부분은 그것들의 사용 동기가 과거에 무**

엇이었는지 찾아내는 것이다. 새롭게 발명된 용어들은 지적장애인 또는 사회에 이득이 되려는 목적이었나? 문제를 이해하기 위한 것이었나, 아니면 완곡한 표현이나 허울뿐인 혼란을 통해 직면을 방지하려는 것이 목적이었나?

비록 내가 지배적 내러티브를 특정 역사적 시점과 연관시키기는 하지만, 이 내러티브들이 그 후 시점에서 완전히 사라졌다는 의미는 아니다. 기저에 있는 내러티브 요소들은 이전 내러티브와 공존해 왔다. 변화는 부분적이고 일시적 지배를 반영한다. 또한 치료 가능/교육 가능, 또는 치료 불가능/교육 불가능 측면에서 내러티브를 처리할 때 우리는 장애 범주가 아닌 장애의 심각도에 따라 정보를 받게 된다. 이 주장에 대한 지지는 제도의 역사에서 살펴볼 수 있다(예를 들어 Ferguson, 1994). 내러티브 내에서도 다양한 변이는 가능하지만, 내 목적은 후기 구조주의 논쟁에 대해 더 분명하게 보여 주는 것이다. 즉, 우리는 시대와 언어의 체계와 사고 안에서 생각하고, 또 익명이면서 속박하는 체계와 사고 안에서 생각한다는 것이다(Foucault, 1973: 15). 하지만 이 주장에서 벗어나서, 나는 인간의 선택 의지와 역사와의 공모 아래 언어의 해체를 믿는다.

언어는 과학과 공적 담론에서 모두 중요한 도구이다. 지적장애의 역사는 복잡한데, 그 이유는 다양한 과학적 분야를 포함할 뿐만 아니라 시간이 흐르면서 더 지배적인 관심을 끌어들인 교육, 의학, 사회복지, 그리고 심리학과 같은 전문적 관심을 포함하기 때문이다. 이런 과학적이고 전문적인 분야들에서 발달한 언어는 새로운 아이디어와 실천이 발달함에 따라 성장하거나 쇠퇴한다. 오래된 용어들은 공적 담론에서 모욕적이게 된다. '바보' 그리고 '정신적 결핍'mentally deficient과 같은 용어들이 그런 경우이다. 현재 미국의 대중적인 일상어 내에서는 '핸디캡'이라는 용어가 가장 흔하게 사용될 것이다. 하지만 과학과 전문적인 세계에서는 '장애'가 더 우세하다. 몇 개의 단어는 중립적이거나 완곡한 명칭을 찾으려는 환상 속에서 형성되는데 예를 들면 '특수아동'exceptional child이 있다.

2. '바보'와 교육에 관한 내러티브

이타르, 세갱, 하우Howe, 그리고 다른 초기 개척자들은 결함에 대한 교육적 개선에 초점을 맞추기 위해 노력했다. 정체 확인의 어려움 때문에 지체의 개념은 심각하게 피해를 받았다. 지능과 행위에 대한 사회 환경적 요소들의 효과는 고려되지 않았다(Begab, 1975). 오히려 '백치'idiocy는 낮은 기대치와 낮은 기술적 역량의 사회의 맥락에서 봐야 한다.

19세기 대부분 동안 사용된 명칭은 '바보'였는데, 웹스터(Webster, 1986)의 정의 중 하나에 따르면 '무식한 또는 교육을 받지 못한 사람'이라는 뜻이다. 세갱은 인간 기능을 촉진하는 생리학적 교육과 치료 기법이 필요한 사람들을 지칭하기 위해 이 용어를 사용하였다.

'바보'의 의미론적 배열은 기호학 사각형의 사용을 통해 재현된다(그림 2). 의미론적 중앙축에서 반대쪽을 구별하는 소쉬르 학파의 의견에서 보면, 바보라는 용어는 '다름'으로 정의된다. 이런 반대 의미 구별 행동은 사회가 학교교육의 효과를 강조하는 측면에서 보아야 한다. '바보 아님'은 학교교육을 받았다는 뜻이다. 이에 따라 학교교육을 못

받은 것은 바보가 될 가능성을 내포한다. 학교교육을 암시하며 '바보'와 '바보 아님' 사이의 모순에서 이 용어들의 깊은 구조적 의미가 나타난다. '바보'의 모순적인 의미에서는 학교교육의 의미가 없다. 만약 '바보'가 지적인 측면을 강조한다면, 아마 혼돈 상태에 있으면서 질서를 요구하는 사회에 의해 악화된 교육의 실패 때문일 것이다. 결국 일부 학자들은 '백치'를 '광기'와 구별해 내기 위해 노력하며, 교육적 분류를 개발하고, '백치'를 더 일반적인 용어인 '정신박약'feeble-minded으로 대체하였다(Barr, 1904).

〈그림 2〉 '바보'의 의미론적 배열

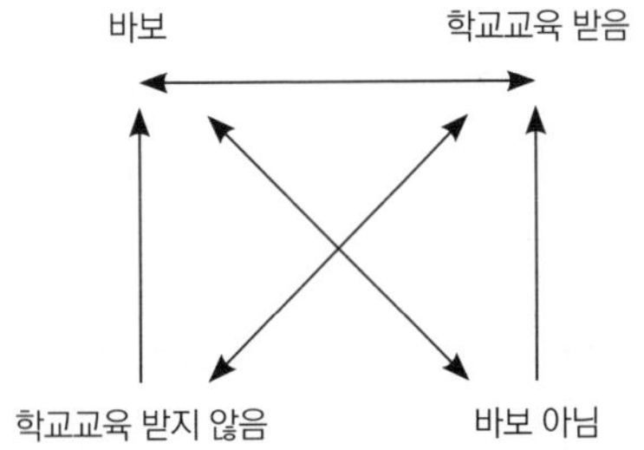

바보   학교교육 받음

학교교육 받지 않음   바보 아님

3. '정신박약' 그리고 의학적 내러티브의 성공

19세기 말엽 교육적 내러티브는 더 반동적인 어조에 가려지기 시작하였다. 이에 대해 윌마스(Wilmarth, 1906)는 다음과 같이 기술하였다.

"의존적이고 결함 있는 사람들을 위해 납세자들에게 불필요한 부담을 지우는 기회 제공이 단축되어야 한다는 주장이, 수년간 이들을 보호한 경험이 많은 사람들의 모임에서 제기되어 왔다. 능력의 한계까지 우리가 교육하고 각자 알아서 살아나가도록 내보내는 수많은 사람을 통해 우리는 방향키 없는 배를 출항시켰고 그 배들이 어디에 정박할지 전혀 알지 못한다는 감정이 커지고 있다."

지적장애인을 돌보는 관심에서 그들로부터 사회를 지키고자 하는 관심으로의 변화한 것은 분명하다. '바보'라는 용어는 세기가 변하면서 쇠퇴하였고, 고다드Henry Goddard의 연구에서 중심이 된 '정신박약'이라는 용어로 점점 대체되었다. 이 용어는 지적장애가 사회에 위협이 된다는 내러티브를 반영한다(Smith, 1985). 이 용어는 의학 분야에서 자주 사용되었고, 지적장애가 불치병이라는 신화를 포함하였다. 흥미롭게도 당시에는 '정신 결함자'mental defectives로 불렸던 지적장애인 분류는 병리학에 기초하고 있었으며, 당시 과학적 분류를 위한 만족스러운 유일한 근거로 여겨졌다(Singer, 1910).

1890년경에는 정신박약자들을 위한 교육적 사업 기관에 관한 생각이 단념되어야 한다는 것이 명백해졌다. 교육적 돌봄에서 구금 돌봄으로의 이동은 당시 기관들의 이름에서 어느 정도 추적될 수 있는데, 예를 들어 '뉴욕 로마의 교육할 수 없는 바보들을 위한 구금 시설'과 같은 것이 존재했다(Davies, 1930; 퍼거슨과의 통화, 1997).

교육적 내러티브에서 의학적 내러티브로의 이동은, 지적장애인들이 사회에 구성하는 위협의 윤곽을 그림으로써 지적장애에 대한 새로운 내러티브를 형성하는 데 상당한 공헌을 한 의사인 헨리 고다드의 연구에서 가장 명확하게 예시되고 있다. 이 내러티브는 사회의 광범위한 움직임들 내에서 지지를 받았다. 첫째, 고다드(Goddard, 1912)는 지적장애가 유전적이라는 과학적 주장으로 우생학 운동에 기여하였다. 아이러니하게도 고다드는 도덕적 책임감을 강조하면서, 의료 전문직이 지적장애를 '치료'하는 것이 불가능하다고 기술하였다. 둘째, 지적장애인들의 위험성은 미국에서 일어났던 이민자들의 대거 입국이 야기하는 위협과 이민자들의 대다수가 지적장애인이라는 관념에 의해 더 강해졌다. 셋째, 오늘날 경도 지적장애로 알려진 새롭고 정의 가능한 지적장애의 범주를 비네와 시몽이 만들어 내면서 검사testing 운동은 걱정이 많은 사람들의 경향을 더 강화하였다. 고다드는 1910년에 경도 지적장애인 집단을 '저능인'morons[2]이라고 표시하였다.

〈그림 3〉 '정신박약'의 의미론적 배열

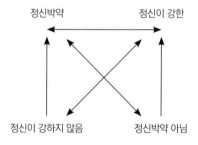

정신의 약함으로써 '정신박약'이라는 용어의 의미론적 배열은 그 반대를 바른 정신으로서의 '정신이 강한'strong-minded이라는 용어에서 찾았는데, 이것은 자신만의 방식으로 새로운 체계를 가져온 의료 전문직의 권위에 의해 분류되는 윤리적 주장이다(그림 3). 그러므로 정신박

---

2) 지능이 8~12세 정도로 바보보다는 지능이 높은 사람을 의미한다. —옮긴이

약이 없는 사람은 '정신박약'과 연관된 범죄, 알코올의존증, 그리고 질병의 영향에 연관되지 않음으로써, 사회를 보호하는 사람인 것이다.

'정신박약'이라는 용어의 광범위한 공적 담론으로의 전파는 1908년에 첫 등장 이후로 『뉴욕 타임스 색인』에 등재되면서 발생하였을 가능성도 어느 정도 있다. 비록 용어가 자주 '결함이 있는'defective, '정신적으로 결함이 있는'mentally defective, 그리고 '정신 결핍'mental deficiency으로 바뀌기도 했지만, 1978년까지는 색인에서 제거되지 않았다. 1977년 '정신박약' 항에는 '정신 결핍을 사용하시오'라고 기술되어 있다. 비록 수십 년 동안 전문가들의 세계에서만 이 용어들이 사용되었겠지만, 색인에 오랜 시간 등재되어 있었다는 것 자체는 공적 담론으로 유용하지 않다고 판단되어도 용어가 사라지는 것이 얼마나 느리게 진행되는지를 보여 준다. 유사한 주장이 '정신 결핍'이라는 용어에도 적용될 수 있는데, 다수의 전문 영역과 공적 영역에서 폐기된 이후에도 오랜 기간 색인에 남아 있었다.

1932년 발간된 '이상심리학' 교과서는 지적장애의 임상적 특성에 주안점을 두고 있다. 예를 들어 '대뇌피질 신경세포의 발육부전'과 같은 것이다. 가장 심각한 형태인 '백치'로부터 시작하여 치료를 제안하는 방식으로 지적장애에 대한 의료적 지향을 보여 주는, 동일한 분류법이 여전히 사용되고 있다(Moss and Hunt, 1932).

정신박약의 의미 퇴화, '정신 결핍'이라는 용어와 동시에 사용되면서 발생하는 혼란, 그리고 용어를 너무 막연하게 사용하는 데서 발생하는 혼란에 따라, 일부 교과서 저자들은 혼란을 명료하게 하고자 노력하였다. 이 같은 상황이 1934년에 '이상심리학' 교과서에서 일어났다. 두 개의 용어를 계속 사용할 것을 제안하면서, 동시에 인생 후

반기에 발현하는 '치매'의 형태와 반대되는 것으로, 젊은 시절에 시작되는 '정신 없음'amentia의 형태로 두 개의 용어를 사용할 것을 권고하였다(Dorcus and Shaffer, 1934). 흥미롭게도 질환 발생 연령의 기준 사용은 지적장애에 관한 현대 정의들의 구성 성분 중 하나로 이어져 왔다.

또 다른 교과서는 1937년에 '정신박약'이라는 용어를 거부하는 시도를 하였지만, 법률, 의료 등 다차원적인 용어의 사용을 기술하였다. 피셔는 정신박약의 사회적 중요성을 조사했는데, 정신박약자가 더 반사회적 행위들을 할 경향이 있다고 지적하였다(Fisher, 1937: 492). 그는 정신박약을 예방하는 세 가지 방법을 설명하였다. 관리 감독, 분리, 단종이 그것들인데, 마지막 방법이 문제의 궁극적인 해결 방법으로서 가장 전망이 밝다고 기술하였다(Fisher, 1937: 492). 그들을 위해 거리 청소, 쓰레기 운반, 그리고 다른 불쾌한 일을 사회가 제공해야 한다는 주장은 터무니없고 자만적 이기주의에 빠졌다는 이유로 거부되었다(Fisher, 1937). 1940년대에는 '정신박약'이 교과서에서 힘을 잃으면서, '정신 결함'으로 대체되는 것처럼 보인다(Gray, 1941, 1951; Landis and Bolles, 1946). 어떤 교과서에서는 법정과 임상 상황에서 심리학자들에게 적용된 역할을 논의하기 위해 지적장애가 활용되는데(Gray, 1941; 1951), 이는 의학 분야를 넘어선 광범위한 이해를 제안하는 것이다.

4. '결함' 그리고 의학적 내러티브의 심리학적 내러티브로의 변화

교육적 내러티브의 종결을 나타내는 지점은 대부분의 인구에 지능검사를 적용하는 것이다. 지적장애를 측정할 수 있게 되면서, 의사들의 도덕적 권위는 심리학자들의 과학적 주장과 관리적 역할에 자리를 내주게 되었다. '바보'와 '정신박약' 내러티브에서는 정신의 배움과 도덕적 능력에 중점을 두었던 반면, 결함 내러티브는 근본적으로 초점을 지적장애의 사회적 비용에 두었다. 비갭에 의하면, 제1차 세계대전 시 군부대에서 적용한 지능검사를 통해 놀라운 수의 젊은이들이 정신적으로 저능한 수준에서 행동한다는 것을 밝혀냈다. 역사적으로 봤을 때, 지적장애는 하룻밤 사이에 가장 중요한 사회적 문제로 인식되었다(Begab, 1975: 5).

'결함'이라는 용어는 개인이 전쟁의 맥락에서 쓸모가 없었다는 의미를 가장 잘 반영하는 것이다. 하지만 '정신박약'이 여전히 전문적 담론에서 가장 흔하게 사용된 용어였다.

지적장애의 사회적 관점 또한 「캔자스의 캘리캑 집안」[3]과 같은 정부 보고서에서도 강력히 강조되었다(Kansas Commission on Provision for the Feeble Minded, 1919). 이런 보고들은 사회 부적응자들의 유전적 현상 때문에 지적장애인들의 위험성을 강조했다. 보고서는 다음과 같이 언급하고 있다.

> 범죄자들의 10~30퍼센트 정도가 정신박약자이고 결함이 있는 정신 때문에 범죄에 빠지게 되었다는 많은 지표가 있다. 빈민 구호소에 있는 사람들과 매춘부 중에도 같거나 더 많은 비율로 정신박약자가 있다. 그렇다면 대략 이런 집단의 4분의 1은 정신적으로 결함이 있는 사람들의

---

3) 미국 뉴저지주에 실제로 있었던 집안의 가명(假名)으로, 병자·범죄자의 속출로 악질 유전의 전형을 뜻한다. ─옮긴이

집단에서 보충되는 것이고, 항상 문제를 일으키는 이런 집단들을 구성하는 데 큰 비율로 기여하기 때문에, 정신박약은 사회에 위협이 된다.

"이처럼 나쁜 원형질의 흐름이 세상에 퍼져 우리를 사회적 문제로 압도하는 것을 예방하기 위해서 어떤 조치가 취해져야 한다"고 보고서는 결론짓는다.

〈그림 4〉 '결함'의 의미론적 배열

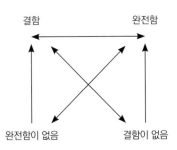

이 지점에서 지금까지도 문제가 되는 전문적 내러티브에 틈이 생겼다. 비록 지적장애의 문제가 '사회적'인 것으로 일찍이 정의되었지만, 지적장애인들의 식별과 '사회적 관점'에서 지적장애 수준 측정은 문제가 많았다. 구체적으로 어떤 지적장애인이 사회의 생산적인 구성원이 될지 사회의 짐이 될지를 예측하기는 매우 힘들었다. 하지만 비록 궁극적인 문제는 사회적 관점이었지만 측정은 지능 면에서 실행되었다. 사회적 적응성과 지능 사이의 연결이 전제되었고, 그 이후 많은 전문적 논의를 일으켰다. 이는 또한 결함을 다름으로 표현하는 기호학 사각형에서 분명해진다(그림 4). 사회적 결합으로 이어지는 조건들이 갖춰지는 방법으로 완전함은 결함을 부정하고, 신체의 완전함과 사회적 기능 사이의 연결이 강조되었다.

'결함'이 있는 상태의 현실적 영향은 잘 알려져 있다. 사회로부터의 완전 봉쇄인 단종과 시설화이다. 이는 궁극적으로 새로운 전환점으로 길을 내어 주었다. **지적장애인들에 대한 대중의 염려 중 일부는 수용시설의 증가와 불임 단종을 통한 분리와 통제의 실행과 함께 소멸하였다** (Begab, 1975). 지적장애인 중 적은 비율에만 영향을 끼쳤을 수도 있다. 하지만 대공황의 시작에 따른 전체 인구의 사회적 변화는 다른 설명의 가능성을 열어 놓았다. 즉, 이 시점에 사회의 더 많은 부분이 실패하고 잘 들어맞지 못하면서, 이민과 정신박약은 사회적 실패의 설명에 보편적으로 사용되지 않게 되었다. 사회 장치 및 경제적 설명이 더 유력해지면서 뉴딜 정책, 사회주의 그리고 노동운동의 도약에 자리를 내어 주었다.

이미 언급되었듯이 『뉴욕 타임스 색인』은 공공 부문에서 생겼다가 사라졌다 하는 용어를 평가하기 위한 매우 유용한 도구이다. 예를 들어 1913년과 1920년 사이에는 '결함'이라는 용어가 가장 많이 쓰였다. 관련 주제의 기사들은 보호, 예방, 교육, 그리고 군 통계 자료를 언급하였다. 1921년에 새로운 용어인 '지적 결함'이 소개되었지만, 설명은 '결함' 아래에 있었다. 가끔 교육이 나타나기는 했지만, 새로운 용어들은 '이민' '비행', 그리고 '단종'이다.

흥미롭게도 1928년부터 의료 전문직의 영향력이 크게 느껴진다. 예를 들어, 1928년 '지적 결함'이라는 제목은 '우생학'을 언급하고 있다. 이후 몇 년 동안 독자는 '정신질환' '우생학', 그리고 '부적합한 자의 단종'을 참조하도록 지시받았다. 이런 추세는 1930년 후반까지 이어지다가 1935년에 '지적 결함'이 '정신 결핍과 결함'으로 대체되었다. 1938년 이후로는 지적장애인에 대한 대중의 태도와 행복에 관한 관심을 반영하여, 순수하게 의학적인 관심사 이외의 것들이 더 유명해지게 된다. 그러므로 지적장애인들을 돕기 위한 약물과 치료법을 찾으려는 시도로 의료적 관심사가 이동한다.

1948년부터 부모 단체들의 관심과 교육용 프로그램이 증가하였다. 더 나아가 1950년대 중반에는 심리학자나 사회복지사 같은 전문인들이 지적장애인과 일할 수 있게끔 훈련하는 프로그램이 늘어났다. 1962년에는 지적장애와의 전투에 대한 케네디 대통령의 지원이 가장 중요한 주제가 되었고, 1963년에는 엄청난 자금 제공과 연구 프로그램들이 뒤따랐으며, 이는 60년대 내내 계속되었다. 1972년부터 1978년까지 윌로브룩 공립학교에서 인간적이지 못한 환경에 대한 폭로와 탈시설화 운동이 가장 중요하게 보도되었다.

'이상심리학' 교과서에서 모건은 "지적으로 결함이 있는 사람들이 적응에 실패함에 따라 처음 연구되었기 때문에, 관련된 사회적 기준은 가장 오래되었다"라고 언급하였다(Morgan, 1928: 5). 저자는 계속해서 지능 측정의 새로운 발전을 사회적 용어로 배치하면서, '지능을 측정하고 개인이 사회적 상황에 맞출 수 있는 준비'로 이어질 것이라고 말했다(Morgan, 1928: 315). 모건은 '정신박약'이라는 용어를 사용하면서, '저능한' '우둔한' '바보'와 같은 꼬리표를 포함하는 고다드의 분류를 사용한다. 그는 의학적 모델에서 통계적 지능의 규범으로 이동함에 따라 누가 '정신박약'인지에 대한 다른 관념이 나타나게 되었다고 주장한다. 그는 더 나아가 임상적 진단 도구를 사용하는 의학적 패러다임에 따르면 극도로 비정상적인 사람들을 제외하고는 모든 사람이 정상인 것으로 여겨진다고 언급한다(Morgan, 1928: 5). 이 예시는 어떻게 새로운 작가들이 오래된 용어와 분류를 사용하면서 그것들의 함축된 의미를 변형시키는지를 잘 보여 준다. 이 경우에서는 '정신박약'에 주어진 의학적 함축이 줄어들고 대안적 내러티브가 도입되고 있다.

5. '결핍'과 심리학적 내러티브의 전환

사회의 걱정하는 반응들을 진정하면서 평가의 발전은 계속되었고, 사회적인 것과 지적인 것 사이의 내러티브에서 균열이 더 깊어졌다. 데이비스는 "과도한 우려가 적어도 부분적으로는 정신박약과 지적 저하가 하나의 동일한 의미라는 잘못된 추측에 기초하여 생겨난 것 같다. 지적 저하의 사회적 영향에 대한 많은 혼란은 그 둘을 조심스럽게 구분하면 회피할 수 있을 것이다"(Davies, 1930: 369)라고 말했다. 이 시기에 도입된 용어가 '정신 결핍'mental deficiency이다.

돌(Doll, 1947)은 '정신박약'의 대체 용어로 '정신 결핍'을 사용하는 것을 "완곡한 표현에 대한 양보"라며 인정하였다. 하지만 같은 논문의 후반부에서 두 용어의 주요 차이점을 지적하였는데, 정신박약은 치료되기 힘든 반면, 정신 결핍은 가능하다고 언급하였다. 데이비스와 돌의 설명을 보면, 용어와 내러티브 사이의 연결은 오랜 시간 동안 발전되어 왔고 계속 발달 중이라는 사실을 분명히 알 수 있다. 또 분명한 것은 내러티브는 거의 단수로 존재하지 않고 경쟁하는 내러티브들이 존재한다는 것이다. 게다가 특정 용어와 연관성은 일정 기간 동안 눈에 띄지 않고 잠복해 있을 수 있는데, 예를 들어 데이비스의 설명 중 '지적

저하'의 개념이 그러하다. 하지만 이런 조사 결과들은 문화의 끊임없는 생산을 지지하고, 다름의 개념에 고유하게 존재하는 창의력을 지지한다.

의학적 배열로부터 심리학적 배열로의 이동은 지능지수$_{IQ}$로부터 파생된 측정과 의사 결정의 간단함으로부터 도움을 받아 더욱 견고해질 수 있었다. 전통적으로 정신 결핍과 정신박약은 특질들의 상관관계에 의해 특징지어진 복합 증상, 임상 증후군, 진단 조건을 지정하는 데 사용되는 용어였으며, 여러 기준에 의해 입증되었다. 하지만 지난 25년간 유효 감별 진단의 임상 요건을 대신하여 IQ검사가 지지되어 왔다(Doll, 1947: 420). 통제를 강화하는 절차 중에 IQ는 사회적 관점보다 지능을 더 강조하였다.

웹스터(Webster, 1986)에 의하면 정신 결핍은 지능 발달의 실패이고 이에 따른 사회적 무능인데, 이는 중추신경계의 결함에 따른 결과이고 이에 따라 고칠 수 없는 것으로 여겨진다. 이 정의는 사회와 지적 능력 사이에 추정되는 연계를 잘 반영하고 있으며, 중추신경계와 불치성에 대한 언급은 의학적 분야에 놓여 있는 기반을 잘 드러낸다. 흥미롭게도 '백악관 아동 건강과 보호 회의'White House Conference on Child Health and Protection(1933)는 '정신 결핍'이라는 용어는 발달이 늦은 지능에 사회적 능숙도를 갖춘 사람을 지칭하고, '정신박약'이라는 용어는 발달이 늦은 지능에 사회적 능숙도가 없는 사람을 지칭하자고 제안하였다. 하지만 이런 이분법은 대중적으로 채택되지 않았다. 비록 50년대 동안, 또는 60년대까지도 용어의 잔해가 남아 있긴 했지만 40년대에 '정신 결핍'은 점점 '정신박약'을 대체하기 시작했다(Scheerenberger, 1983 참조). '정신 결핍'에서 지적장애의 지능적·사회적 구성 요소들은 같은 개념의 차원으로 통합되었다.

정신 결핍 용어 사용에 의해 지능적·사회적 구성 요소를 강조하는 급진성은 안정화되고, '정신 결핍'의 의미론적 구도에서 분명해졌다(그림 5). '충분함'이라는 것은 개념화의 엄청난 복잡성을 포함하는 상대적 관념이다. 이는 맥락을 포함하는데, 즉 하나의 맥락에서 충분한 것이 다른 맥락에서는 그렇지 않을 수 있고, 더 또는 덜 충분한 상태가 되는 그라데이션 상태가 될 수도 있다. 이에 따라 결핍과 충분의 범주 사이를 움직이는 것이 가능성이 더 큰 것으로 여겨진다. 이런 점에서 '정신 결핍'의 내러티브를 찬성한 사람들은 상황을 뒤집을 수도 있다고 생각했다는 점에 주목하는 것이 중요하다.

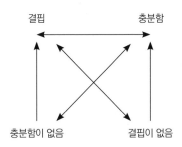

〈그림 5〉 '결핍'의 의미론적 배열

흥미롭게도, 몇 개의 교과서들은 정신 결핍의 정의가 다른 국가들에서는 다를 수 있다는 점을 언급하기 시작했다. 예를 들어, 랜디스와 볼레스(Landis and Bolles, 1946)는 영국에서는 사회적 능숙도가 가장 중요한 기준인 반면, 미국의 대부분 지역에서는 지능검사에서 보이는 지적 수준이 가장 필수적인 기준이라는 것을 지적하였다. 이런 차이점들은 나중에 다른 교과서에서도 지적된다(예를 들어 Harmatz, 1978).

6. '지적장애'와 학부모 운동의 포함

케네디 대통령에 의해 착수된 중대한 연방 정부 개입이 이루어지기 전인 1950년대 부모의 참여와 케네디 대통령에 의해 시작된 연방 정부의 주요 참여는 시험 운동의 객관성을 반박했다. 더 나아가 윌로브룩과 같은 거주 시설 서비스의 부패에 대한 신문, 사진 잡지, 텔레비전 보도가 중대한 변화에 기여하였다.

공공 부문에서의 변화에도 불구하고, 전문적-과학적 내러티브는 끊임없이 사회와 지능 사이의 틈으로부터 영향을 받고 있었다. 예를 들어 슬론과 버치(Sloan and Birch, 1955)는 과거에 있었던 지적장애의 지능적 측면에 대한 과도한 강조를 지적하면서, 이러한 지나친 강조가 '정신 결핍' 그리고 '정신박약'과 같은 단어들에 반영되었다고 하였다. 그들은 지적장애 수준의 수량화가 수많은 다양한 기능의 영역에서 대상의 수준을 표시하는 문제로 전환된다고 주장하였다.

지적장애의 사회적·지능적 측면들 사이의 틈은 1959년 '정신 결핍 협회'the Association of Mental Deficiency의 정의에서 공식화되었다. 지적장애로 분류되기 위해서는 지적 기능의 저하와 사회적 적응의 악화라는 두 개의 조건이 요구되었다. 게다가 평가 운동의 지배에 대한 더 많은 양보가 지적장애인들의 분류에서 반영되었다. 이에 따라 '저능한' '우둔한' '바보'와 같은 세 분류로의 범주화는 산술 평균에서부터의 표준편차 수에 기초한 다섯 부분으로 나뉘는 구조를 채택하면서 사라지게 되었다

(Heber, 1959; Scheerenberger 1983).

이 시기에서는 '정신적 표준 이하'mental subnormality와 '지적장애'mental retardation와 같은 두 용어의 발현이 언급되어야 한다. '정신적 표준 이하'라는 용어는 특정한 사회적·문화적 변수들이 지적장애와 강한 상관관계가 있다는 것을 강조하였다. 이 개념은 1960년대 인권운동의 결과로 중요성이 커졌다. 그리고 연방 법률에서의 특별한 강조, 학술지에 게재된 논문, 그리고 국가기관이 제공하는 서비스의 분배에서 보인 바와 같이, 60년대에는 보다 경한 지적장애에도 많은 관심을 보였다는 측면에서 이 용어들은 많은 영향을 끼쳤다(Haywood, 1979). 하지만 '정신적 표준 이하'라는 용어는 계속 사용되지 못하였다.

〈그림 6〉 '표준 이하'의 의미론적 배열

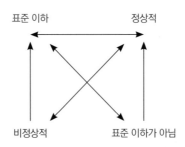

궁극적으로 '정신 결핍'을 대체하기 위해 도입된 '지적장애'라는 용어는 학부모들의 지원과 연관될 필요가 있다. 중요한 변화에는 다른 개인에 대한 정의, 절대적으로 불필요한 결핍, 그리고 치료될 수 없다는 생각이 포함되었다. 전문 및 과학 분야가 용어 변경에 대한 부모 집단의 요구에 대해 늦게 반응한 것은 협회 이름과 미국지적장애학회the

American Association on Mental Retardation 학술지 이름이 늦게 변경되었기 때문이다. 협회는 1981년까지 협회 이름을 '정신 결핍'에서 '지적장애'로 바꾸지 않았다.

'지적장애' 용어는 1981년 『뉴욕 타임스 색인』에 등장하였다. 지적장애는 탈시설화의 결과를 반영하는 것이었고, 흥미롭게도 사회 통합을 위한 '핸디캡'이라는 용어를 의미하였다. 1980년대 후반, 특히 1986년부터 사회적 염려들이 증가하였다. 일반적으로도 사회적 염려가 있었지만, 특히 지적장애 청년들과 관련되면서 더 그러하였다. 취업과 성인 생활에의 적응을 주제로 포함하면서 아동 학대, 아동 구금, 납치, 교육, 노동, 살인, 성범죄, 총기 난사와 같은 주제들도 포함하였다.

지적장애의 정의와 분류에 IQ 측정이 끼치는 영향은 1970년대의 교과서들에 나와 있다. 일반 시민들의 IQ 분포에 따라 다양한 수준의 지적장애를 깔끔하게 구분한 결과, 결국 인구의 16퍼센트가 지적장애인으로 분류된다는 결론을 내렸다. 코스틴과 헤르만손은 실제로는 최하위 4단계만이 주로 포함된다고 언급함으로써 이런 결론을 수정하였다(Costin and Hermanson, 1976: 133).

IQ 평가를 통해 이루어지던 통제는 몇 개의 교과서에서 드러났다. 예를 들어 하마츠(Harmatz, 1978)는 "지적장애가 다른 유형의 비정상보다 덜 논란을 야기하는 주제"라고 언급하면서, "다른 심리학적 장애와 다르게 지적장애는 지능의 객관적 평가에 기초하여 진단될 수 있다"고 제안하였다.

7. 핸디캡으로서의 지적장애와 장애로서의 지적장애

학부모 단체의 관심과 압박, 그리고 케네디 대통령의 개인적 관여의 결과로서, 1960년대 초반 연방 정부는 오랜 세월 동안 계속되어 온 지적장애인들에 대한 무시를 시정하기 위해 적극적으로 움직이기 시작하였다. 60년대의 진보적인 분위기는 문제의 본질과 해결책에 대한 질문들이 생겨나게 하였다. 윌로브룩과 같은 시설에서의 삶에 대한 대중매체와 출판의 관여에 따라 지적장애인에 대한 지원 방식으로서의 시설화에 대한 전반적인 비난이 일어나게 되었다.

하지만 60년대에 문제에 대한 다른 인식 또한 드러났다. 처음으로 사회문제의 근원이 개인에 있는 것이 아니라 사회 환경에 있을 수도 있다는 점이 인식되었다. 문제의 본질이 여전히 사회적인 것으로 생각되었지만, 사람들의 상황에 사회가 적응하지 못하는 점이 가시화되었고, 이런 인식은 80년대와 90년대의 쟁점에 영향을 끼쳤다. 지역사회 내 배치로 시설화의 대안을 모색하면서, 사회가 아직 지적장애인들을 수용할 준비가 잘 되어 있지 않았다는 점이 알려지고 기록되었다(Begab, 1975; Edgerton, 1993).

시민권운동은 이제는 전통적이라고 볼 수 있는 지적장애의 사회적·지능적 관점에 관한 토론에 다양한 방식으로 영향을 끼쳤다. 미국 지적장애인협회AAMR의 1961년 정의에 따르면(Heber, 1961), 이중언어 사용자, 다문화 인구를 포함하여 미국 인구의 16퍼센트까지도 지적장애인으로 분류될 수 있다. 지적장애 개념이 정신 측정 평가에만 기초하는 것이 정당한가에 대한 논쟁이 커졌다(Mercer, 1973). 지지자들은 적응 행동과 다르게 지능 평가는 유일하게 진단을 위한 유효한 도구라고 주장하였지만 이런 주장은 오래가지 못하였는데, 부분적으로는 지적장애가 불변의 질환이라고 받아들이지 못했기 때문이다. 게다가 시민권운동에서 촉발된 반대 입장은 소수집단의 많은 아동이 오진되었다는 것을 지적하였다.

미국지적장애인협회의 1973년 정의(Grossman, 1973)에서 지적장애는 지능적 측면과 사회적 측면을 모두 포함한다. 즉, 누군가를 지적장애로 분류하기 위해서는 양 측면이 공존하면서 존재하는 것이 필수적이다. 특히 정의를 보면, 지적장애는 발육기에 드러나는 적응 행동의 결핍과 공존하는 보편적인 지적 기능 표준의 미달인 상태를 말한다고 쓰여 있다(Grossman, 1973). 이 정의의 주요 수정 사항은 정신 측정이었는데, 전체 인구 중 지적장애인들의 추정 비율은 16퍼센트에서 3퍼센트로 하락하였다. 비록 이런 노력이 지적장애의 개념화에 있는 틈을 해결하려는 시도이지만, 측정의 문제는 여전히 해결되지 못하고 있다. IQ 검사가 주요 기준으로 여전히 남아 있다.

어쩌면 현재 전문적 내러티브의 가장 중요한 특징은 지적장애인들의 편의를 도모하기 위해 사회 환경을 준비하는 노력에서 발견된다. **환경과 지적장애인 사이의 조화는 지적장애에 대한 개념의 최신 정의에서 두드러진다**(AAMR, 1992; Turkington, 1992). 새로운 정의가 기능에 관한 서술인 만큼, 개념적 모델은 의학적이거나 정신병리학적이지 않고 기능적이다. 즉, 지적장애의 현재 정의는 초점을 특성의 측정에서부터 개인 일상에서의 실제 기능에 대한 이해로 옮긴다(AAMR, 1992: 9).

유사하게, 전문적 분야 내에서 지적장애인들의 기능성이 가장 중요해졌다. 즉, 절차보다는 최종 생산성이 다시 중요해지는 것이다. 더나아가 지적장애인들의 통합이 낙인 제거를 지원한다.

비록 지적장애의 최근 정의에서 지능과 사회 사이의 이분법이 여전히 존재하지만, 지적장애의 사회적 측면의 조작화와 함께 새로운 전환점이 공표되었다. 즉, 지능 측정이 여전히 초기 측정으로서 중요하지만, 출발점밖에는 되지 못한다는 점이 강조된다. 이에 따라 근본적으로 사회적이라고 인식된 문제를 지능과 관련된 용어가 아닌 사회적 용어로 측정할 수 있는 길이 다져진 것 같다.

기호학 사각형은 다른 점을 드러낸다(그림 7). '뒤처진'과 '앞선' 사이의 의미론적 반대는 내러티브를 근대성의 더 큰 담론으로 이끌어 간다. 앞선 세계에 통합되기 위한 조건은 뒤처지지 않는, 즉 지적장애를 갖지 않는 것이다. 또한 '지적장애'를 '핸디캡'과 '장애'라는 더 큰 틀로 포섭함으로써 '지적장애'가 어떻게 변형되었는지를 고려하는 것 또한 필수적이다. '핸디캡'의 틀에서는 평등권 담론에서 의미를 끌어내면서 지적장애는 기회와 평등의 면에서 정의되었다. **'장애'의 틀과 대면하여 능력의 상대성, 그리고 무능력의 중심을 환경으로 이동시킨 사실은, 최근 통합의 노력에서처럼 '무능력으로서의 다름'이 해결될 수 있을 것이라는 생각을 지지한다.**

〈그림 7〉 '뒤처진'의 의미론적 배열

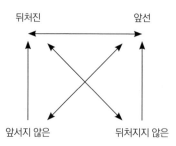

8. 논의: 다름 정의하기와 없애기

'다름'의 기호학적 분석은 특정 용어를 에워싸고 있는 의미의 의미론적 배열을 밝힘으로써 계몽적이다. 다른 말로 하자면, 우리는 다름의 정의가 얼마나 사회 문화적 맥락과 관련된 더 깊은 사고 구조에 적절한지 알게 된다. 하지만 그것은 분석의 부분일 따름이다. 다름은 재정의와 분배와 같은 두 개의 중요한 방법에 따라 없어진다.

내러티브의 더 광범위한 틀 내에서 다름을 정의할 때, 도사(Dossa, 1992)는 두 개의 내러티브를 구별하였다. 공간과 시간을 제한하는 형태로 이어지는 분리에 관한 오래된 내러티브, 그리고 공간과 시간의 순환 형태를 통해 획득되는 상호 의존의 새로운 내러티브가 그것이다. 더 큰 역사적 틀 안에서, 지적장애를 사회와 연관시킬 때 통합-분리 외의 다른 이분법들이 존재한다는 것이 명백해졌고, 그 덕분에 특정 시점의 사회적 현상을 설명하는 데 도움이 된다.

첫 번째는 자유롭기보다는 보수적이고, 절제되기보다는 개혁적일 수 있는 사회의 분위기이다. 두 번째로는 특정 해결책의 경제적 비용효율성, 지적장애인들이 생산을 할 수 있다거나 할 수 없다는 생산성의 개념, 그리고 시설 입소와 재활, 포함과 배제와 같은 의존에 대한 이론과 같이 미국 문화에서 꾸준히 지배적인 비유들이 여전히 유익하다. 세 번째로 지적장애에 관해 전문 집단은 다양한 부분에서 지적장애인들의 운명에 대해 꽤 낙관주의적인 모습을 보여 왔다. 이런 변동들은 교육 영역에서 의학적 심리학 영역, 또 문화 기능적 영역으로의 패러다임 변화를 반영한다. 즉, 실천에 동의하는 전문 조직 내에서 쟁점들이 논의됨에 따라 함축과 의미도 논의되고, 궁극적으로는 용어의 변화로 이어진다.

지적장애의 역사에서 교육, 의학, 사회복지, 그리고 심리학과 같은 다양한 전문 직종들이 어떤 시점에서건 지배적인 시간이 있었다. 최근에 지지자들은 새로운 용어를 홍보하는 데 중요한 역할을 했다. 보그스(Boggs, 1994)는 그런 변화들의 필요가 되풀이된다고 주장하였다. 그들의 영향은 푸코(Foucault, 1973)에 의해 제안된 개념 측면에서, 특정 시기 중에 '질서'를 만드는 것과 관련 있었다. 예를 들어 교육과 더불어 의학이 사회에서 지적장애인들을 배제하는 주요 수단으로 작용하였다는 주장이 제기되어 왔다. 지적장애인들을 '결함이 있는' 또는 '표준 이하의' 사람으로 분류하는 것은 '그들에게 어떤 문제가 있는가?'와 같이 그들을 완전히 병리학의 용어로 묘사하는 것이다(Ryan and Thomas, 1987).

같은 맥락에서 새러슨과 도리스(Sarason and Doris, 1979)는 지적장애를 인지된 사회문제들에 대한 반응으로 발전하고 그 행동을 정당화하기 위해 사용하는 개념이라고 주장하였다. 사회 맥락에서 가장 자주 이루어진 조치는 진단인데, 이는 행동의 기초로서 묘사하고 이해하고 평가하려는 시도다. 진단은 다른 사람에게 무언가 문제가 있다고 생각하는 누군가에 의해 활성화되는 병리학 중심의 절차이다.

어쩌면 지적장애의 역사에서 가장 최근의 발전들이 사회에 대한 질문들을 더 가능하게 만들 수 있다. 예를 들어, 라이언과 토머스(Ryan and Thomas, 1987)는 다름의 문제가 중심이 되었던 두 방향의 개혁이 있었다고 제안했다. 하나는 지적장애인들과 다른 사람들 사이의 차이점들을 최소화하려는 경향이 있는데, 통합과 포용을 향한 행동으로 이어졌다. 다른 하나는 다름을 강조하였는데 분리와 배제를 야기하였다.

양쪽 주장은 모두 동일한 가정을 하고 있는데, 문제는 지적장애인 자신의 본질에 있다는 것이다. 이 사람들을 받아들이고 통합하는 것을 극도로 꺼려 온 서구 사회들의 어느 점이 잘못된 것인가라는 질문을 하기가 더 어려워졌다. 하지만 우리는 이런 질문들이 더 타당한 시점에 도달한 것일 수 있다. 즉, 지적장애인과 환경 사이의 부합에 초점을 맞추는 내러티브는 개선될 수 있는 환경의 요소를 식별하는 결과를 가져올 수 있다.

기호학은 표의의 이론이다. 그레마스에 의하면, 이는 기호sign보다 높고 낮은 단계들에 대해 분석할 때만 가동된다(Nöth, 1995: 315에서 재인용). 기호학 사각형을 적용하면서 깊은 구조적 특징이 눈에 띄게 되는데, 왜냐하면 사각형의 네 개의 의미론적 가치들이 표층 구조가 같은, 상응하는 어휘를 항상 갖고 있지 않기 때문이다. 용어들의 일관성은 글의 일관성과 균질성을 설명할 수 있도록 한다. 그레마스는 글의 일관성을 묘사하기 위해 핵물리학에서 '동위체 현상'isotopy이라는 용어를 빌려 왔다.

구조적 일관성은 지적장애의 역사의 추세에서 다른 용어들의 존재에 대한 우리의 이해에 보탬이 되는 중요한 이론적 측면이다. 하지만 이런 이해는 내용적 측면, 그리고 의미의 유포와 시간에 따른 변화에 대한 이해, 특히 지적장애와 연관된 용어들의 퇴행적 효과의 더 깊은 수준에서의 이해 등에 의해 이론적으로 보완되어야 한다. 나는 이제 이 문제들을 간략하게 언급할 것이다.

사회적 그리고 지능적 요소들은 미국 사회에서의 지적장애 개념 구성에 끊임없이 연관되어 온 두 개의 내용 측면들이다. 두 측면 모두 다양한 시점에서 서로 다른 수준의 중요성을 가지고 있었고, '다름'으로서의 지적장애와 '유사함'으로서의 지적장애 사이의 갈등을 설명하는 데 도움을 줄 수 있다.

분명히 지능은 역사 안에서 지적장애의 개념에 대해 서로 다른 영향을 끼쳐 왔다. 예를 들어, 세갱은 '유사함의 부족'을 염두에 두고 있으면서, 이런 유사함의 부족을 회복하는 도구로 교육을 제안하였다. 이런 '지능의 부족'은 '사회의 안녕'을 위해 부적당한 사람들이 다른 사람들에게서 분리되어야 하는 시점에 '다름의 징후'로 변하였다. 이처럼 유사함의 부족 또는 다름의 징후로서 지능에 대한 다양한 사용은 사회의 큰 틀의 맥락 안에서 작동한다. 이에 따라 지적장애를 다름으로 묘사하는 내러티브는 더 큰 사회의식의 흐름을 포함한다.

지적장애와 연관된 용어들의 퇴행적 의미 변화에 관하여서는 더 깊은 이해를 위해 다시 기호학에 의지하는 것이 가능하다. 퍼스Peirce는 모든 기호가 해석을 만들어 낼 수 있다는 가능성을 나타내기 위해 '기호 현상'semiosis이라는 용어를 만들었다. 하지만 이 가능성은 차례대로 두 번째 기호의 지시 대상이 되고, 따라서 일련의 연속적인 해석이 무한대로 이어진다(Nöth, 1995). 지적장애 상태를 나타내는 용어는 너무 많은 의미를 추가하여 새로운 내러티브에 적합하지 않을 때까지 연속적인 해석을 거친다.

내러티브의 생산과 별도로, 그들의 확산 또한 관심 대상이다. 미국 지적장애인협회는 두 부분 모두에서 도움이 되어 왔다. 우리는 내러티브를 확산하는 도구로 대중매체, 교과서, 사전을 조사하였다. 분석에서 생략된 정책 문서와 영상 같은 다른 확산 도구들은 추후 연구에서 계속 관찰되어야 할 것이다. 어쩌면 이런 도구들의 특성 때문인지, 지체 시간과 영향의 범위가 각각 매우 달랐다. 텔레비전은 많은 관중에게 노출되고 엄청난 순간적 영향을 줄 수 있지만, 영향이 오래 계속되지 않는다고 알려져 있다. 비록 인쇄 매체도 텔레비전의 특징 중 몇 개를 공유하지만, 구식의 용어들이 신문 색인에서 사라지기 전까지 더 오래 나타난다는 것이 밝혀졌다. 교과서는 훨씬 느린 확산 도구일 수 있지만, 실제 영향력은 강한 것으로 느껴지는 경향이 있다. 마지막으로 사전은 여전히 다른 도구보다 확연히 느리고, 연구적 견해에서 보면 특정 용어의 의미 발전, 축적, 퇴화 연구를 위한 가장 전도유망한 도구일 수 있다.

지적장애의 현상 또는 다른 어떤 식별된 '다름'과 연관된 기호학 절차로서 같음과 다름의 작용을 이해하는 것은 계속되는 역사적·문화적 현상인데, 이는 질서의 새로운 틀을 찾는 현상 중 하나다. 언어는 현상으로서 지역적·역사적 의미를 장애에 부여하며 이런 질서를 형성하는 주요 도구다.

12장 · 가상 장애

온라인상 지원 집단에서의 같음과 다름

제럴드 골드

이번 장은 장애인들을 위한 온라인상 지원 집단 또는 가상 지원 집단의 형성과 의미에 초점을 맞춘다. 이것은 빠르고 큰 규모의 정보 교환과 때로 활동 지원을 촉진하는, 결속력이 약한 광범위한 연결망으로 구성된 공동체로 해석된다(Granovetter, 1982). 이런 광범위한 연결망은 흩어져 있는 장애인들과 그들의 주변인에게 중요한 지원을 제공한다. 가상 공동체에 합류한 사람들은 종종 장애와 만성 질병(다발성 경화증은 둘 다에 해당된다) 또는 의학적·대체적 치료와 병원 의료 등에 관한 정보에 접근이 제한되어 있다. 더 나아가 가상 지원 단체들은 회의 일정이나 장소가 제한되지 않는다. 대면 집단과 마찬가지로 가상 지원 단체 또한 경험적 권위가 있는 사람들을 포함시키고(Borkman, 1990: 20) 외부인들의 부정적 시선에 대한 저항에 집중하게 된다.

이번 장은 참가자의 신원을 끊임없이 공적·사적 대화에서 다루는, 다발성 경화증의 온라인상 지원 집단인 'MSN-L'을 연구하기 위해 참여적 관찰법을 사용하였다. 첫 번째는 공개된 공적 대화에 대한 분석으로 관찰자가 메시지 스레드를 샘플링하고 상황과 관련된 것을 선택해야 한다. 두 번째는 비공개로 이루어지는 사적 대화에 대한 분석으로 경험을 통해서만 샘플링할 수 있다.

메시지 스레드의 주제가 공동체 관심의 초점이 된다. 반응의 즉시성은 참가자들이 마치 일상적 만남을 갖듯이 성을 뺀 이름만으로 대화하는 연결망을 형성한다. 이런 방식으로 MSN-L의 안건은 끊임없이 재구성된다. 스레드를 따라가면 공통된 내러티브(같음)와 독특한 다발성 경화증의 의제(차이)로 이어진다.

대부분의 소통은 경험적 권위와 전문적 권위 사이의 경계가 흐려지는 사적인 게시물들에서 은밀히 이루어진다. 대부분의 메시지에는 자세한 서명 라인이 있지만 체형, 나이, 성별 및 계급과 같은 장벽을 회피한다. 목록 참가자들은 다발성 경화증을 갖고 살아가는 사람들의 가상 공동체의 일부가 된다. 결론에서는 이렇게 표면상으로는 통합으로 보이는 집단이 정치적 활동으로 나아가고 장애 지원 의제에서 국가적 차이를 다루는 데 있어서의 무능력에 대해 논의한다.

* * *

장애 지원 집단들은 서로의 관계, 생의학적 선택권 또는 대체 의약품의 가치에 대해 논의할 수 있는 비의료적·비임상적 환경을 제공함으로써 장애를 해석하는 포럼과 같은 역할을 한다. 직접 마주 앉아서 회동하는 대면 집단들은 지원을 위한 관습적인 포럼으로, 서로 직접 소통함으로써 오는 몇몇 확실한 장점들이 있기는 하지만, 집단은 대체로 규모가 작고 정해진 지리적 범위 내에서 고정된 시점에만 접근될 수 있다. 이는 계급과 성별의 차이를 회피하면서 온라인상의 공통점이 있는 가상 지원의 평등주의와 비교된다.

　이 장은 특정 장애를 위한 온라인상 또는 가상 지원 집단의 사례에 초점을 맞추고 있다. 이 집단은 정체성을 공유하고 있으며, 장애인도 접근할 수 있는 공간에서 공동체의 기반을 갖고 있다. 가상 공동체에 관해 꽤 많은 연구가 최근 이루어졌지만, 이 중 장애인 지지 집단과 그들의 일상 활동에 초점을 맞춘 연구는 거의 없었다. 장애인들에게 있어서 가상적 지원의 중요성 중 하나는 흩어져 있는 장애인들을 집단으로 소집하는 것의 물리적 어려움에 있다. 하지만 최근 장애 의식의 조직적 은유와 장애 문화 개념의 발생도 중요성에 영향을 끼친다(Brown et al., 1995).

　가상 공간의 공동체에 대한 최근 연구들은 약한 결속력을 통해서 혜택을 얻기 위한 가상 연결망의 역할을 강조한다. 이 아이디어는 그래노베터(Granovetter, 1982)의 도시 연결망 연구에서 처음 소개되었지만, 이런 비유는 세계의 지원 단체들에도 동등한 적용이 가능하다(Milena and Wellman, 1996). 다른 연구들은 즉각적인 보답을 바라지 않고 정보와 지원을 제공하는 것이 특징인 가상 공동체에서 볼 수 있는 일반적 호혜의 이타심을 강조한다(Rhinegold, 1994; Kollock, 1997). 이 글이 보여 주듯이 가상 장애 공동체의 구성원들은 타인들의 사회적 지원과 지식만을 추구하는 것이 아니라, 어떤 치료가 가능한지, 약물의 효과와 부작용에 대한 논의, 그리고 서비스 제공자들의 이름과 전화번호, 가격에 대한 정보들 또한 구한다.

　가상 공동체들은 광범위한 거리에 퍼져 있을 수 있고 직접적인 사회적 상호작용을 하지 않아도 되는데, 이 점이 온라인 소통이 신체적 장벽과 접근성 사이에 다리를 놓는다는 가상 장애 문화의 강점과 직접 연관되어 있다. 이 장에서 나는 내가 구성원이기도 하고 관찰자이기도 한 널리 퍼져 있는 다발성 경화증을 위한 가상 지원 공동체에 대해 논의할 것이다. 이번 논의는 지지 메시지의 내용을 분석하고 구성원들이 다발성 경화증 장애의 영향에 대응하기 위한 의제 또는 계획을 어떻게 구성하는지에 대한 고려를 통해, 가상 지원 단체의 운영을 민속지학적 경험에 비추어 조사한다.

장애에 대한 가상 지원의 효과는 몇 개의 간략한 사례 연구를 통해 설명된다. 연구들의 결론은 다발성 경화증 공동체와 다른 장애 공동체 사이의 유사점과 차이점 중 일부를 제안한다. 또 주요 접촉 대상이 직속 가족, 소규모 친구 집단과 의원 또는 병원의 일부 전문 의료진이 전부였을 사람들 사이의 온라인 소통의 의미가 고려되었다.

이런 관심사는 확연한 공간적 경계나 일련의 시간적 개념이 없는 상상된 공동체 중 하나인(Anderson, 1991) 가상의 장애 맥락에서 특히 적절하다. 내가 가상적 장애의 모델로 사용할 다발성 경화증을 위한 온라인상 지원 집단인 MSN-L에 대한 설명을 특징짓는 점은 민속지학적이고 성찰적인 접근법이다. 가상 지원 집단의 민속지학적 논의에 앞서 지원, 가상 지원 그리고 온라인상 장애 집단에 참여하는 것과 의료 행위 사이의 관계를 어떻게 정의하는지에 대한 논의가 필요하다.

1. 지원 집단들

직접 대면하는 지원 집단과 가상의 지원 집단은 비록 서로 다른 기원과 대조적인 맥락에서의 기능을 갖고 있지만 공통 특징을 공유한다.[1] 더 나아가 두 집단은 공적·사적 의사소통망을 포함한다. 가상 지원 집단 내에서는 정보가 많은 장애인들은 의료진, 종사자들과 상징적으로 동등할 수 있다. 그래도 가상 지원 집단의 참가자들은 병동에 고립되었거나 진료실의 흰 벽과 거리를 둔 상황에서 서로에게 보이지 않는다는 점을 강조하는 것이 중요하다(Zola, 1983). 의료진이 없을 때도 의사의 '의료화' 담론은 일상적 대화에서 끊임없이 존재한다. 하지만 이 장은 지원의 내러티브에 영향을 끼치고 형태를 만드는 데 점점 중요해지는 가상 지원 집단에 속한 개인들의 중요한 행동을 보여 준다.

　모든 지원 집단의 특색 중 하나는 공동체를 형성하고 강화하는 유사점들이다. 이 유사점들은 보고된 것도 있고 상상에 의한 것도 있다. **이런 방식으로 장애를 갖고 있거나 장애를 가까이 경험하는 사람들의 의견인 '경험적 권위'는 다른 모든 양상들과 독립적인 상태에서 권위의 근원이 된다. 이와는 대조적으로 자신들의 전문적 역할 내에서 권위와 권력으로 변화하는 전문가들의 경험적 지식은 전문가와 별개로 분리될 수 없다**(Borkman, 1990: 20). 지원 집단 안에서 장애인들은 '살아온 경험이 주요 역할을 차지하고 일을 하는 데 있어서 부수적이지 않은' 작은 세계에 참여한다(Borkman, 1990: 20). 대부분의 연구에서 경험적 지식을 가진 사람들과 외부인의 관계에 대한 이러한 통찰력은 주로 자선단체 또는 공공 서비스 조직 대표자의 감독 또는 의료 전문직의 검토 아

---

1) 험프리와 래포포트는 자조 집단이 단일 유형의 집단(Humpreys and Rappoport, 1994: 217)이 아니라, 규범적 공동체 및 정치 활동 조직(Humpreys and Rappoport, 1994: 217)으로 볼 수 있다고 제안하였다.

래 정기적으로 회의가 이루어지는 상호작용 기반 지원 집단을 언급하고 있다. 하지만 가상 지원 집단에게는 이와 같은 의학적 존재는 찾아볼 수 없거나 암시되어 있을 뿐이다.

2. 가상 지원 집단[2]

집단 대표에게 받은 이메일을 통하거나 다른 게시물들을 관찰하면서 어떻게 소통해야 하는지 배움으로써 온라인 소통 절차를 안내받을 수 있다. 온라인 소통 절차에는 글 게시하기, 댓글 등 대답하는 방식, 역할 또는 인터넷 예절, 그리고 온라인 소통을 가끔 특징짓는 거짓말 또는 개인적 공격을 적절히 다루기 등이 포함된다. 자주 묻는 질문(FAQ)과 리더십 유형에 대한 데이터베이스 생성 또한 발생할 수 있는 다른 일반적 고려 사항들이다.

경험적 권위를 강조하는 대면 지원 집단은 지원 모델에 다른 가상 공동체의 특징이 섞이는 가상 지원 모델의 변치 않는 모델이다. 게다가 가상 장애 지원 집단의 시간 및 사건은 영구적이지 않을 수도 있고, 메시지를 항상 쉽게 재생할 수 있는 것도 아니다(Sproul and Kiesler, 1990: 128). 참가자들이 치료와 해결책을 찾기 위해 의학적 권위에 의문을 제기함에 따라 가상 지원 집단의 의제는 긴박함을 가질 수도 있다. 이러한 방식으로 가상 지원은 과거의 만남을 재현할 수 없을 정도로

---

2) 가상 지원 집단은 가상 공동체의 한 유형일 뿐이며, 이 장에서 제안했듯이 가상 지원 집단은 가상 공동체와 대면 지원 집단을 모델로 한다.

빠르게 진행되는 공동체를 육성하며, 많은 내러티브는 지원 또는 정치적 지지에 대한 요청들과 관련되어 있다.

메시지 스레드는 일반 참가자들이 의료 전문가 역할을 맡을 수 있는 정보 교환의 초점이 된다. 여기서는 전문 의료인들의 도구는 사라지고, 정보가 많은 장애인이 의료 및 준의료적 대안에 대한 포괄적인 논의를 제공할 수 있다. 서명란과 부서 소속은 진정성을 보장하지 않는다. 여기서는 메시지에 중점을 두고 있으며, 가치 있는 정보는 종종 정보에 입각한 가상 공동체의 비의료 회원에게서 나온다. 장애인 연금을 받기도 하는 이런 사람들은 온라인 의학 정보 초록, 대체 의학, 식이요법 또는 운동에 대한 자료들, 보조 기기에 대한 정보, 차량 개조 및 장애인들을 위한 정부 프로그램의 세부 사항들을 모아서 축적할 수 있다. 때로 문의 또는 메시지 스레드에 대한 답변으로 이런 정보들을 유용하게 생성할 수 있는 능력이 있으며, 이는 가상 공동체 내의 일부 참가자의 경험적 권위를 강화하는 원동력이 된다.

3. 가상 지원 공동체와의 현장 연구

이 장은 내가 인류학자이자 다발성 경화증 환자로서 참여한 가상 공동체인 MSN-L의 사회적 구성을 이해하기 위해 참여적 관찰법을 활용하였다. 필자가 필요한 입문 전기 및 기타 의사소통에서 집단과의 상호작용은 온라인으로 이루어졌고 회원 및 해외 집단 주최자와의 개인적인 방문에서도 사회인류학자로서의 역할은 분명해졌다. 언제나 나의 역할은 변함없이 참가자이자 관찰자였다. 관찰은 인터뷰나 질문 없이 일상적인 행위에 기초하고 있다. 이 연구의 자료 중 대부분은 인터넷에서 공개적으로 이용 가능한 정보들이지만 목록 이름들을 포함하여 모든 이름은 가명이다. 개인적 대화는 회원들의 정체성을 보호하는 방법으로 제공된다. MSN-L과의 현장 연구는 주로 내 사무실 컴퓨터 화면에서 완성되었는데, 여기서 개인의 정체성은 참가자가 일상적 대화 주제에 깊은 관심을 보이지 않는 모의실험의 익명성과 유사하지 않은 현실감을 가정한다. MOO와 MUD 집단에서 회원들은 나이와 정체성 또는 성별을 위장하기 위해 가명을 사용하는 역할 분담 게임의 플레이어들이다. 내가 알기로는 이 공동체 안에서 열심히 소통을 주최하는 모든 참가자는 아니지만, 대부분의 참가자는 자신의 진짜 이름을 사용하고 종종 직장과 거주지에 대해 논의하기도 한다. 더 나아가 다발성 경화증을 갖고 있는 많은 참가자는 이야기하는 것을 도와주는 자신들의 배우자 또는 중요한 지인과 함께 접속한다. 가끔은 누가 말하고 있는지 헷갈린다. 연구를 진행하는 사람이 연구 대상이기도 한 현장 연구는 나에게 처음이었고, 거의 모든 상호작용과 관찰이 가상 세계에서 일어난 연구도 처음이었다. 이 연구는 2년 동안 완성되었고, 장애와 만성질환에 관한 가상 지원 집단의 효과와 한계들을 강조하였다.

참여적 관찰법에서 흔히 그러하듯이 권력 구조와 공식적인 리더십 기준이 없다 보니 연구 접근의 문제는 복잡하다. 하지만 스스로 적극적으로 참여를 결정한 회원들은 부적절하거나 모욕적이라고 판단되는 메시지에 빠르게 반응할 것이다. 큰 맥락에서 보자면 그들의 반응은 회원들이 끊임없이 들어오고 나가는 가상 지원 집단의 자연 그대로의 역사를 구성한다. 하나 이상의 가상 지원 집단들이 다발성 경화증 같은 대부분의 장애를 대표하기 때문에 공동체 간의 경계는 불투명할 수 있고, 또 많은 공동체 회원들은 몇 개의 가상 공동체에 참여할 수도 있다.

MSN-L 공동체는 225명의 회원이 가입되어 있지만, 이 중 자주 게시글을 올리는 영향력 있는 공동체 회원은 40명 정도다. 이들 중 대부분은 진짜 이름을 사용하고 독특한 인격을 갖고 있다. 하지만 MSN-L은 캡슐화된 마을이 아니며, 공공 통신은 유스넷Usenet[3] 뉴스 그룹에 반영되거나 반송된다. 유스넷 독자는 호스트 또는 전송 컴퓨터에 의해 모니터링되거나 계산되지 않으며, 전 세계 통신망www 검색 도구는 메시지들을 수백 명의 독자에게 노출시키기 때문에 수백, 많으면 수천 명의 독자가 작은 가상 공동체의 공개 메시지를 읽을 수 있다.

공개 메시지들의 이런 개방성에도 불구하고 많은 독자는 '눈팅족'인데, 이 사람들은 목록을 구독하지도 않고 메시지 또는 게시글을 읽기는 하지만 절대 대답하지 않는다. 가끔 눈팅족은 다발성 경화증을 앓고 있으면서 가상 지원 집단의 대화에 절대 참여하지 않거나 다름의 부정과 거부 상태 또는 이상 행동에 대한 부정을 당하고 있는 친구 또는 주변인들을 위해 정보를 찾으려 할 수 있다(Davis, 1961; Murphy, 1987: 123~124). 하지만 이번 장이 보여 주듯이, 가상 장애 공동체는 한 명 이상 회원들의 중재를 통해 자신의 대중적 정체성을 통제하고 규정하려고 노력할 것이고, 회원들은 가끔 공적 담론을 확장하거나 담론에서 벗어날 수도 있는 개인적, 일대일 소통을 이용할 것이다. 장애 목록에는 공개된 공적인 모습과 비공개인 사적인 모습이 있다. 첫째는 관찰자가 메시지 스레드를 선택하고 표본을 뽑도록 하는 것이다. 두 번

---

3) UNIX 시스템의 컴퓨터를 연결하는 국제적인 네트워크. ―옮긴이

째는 개인적 연결망에까지 확장하여 비밀스러운 부분까지 관찰하는 것으로 참여자 관찰을 통해서만 적극적으로 볼 수 있다.

4. MSN-L: 다발성 경화증을 위한 가상 지원

이 연구의 자료들은 2년간의 스크린 메시지 또는 '게시글'에 대한 참여 관찰을 통해 수집되었다. 메시지 또는 게시글은 하루에 35개 정도의 비율로 생성되었으며, 한 줄짜리에서부터 몇천 단어까지 분량이 다양하였다. 더 나아가 지원 집단의 주체적인 참여를 하는 활동적인 회원으로서 나는 250명 정도인 모든 회원에게 일주일에 세 번 정도 메시지를 보냈고, 관리자에게는 1년에 10개 정도의 사적인 메시지를 보냈고, 그리고 내가 적극적으로 팔로우하는 메시지 스레드들에 공적·사적 답변을 게재한 다른 회원들에게 50개 정도의 메시지를 보냈다. 공적인 게시물로 전환하려면 컴퓨터 메일의 질문에 n 대신에 y를 입력하기만 하면 되기 때문에 전혀 복잡하지 않은 절차인데도, 2년의 세월 동안 사적인 게시물이 단체 회원 전체에게 공적인 게시물로 전달된 경우를 나는 단 한 번도 보지 못하였다. 이렇게 공적 사적 메시지 사이에 경계가 얇다 보니, 아래에서 더 깊게 탐구할 것이지만 성적 취향에 관한 사적인 게시물과 같은 비밀 글들이 목록의 전체 회원에게 실수로 보내지면서 개인적 주제를 간단하게 공적인 주제로 변환시킬 수도 있다.

현장 연구에는 몇 번의 대면 대화와 전화 대화가 포함되었다. 이 대화를 위해 나는 토론토를 포함하여 미국과 캐나다 도시에 있는 몇몇 활동적인 회원을 인터뷰했다. 하지만 국제적 장애 공동체와의 현장 연구에 대한 로맨틱한 환상을 없애자면, 인터넷상의 연구가 가끔 이루어지는 직접적인 접촉보다 훨씬 생산적이었고 공적인 인터넷 게시글들이 항상 더 상세하고 솔직한 대화였다. 인터뷰와 같이 사적인 게시글들은 행위와 대표성에 대한 비유들 때문에 과장될 수 있지만, 대부분 빠른 치료법을 찾는 것에 집중되어 있는 다발성 경화증 안건의 긴급함은 적어도 공적 소통에서는 현실적 이야기들을 강조할 수도 있다(Van Maanen, 1988).

인류학자로서 내 현장은 인터넷상의 가상 공동체가 되었고, 이곳은 경험을 담은 게시글과 이야기 게시글들이 수천 장의 온라인 일지를 만들어 내고 있었다. 때때로 나는 사이버 세상의 현장 연구를 이전에 퀘백(Gold, 1990), 루이지애나 또는 내가 프랑스 북아메리카(Gold, 1990)로 알고 있었던 상상의 나라 어느 곳에서의 연구와 비교하곤 했다. 비록 관찰할 것이 적고 모든 논의가 문서로 기록되어 있기는 했지만, 몇 번의 인터뷰와 직접 접촉을 제외하고 MSN-L과 소통하는 것의 통찰력이 덜한 것은 아니었다. 현장 연구에서와 마찬가지로 처음에는 무엇을 예상해야 할지 알 수 없었다. 또 가상 세계에서는 끊임없는 사건들이 생기는데, 몇 개는 큰 위기어서 이른 아침까지 나를 마이크에서 떨어지지 못하게 했다. 이 연구는 음성 타이프 소프트웨어로 거의 전부 실행되었다. 가상 공동체는 내가 현장 연구를 할 장소라고 예상한 곳은 아니었지만 몇 시간에 걸쳐 목록들을 읽고 나서는 나에게 현장 연구의 장으로 변하였다. 주제 스레드를 검토하고 따라잡기 위해서 색인 소프트웨어를 사용하며, 나는 가상 지원의 주요 쟁점들을 발견했지만, 동시에 2년이라는 시간 동안 MSN-L의 의제와 목록 회원들의 의견이 모두 변하였으며, 성문화되어 있지 않은 적극적 멤버십을 위한 기준을 목록 회원들이 끊임없이 의심하고 재정의하고 있다는 것을 깨달았다.

다수의 대화가 다발성 경화증의 치료법을 찾는 데 중점을 두지만, 대부분의 메시지들은 경험에 대한 애기들이다. 일상적 생활, 증상 또는 문제들 그리고 병원에 다녀온 애기들을 다룬다. 이런 메시지들은 80퍼센트를 차지하고 있는 미국뿐만 아니라 캐나다, 영국, 독일, 네덜란드, 덴마크, 이탈리아, 이스라엘, 남아프리카, 그리고 호주의 '회원들'에게 자동으로 전달된다. 스레드의 주제는 메시지 표제에 나열된다. 예를 들어 '점점 악화' '집' 또는 다발성 경화증의 재발 경감을 통한 병세의 악화를 지연시키는 값비싼 약인 베타세론, 만성 진행성 다발성 경화증에 따른 상체의 기능 상실을 억제하는 데 효과적이라고 알려진 암과 관절염 약제인 메토트렉세이트, 다발성 경화증의 심각한 문제인 피로를 예방하는 파킨슨병 약물인 아만타딘, 마리화나의 의약적 사용, 포도씨 추출물과 달맞이꽃 종자유의 효과 등과 같은 것들이다. 모든 메시지를 읽고 싶지 않은 '회원'은 표제를 훑어보고 특정 스레드를 선택하여 읽거나 답변할 수 있다. 모든 게시물을 읽고 몇 개에 답변하려면 시간이 꽤 많이 소비되는데 이런 이유로 인해 1인당 효율적으로 참여할 수 있는 가상 공동체의 수가 제한되기도 한다. 2년 동안 적어도 50명의 회원이 매주 글을 게재했는데, 그중 몇 명은 많은 메시지를 게재하기도 했다. 가상 공동체는 활동적인 회원들을 300명까지도 갖고 있을 수 있다. 하지만 글을 게재하는 활동은 꾸준히 계속되는 것이 아니라 목록 메일에 제시된 안건에 따라 달라진다.

5. 스레드와 다발성 경화증 의제

이런 방법을 통해 다른 장애 목록들과 마찬가지로 MSN-L에 적극적으로 참여하는 것은 지속성으로 특징지어지는데, 여기서는 답변과 스레드를 쌓아 가는 신속성에 의해, 참가자들은 마치 매일매일 또는 매시간 서로 연락하는 것처럼 성을 뺀 이름만으로 서로 소통하는 연결망을 형성한다. 이런 연결들의 중심은 메시지 스레드이고, 간접적으로는 다발성 경화증 의제의 형성이다.

의제는 끊임없이 수정되어 내용도 변하고 본래 초점에서도 점점 벗어난다. 예를 들어 베타세론 주사를 맞은 이야기에 초점이 맞추어졌던 스레드가 보험 제공 업체에 관한 것으로 옮겨질 수 있다. 회원들이 주제의 수와 새로운 스레드를 제한하는 것은 힘들다. 그런 정도의 합의에도 불구하고 중재되지 않는 목록의 회원제는 중앙 컴퓨터에 연결하여 호환되는 메시지를 보낸 사람이라면 누구에게나 열려 있다. 공개 메시지들은 모든 회원 또는 브라우저를 통해 메시지를 관찰하는 사람 누구나 접근할 수 있다. 때때로 목록 관리인은 불쾌한 메시지들을 거부할 수 있다. 하지만 사적 메일들은 발신자가 MSN-L의 '회원'이건 아니건 아무런 간섭 없이 메시지 표제에 표시된 온라인 주소를 사용하여 보낼 수 있다.

이런 개방성에도 불구하고 MSN-L의 짧은 역사는 가상 지원의 모순과 복잡성을 보여 주고, 게시물들은 MSN-L이 어떻게 공통적인 이야기들과 가상 공동체의 경계를 이동시키는 변화적인 다발성 경화증의 의제를 발전시키는지 입증한다. 장애 공동체에 관해 기술하는 사람들이 몇 있기는 하지만 장애 인식의 개념은 탐구되지 않았다. 관찰자 역할을 하면서 나는 종종 아직도 보행이 가능한 회원들이 장애를 가진 신체 또는 스티케의 미개하고 특이한 '타인'이 되는 것을 거부하고 공공연하게 두려워하는지 궁금했다(Stiker, 1982: 15).

MSN-L의 다발성 경화증에 대한 국제적 온라인 협력의 최우선 주제는 일상 문제 극복하기, '신경과 의사' 고르기, 가상 공동체를 위협하는 것을 해결하기 등과 같이 지시적이고 용기를 주는 메시지들이다. 어떤 의사 한 명이 방광 문제와 다른 주제들에 대한 긴 조언을 올렸지만, 대부분의 회원들은 이런 문제를 거의 모두 전문 의료진이 아닌 다른 사람들의 과거 글들에 의존한다. 게다가 대부분의 지원 메시지는 다른 메시지들과 관련되어 있고 사건 중심적이고 구시대적이지만, 지속성과 무한함의 환상을 유지하는 것은 메시지 스레드이다.

가상 공동체 또는 지원 집단에서 대부분의 회원들은 매일 메일을 추적하고, 개인적 메시지들에 공적으로 사적으로 답변을 한다. 하지만 방대한 양의 메일들은 길고 정보가 많은 게시물이 짧고 회화적 글들과 도움 또는 조언을 요구하는 글들과 섞이게 한다. 게시글을 읽기 전에 메시지 개요 화면을 읽음으로써, 공동체의 회원은 발송인의 이름, 스레드 명 그리고 메시지 크기를 통해 자신의 직접적 관심 분야와 합치하는지 결정할 수 있다. 독자는 또한 직접적인 응답으로 할 것인지, 아니면 이 스레드의 이전 글들을 포함할 것인지와 같은 메시지 상태도 결정할 수 있다.

대부분의 온라인 지원 집단들은 감시받지 않지만, 끊임없는 사회적 제어를 받는다. 이는 집단의 정체성을 보강하지만, 종종 화가 나거나 짜증이 나거나 불만스러운 활동적인 회원들과 다른 사람들이 집단을 떠나게끔 만들기도 한다. 이런 결정은 비공개적인 메시지로 나타날 수 있지만, 공개적인 탈퇴 선언의 일부가 되기도 하는데, 뒤이어서 종종 떠나는 사람들을 붙잡는 답글이 연속적으로 달리기도 한다.

6. 눈팅과 인증

MSN-L에 가입하고 얼마 안 있어서, 다발성 경화증을 겪는 해외 교수 인 시스템 협력자가 새로운 회원에게 전기적인 자기소개를 올릴 것을 요청하였다. 실제로 많은 새 회원은 벌써 정기 독자 또는 '눈팅족'이 되었고, 6개월이나 오래된 회원 중 일부는 '초보자'들을 위해 자신들의 전기를 다시 게시해야 한다고 생각한다. 이런 자기소개와 인증을 위한 이야기들은 모든 MSN-L 회원에게 메시지 게시물의 형태로 배포되며, 기존 회원들은 대체로 새로운 '회원'을 환영하고, 자신의 문제를 인증 하는 이야기에서 흔히 발생하는 메시지 스레드에 추가한다. 예를 들어 아직 다발성 경화증으로 진단받지 않은 어떤 여성의 자기소개에 진단 적 제안들이 난무하였지만 새로운 스레드는 생겨나지 않았다.

따뜻한 환영에 감사드립니다. 저는 두 아들을 둔 마흔다섯 살의 여성이 고 작은 농장을 갖고 있습니다. 저는 다발성 경화증으로 진단받지는 않 았지만, 몸의 오른쪽에 약간의 마비를 경험한 후로 끊임없이 병의 가능 성을 경험하고 있고 오른쪽 귀에서는 때때로 심장 소리가 들리기도 합 니다. 신경과 의사는 제 뇌간 신경에 아마도 바이러스에 의한 염증이 있다고 말해 주었고 결국엔 사라질 것이라고 하였습니다. 의사 선생님 께서 제 기록에 "그녀는 미엘린 탈락과 신경 수질소 탈수와 플라크 형성을 겪은 것처럼 보인다. 이것이 첫 발현이었고 어떻든 간에 재발할 것이다"라고 썼습니다.

이 새 회원은 환영받으면서 목록에 추가되었지만, 그녀의 이야기 내용에 대한 공개 반응은 없었다. 나는 그녀가 뒤이어 게시글들을 올리는 것을 보지 못했고, 그녀가 눈팅족이 되었거나 도움이 되지 않는 집단에서 탈퇴하였다고 짐작하였다. 가상 장애 공동체를 방문하는 사람 중 다수는 자신들의 게시물에 호응을 얻지 못하고 자기소개한 이후 바로 단체를 떠난다. 이는 모든 다발성 경화증이 있는 사람들을 위한 집단이 아니다. 새로운 회원들은 이미 존재하는 메시지 스레드들에 기여할 것으로 예상되며, 그들이 원하는 지원을 찾지 못하는 사람들이 많다.

다른 사람들은 목록 회원들에게 자신들의 현재 의학적 치료 상황에 대한 정보를 얻는다. 분명한 거리낌도 없이 글을 쓰면서 목록 회원들은 '신경과 의사'들을 대신하여 '초보자'들에게 조언하는데, 신경과 의사들에게서 그들이 원하는 것을 찾을 수 없을 테니 대체 치료들을 고려해 보라고 조언한다. 종종 '초보자'들은 다른 방향으로 유도된다.

회신: "[…] 이런 종류의 치료에 관한 정보 […]"

댓글: 죄송하지만 이해가 잘 되지 않네요. 기능적 개선을 가져오는 치료법을 찾고 계신 거라면 생각나는 것이 많지 않아요. 그것을 의미하신 건가요? 현재의 다발성 경화증 치료법 대부분은 증상 관리에 집중되어 있어요. 저는 봉침 치료에 관해서는 호의적인 답변을 드릴 수 없습니다. 그나저나 MSN-L에 오신 것을 환영해요!

다른 인증을 위한 이야기들은 MSN-L이 진심으로 '들어 줄' 사람들에게 다발성 경화증에 관해서 말해 볼 첫 기회라고 강조한다. 이 주제는 나중에 지원 집단으로서 목록의 중요성에 관한 독립적인 스레드로 발전한다.

제가 MSN-L에 가입한 지 일주일이 지났습니다. 정보와 협조를 위해 이 단체를 찾아서 너무 기쁩니다. 참여하게 된 것에 대해 보내 주신 따뜻한 환영 인사에서 제안하신 것처럼 저의 다발성 경화증과의 관계에 관해 얘기해 보겠습니다.

10년 전 제가 열여덟 살이었을 때 첫 악화 증상이 있었습니다. 걸을 수 없는 등 꽤 심각하였습니다. 3일을 그렇게 지냈는데 의사들은 무엇이 문제인지 발견하지 못하였습니다. 3년 후 갑자기 심각해지기 시작했고, 다발성 경화증이라고 진단받았습니다.

첫 몇 년 동안은 […] 굉장히 걱정되었고, 나약함과 비슷한 감정들이 또 다른 강력한 악화의 시작일까 봐 두려웠습니다. 저는 브라질 사람인데 운 좋게 국가에서 최고의 의료진들과 병원을 이용할 수 있었습니다. 브라질에서 유일하게 자기공명 기계가 있는 병원이었습니다.

모든 게시글에서 되풀이되는 주제는 MSN-L이 그들의 다발성 경화증 공동체, 즉 다른 사람들이 답변하지 못할 때 답변을 줄 수 있는 비슷한 사람들의 집단이 되었다는 것이다. 예를 들어, 다음과 같은 발언이 많은 답변을 대표한다. "가족들 또는 친구들과 얘기하고 싶지 않고 의사들과 논의할 기회와 적합한 환경이 별로 없었는데 다발성 경화증의 측면들을 공유할 수 있는 사람들을 찾은 것 같습니다. 모두 정말 고맙습니다!"

몇 개의 소개들은 다발성 경화증 환자들과 한 번도 소통해 본 적 없거나 다름을 인정하려 하지 않는 '정상적인' 삶을 사는 사람들이 작성했다. "당신의 목록에 침입하고 싶지는 않지만, 귀하의 게시글들을 보면서, 증상이 없는 기간이 있음을 이미 배웠습니다."

자신의 배우자들을 대변하는 보호자so도 참여하는데 이들은 여섯 명 중 한 명꼴이고 대부분 남성이다. 게시글을 작성 후 몇 개월이 지나면, 다발성 경화증 환자와 그의 보호자를 구별하기가 어려워진다. 이렇게 보호자와 장애인들이 합쳐짐에 따라 단일한 다발성 경화증 의제 형성이 강화된다. 활발한 속도로 메시지를 교환하다 보면 목록 회원은 보호자들이 자신이 다른 사람들을 대변한다는 것을 때때로 상기시킬 때 빼고는 누가 누군지 헷갈리게 된다.

7. 공동체 역할과 목록 정체성

실제로는 규제되지 않는 온라인 가상 집단들은 비공식적 대표가 있는데, 국외의 중앙 컴퓨터를 유지하고 자주 나오는 의견, 이야기, 개인적 메시지들을 제공하는 역할을 한다. 다른 회원들 또한 특별한 목록 정체성을 갖고 있는데, 댓글들에서는 직접적으로 언급되고 그들의 일상적 또는 격주의 게시글들이 없으면 간접적으로 언급된다. 어떤 정체성은 '파란 하늘' 또는 일본어로 된 인용구 등과 같은 이름이나 특징적인 문구들에서 드러난다.

단체의 일상적 소통에서 할당되고 기대되는 역할들이 정해져 있는데, 이 중 몇 개는 존중받을 것이고 나머지들은 이의가 제기될 수 있다. 예로, 즉각적 반응을 이끄는 답변은 처음으로 진단을 받고 당황스러워하는 다발성 경화증을 가진 사람 또는 보호자이다. 다른 목록 회원들은 의학적 또는 유사의학적 역할들을 맡는다. 예를 들어, 회원인 A는 자신의 광범위한 연구 초록의 모음에 의존하며 사실상 어떠한 질문에도 배경을 설명해 주는 의학 전문가가 되고 비정통 치료 또는 검증되지 않은 이론 지지자들에게 학문적으로 반박한다. 예로 기후에 기반한 다발성 경화증 이론이 있다. 하지만 대체 의학과 식이요법에 의존하는 사람들은 이런 의견들에 이의를 제기한다.

8. 다발성 경화증 이야기들

참가자 대부분은 자격의 적격성에 관한 이야기로 시작한다. 그리고 일단 목록에 추가되면, 가장 말이 많았고 전문적이었던 참가자들까지도 가상 공동체의 다른 사람들과 공통분모를 형성할 수 있는 '고백의 이야기'(Van Maanen, 1988: 73)를 게시한다. 현장 연구를 시작한 첫 번째 해의 게시글 중 3분의 1은 처음으로 FDA 승인을 받은 다발성 경화증의 재발 경감 약물인 베타 인터페론의 이용 가능성과 효과에 대한 업데이트를 제공하였다. 다른 사람들은 메틸프레드니솔론(상품명 솔루메드롤), 클라드리빈, 메토트렉세이트와 같은 약에 관하여 글을 게시하였다. 많은 댓글을 보면 경직 때문에 복용하는 근육 이완제인 바클로펜과 같은 약물들의 효력을 의심하고 있다.

　주사 맞은 이야기와 여행 루틴을 수반하는 베타 인터페론 게시물은 경험적으로 자세하게 설명되어 있다. 초반에는 공동체의 반 정도가 베타세론을 복용하지 않고 있었기 때문에 이런 이야기들은 분열을 초래하였다. 이는 아마도 만성 진행성 다발성 경화증 환자들에게 허용되지 않아서이거나 또는 환자들이 효과적이지 않다고 설득되었기 때문일 것이다. 몇몇 의사가 종종 나타났음에도 불구하고 이런 증거 중 일부는 자체적으로 MSN-L의 의학 전문가 역할을 부여하고 수행한 A가 만들었다. 신경학적 발행물들을 검토하면서 A는 많은 불만족스러운 회원에게 이 고가의 특효약의 효과가 과학적으로 검증되지 않았다고 알려 주었다. A의 조언을 따르는 몇몇 사람은 베타세론을 받지 않기로 결정하였다. 하지만 몇 개월 후 반대의 목소리는 줄어들었고, 새로운 투약 이야기들이 나타나기 시작했으며 또 약병의 스케치를 포함하여 투약을 준비하는 것에 대한 조언들이 나타났다. 이런 움직임에 거부하는 몇 명의 사람 중에는 영향력 있는 열성 게시자들도 있었는데, 이들은 이스라엘에서 개발된 덜 비싼 콥1$_{COP1}$이라는 약물을 선택하였다. 하지만 이 집단에 속해 있는 이스라엘 사람 중 일부는 그녀의 선택을 지지하지 않기도 했다. 그사이 베타세론 사용자들은 급격한 차도와 극적인 상태의 개선에 관한 게시글들을 올리기 시작하였다.

몇 개월 동안 계속되었고 수십 개의 게시글을 쓴 또 다른 활발한 스레드는 경직을 상당히 줄인다는 인도대마(마리화나)의 효과에 관한 것이었다. 한 명의 게시자가 마리화나를 구매하기 시작했고 다른 한 명은 자신의 침실 창문가에서 키우는 두 개의 대마초에 관해 정기적으로 보고하였다. 이 사람은 두 개의 대마초를 각각 메리와 제인으로 명명해서 글을 올렸다. 그러자 독일에서는 누군가가 대마에 관한 논의를 인터넷상에서 하는 것에 대한 합법성을 염려하며 글을 올리기도 했다.

하지만 메리와 제인이 다 성장함에 따라 '마리화나 키우기'는 MSN-L의 여름 캠프에 대한 기대에 밀려나게 되었다. 이 캠프는 자신이 한때 그랬던 것처럼 상황이 돌아가고 무엇이든지 접근하여 사용할 수 있는 상상의 장소다.

어떠한 스레드도 다발성 경화증 의제를 몇 주 이상 점령하지 못하였는데, 약물의 효과에 대한 끊임없는 질문들만은 예외였다. '상사에게 말하기' '소변 이야기', 소대변 정체와 화장실 대참사 등과 같은 스레드들은 생생한 논의의 스레드를 이끌어 내었지만, 다발성 경화증 관련 인쇄물에서 철저히 다루어지고 있는 성적 취향에 관한 주제들은 처음부터 거부되었다.

몇몇 회원은 '자주 묻는 질문'에 성적 취향과 같은 항목을 만들고자 하였으나, 이 주제에 대해 다른 사람들은, 지원 집단은 다발성 경화증 관련 문제들만 다루어야 하고 급변하는 주제를 영구화시키는 것은 피해야 한다고 주장하면서 불만을 표출하였다. 그럼에도 영국의 한 회원은 전적으로 성적 취향에 관련한 '자주 묻는 질문'을 만드는 데 성공했지만, 다른 논의들에서 전혀 언급되지 않았고 그 게시물에 관해 정보가 덧붙여지지도 않았다. '자주 묻는 질문'에 선택되었던 주제들은 의학적·영양학적 문제들에 대한 두 명의 조언을 강조하였다. A의 일부 글과 재활의학과 의사인 캐시의 유익한 조언들을 포함하였다. 하지만 다발성 경화증의 정치적 측면과 장애에 대한 언급은 회피하였다. 게다가 '자주 묻는 질문'은 약물요법의 사용, 고용, 보험, 운전, 대마초 또는 수용소에 관해 끊임없이 나타나는 스레드들, 그리고 아스파탐과 다발성 경화증 사이에 연관성이 있다는 베티의 주장에 대해 거리낌 없이 말하는 회원과 새로운 회원 사이에서 불꽃이 튀었던 논쟁과 관련된

다수의 게시글을 반영하지 않았다.

　이렇게 생략된 부분이 많음에도 불구하고, '자주 묻는 질문'은 가상 공동체에 역사를 생성하고, 정보의 자발적 교환을 브라우저상의 고정적 자료로 제도화하려는 시도를 보인다(표 1).

<**표 1**> 초기 MSN-L '자주 묻는 질문'(FAQ)

다발성 경화증에 따른 피로
다발성 경화증을 위한 스왱크(swank) 다이어트*
의류
쿠르츠케(Kurtzke) 척도란 무엇인가?
인지 기능 손상
그것이 오리처럼 꽥꽥거린다면? 보이는 대로 행동한다면?
나는 항상 바이올린을 연주하고 싶었다.
그것이 어떤 손해를 입힐까?
운동과 다발성 경화증
방광 문제

---

* 신경학자인 스왱크가 다발성 경화증 치료를 위해 제안한 포화지방이 적은 식단 ― 옮긴이

　가상 공동체 의사소통의 많은 부분은 특정한 걱정 사항 또는 자서전적 글들에 답변하는 사적인 게시물들에서 은밀하게 진행된다(Foster, 1995; Goffman, 1963). 의대생과 세 명의 의사들 그리고 가장 많은 글을 쓰는 게시자들까지도 어떤 게시물 또는 질문이 염려되거나 공적인 조사를 회피하고 있으면 사적인 메시지들을 사용한다. 많은 사적 메시지들은 굉장히 개인적이거나, 자주 글을 올리는 게시자들이 MSN-L에 올리지 않을 만한 염려 사항들을 반영한다. 사람들에게 로버트 머피Robert

Murphy의 자기 경험담을 담은 『침묵하는 몸』*The Body Silent*를 읽으라고 조언한 나의 글에 달린 답변들처럼 예상치 못하게 나타나기도 한다. 메시지의 일부분은 공적인 게시글이 될 수 있었겠지만, 행동에 대한 댓글들은 사적이어야 함을 의미한다.

> 게리, 저도 『침묵하는 몸』을 읽는다는 것을 알려 주고 싶었어요. 사실 몇 주 전에 다 읽었네요. 제안해 주셔서 감사해요. 그런데 장애를 가지고서 무슨 일에서든 성공하려는 사람을 일컫는 '장애 극복 영웅'*Super crip*이 좋은 건지 아닌지 여전히 잘 모르겠어요. 인터넷에는 꽤 많은 사례가 있긴 하겠지만 일반적으로 본받을 수 있는 역할 모델은 별로 없어요. 제가 생각할 때 로버트 머피는 포기하지 말고 최대한 많은 것을 이루도록 노력해야 한다고 사람들에게 말하면서 예시를 통해 보여 주려는 것 같아요. 우리는 인터넷에서도 그것에 관해서 상반되는 메시지들을 받기는 하지만요.
>
> 힘내요. 데이브로부터

9. 가상 세계에서의 정치적 동원

MSN-L과의 8개월 동안의 참여 및 현장 연구 이후, 가상 공동체의 대응을 요구하는 두 번의 위기가 생겼다. 첫 위기에서는 늘 상주하는 의학 '숙달자'인 A가 비난 댓글 및 모욕적인 글에 대응하여 MSN-L을 떠날 것이라고 협박하였다. 이에 대해 엄청난 메시지가 동원되고 공황에 가까운 반응이 일어났다. 메시지 중 하나는 의사로부터 왔는데, A에게 대체될 수 없는 역할에 대한 확신을 주었다. 그가 계속해서 메시지를 올리자 위기는 진정되었다. 하지만 그는 상업적 인터넷 제공자와 함께 다발성 경화증 가상 지원 집단을 시작한 이후로 게시글을 더 올리지 않았다. 또 의미가 있었던 것은 B라는 새로운 단체 회원이 다발성 경화증 문제에 관한 상세한 논의들과 '다발성 경화증 질문에 대한 의사들의 답변'이라는 시리즈를 게시하기 시작한 것이다. 얼마 지나지 않아 의학적 논의들에 참여해 온 B와 다른 사람들은 모두 공동체에 상주하는 의학 숙달자가 되었다. 몇 명의 의사가 공동체 회원이었지만, 다른 사람들이 쉽게 MSN-L의 의학적 의견을 내는 역할을 맡았고, 그럼에도 A의 발언들도 '자주 묻는 질문들'에서 여전히 읽을 수 있기는 했다. 이런 경험은 결론에서 다루어질 가상 지원에 대한 중요한 함의를 가질 수 있다.

두 번째 위기는 다발성 경화증을 앓는 문학 장애 운동가이면서 시력 손상이 있고 휠체어를 타는 레이첼이 뉴욕의 아파트에서 물리적으로 내쫓기고 입원하게 되면서 생겼다. 비공식적 조정자의 호소와 세인트존대학교 교수의 메시지에 응답하며 뉴욕에 있는 공무원에게 수많은 팩스를 보냈고, 레이첼을 위한 모금 운동도 시작되었다. 하지만 한때 레이첼의 운동가적·문학적 글들을 받아 보기도 했던 인터넷과 MSN-L은 위험에 처한 작가를 돕는 데 몇 명도 동원하지 못하였다. 가상 지원 집단은 빠르게 메시지를 순환시킬 때보다 정치적 지원을 하는 데는 훨씬 덜 효과적이었다. 더 나아가 몇 달 후 레이첼이 MSN-L에 다시 등장하자 위기였던 순간과 지원자 동원 실패의 사실은 가상 세계의 역사 속 허공으로 사라졌다.

10. 공적인 것과 사적인 것의 갈등[4]

여기 끝맺음 말에서는 향후 연구를 위한 유용한 방향을 나타낼 수 있는 가상 지원 집단의 두 위기를 다룬다. 첫 위기는 의사소통에서의 사생활 딜레마를 우선 다루지만, 또한 어떤 주제가 집단적 이야기에서 논의되지 않았는지와 그 주제의 도입과 억압의 이유에 대해 고려할 필요성을 다룬다. 첫 예제는 성적 취향에 대해 다루지만 성별, 데이트, 장애 수준에 대한 권위와 논의 등과 같이 역시나 기술되기에 적합하지 않은 주제를 도입할 수도 있다(Lyon, 1995 참조). 두 번째 예제가 더 복잡할 수 있는데 왜냐하면 긍정적이고 탐구적인 공적 이야기들을 절망과 패배로 가라앉는 사적 이야기들에 대비시키기 때문이다.

가장 극적이고 개인적인 이야기들이 끊임없이 개인 이메일을 통해 들어왔다. 두 예시가 가상 공동체에서의 공적·사적 소통의 차이를 보여 준다. 첫 번째 예는 공적 메시지를 자주 올리는 여성이었는데, 자신이 오르가즘을 느끼는 데 다발성 경화증이 끼치는 영향을 설명하는 사적인 메시지를 전 목록의 회원들에게 실수로 전송해 버렸다. 수치심과 글을 그만 올려야 한다는 압박감에 대응하여 그녀의 꾸준한 참여를 원하는 다수의 호소가 생겨났고, 몇 개의 게시글은 그동안 무대에 오르지 못했던 주제에 관한 간략한 공개 발표를 통해 성적 불만들을 상세하게 다루었다.

두 번째 예시에서는 전직 컴퓨터 프로그래머가 자신의 도시 활동 반경의 좁아짐, 옷을 입고 단장하는 것의 어려움, 그리고 일상에서 받

---

4) 비공개 게시물과 관련된 사항은 리옹(Lyon, 1995)에 의해 부분적으로 논의되었다.

는 보상의 절감 등에 관해 메시지를 주고받았다. 그녀의 상세한 한탄은 사적으로 나에게 보내졌지만, 그녀의 공적 모습은 극복하고 직관적인 이미지를 투영하였다. 그녀에게서는 사적인 낙담이 절대 공적인 반응들과 교차하지 않았다. 두 사건 모두에서 공동체 회원들은 정기적으로 올리던 게시글들을 중단하였고 아마 비인격화와 장애 관련 어려움에 대한 가상 지원을 찾지 못했을 것이다.

11. 요약과 결론

장애인들을 위한 가상 공동체의 사회적 구성과 특히 다발성 경화증 환자들을 위한 가상 지원 집단에 대한 사례 연구가 이 장의 중점이었다. 나는 우선 가상 공동체에서 온라인 이야기를 나누는 것에 따른 의사소통의 형태에 초점을 맞추었다. 그리고 두 번째로는 어떻게 이 가상 집단이 일반 사람들이 해석할 수 있는 언어가 아니라 정보가 자유롭게 습득될 수 없는 분야의 정보 유통을 통해 협력의 근원이 될 수 있는지에 초점을 맞추었다. 가상 공동체의 이런 평등주의적 사고는 특성화되고 계급적인 의료 환경과 장애의 의료화에 수반되는 경험들의 분열과 현저하게 대조를 이룬다. 하지만 계층이 부재함에도 가상 집단은 전통적 지원 집단들의 특징인 경험적 권위에 의존하게 된다. 하지만 권위와 경험이 상호주의의 대상이 되어 널리 이용 가능하게 됨에 따라 다른 방식으로 나타나게 된다(Kollock, 1997).

    MSN-L에 대한 민속지학적 성찰적 연구는 장소적 개념이 없고 불투명하고 뚜렷하지 않고 끊임없이 재정의되는 경계로 둘러싸인 가상 지원에 초점을 맞추고 있다. 그렇지만 지리적으로 흩어진 사람들의 약한 유대가 훨씬 많은 가상 장애 공동체를 결합하는 것은 이와 같은 유연성이다. 일부는 장애로 인해 고립되지만, 일반적으로 서로에게 접근할 수 있는 사람은 거의 없다. 이 가상 지원 집단의 참가자들은 상상 공동체(Anderson, 1991)의 메시지 스레드를 집합적으로 늘리고, 또 내가 다발성 경화증 의제라고 언급하는 것을 늘린다.

두 가지 지원 집단 모두의 많은 상황에서 경험적 권위의 의견이 중요하기는 하지만, 가상 장애 집단에서는 의학적 의견이 대체될 수도 있다. MSN-L은 의학 전문가들과 두 명의 의사 회원을 잃을 뻔했던 어려움을 극복했다. 물론 의사들은 눈팅만 하는 역할로 남게 되었다. 그들의 조언 중 많은 부분은 '자주 묻는 질문'에 존재할 뿐만 아니라, 회원들이 자주 캡처한 텍스트에 다른 의료 관련 목소리가 나타나며 의사의 탈퇴에 대한 언급이 전혀 없었다.

이런 방식으로 비록 가상 장애 집단은 직접적인 제도적 소속은 없었지만, 약한 결속력이나마 광범위한 연결망에 의해 경험의 목소리는 꾸준히 존재할 수 있었다. 이 경험의 목소리는 의학적 권위자들을 대하는 참가자들의 이야기 및 참가자들이 들은 이야기, 또는 우연히 이 집단에 합류한 전문가들에 의해 나오게 되었다. 의학적 권위의 상실은 대화 중에 절대 논의되지 않는다. 오히려 다발성 경화증 의제는 메시지 스레드에서 비롯되고, 반드시 이전 이야기들을 다시 생성하지 않는 방법으로 갱신된다.

하지만 공통 의제와 MSN-L의 문화적·사회적 대표성 사이에는 틈이 있다. 가상 집단은 주로 미국인들과 유럽인들을 포함하고 영어를 사용하지 않는 참가자는 거의 없다. 인터넷의 많은 부분에서처럼 가상 장애는 다문화적이기보다는 북쪽 또는 서쪽에 치우쳐 있다. 하지만 장애학 분야가 다문화적인 분야로 끊임없이 부상함에 따라, 장애에 대한 관점의 세계화를 표현한 인터넷 집단을 살펴볼 것이다. 전통적인 지원 집단처럼 그들의 공유된 지식은 경험적이며, 장애의 영향과 치료에 초점을 맞추고 있다.

　의사소통이 사회 보장과 민간 보험을 다룰 때 공동 경험은 깨지게 된다. 이 부분은 미국에 살지 않는 사람들에게는 전혀 상관없는 부분들이다. 이런 제도들이 특별히 논의되건 되지 않건 간에, 의료 혜택의 이용 가능성, 그리고 가능한 조치에 대한 개인적 견해들과 연관되어 있다. 이런 차이는 MSN-L과 주로 캐나다인들이 참여하는 캐나다의 유사한 단체 사이에서 현재 진행되는 비교를 보면 확연히 나타난다. 캐나다 회원들은 MSN-L과 똑같이 다발성 경화증을 갖고 살아가는 것에 대한 경험적 질문들을 다루기는 하지만 보험 문제들은 절대 논의하지 않는다. 더 흥미로운 점은 캐나다 집단에서는 그동안 무시되어 왔다고 생각되는 대체 의학들에 대해서도 활발히 논의한다. 다발성 경화증과 헤르페스 바이러스 사이의 관계와 같은 점들에 대해 논의한다. 하지만 정치적 조치는 가능성이 별로 없다. 미국 또는 해외의 대응과 마찬가지로, 다발성 경화증 환자들의 가상 공동체와 의료 기관과의 격차가 너무 복잡해서 연결할 수가 없기 때문이다.

학습을 위한 질문

1. 경험을 많이 함에 따라 얻게 된 경험적 권위를 사용할 수 있는 능력의 측면에서 가상 지원 집단의 특징을 논해 보자.

2. 지원의 시기 및 경험적 권위, 지원 집단의 규모, 물리적 위치 및 이용 가능성과 관련지어, 장애인을 위한 가상 지원 집단의 장점과 단점은 무엇인가?

3. 가상 공동체의 특징은 무엇인가? 가상 공동체의 위치는 인구 공동체와 어떻게 비교될 수 있는가?

4. 이 장에서 보았던 사례 연구 또는 당신이 연구한 사례 연구를 사용하여, 의료 권위가 어떻게 가상 장애 공동체 내에서 사용될 수 있을지 논의해 보자.

5. 분산된 가상 장애 공동체 안에서 사회적 통제는 어떻게 작용하는가? 이 사회적 통제를 장애에 대한 사회적 태도와 관련하여 설명하라.

6. MSN-L에 영향을 미쳤던 위기 한 가지 이상을 가상 장애의 사회적 구성과 연관하여 논의하라.

7. '자주 묻는 질문'의 역할은 무엇인가? 이것은 의료적 정보와 경험적 정보를 찾는 내부인 또는 외부인에게 상당한 의미가 있는가? 그 이유는 무엇인가?

8. 가상 장애 공동체 안에서 사적이고 은밀한 의사소통의 중요성에 대해 논의해 보라. 이와 같은 의사소통이 없다면 현장 연구는 가능할 수 있는가? 그리고 이 의사소통 방식은 과거의 현장 연구에서 나타난 사생활과 루머와 어떻게 비교될 수 있는가?

9. 가상 장애에서 메시지 스레드의 운용과 기능에 대해 논의해 보자. 스레드는 경험의 이야기와 의료적 이야기를 결합할 수 있는가?

10. 가상 지원 집단은 사이버 공간에서의 위기에 대해 어떻게 대응할 수 있는지를 몇 가지 예를 사용하여 설명하라.

필자 소개

게리 알브레히트(GARY L. ALBRECHT, Ph.D.)

시카고에 있는 일리노이대학교의 장애 및 인간 발달학과 교수이자 공중 보건 교수이다. 현재 장애인이 사회 서비스 및 의료 서비스에 접근하고 장벽 없는 환경을 구축하기 위한 전략을 개발하는 방법 연구에 중점을 두고 있으며 또한 장애 여성이 갱년기 전환을 겪는 방식을 연구하고 있다. 미국과학발달학회(American Association for the Advancement of Science)의 회원이며, 과학 저술의 우수성으로 엘리자베스와 시드니 리히트(Elizabeth and Sidney Licht) 상, 인간 복지 증진을 위한 상, 일리노이대학교 교육 우수상을 받았다. 캐서린 실먼(Katherine Seelman) 및 마이클 버리(Michael Bury)와 함께 『장애학 핸드북』(*Handbook of Disability Studies*, Thousand Oaks, CA: Sage, 2001)을 편집하기도 했다.

패트릭 데블리저(PATRICK J. DEVLIEGER, Ph.D.)

벨기에 뢰번 가톨릭대학교 사회 문화 인류학과 부교수이며, 시카고 일리노이대학교 장애 및 인간 개발학과 방문 연구 조교수이다. 인류학자이자 교육자로서 주요 관심사를 문화와 장애 간의 연결에 두고 있다. 콩고에서 비행기로 왕진하는 구급 의사 집단을 연구하는 과제로 장애 관련 작업을 처음 시작했고, 나중에 동부 및 남부 아프리카에서 유엔과 협력하여 지역 장애 훈련 및 연구 프로그램을 진행하기도 했다. 이후 미국 일리노이대학교에서 사회 문화 인류학 박사학위를 받았다. 시카고 서부에서 총상을 입어 척수 부상을 당한 사람과 함께 민족지학 연구를 시작하였고, 이후 일리노이대학교 장애 및 인간 개발학과에서 동료 멘토 모델 시연 프로그램을 개발했다.

필립 퍼거슨(PHILIP M. FERGUSON, Ph.D.)

미주리대학교 세인트루이스캠퍼스의 교육 대학에서 장애 아동을 위한 교육을 담당하는 교수다. 도시 학교의 통합 교육, 가족 지원 및 미국의 장애 역사에 관한 연구 및 옹호 프로젝트에서 다양한 지역사회 기반 장애 단체와 협력하고 있으며 현재 태평양 북서부에서 제도 정책의 역사, 중증 지적장애인의 삶에서 문화와 장애의 상호작용을 계속 탐구하고 있다. 학술 논문과 여러 책에 게재되는 글 외에도 지적장애의 역사에 관한 책(*Abandoned to Their Fate: Social Policy and Practice toward Severely Disabled Persons, 1820-1920*, Philadelphia: Temple University Press, 1994)과 비디오테이프를 출간했다. 본문(9장)에서 언급했듯이, 복합장애를 갖고 있는 그의 아들 이안은 오리건주 유진에 있는 자신의 집에 살고 있다. 이안은 본인의 업적과 삶의 도전이 가져다주는 기쁨과 열정으로 부모에게 감동을 주고 있다.

제럴드 골드(GERALD GOLD)

캐나다 토론토의 요크대학교 인류학과 교수로 접근성, 가상 장애 및 사회적 행동의 문화적 구성에 대해 연구하고 있다. 또 관절염, 크론 대장염, 섬유 근육통, 루푸스 및 다발성 경화증을 위한 가상 지원 집단에 관한 연구를 하고 있다. 요크대학교에서 장애학의 다양한 과목을 제공하고 있으며, 대학원 장애학 프로그램 운영자 중 한 명이기도 하다. 장애 관련 문제에 대한 수많은 최신 원고를 발표하는 것 외에도 온타리오 남부의 장애 정치에 참여하고 있다.

캐럴 골딘(CAROL S. GOLDIN, Ph.D.)

뉴저지주립대학교 럿거스캠퍼스의 학술 및 전략 기획 책임자로 낙인, 일탈 및 장애 연구에 관심을 가지고 있다. 박사 및 박사 후 과정 연구에서 인류학을 사용하여 폭력 범죄를 저질렀지만 정신 질환으로 인해 무죄인 환자 그룹을 포함하여 직업학교 입학 전의 시각장애인, 교도소 수감자, 만성 정신 질환자의 낙인 문제를 조사한 바 있다. 또한 정신병원 병동에서 직원 문화 관련 연구를 수행했는데 그 작업은 인간 조직, 사회과학 및 의학, 현대 심리학 분야에서 출판되었다. 현재까지도 조직 문화, 정체성 정치 및 장애 이론에 대한 적극적인 관심을 유지하고 있다.

수전 포스터(SUSAN FOSTER, Ph.D.)

로체스터공과대학의 국립농인기술연구소의 교수로 1984년부터 연구부에서 근무했다. 『고등교육에서의 농인』(*Deaf Students in Postsecondary Education*, 제럴드 월터와 공동 편집, Routledge, 1992), 『농인과 함께 일하기: 직장에서의 접근성 및 편의 제공』(*Working with Deaf People: Accessibility and Accommodation in the Workplace*, Charles C. Thomas, 1992)과 같은 두 권의 책뿐만 아니라, 농인의 교육 및 고용에 관한 문헌을 광범위하게 출판했다. 현재 연구 프로젝트에는 청각장애 학생을 위한 교육적 접근 및 지도, 소수 인종 또는 소수 민족 배경을 가진 청각장애인의 정체성 개발, 청각장애인 당사자 전문가의 경력 등이 포함된다. 현재

고등교육 개선을 위한 기금, 장애 학생이 양질의 고등교육을 받도록 보장하는 시범 프로젝트를 위한 기금과 같은 미국 교육부 보조금 프로젝트의 책임자로서 이러한 각 보조금을 통해 주류 고등교육 환경에서 청각장애 학생들의 접근 및 통합을 증가시키고자 하는 목표를 가지고 있다.

매들린 아이리스(MADELYN IRIS, Ph.D.)

노스웨스턴대학교 의과대학의 의학과와 노화 불러 센터의 부교수이다. 노스웨스턴대학교 민속지학 현장 연구 대학원 책임자이기도 하다. 1981년 노스웨스턴대학교에서 인류학 박사학위를 받은 후 8년 동안 질적 연구 및 프로그램 평가 전문가로 일했고, 연구 및 평가 연구와 관련하여 지역사회 복지기관과의 협력 및 파트너십을 통해 작업했다. 아이리스의 노년학 및 장애학 연구는 자신의 개인적 생활 및 직업 생활의 여러 측면을 통합한 것인데, 14년 동안 자신이 중복장애 아동의 부모였으며 이 경험을 통해 여러 장애 관련 프로그램에서 활동하게 되었기 때문이다. 정책 문제와 고령 서비스 제공자 및 장애인 권리 활동 네트워크가 공통 목표를 수립하고 이러한 목표를 실천 및 연결하는 방식에 연구 초점을 두고 있고 「후견 연구를 위한 새로운 방향」(1991)과 「후견과 노인: 의사 결정 과정에 대한 다각적 관점」(1988) 논문은, 둘 다 노년학회지에 실리기도 했다. 현재 장애인과 저소득 노인을 위한 의료 서비스를 개선하는 데 전념하는 전국적 조직인 '보건과 장애 옹호'(Health and Disability Advocates) 이사회의 이사이며, '전국 인류학 실천 협회'(National Association for the Practice of Anthropology)의 차기 회장이다.

벤타 카브젬스(VENTA KABZEMS, Ph.D)

현재 에드먼턴공립학교의 교장이다. 취학 전 아동부터 고등학교에 이르는 특별 프로그램과 정규 프로그램 모두에서 학교 관리자였던 벤타는 복합중증장애 학생들과 함께 교육 및 행동 프로그램 만들기 컨설턴트로 일했으며, 특수학교 및 통합학교 환경에서 교사로, 캐나다, 영국 및 짐바브웨에서 대학 강사로 일했다. 정신 건강을 포함한 다양한 장애를 가진 아동 및 성인과 관련된 주제에 대해 민간 및 정부 기관에 자문을 제공해 왔다.

데이비드 파이퍼(DAVID PFEIFFER)

하와이대학교 장애학 센터의 상근 연구자이며 휠체어 사용자이다. 로체스터대학교에서 정치학 전공으로 박사학위를 취득했고, 이후 40년 동안 대학에서 학생들을 가르쳤다. 장애 문제와 관련된 연방 및 주 법률 및 정책에 영향을 미치는 수많은 활동에 참여하는 과정에서 1977년부터 1980년까지 장애인 백악관 회의에서 매사추세츠주 국장을 역임했고, 1979년부터 1980년까지는 회의 권고를 위한 국가 구현 자문위원회 의장을 역임했다. 매사추세츠에서는 장애 시민을 위한 주 전역의 장애 간 연합을 구성하는 것을 도왔고, 첫 번째 의장을 역임했다. 매사추세츠 장애사무소 설립을 도우며 6년 동안 자문위원회 의장을 역임하기도 했다. 또한 장애 정책에 관한 매사추세츠 주지사 자문위원회의 전 회원이기도 하다. 장애에 근거한 차별을 금지하기 위해 매사추세츠주 헌법을 수정하는 데 크게 기여한 주요 리더로서 장애인과 관련된 수많은 법률의 통과를 도왔다. 교통, 의료, 고용, 교육, 법률 및 규제 정책, 대중의 태도를 포함하여 장애 분야와 관련된 다양한 문제에 대해 230편 이상의 출판물을 출간했고 현재 자신이 전 회장이기도 했던 장애학회의 협회 학술지인 『계간 장애학』(*Disability Studies Quarterly*)의 편집자이다.

프랭크 러시(FRANK R. RUSCH, Ph.D.)

일리노이대학교 어바나샴페인캠퍼스 교육학과 교수이다. 지난 20년 동안 경쟁 고용 및 지원 고용과 관련된 문제에 관심을 집중해 왔으며, 특히 비용-이익 분석, 동료 참여 및 자기 교육 전략에 관심을 기울였다. 최근에는 일리노이의 전환 연구소와 국가 전환 연합의 지도자였는데, 이 두 기관은 주 및 지방 차원에서 교육의 체계적인 변화에 중점을 두었다. 수많은 책, 글 및 논문을 썼으며 프로그램 평가, 학교 개혁 및 모범 사례와 같은 다양한 주제에 대해 연방, 주, 지역 및 국제 교육 집단에 자문을 제공했다. 미국 교육부 특수교육 및 재활연구국(Office of Special Education and Rehabilitative Studies)이 후원한 15년 이상의 연구 축적을 기반으로, 학교 간 업무 관행에 대한 신뢰도 높은 내용을 담은 『고등학교를 넘어』(*Beyond High School*, Upper Saddle River, NJ: Pearson Education, 2008)라는 제목의 책을 재니스 채드시(Janis Chadsey)와 함께 출판하기도 했다.

앙리 자크 스티케(HENRI-JACQUES STIKER)

드니 디드로 파리7대학교 및 사회과학고등연구원(Ecole des Hautes Etudes en Sciences Sociales)에서 근무하고 있다. 어린 시절의 철학적 관심이 기호학적 질문으로까지 이어진 결과 그레마스를 따랐고, 사회과학고등연구원의 연구원으로 일하게 되었다. 상황에 따라 장애인을 위한 행동에 참여하게 되었는데 이 작업과 병행하여 인류학적 관점에서 관련된 사람들과 역사에 관한 담론을 조사했다. 이 작업을 통해 프랑스와 퀘벡의 여러 대학에서 가르치기 위한 여러 교재가 개발되었다. 장애에 대한 법적·철학적·종교적·의학적 담론을 공부한 후 현재는 문학과 예술에 더 많은 시간을 할애하고 있다.

옮긴이 소개

이동석

대구대학교 사회복지학과, 동 대학원 장애학과 교수이다. 서울대학교 약학과를 졸업하고 국회의원 보좌관으로 활동하였다. 장애학과 사회복지 공부를 위해 성공회대학교에서 박사학위를 취득하였다. 현재 대구시 수성구 및 서울시 등의 장애인복지위원회 위원으로도 활동하고 있다. 최근 주요 논문으로 「UN장애인권리협약 선택의정서 비준 필요성 및 과제」(『한국장애학』, 5(2), 2020), 「장애인 정치세력화 측면에서의 21대 총선 평가와 향후 과제」(『한국장애인복지학』, 49, 2020) 등이 있다.

이하림

미국 에모리대학교 경제학과를 졸업하고 전북대학교 법학전문대학원에서 석사학위를 취득하였다. 국제법을 공부하여 서울국제법아카데미에 참여하는 등의 활동을 하고 있다.

이유림

미국 일리노이대학교 어바나샴페인캠퍼스를 졸업하고 서울대학교 보건대학원에서 석사학위를 취득하였다. 현재 장애인 권익옹호 단체인 (사)장애우권익문제연구소에서 간사를 맡고 있다. 「경기도 우리 동네 주치의 사업」 책임연구원으로 2개년도 보고서를 발간하였다.

참고문헌

1장 장애에 대한 재고찰

Ablon, J. (1990). "Ambiguity and difference: Families with dwarf children", *Social Science and Medicine* 30, pp. 879~887.

Albrecht, G. L., Seelman, K. D. and Bury, M. eds. (2001). *Handbook of Disability Studies*, Thousand Oaks, CA: Sage.

Armstrong, F. and Barton L. eds. (1999). *Disability, human rights, and education: Cross-cultural perspectives*, Buckingham: Open University Press.

Barnes, C., Oliver, M. and Barton, L. eds. (2002). *Disability studies today*, Cambridge: Polity Press.

Davis, L. J. (2002). *Bending over backwards: Disability, dismodernism & other difficult positions*, New York and London: New York University Press.

Devlieger, P. (1999). "From Handicap to Disability: Language Use and Cultural Meaning in the United States", *Disability and Rehabilitation* 21, 7, pp. 346~354.

Frank, G. (1988). "Beyond stigma: Visibility and self-empowerment of persons with congenital limb deficiencies", *Journal of Social Issues* 44, 1, pp. 95~115.

Ingstad, B. and Reynolds-Whyte, S. eds. (1995). *Disability and culture*,

Berkeley: University of California Press.

Langer, E. J. and Chanowitz, B. (1988). "Mindfulness/Mindlessness: A new perspective for the study of disability", ed. H. E. Yuker, *Attitudes toward persons with disabilities*, New York: Springer, pp. 82~106.

Linton, S. (1994). "Teaching disability studies", *Disability Studies Quarterly* 14, pp. 44~46.

_____ (1998). *Claiming Disability: Knowledge and Identity*, New York and London: New York University Press.

Longmore, P. (1985). "Screening stereotypes: Images of disabled people", *Social Policy* 16, pp. 31~37.

Pfeiffer, D. and Yoshida, K. (1995). "Teaching disability studies in Canada and the USA", *Disability & Society* 10, pp. 475~500.

Skrtic, T. M. ed. (1995). *Disability and democracy: Reconstructing (special) education for postmodernity*, New York and London: Teachers College Press.

Seelman, K. D. (1994). "Future scenarios for disability studies", *Disability Studies Quarterly* 14, pp. 20~23.

Stiker, H.-J. (1997). *Corps infirmes et sociétés*, Paris: Dunod.

_____ (1999). *The History of Disability*, trans. William Sayers, Ann Arbor: The University of Michigan Press.

Weinberg, N. (1988). "Another perspective: Attitudes of persons with disabilities", ed. H. E. Yuker, *Attitudes toward persons with disabilities*, New York: Springer, pp. 141~153.

Woodill, G. (1994). "The social semiotics of disability", eds. M. H. Rioux and M. Bach, *Disability is not measles: New research paradigms in disability*, North York, Ontario: L'Institut Roeher Institute, pp. 201~226.

Zola, I. K (1994). "Shaping an interdisciplinary field of disability studies: The perspective of sociology", *Disability Studies Quarterly* 14, pp. 17~20.

Crewe, N. M., Zola, I. K. and Associates (1983). *Independent living for physically disabled people*, San Francisco: Jossey-Bass.

Dubos, R. (1965). *Man adapting*, New Haven, CT: Yale University Press.

Foucault, M. (1973). *The birth of the clinic: An archaeology of medical perception*, New York: Pantheon.

Goffman, E. (1963). *Stigma: Notes on the management of spoiled identity*, Englewood Cliffs, NJ: Prentice-Hall.

Goldin, C. S. and Scheer, J. (June 1995). "Murphy's contributions to disability studies: An inquiry into ourselves", *Social Science and Medicine* 40(11), pp. 1443~1445.

McCord, W., McCord, J., with Zola, I. K. (1959). *Origins of crime: A new evaluation of the Cambridge-Somerville youth study*, New York: Columbia University Press.

Mechanic, D. (1986). "Illness behavior: An overview", eds. S. McHugh and T. M. Vallis, *Illness behavior: A multidisciplinary model*, New York: Plenum.

Murphy, R. (1990). *The body silent*. New York: W. W. Norton.

Williams, G. (1996). "Irving Kenneth Zola(1935~1994): An appreciation", *Sociology of Health and Illness* 18(1), pp. 107~125.

Zola, I. K., and McKinlay, J. B. eds. (1974). *Organizational issues in the delivery of health services: A selection of articles from the Milbank Memorial Fund Quarterly*, New York: Prodist.

Zola, I. K. ed. (1982a). *Ordinary lives: Voices of disease and disability*, Philadelphia: Temple University Press.

Zola, I. K. (1982b). *Missing pieces: A chronicle of living with a disability*, Philadelphia: Temple University Press.

_____ (1983). *Socio-medical inquiries: Recollections, reflections and reconsiderations*, Philadelphia: Temple University Press.

_____ (March 1991). "Bringing our bodies and ourselves back in: Reflections on past, present, and future 'medical sociology'", *Journal of Health and Social Behavior* 32, pp. 1~16.

3장 장애 가치, 표상 그리고 현실

Aaron, H. J. (1994). "Distinguished lecture on economics in government: Public policy, values and consciousness", *Journal of Economic Perspectives* 8 (2), pp. 3~21.

Albrecht, G. L. (1992). *The disability business: Rehabilitation in America*, Newbury Park, CA: Sage.

_____, Walker, V. G. and Levy, J. A. (1982). "Social distance from the stigmatized: A test of two theories", *Social Science and Medicine* 16, pp. 1319~1327.

Anderson, J. M. (1986). "Ethnicity and illness experience: Ideological structures and the health care delivery system", *Social Science and Medicine* 22, pp. 1277~1283.

Angell, M. (1993). "Privilege and health – What is the connection?", *The New England Journal of Medicine* 329, pp. 126~127.

Ardigó, A. (1995). "Public attitudes and changes in health care systems: A confrontation and a puzzle", eds. O. Borre and E. Scarbrough, *The scope of government*, Oxford: Oxford University Press.

Bellah, R. N., Madsen, R., Sullivan, W. M., Swidler, A. and Tipton, S. M. (1985). *Habits of the heart*, New York: Harper and Row, Publishers.

Bengston, V. L. (1989). "The problem of generations: Age group contrasts, continuities, and social change", eds. V. L. Bengston and L. W. Schaie, *The course of later life: Research and reflections*, New York: Springer Publishing, pp. 126~141.

Bristo, M. (1996). *Achieving independence: The challenge for the 21st century*, Washington, DC: The National Council on Disability.

Campbell, A., Converse, P. E., Miller, W. E. and Stokes, D. E. (1960). *The American voter*, New York: Wiley.

Chermak, G. D. (1991). "A global perspective on disability: A review of efforts to increase access and advance social integration for disabled persons", *International Disability Studies* 12, pp. 123~127.

Cox, T., Jr. (1991). "The multicultural organization", *The Academy of*

Management Executives 5 (2), pp. 34~47.

Devlieger, P. (1995). "Why disabled? The cultural understanding of physical disability in an African society", eds. B. Ingstad and S. R. Whyte, *Disability and culture*, Berkeley: University of California Press, pp. 94~106.

de Tocqueville, A. (1877). *Democracy in America: Republic of the United States of America and its political institutions*, New York: Barnes.

DiMaggio, P., Evans, J. and Bryson, B. (1996). "Have Americans' social attitudes become more polarized?", *American Journal of Sociology* 102, pp. 690~755.

Etzioni, A. (1996). "The responsive community: A communitarian perspective", *American Sociological Review* 61, pp. 1~11.

Evans, G. (1995). "Why is America different: Explaining cross-national variation in support for welfare distribution", *Working Paper Series, Centre for Research into Elections and Social Trends, Nuffield College, The University of Oxford* 36, pp. 1~28.

Flanagan, D. M. (1995). "Seeing is Believing: Dennis Oehler", *In Motion* 5, pp. 12~13.

Fleming, M. B. (1995). "In empowering people with disabilities, the direction is UP!", *In Motion* 5, pp. 24~29.

Fuchs, V. R. (1996). "Economics, values and health care reform", *American Economic Review* 86(1), pp. 1~24.

Glassman, J. K. (May 30 1996). "There's still time to stop the 'germanization' of America", *International Herald Tribune* 35224, p. 8.

Harpaz, I. (1986). *A multinational perspective on the current state of the work ethic*, Paper presented at the Academy of Management, Chicago.

Harris, A. (June 13 1996). "Why Clinton is enjoying the recovery planned for Bush", *The Times*, p. 29.

Harris, L. and Associates. (1995). *The NOD/Harris survey on employment of people with disabilities*, New York: Lou Harris & Associates.

Hay, D. I. (1988). "Socioeconomic status and health status", *Social Science and Medicine* 27, pp. 37~325.

Hechter, M. (1992). "Should values be written out of the social scientist's lexicon?", *Sociological Theory* 10, pp. 214~230.

_____ (1994). "The role of values in rational choice theory", *Rationality and Society* 6, pp. 318~333.

Imrie, R. (1996). *Disability and the city*, New York: St. Martin's Press.

Inglehart, R. (1977). *The silent revolution: Changing values and political styles among Western Publics*, Princeton, NJ: Princeton University Press.

Kanter, R. M. (1978). "The long-term trends in work values", *Daedelus* 107(1), pp. 51~59.

Kraus, L. E., Stoddard, S. and Gilmartin, D. (1996). *Chartbook on disability in the United States, 1996*, Washington, DC: National Institute on Disability and Rehabilitation Research.

Lipset, S. M. (1991). "American exceptionalism reaffirmed", ed. B. E. Shafer, *Is America different? A new look at American exceptionalism*, Oxford: Clarendon Press, pp. 231~258.

_____ (1996). *American exceptionalism: A double edged sword*, New York: W.W. Norton and Company.

Longmore, P. K. (1987). "Uncovering the hidden history of people with disabilities", *Review of American History* 15, pp. 355~364.

Malkin, L. (1996). "Ranking potential growth: West European competitiveness seen slipping", *International Herald Tribune* 35224, p. 13.

McClosky, H. and Zaller, J. (1984). *The American ethos: Public attitudes toward capitalism and democracy*, Cambridge, MA: Harvard University Press.

McDermott, R. and Varenne, H. (1995). "Culture as disability", *Anthropology and Education Quarterly* 26, pp. 324~348.

Meyer, W. G. (1993). *The changing American mind: How and why American public opinion changed between 1960 and 1988*, Ann Arbor: The University of Michigan Press.

National Governor's Association Staff (1995). *Welfare waivers*, Washington, DC: Author.

Nickell, S. and Bell, B. (1995). "The collapse in demand for the unskilled and unemployment across the OECD", *Oxford Review of Economic Policy* 11, pp. 40~62.

Page, B. I. and Shapiro, R. Y. (1992). *The rational public: Fifty years of trends in Americans' policy preferences*, Chicago: University of Chicago Press.

Priester, R. (1992). "A values framework for health system reform", *Health Affairs* 11, pp. 84~107.

Reynolds-Whyte, S. (1995). "Disability and culture: An overview", eds. B. Ingstad and S. Reynolds-Whyte, *Disability and culture*, Berkeley: University of California Press.

Shafer, B. E. and Claggett, W. J. M. (1995). *The two majorities: The issue context of modern American politics*, Baltimore: The Johns Hopkins University Press.

Schein, E. H. (1996). "Culture: The missing concept in organizational studies", *Administrative Science Quarterly* 41, pp. 229~240.

Stiker, H.-J. (1982). *Corps infirmes et sociétés*, Paris: Aubier Montaigne.

Stimson, J. A. (1991). *Public opinion in America: Moods, cycles and swings*, Boulder, CO: Westview Press.

Thurow, L. (1996). *The future of capitalism: How today's economic forces will shape tomorrow's world*, London: Nicholas Brealey Publishing.

Trice, H. M. and Beyer, J. M. (1993). *The cultures of work organizations*, Englewood Cliffs, NJ: Prentice Hall.

Varenne, H. (1986). "Creating America", ed. H. Varenne, *Symbolizing America*, Lincoln: University of Nebraska Press, pp. 3~28.

Veblen, T. (1899). *The theory of the leisure class*, New York: Macmillan.

Westbrook, M. T., Legge, V. and Pennay, M. (1993). "Attitudes towards disabilities in a multicultural society", *Social Science and Medicine* 37, pp. 615~623.

Williams, R. (1970). *American society*, New York: Knopf.

Williams, R. M., Jr. (1979). "Change and stability in values and value systems: A sociological perspective", ed. M. Rokeach, *Understanding human values*, Free Press, pp. 164~179.

Wilson, J. Q. (1993). "The moral sense", *American Political Science Review* 87, pp. 1~11.

Yankelovich, D. (1979). "Work values and the new breed", eds. J. M. Yinger and

S. J. Cutler, *Work values in America*, New York: Van Nostrand Reinhold, pp. 324~352.

Yellin, E. (1992). *Disability and the displaced worker*, New Brunswick, NJ: Rutgers University Press.

Yellin, E. and Katz, P. (1994). "Making work more central to work disability policy", *Milbank Quarterly* 72, pp. 593~619.

4장 평등의 이름으로 꼬리표 붙이기

Ainscow, M. (1993). "Beyond special education: Some ways forward", eds. J. Visser and G. Upton, *Special education in Britain after Warnock*, London: Fulton, pp. 166~182.

Baine, D. (1991). "Selecting instructional environments for students having severe multiple handicaps", ed. D. Baine, *Instructional environments for learners having severe handicaps*, Edmonton, AB: Vector/Educational Psychology, pp. 1~14.

Barnartt, S. B. and Kabzems, V. (1992). "Zimbabwean teachers' attitudes towards the integration of pupils with disabilities into regular classrooms", *International Journal of Disability, Development and Education* 39, pp. 135~146.

Barton, L. (1993). "Labels, markets and inclusive education", eds. J. Visser and G. Upton, *Special education in Britain after Warnock*, London: Fulton, pp. 30~42.

Berry, J. W. (July 1994). "Disability attitudes, beliefs and behaviours: Overview of an international project in community-based rehabilitation. In P. Cook (Chair)", *Culture, health and disability*, Symposium conducted at the 12th International Congress of Cross-cultural Psychology, Pamplona, Spain.

Brown, L., Schwarz, P., Udvari-Solner, A., Kampschroer, F. K., Johnson, F., Jorgensen, J. and Gruenewald, L. (1991). "How much time should students with severe intellectual disabilities spend in regular education classrooms and elsewhere?", *Journal of the Association for Persons with Severe*

Handicaps 16, pp. 39~47.

Carnine, D. (1994). "Introduction to the mini-series: Diverse learners and prevailing, emerging, and research-based educational approaches and their tools", *School Psychology Review* 23, pp. 341~350.

Committee on Public Education and Professional Practice, (1994). *Trying to teach: Necessary conditions*, Edmonton, AB: Alberta Teachers' Association.

Dare, P. (January 7 1996). "Where are schools headed?", *Edmonton Journal*, pp. E1~2.

Fuchs, D. and Fuchs, L. S. (1995). "Inclusive schools movement and the radicalization of special education reform", eds. J. M. Kauffman and D. P. Hallahan, *The illusion of full inclusion: A comprehensive critique of a current special education bandwagon*, Austin, TX: PRO-ED, pp. 213~242.

Giangreco, M. F. (1995). "Related services decision-making: A foundational component of effective education for students with disabilities", *Physical and Occupational Therapy in Pediatrics* 15, pp. 47~67.

Jordan, R. R. and Powell, S.D. (1994). "Whose curriculum? Critical notes on integration and entitlement", *European Journal of Special Needs Education* 9, pp. 27~38.

Keogh, B. K. (1990). "Narrowing the gap between policy and practice", *Exceptional Children* 57, pp. 186~190.

Lane, H. (1995). "The education of deaf children: Drowning in the mainstream and the sidestream", eds. J. M. Kauffman and D. P. Hallahan, *The illusion of full inclusion: A comprehensive critique of a current special education bandwagon*, Austin, TX: PRO-ED, pp. 275~289.

Malouf, D. B. and Schiller, E. P. (1995). "Practice and research in special education", *Exceptional Children* 61, pp. 414~414.

Norwich, B. (1993). "Has 'special educational needs' outlived its usefulness?", eds. J. Visser and G. Upton, *Special education in Britain after Warnock*, London: Fulton, pp. 43~58.

_____ (1994). "The relationship between attitudes to the integration of

children with special educational needs and wider socio-political views:
A US-English comparison", *European Journal of Special Needs Education*
9, pp. 91~107.

Resnick, L. B., Nolan, K. J. and Resnick, D. P. (1995). "Benchmarking
educational standards", *Educational Evaluation and Policy Analysis* 17,
pp. 438~461.

Russell, S. (January 30 1996). "Drugs for ulcers, depression, migraines top ASEBP
prescriptions", *Alberta Teachers' Association News*, p. 3.

Slee, R. (1993). "Inclusive learning initiatives: Educational policy lessons from
the field", ed. R. Slee, *Is there a desk with my name on it? The politics of
integration*, London: Falmer, pp. 185~200.

Snell, M. E. (1983). *Systematic instruction of the moderately and severely
handicapped*, Columbus, OH: Merrill.

Sobsey, D. (1991). "Searching for the criterion environment: Issues in theory
and research", ed. D. Baine, *Instructional environments for learners
having severe handicaps*, Edmonton, AB: Vector/Educational Psychology,
pp. 34~49.

Upton, G. (1991). "Introduction: Issues and trends in staff training", ed. G.
Upton, *Staff training and special educational needs*, London: Fulton, pp.
1~14.

5장 장애 이해하기

Baer, D. (1988). "Foreword", eds. F. R. Rusch, I. Rose and C. Greenwood,
Introduction to special education and behavior analysis, Englewood
Cliffs, NJ: Prentice-Hall, pp. ix~xi.

Baer, D., Wolf, M. M. and Risley, T. (1967). "Some current dimensions of applied
behavior analysis", *Journal of Applied Behavior Analysis* 1, pp. 91~97.

Bellamy, T., Horner, R. and Inman, D. (1979). *Vocational habilitation of severely
retarded adults: A direct services technology*, Baltimore: University Park
Press.

Bellamy, G. T., Peterson, L. and Close, D. (1975). "Habilitation of the severely and profoundly retarded, Illustrations of competence", *Education and Training of the Mentally Retarded* 10, pp. 174~186.

Bellamy, G. T., Rhodes, L. E., Bourbeau, P. E. and Mank, P. M. (1986). "Mental retardation services in sheltered workshops and day activity programs: Consumer benefits and policy alternatives", ed. F.R. Rusch, *Competitive employment issues and strategies*, Baltimore: Paul H. Brookes, pp. 257~271.

Belmore, K. and Brown, L. (1978). "Job skills inventory strategy for use in a public school vocational training program for severely handicapped potential workers", eds. N. Haring and D. Bricker, *Teaching the severely handicapped Vol. 3*, Seattle: American Association for the education of the Severely/Profoundly Handicapped.

Bersani, H. (1995). "Leadership: Where we've been, where we are, where we are going", *Institute on Community Integration IMPACT* 8, pp. 2~3.

Braddock, D., Hemp, R., Fujiura, G., Bachelder, L. and Mitchell, D. (1990). *The state of the states in developmental disabilities*, Baltimore: Paul H. Brookes.

Bronfenbrenner, U. (1977). "Toward an experimental ecology of human development", *American Psychologist* 32, pp. 513~531.

Crosson, J. E. (1969). "A technique for programming sheltered workshop environments for training severely retarded workers", *American Journal of Mental Deficiency* 73, pp. 814~818.

Cruikshank, W. M. (1980). *Psychology of exceptional children and youth*, Englewood Cliffs, NJ: Prentice Hall Inc.

DeFazio, N. and Flexer, R. W. (1983). "Organizational barriers to productivity, wages, and normalized work opportunity for mentally retarded persons", *Mental Retardation* 21, pp. 157~163.

Gold, M. (1974). "Redundant cue removal in skill training for the retarded", *Education and Training of the Mentally Retarded* 9, pp. 5~8.

_____ (1975). "Vocational training". ed. J. Wortis, *Mental retardation and developmental disabilities: An annual review, Vol. 7*, New York: Brunnel/

Mazel.

_____ (1980). *Did I say that? Articles and commentaries on the Tray Another Wat system*, Champaign, IL: Research Press.

Haring, N. and Schiefelbush, R. (1967). "Methods in special education", New York: McGraw-Hill.

Hasazi, S. B., Gordon, L. R. and Roe, C. A. (1985). "Factors associated with the employment status of handicapped youth exiting high school from 1979 to 1983", *Exceptional Children* 51, pp. 455~469.

Hughes, C., Rusch, F. R. and Curl, R. (1990). "Extending individual competence, developing natural support, and promoting social acceptance", ed. F. R. Rusch, *Supported employment: Models, methods, and issues*, Sycamore, IL: Sycamore Publishing, pp. 181~198.

Israel, A. C. (1978). "Some thoughts on correspondence between saying and doing", *Journal of Applied Behavior Analysis* 11, pp. 271~276.

Kennedy, M. J. (1995). "Self-determination and trust: My experiences and thoughts", eds. D. Sands and M. Wehmeyer, *Self-determination across the life span: Independence and choice for people with disabilities*, Baltimore: Paul H. Brookes, pp. 35~47.

Levinson, D. J., Darrow, C. N., Klein, E. B., Levinson, M. H. and McKee, B. (1978). *The seasons of a man's life*, New York: Ballantine Books.

Meichenbaum, D. and Goodman, J. (1971). "Training impulsive children to talk to themselves: A means of developing self-control", *Journal of Abnormal Psychology* 77, pp. 116~126.

Mithaug, D. E., Horiuchi, C. N. and Fanning, P. N. (1985). "A report on the Colorado statewide follow-up survey of special education students", *Exceptional Children* 51, pp. 397~404.

Nirje, B. (1969). "The normalization principle and its human management implications", eds. R. Kugel and W. Wolfensberger, *Changing patterns in residential services for the mentally retarded*, Washington, DC: President's Committee on Mental Retardation, pp. 179~195.

Robinson, N. and Robinson, H. (1976). *The mentally retarded child*. New York: McGraw-Hill.

Rusch, F. R. (1983). "Competitive vocational training", ed. M. E. Snell, *Systematic instruction of the moderately and severely handicapped*, Columbus, OH: Charles E. Merrill Publishing Co, pp. 503~523.

Rusch, F. R., Close, D., Hops, H. and Agosta, J. (1976). "Overcorrection: Generalization and maintenance", *Journal of Applied Behavior Analysis 9*, p. 498.

Rusch, F. R., Connis, R. T. and Sowers, J. (1978). "The modification and maintenance of time spent attending to task using social reinforcement, token reinforcement and response cost in an applied restaurant setting", *Journal of Special Education Technology 2*, pp. 18~26.

Rusch, F. R., DeStefano, L., Chadsey-Rusch, J., Phelps, L.A. and Szymanski, E. (1992). *Transition from school to adult life: Models, linkages, and issues*, Sycamore, IL: Sycamore Publishing.

Rusch, F. R., Hughes, C. and Wilson, P. G. (1995). "Utilizing cognitive strategies in the acquisition of employment skills", eds. W. O'Donohue and L. Krasner, *Handbook of psychological skills training: Clinical techniques and applications*, New York: Pergamon Press, pp. 363~382.

Rusch, F. R. and Mithaug, D. E. (1980). *Vocational training for mentally retarded adults: A behavior analytic approach*, Champaign, IL: Research Press.

Rusch, F. R., Morgan, T. K., Martin, J. E., Riva, M. and Agran, M. (1985). "Competitive employment: Teaching mentally retarded employees' self-instructional strategies", *Applied research in Mental Retardation 6*, pp. 389~407.

Rusch, F. R., Rose, I. and Greenwood, C. (1988). *Introduction to special education and behavior analysis*, Englewood Cliffs, NJ: Prentice-Hall.

Rusch, F. R. and Schutz, R. P. (1981). "Work behavior: An evaluative review", eds. J. L. Matson and J. R. McCartney, *Handbook of behavior modification with the mentally retarded*, New York: Plenum Press, pp. 247~280.

Snell, M. Ed. (1983). *Systematic instruction of the severely and profoundly handicapped*, Columbus, OH: Charles E. Merrill Publishing Company.

Strain, P., Guralnick, M. and Walker, H. M. eds. (1986). *Children's social* behavior: Development, assessment, and modification, New York: Academic Press.

Ward, M. J. and Kohler, P. D. (1996). "Teaching self-determination: Content and process", eds. L. Power, G. H. S. Singer and J. Sowers, *On the road to autonomy*, Baltimore: P.H. Brooks Publishing Co, pp. 275~290.

Walker, H. (1979). *The acting-out child: Coping with classroom disruption*, Boston: Allyn and Bacon, Inc.

Wehman, P. (1979). *Curriculum design for the severely and profoundly handicapped*, New York: Human Sciences Press.

Wehman, P., Kregel, J. and Seyfarth, J. (1985). "Transition from school to work for individuals with severe handicaps: A follow-up study", *Journal of the Association for Persons with Severe Handicaps* 10, pp. 132~139.

White, D. M. (1986). "Social validation", ed. F. R. Rusch, *Competitive employment issues and strategies*, Baltimore: Paul Brookes Publishing, pp. 199~213.

Will, M. (1984). *OSERS programming for the transition of youth with disabilities: Bridges from school to working life*, Washington, DC: U. S. Department of Education, Offices of Special Education and Rehabilitative Services.

Wolf, M. M. (1978). "Social validity: The case for subjective measurement or how applied behavior analysis is finding its heart", *Journal of Applied Behavior Analysis* 11, pp. 203~214.

Wolfensberger, W. (1972). *Normalization: The principle of normalization in human services*, Toronto, Canada: National Institute on Mental Retardation.

6장 장애를 다름의 관점에서 생각할 수 있을까?

Auerbacher, E. (1982). *Babette, "handicapée méchante"*, Paris: Stock.

Black, M. (1962). *Models and metaphors*, Ithaca: Cornell University Press.

Cooper, D. (1967). *Psychiatry and anti-psychiatry*, London: Tavistock.

_____ (1971). *The death of the family*, New York: Pantheon.

Copeland, L. (1959). "The negro as a contrast conception", ed. W. Thompson,

Race relations and race problem, Durham, NC: Duke University Press, p. 152.

Delcourt, M. (1938). *Sterilité mystérieuse et naissance maléfique dans l'Antiquite Classique*, Liège: ed. Droz, Paris, 1937, ed. Les Belles Lettres, Paris, 1986.

───── (1944). *Oedipe ou la légende du conquérant*, Liège, ed. Les Belles Lettres, Paris, 1981.

D'Hauthuille, A. (1982). *Les courses de chevaux*, Paris: Presses Universitaires de France.

Fielder, L. (1982). "La pitié et la peur: Images de l'infirme dans la littérature et l'art populaire", *Salmagundi* 57, New-York: International Center for the Disabled.

Foucault, M. (1972). *Histoire de la folie à l'âge classique*, Paris: Gallimard.

Fritz, J.-M. (1991). *Les discours du fou au Moyen-Age*, Paris: Presses Universitaire de France.

Gauchet, M. (1985). *Le désanchantement du monde, une histoire politique de la religion*, Paris: Gallimard.

Girard, R. (1972). *La violence et le sacré*, Paris: Grasset.

───── (1978). *Des choses cachées depuis le commencement du monde*, Paris: Grasset.

Goffman, E. (1963). *Stigma: Notes on the management of spoiled identity*, Englewood Cliffs, N. J.: Prentice-Hall.

Le Larie, M. (1991). *Histoire de la folie au Moyen Age*, XI-XIII siècles, Toulouse: Le Rameau d'Or.

Lever, M. (1983). *Le sceptre et la marotte, histoire des fous de cour*, Paris: Fayard.

Lévy-Bruhl, L. (1922). *La mentalité primitive*, Paris: Presses Universitaires de France.

Mollat, M. (1978). *Les pauvres du Moyen Age, étude sociale*, Paris: Hachette.

Ricoeur, P. (1995). *La critique et la conviction*, Paris: Calmann-Lévy.

Saussure, F. de (1969) [1916]. *Cours de linguistique générale*, Paris: Payot.

Simon, J.-L. (1989). *Vivre après l'accident*, Lyon: Chronique sociale.

Stiker, H.-J. (1982). *Corps infirmes et sociétés*, Paris: Aubier.

───── (1991). "De la métaphone au modele: l'anthropologie du handicap",

Cahiers Ethnologiques, Université de Bordeaux 13, pp. 13~37.

Walzer, M. (1988). *La révolution des saints: Ethique protestante et radicalisme politique*, Paris: Belin.

Wittgenstein, L. (1953). *Philosophical investigations*, New York: Macmillan.

7장 장애학 패러다임

Bickenbach, Jerome E. (1993). *Physical disability and social policy*, Toronto: University of Toronto Press.

Gardner, E. (1983). *The federal role of education*, Washington, DC: Heritage Foundation.

Goffman, E. (1963). *Stigma*, Englewood Cliffs, N. J.: Prentice-Hall.

Parsons, T. (1951). *The social system*, Glencoe: The Free Press.

_____ (1957). "Illness and the role of the physician: A sociological perspective", *American Journal of Orthopsychiatry* 2, pp. 452~460; reprinted in ed. Peter Hamilton, (1985) *Readings from Talcott Parsons*, New York: Tavistock Publications, Reading 11, pp. 145~155.

_____ (1975). "The sick role and the role of the physician reconsidered", *Health and Society* 53, pp. 257~278.

Pfeiffer, D. (1998). "The ICIDH and the need for its revision", *Disability and Society* 13(4), pp. 503~523.

_____ (2000). "The disability paradigm", eds. Robert McConnell and Carl E. Hansen, Alexandria, *Disability policy: Issues and implications for the new millennium—A report on the 21st Mary E. Switzer memorial seminar, held September 1999*, VA: National Rehabilitation Association, pp. 81~82.

_____ (2001). "The conceptualization of disability", eds. Barbara M. Altman and Sharon N. Barnartt, *Exploring theories and expanding methodologies: Where we are and where we need to go, Research in Social Science and Disability*, volume 2, Oxford: Elsevier Science, pp. 29~52.

_____ (2003). "The disability movement: Ubiquitous but unknown", ed. John C. Berg, Lanham, *Teamsters and Turtles? U. S. Progressive Political*

Movements in the 21st Century, MD: Rowman and Littlefield, chapter 8, pp. 159~183.

U. S., Congress. (1974). PL 93-516, *Rehabilitation Act Amendments of 1974*.

Williams, G. (1996). "Irving Kenneth Zola (1935-1994): An appreciation", *Sociology of Health & Illness* 18 (1), pp. 107~125.

Wood, P. (1980). *International classification of impairments, disabilities, and handicaps: A manual of classification relating to the consequences of disease*, Geneva: World Health Organization.

Zola, I. K. (1972). "Medicine as an institution of social control", *Sociological Review* 20, pp. 487~504.

_____ (1982). *Missing pieces: A chronicle of living with a disability*, Philadelphia: Temple University Press.

_____ (1983). *Socio-medical inquiries: Recollections, reflections and reconsiderations*, Philadelphia: Temple University Press.

8장 농(聾)과 장애의 적합성 조사

Altman, B. (1994). "Thoughts on Visibility, Hierarchies, Politics and Legitimacy", *Disability Studies Quarterly* 14 (2), pp. 28~51.

Baker-Shenk, C. and Kyle, J. G. (1990). "Research with deaf people: Issues and conflicts", *Disability, Handicap & Society* 5(1), pp. 65~75.

Batavia, A. (1994). "Representation and role separation in the disability movement: Should researchers be advocates?", *Disability Studies Quarterly* 14(2), pp. 51~55.

Batemen, G. C. Jr. (1991). "Perceptions on political activism: Definitions and attitudes", *Perspectives on Deafness: A Deaf American Monograph* 7-13.

Becker, G. (1980). *Growing old in silence*, Berkeley: University of California Press.

Becker, H. (1963). *Outsiders: studies in the sociology of deviance*, New York: The Free Press.

Bender, R. E. (1981). *The conquest of deafness: A history of the long struggle to make possible normal living to those handicapped by lack of normal hearing*, Danville, IL: The Interstate Printers & Publishers, Inc.

Bienvenu, M. J. (1991). "Can deaf people survive 'deafness'?", ed. M. D. Garretson, *Perspectives on Deafness: A Deaf American Monograph*, Silver Spring, MD: National Association of the Deaf, pp. 21~28.

Bogdan, R. and Biklen, D. (1977). "Handicapism", *Social Policy* 7, pp. 14~19.

Bogdan, R., Biklen, D., Shapiro, A. and Spelkoman, D. (Fall 1982). "The disabled: Media's monster", *Social Policy*, pp. 32~35.

Bogdan, R. and Taylor, S. (1976). "The judged, not the judges: An insider's view of mental retardation", *American Psychologist* 31, pp. 47~52.

Bowe, F. (1978). *Handicapping America: Barriers to disabled people*, New York: Harper & Row.

_____ (1980). *Rehabilitating America: Toward independence for disabled and elderly people*, New York: Harper & Row.

Braginsky, D. and Braginsky, B. (1971). *Hansels and gretels: Studies of children in institutions for the mentally retarded*, New York: Holt, Rinehart & Winston.

Brannon, R. (1995). "The use of the concept of disability culture: A historian's view", *Disability Studies Quarterly* 15(4), pp. 3~15.

Christiansen, J. and Barnartt, S. (1995). *Deaf President Now! The 1988 revolution at Gallaudet University*, Washington, DC: Gallaudet University Press.

Conrad, P. and Schneider, J. (1980). *Deviance and medicalization: From badness to sickness*, St. Louis, MO: The C. V. Mosby Company.

Crammatte, A. B. (1968). *Deaf persons in professional employment*, Springfield, IL: Charles C Thomas.

D'Antonio, M. (1993). "Sound and Fury", *Los Angeles Times*, Sunday November 21, 1993. Home Edition, Los Angeles Times Magazine, p. 44

Emerton, R. G., Foster, S. and Royer, H. (1987). "The impact of changing technology on the employment of a group of older deaf workers", *Journal of Rehabilitation of the Deaf* 21(2), pp. 6~18.

Fine, M. and Asch, A. eds. (1988). *Women with disabilities: essays in psychology, culture and politics*, Philadelphia: Temple University Press.

Foster, S. (1987). "Employment experiences of deaf RIT graduates: An interview study", *Journal of Rehabilitation of the Deaf* 21(1), pp. 1~15.

_____ (1988). "Life in the mainstream: Reflections of deaf college freshmen on their experiences in the mainstreamed high school", *Journal of Rehabilitation of the Deaf* 22(2), pp. 27~35.

_____ (1989a). "Educational programmes for deaf students: An insider perspective on policy and practice", ed. L. Barton, *Integration; Myth of Reality?*, London: The Falmer Press, pp. 57~82.

_____ (1989b). "Reflections of deaf adults on their experiences in residential and mainstream school programs", *Disability, Handicap and Society* 4(1), pp. 37~56.

_____ (1989c). "Social alienation and peer identification: A study of the social construction of deafness", *Human Organization* 48(3), pp. 226~235.

_____ (1992). *Working with deaf people: Accessibility and accommodation in the workplace*, Springfield, IL: Charles C Thomas.

_____ (1993). "Outsider in the Deaf World: Reflections of an Ethnographic Researcher", *Journal of the American Deafness and Rehabilitation Association* 27(3), pp. 1~11.

_____ (1996) "Doing research in deafness: Some considerations and strategies", eds. P. Higgins and J. Nash, *Understanding Deafness Socially*, Springfield, IL: Charles C Thomas, pp. 3~20.

Foster, S. and Elliot, L. (1987). "Why students decide to attend NTID at RIT: An interview study with first year college students", *Technical Report*, National technical Institute for the Deaf at Rochester Institute of Technology, Rochester, NY.

Foster, S. and Emerton, G. (1991). "Mainstreaming the deaf student: A blessing or a curse?", *The Journal of Disability Policy Studies* 2(2), pp. 61~76.

Foster, S. and Kinuthia, W. (October 28 1995). "The development of cultural identity of deaf persons of Black, Asian, or Hispanic heritage", Paper presented at the 1995 annual meeting of the New York State Sociological Association, Hobart and William Smith College, Geneva, NY, 1995.

Gallaudet University Course Book, Washington, DC: Gallaudet University.

Gershon, H. (June 17~19 1992). "Reasonably deaf: Television's representation of deafness", Paper presented at the annual meeting of the Society for Disability Studies, Seattle, WA.

Gill, C. J. (1995). "A psychological view of disability culture", *Disability Studies Quarterly* 15(4), pp. 16~19.

Goffman, E. (1961). *Asylums: Essays on the social situation of mental patients and other inmates*, New York: Anchor Books.

_____ (1963). *Stigma: Notes on the management of spoiled identity*, London: Penguin.

Groce, N. (1985). *Everyone here spoke sign language: Hereditary deafness on Martha's Vineyard*, Cambridge, MA: Harvard University Press.

Hafferty, W. F. and Foster, S. (1994). "Decontextualizing disability in the crime mystery genre: The case of the invisible handicap", *Disability & Society* 9(2), pp. 185~206.

Hahn, H. (1985). "Toward a politics of disability: definitions, disciplines, and policies", *The Social Science Journal* 22, pp. 87~106.

_____ (1988). "The politics of physical differences: Disability and discrimination", *Journal of Social Issues* 44, pp. 39~47.

Higgins, P. (1980). *Outsiders in a hearing world: A sociology of deafness*, Beverly Hills, CA: Sage.

_____ (1990). *The challenge of educating together deaf and hearing youth: Making mainstreaming work*, Springfield, IL: Charles C Thomas.

Hirsch, K. and Hirsch, J. (1995). "Self-defining narratives: Disability identity in the postmodern era", *Disability Studies Quarterly* 15(4), pp. 21~27.

Kriegel, L. (Fall 1982). "The wolf in the pit at the zoo", *Social Policy*, pp. 16~23.

Lane, H. (1984). *When the mind hears: A history of the deaf*, New York: Random House.

_____ (1992). *The mask of benevolence: Disabling the deaf community*, New York. Alfred A. Knopf.

_____ (1995a). "Constructions of deafness", *Disability & Society* 10(2), pp. 171~189.

_____ (1995b). "Reproductive control of deaf people and the deaf search for a homeland", ed. M. Garretson, *A Deaf American Monograph*, Silver Spring, MD: National Association of the Deaf, pp. 73~78.

Liben, L. S. (1978). *Deaf children: Developmental perspectives*, New York: Academic Press.

Linton, S., Mello, S. and O'Neill, J. (1995) "Disability studies: Expanding the parameters of diversity", *Radical Teacher* 47, pp. 4~10.

Makas, E. (1988). "Positive attitudes toward disabled people: Disabled and nondisabled persons'perspectives", *Journal of Social Issues* 44(1), pp. 49~61.

Mercer, J. (1973). *Labeling the mentally retarded: Clinical and social system perspectives on mental retardation*, Berkeley: University of California Press.

Mertens, D. (March 1989). "Social experiences of hearing-impaired high school youth", *American Annals of the Deaf*, pp. 15~19.

Myklebust, H. R. (1964). *The psychology of deafness: Sensory deprivation, learning, and adjustment*, New York: Grune & Stratton.

Oliver, M. (1983). *Social work with disabled people*, Basingstoke, United Kingdom: MacMillan.

_____ (1986). "Social policy and disability: Some theoretical issues", *Disability, Handicap & Society* 1, pp. 5~18.

_____ (1992). "Changing the social relations of research production?", *Disability, Handicap & Society* 7(2), pp. 101~114.

Padden, C. and Humphries, T. (1988). *Deaf in America: Voices from a culture*, Cambridge, MA: Harvard University Press.

Parasnis, I. (July 9~13 2000). "Cultural and Language Diversity and Identity: Implications for Deaf Education", Proceedings of the 19th International Congress on Education of the Deaf, Sydney, Australia.

Pfeiffer, D. and Yoshida, K. (1995). "Teaching disability studies in Canada and the USA", *Disability & Society*, 10(4), pp. 475~500.

Preliminary Rationale Format. Center for Arts and Sciences. American Sign Language/Deaf Studies. Rochester, NY: National Technical Institute for the Deaf.

Roe, C. and Roe, D. (1993). "The dismantling of a culture: PL 94-142 and its effects on the education and future of deaf children", ed. Garretson, *A Deaf American Monograph*, Silver Spring, MD: National Association of the Deaf, pp. 143~147.

Sacks, O. (1989). *Seeing voices: A journey into the world of the deaf*, Berkeley: University of California Press.

Saur, R., Layne, C., Hurley, E. and Opton, K. (1986). "Dimensions of mainstreaming", *American Annals of the Deaf* 131, pp. 325~329.

Schein, J. and Delk, M. (1974). *The deaf population of the United States*, Silver Spring, MD: National Association of the Deaf.

Schuchman, J. (1988). *Hollywood speaks: Deafness and the film entertainment industry*, Urbana IL: University of Illinois Press.

Scotch, R. (1984). *From good will to civil rights: Transforming federal disability policy*, Philadelphia: Temple University Press.

Scott, R. (1967). *The making of blind men*, New York: Russell Sage foundation.

Seidel, J. (1982). "The points at which deaf and hearing worlds intersect: A dialectical analysis", eds. P. Higgins and J. Nash, *Social aspects of deafness, volume 3: The deaf community and the deaf population*, Proceedings of the 1982 Conference: Sociology of Deafness, Gallaudet College, Washington, DC, pp. 131~167.

Stinson, M. (1993). "Research on deaf individuals by hearing persons: One deaf researcher's perspective", *Journal of the American Deafness and Rehabilitation Association* 27(3), pp. 17~21.

Stokoe, W.C. (1960). *Sign language structure*, Reissued, Silver Spring, MD: Linstok Press.

Stuckless, E. R. and Walter, G. (1983). "Students hearing impaired from the 1963-1965 rubella epidemic begin to enter college", *The Volta Review*, pp. 270~278.

Szasz, T. (1961). *The myth of mental illness*, New York: Hoeber-Harper.

Van Cleve, J. and Crouch, B. (1989). *A place of their own: Creating the deaf community in America*, Washington, DC: Gallaudet University Press.

Watson, S. and O'Day, B. (1996). "Movement leadership", *Disability Studies*

Quarterly 16(1), pp. 26~30.

Woodill, G. (1994). "The role of an able-bodied person in a disability movement", *Disability Studies Quarterly* 14(2), pp. 47~48.

Zarb, G. (1992). "On the road to Damascus: First steps towards changing the relations of disability research production", *Disability, Handicap & Society* 7(2), pp. 125~138.

Zola, I. (1985). "Depictions of disability-metaphor, message and medium in the media: A research and political agenda", *The Social Science Journal* 22, pp. 5~18.

_____ (1987). "The portrayal of disability in the crime mystery genre", *Social Policy*, pp. 34~39.

9장 윙크, 눈 깜박임, 사시, 근육 떨림

DeJong, G. (1984). "Independent living: From social movement to analytic paradigm", eds. R. P. Marinelli and A. E. Dell Orto, *The psychological and social impact of physical disability*, 2nd ed, New York: Springer, pp. 39~63.

Ferguson, D. L. and Ferguson, P. M. (1986). "The new victors: A progressive policy analysis of work reform for people with very severe handicaps", *Mental Retardation* 24, pp. 331~338.

Ferguson, P. M. (1994). *Abandoned to their fate: Social policy and practice toward severely retarded people in America, 1820-1920*, Philadelphia: Temple University Press.

Ferguson, P. M., Hibbard, M., Leinen, J. and Schaff, S. (1990). "Supported community life: Disability policy and renewal of mediating structures", *Journal of Disability Policy Studies* 1, pp. 9~35.

Geertz, C. (1973). "Thick description: Toward an interpretive theory of culture", *The interpretation of culture*, New York: Basic Books

Goode, D. (1980). "Behavioral sculpting", ed. J. Jacobs, *Phenomenological approaches to mental retardation*, Springfield, IL: C. C. Thomas, pp.

381~396.

_____ (1995). *A world without words: The social construction of children born deaf and blind*, Philadelphia: Temple University Press

Minow, M. (1990). *Making all the difference: Inclusion, exclusion, and American law*, Ithaca, NY: Cornell University Press.

Mishler, E. G. (1995). "Models of narrative analysis: A typology", *Journal of Narrative and Life History* 5(2), pp. 87~123.

Rusch, F. R., DeStefano, L., Chadsey-Rusch, J., Phelps, L. A. and Szymanski, E. eds., (1992). *Transition from school to adult life: Models, linkages, and policy*, Sycamore, IL: Sycamore Publishing Co.

Rusch, F. R., Szymanski, E. M. and Chadsey-Rusch, J. (1992). "The emerging field of transition services", eds. F. R. Rusch, L. DeStefano, J. Chadsey-Rusch, L. A. Phelps, and E. Szymanski, *Transition from school to adult life: Models, lindages, and policy*, Sycamore, IL: Sycamore Publishing Co., pp. 5~15.

Silvers, A. (1995). "Reconciling equality to difference: Caring (F)or justice for peole with disabilities", *Hypatia* 10(1), pp. 30~45.

Taylor, S. J. (1988). "Caught in the continuum: A critical analysis of the principle of the least restrictive environment", *Journal of the Association for Persons with Severe Handicaps* 13, pp. 41~53.

Watson-Gegeo, K. A. (April 1991). "Toward thick explanation in ethnographic research", Paper presented at the meeting of the American Educational Research Association, Chicago.

Williams, G. H. (1983). "The movement for independent living: An evaluation and critique", *Social Science and Medicine* 17 , pp. 1003~1010.

Wisdom, J. (1965). *Paradox and discovery*, New York: Philosophical Library.

Woodill, G. (1994). "The social semiotics of disability", eds. M. H. Rioux and M. Bach, *Disability is not measles: New research paradigms in disability*, North York, Ontario: L'Institut Roeher Institute, pp. 201~226.

Zola, I. K. (1994). "Towards inclusion: The role of people with disabilities in policy and research issues in the United States — A historical and political analysis", eds. M.H. Rioux and M. Bach, *Disability is not measles: New* research paradigms in disability, North York, Ontario: L'Institut Roeher Institute, pp. 49~66.

10장 노화와 장애의 공통 의제

Achenbaum, W. A. (1978). *Old age in the new land*, Baltimore: Johns Hopkins University Press.

_____ (1986). *Society security: Visions and revisions*, New York: Cambridge University Press.

American Society on Aging. (Winter 1992). *Generations*, San Francisco: Author.

Ansello, E. F. (1988). "The intersecting of aging and disabilities", *Educational Gerontology* 14, pp. 351~363.

Ansello, E. F. and Rose, T. (1989). *Aging and lifelong disabilities: Partnership for the twenty-first century: The Wingspread Conference Report*, Palm Springs, CA: ElderPress.

Berkowitz, E. D. (1987). *Disabled policy: America's programs for the handicapped*, New York: Cambridge University Press.

Berube, M. (1996). *Life as we know it: A father, a family and an exceptional child*, New York: Pantheon Books.

Binstock, R. H. (Winter 1992). "Aging, disability, and long term care", *Generations*, pp. 83~88.

Brakel, J., Parry, J. and Weiner, B. (1985). *The mentally disabled and the law*, 3rd ed., Chicago: American Bar Foundation.

Cagan, E., Iris, M., Marcus, M. and Miller, A. (November 1996). "The White Crane model of health promotion and well-being for older adults", *Health and Aging*, Illinois Department on Aging and Illinois Department of Public Health, Chicago, Il.

Callahan, D. (1987). *Setting limits: Medical goals in an aging society*, New York: Simon and Shuster.

Cohen, E. S. (June 1988). "The elderly mystique: Constraints on the autonomy of the elderly with disabilities", *The Gerontologist* 28, Supplement, pp.

24~31.

Cole, T. (1992). *The journey of life: A cultural history of aging in America*, New York: Cambridge University Press.

Crimmins, E., Saito, Y. and Reynolds. S. (1997). "Further evidence on recent trends in the prevalence and incidence of disability among older Americans from two sources: The LSOA and the NHIS", *Journal of Gerontology: Social Sciences* 52B(2), pp. S59~71.

Erikson, E., Erikson, J. and Kivnick, H. (1986). *Vital involvement in old age*, New York: Norton.

Estes, C. I. and Binney, E. A. (1989). "The biomedicalization of aging: Dangers and dilemmas", *The Gerontologist* 29, pp. 587~596.

Friedan, B. (1993). *The fountain of age*, New York: Simon and Shuster.

Gartner, A. and Joe, T. (1987). *Images of the disabled, disabling images*, New York: Praeger.

Goffman, E. (1963). *Stigma: Notes on the management of spoiled identity*, New York: Simon and Schuster.

Grigsby, J. S. (1996). "The meaning of heterogeneity: An introduction", *The Gerontologist* 36, pp. 145~146.

Hahn, H. (March 17 1996). "Bridging the gap between aging and disability studies", *American Society on Aging*.

Iris, M. A (1990) "A common agenda for aging and disability", *Center on Aging* 6:1-3, Chicago: Buehler Center on Aging, McGaw Medical Center, Northwestern University.

Iris, M. A. and Berman, R. L. H. (1995). *Qualitative study of aging in Chicago*, Final Report, Aging in Chicago Project, The Chicago Community Trust, Chicago, IL.

Koff, T. H. and Park, R. W. (1993). *Aging public policy: Bonding the generations*, Amityville, NY: Baywood.

Lakoff, G. (1987). *Women, fire, and dangerous things: What categories reveal about the mind*, Chicago: University of Chicago Press.

LaPlante, M. (1991). "The demographics of disability", ed. J. West, The Americans with disabilities act: From policy to practice, *The Milbank*

Quarterly 69, supplements 1/2, pp. 55~77.

Lawton, M. P. (Winter 1991). "Functional status and aging well", *Generations*, pp. 31~34.

Longmore, P. K. (1995). "Medical decision making and people with disabilities: A clash of cultures", *Journal of Law, Medicine and Ethics* 23, pp. 82~87.

Mahoney, C. W., Estes, C. L. and Heumann, J. E. (1986). *Toward A unified agenda: Proceedings of a national conference on disability and aging*, San Francisco: Institute for Health and Aging.

Minkler, M. (1990). "Aging and disability", *Journal of Aging Studies* 4, 3, pp. 245~260.

Minow, M. (1990). *Making all the difference: Inclusion, exclusion and American law*, Ithaca, NY: Cornell University Press.

Murphy, R. F. (1990). *The body silent*, New York: W. W. Norton.

Neugarten, B. ed. (1982). *Age or need? Public policies for older people*, Beverly Hills, CA: Sage Publications.

Neugarten, B. (1996). *The meanings of age: Selected papers of Bernice L. Neugarten*, ed. D. A. Neugarten, Chicago: University of Chicago Press.

Shapiro, J. P. (1993). *No pity: People with disabilities forging a new civil rights movement*, New York: Random House.

Siegel, J. S. and Taeuber, C. M. (1987). "Demographic dimensions of an aging population", eds. A. Pifer and L. Bronte, *Our aging society: Paradox and promise*, New York: W. W. Norton and Company.

Silverman, P. (1987). *The elderly as modern pioneers*, Bloomington, IN: Indiana University Press.

Simon-Rusinowitz, L. and Hofland, B. (1992). *The impact of varying perspectives on client autonomy in long-term care: Home care for the elderly vs. Attendant services for the disabled*, Unpublished.

Torres-Gil, F. M. (1995). "Building federal bridges", *Aging Today*, p. vii.

_____ (1996). "Foreward: Health care reform, long-term care, and the future of an aging society", *Journal of Aging and Social Policy* 7(3/4), pp. xiii-xviii.

Zola, I. K.(1982). *Missing pieces: A chronicle of living with a disability*,

Philadelphia: Temple University Press.

_____ (1988). "Aging and disability", *Educational Gerontology* 14, pp. 365~387.

11장 '바보'에서 '지적장애인'까지

American Association on Mental Retardation(AAMR). (1992). *Mental retardation: Definition, classification, and systems of support*, Washington, DC: Author.

Barr, M. W. (1904). "Classification of mental defectives", *Journal of Psycho-Asthenics* 9, pp. 29~38.

Begab, M. J. (1975). "The mentally retarded and society: Trends and issues", eds. M. J. Begab and S. A. Richardson, *The mentally retarded and society: A social science perspective*, Baltimore: University Park Press, pp. 3~32.

Blatt, B. (1987). *The conquest of mental retardation*, Austin: PRO-ED.

Bruun, F. J. and Ingstad, B. eds. (1990). "Disability in a cross-cultural perspective", *Working Paper* 4, Oslo, Norway: University of Oslo, Department of Anthropology.

Costin, F. and Hermanson, R. H. (1976). *Programmed learning aid for abnormal psychology*, Homewood, IL: Richard D. Irwin.

Davies, S. P. (1930). *Social control of the mentally deficient*, New York: Crowell.

Devlieger, P. (1995). *On the threshold of adult life: Dis-course and life course of mental retardation in American culture*, Unpublished doctoral dissertation, University of Illinois at Urbana-Champaign.

Dexter, L. W. (1957). "A social theory of mental deficiency", *American Journal of Mental Deficiency* 62, pp. 920~928.

Doll, E. A. (1947). "Is mental deficiency curable?", *American Journal of Mental Deficiency*, pp. 420~428.

Dorcus, R. M. and Shaffer, G. W. (1934). *Textbook of abnormal psychology*, Baltimore: The Williams & Wilkins Company.

Dossa, P. A. (1992). "Ethnography as narrative discourse: community integration of people with developmental disabilities", *International Journal of Rehabilitation Research* 15, pp. 1~14.

Edgerton, R. B. (1993) [1967]. *The cloak of competence: Revised and updated*, Berkeley: The University of California Press.

Ferguson, P. M. (1994). *Abandoned to their fate: Social policy and practice toward severely retarded people in America, 1820-1920*, Philadelphia: Temple University Press.

Fernald, C. D. (1995). "When in London···: Differences in disability language preferences among Englishspeaking countries", *Mental Retardation* 33, pp. 99~103.

Fisher, V. E. (1937). *An introduction to abnormal psychology*, New York: The MacMillan Company.

Foucault, M. (1973) [1966]. *The order of things: An archaeology of the human sciences*, New York: Vintage.

_____ (1988) [1961]. *A history of insanity in the age of reason*, New York: Vintage.

Goddard, J. J. (1912). *The Kallikak family*, New York: Macmillan.

Gray, J. S. (1941). *Psychology in use*, New York: American Book Company.

_____ (1951). *Psychology in use*, 2nd. ed., New York: American Book Company.

Grossman, H. J. ed. (1973). *Manual on terminology and classification in mental retardation*, Washington, DC: American Association on Mental Deficiency.

Heber, R. F. (1959). *A manual on terminology and classification in mental retardation*, Pineville, LA: American Association on Mental Deficiency.

_____ (1961). *A manual on terminology and classification in mental retardation*, 2nd ed., Monograph supplement to *American Journal of Mental Deficiency*, Springfield, IL: American Association on Mental Deficiency.

Harmatz, M. G. (1978). *Abnormal psychology*, Englewood Cliffs, NJ: Prentice-Hall.

Haywood, H. C. (1979). "What happened to mild and moderate mental retardation?", *American Journal of Mental Deficiency* 83, pp. 429~431.

Kansas Commission on Provision for the Feeble-Minded. (1919). *The Kallikaks of Kansas*, Topeka: Author.

Landis, C. and Bolles, M. M. (1946). *Textbook of abnormal psychology*, New York: The MacMillian Company.

Lasch, S. (1977). *Haven in a heartless world: The family besieged*, New York: Basic Books.

Langness, L. L. and Levine, H. G. (1986). *Culture and retardation: Life histories of mildly mentally retarded persons in American society*, Dordrecht: D. Reidel.

Mercer, J. (1973). "The myth of 3% prevalence", eds. R. K. Eyman, C. E. Meyers and G. Tarjan, *Monographs of the American Association on Mental Deficiency* 1, Sociobehavioral studies in mental retardation.

Morgan, J. B. (1928). *The psychology of abnormal people*, New York: Longmans, Green and Co.

Moss, F. A. and Hunt, T. (1932). *Foundations of abnormal psychology*, New York: Prentice-Hall.

Nöth, W. (1995). *Handbook of semiotics*, Bloomington: Indiana University Press.

Ryan, J. and Thomas, F. (1987). *The politics of mental handicap*, London: Free Association.

Sarason, S. B. (1985). *Psychology and mental retardation: Perspectives in change*, Austin: PRO-ED.

Sarason, S. B. and Doris, J. (1979). *Educational handicap, public policy, and social history: A broadened perspective on mental retardation*, New York: Free Press.

Scheerenberger, R. C. (1983). *A history of mental retardation*, Baltimore: Paul H. Brookes.

Singer, D. (1910). "The classification of mental defectives", *Journal of Psycho-Asthenics* 15, pp. 3~16.

Smith, J. D. (1985). *Minds made feeble: The myth and legacy of the Kallikaks*, Rockville, MD: Aspen Systems.

Stiker, H.-J. (1989). "Catégories organisatrices des visions du handicap", eds. J.-M. Alby and P. Sansoy, *Handicap vécu, évalué*, Grenoble: La Pensée Sauvage.

Turkington, C. (1992). "New definition of retardation includes the need for support", *APA-Monitor* 24, pp. 26~27.

White House Conference on Child Health and Protection. (1933). *The handicapped child, Report of the committee on physically and mentally handicapped*, New York: The Century Co.

Wilmarth, A. W. (1906). "To whom may the term, feeble-minded, be applied?", *Journal of Psycho-Asthenics* 10, pp. 203~219.

Woodill, G. (1994). "The social semiotics of disability", eds. M. H. Rioux and M. Bach, *Disability is not measles: New research paradigms in disability*, North York, Ontario: L'Institut Roeher Institute, pp. 201~226.

12장 가상 장애

Anderson, B. (1991) [1983]. *Imagined communities: Refllections on the origins and spread of nationalism*, London: Verso.

Borkman, T. J. (1990). "Experiential, professional and lay frames of reference", ed. T. J. Powell, *Working with Self-Help*, Silver Springs, MD: NASW Press

Brown, Stephen E. et al. (1995). "Disability Culture···", *Disability Studies Quarterly* 15, 4, pp. 2~19.

Davis, F. (1961). "Deviance disavowal: The management of strained interaction by the visibly handicapped", *Social Problems* 9, pp. 21~132.

Foster, D. (1995). *Can we have communities in cyberspace?*, Carleton University (Working Papers in Technology and Culture).

Goffman, E. (1963). *Stigma: Notes on the management of spoiled identity*, Englewood Cliffs, NJ: Prentice Hall.

Gold, G. (1990). "Finding French America: Quebec anthropology and the definition of a culture area", ed. Spencer. R. Winthrop, *Culture and the Anthropological Tradition: Essays in Honor of Robert F*, Latham, MD.:

University Press of America.

Granovetter, M. (1982). "The strength of weak ties: A network theory revisited", eds. Peter M. and Nan L., *Social Structure and Network Analysis*, Beverely Hills, CA: Sage, p.10530.

Humphreys, K. and Rappaport, J. (1994). "Researching self-help/mutual aid groups and organizations: Many roads, one journey", *Applied and Preventative Psychology* 3, pp. 217~231. Kollock, P.(In Press). "The economies of on-line cooperation: Gifts and public goods in Cyberspace", eds. P. Kollock et al., *Communities in Cyberspace*, Berkeley: University of California Press.

Lyon, D. (May 31 1995). "Cyberspace and Virtual Selves: Change and Critique"[htttp:/www.tees.ac.uk/tcs/socandvirt.html].

Milena G. and Wellman, B.(In Press). "Virtual communities: When social networks are computer networks", eds. P. Kollock et al., *Communities in cyberspace*, Berkeley: University of California Press.

Murphy, R. F. (1987). *The body silent*, New York: W. W. Norton.

Rhinegold, H. (1994) *The virtual community: Homesteading on the electronic frontier*, New York: Harper Perennial.

Rhinegold, H. (1995). "Which part is virtual? Which part is community?"[htttp:// www.well.com/uk/user/hlr/tomorrow/vcreal.html].

Sproull, L. and Kiesler, S. (1990). "Computers, networks and work", *The computer in the 21st century, Special issue of the Scientific American*, p. 128,135.

Stiker, H.-J. (1982). *Corps infirmes et société*, Paris: Aubier-Montaigne.

Van Maanen, J. (1988). *Tales of the field*, Chicago: University of Chicago Press.

Williams, G. H. (1990.) "Self-help in chronic illness: The case of ankylosing spondylitis", eds. S. C. Hey, G. Kiger, B. Altman and J. Scheer, *The social exploration of disability*, Salem, OR: The Society for Disability Studies and Willamette University, p. 125, 135.

Zola, I. K. (1983) [1972]. "Medicine as a means of social control", *Socio-medical Inquiries: Recollections, Reflections, and reconsiderations*, Philadelphia: Temple University Press.

그린비 장애학 컬렉션 013

장애를 다시 생각한다

초판1쇄 펴냄 2021년 8월 30일

엮은이 패트릭 데블리저, 프랭크 러시, 데이비드 파이퍼
옮긴이 이동석, 이하림, 이유림
펴낸이 유재건
펴낸곳 그린비
주소 서울시 마포구 와우산로 180, 4층
대표전화 02-702-2717 | **팩스** 02-703-0272
홈페이지 www.greenbee.co.kr
원고투고 및 문의 editor@greenbee.co.kr

주간 임유진 | **편집** 홍민기, 신효섭, 구세주, 송예진 | **디자인** 권희원 | **마케팅** 유하나
물류유통 유재영, 한동훈 | **경영관리** 유수진

學問思辨行: 배우고 묻고 생각하고 판단하고 행동하고

독자의 학문사변행을 돕는 든든한 가이드 _그린비 출판그룹

그린비 철학, 예술, 고전, 인문교양 브랜드
엑스북스 책읽기, 글쓰기에 대한 거의 모든 것
곰세마리 책으로 통하는 세대공감, 가족이 함께 읽는 책